Selektive Kontextvariation

Die Rekonstruktion von Interaktionen in Kursen der Erwachsenenbildung
auf der Basis audiovisueller Daten

Matthias Herrle

Selektive Kontextvariation

Die Rekonstruktion von Interaktionen in Kursen der Erwachsenenbildung auf der Basis audiovisueller Daten

Matthias Herrle

Johann Wolfgang Goethe-Universität
Frankfurt am Main 2007

Frankfurter Beiträge zur Erziehungswissenschaft

Reihe Monographien

im Auftrag des Dekanats
des Fachbereichs Erziehungswissenschaften
der Johann Wolfgang Goethe-Universität
herausgegeben von
Frank-Olaf Radtke

© Fachbereich Erziehungswissenschaften der
Johann Wolfgang Goethe-Universität
Frankfurt am Main 2007

Hergestellt: Books on Demand GmbH

Bibliografische Information der Deutschen Bibliothek

Die Deutsche Bibliothek verzeichnet diese Publikation in der Deutschen Nationalbibliografie; detaillierte bibliografische Daten sind im Internet über http://dnb.ddb.de abrufbar

ISBN 978-3-9810879-2-5

Inhaltsverzeichnis

Vorwort von Jochen Kade 9

Einleitung in die Studie: Theoretische Anknüpfungspunkte und Vorgehen 11

I. Ausgangsselektionen 15

1. Gegenstandskonstitution 15
1.1 Interaktion 15
1.2 Kurse der Erwachsenenbildung 17
1.2.1 Spezifikation von Kommunikation 18
1.2.2 Strukturierungsdimensionen 20
1.3 Das Videoprotokoll als Datenbasis 26

2. Die objektive Hermeneutik als Methodologie und Methode zur Analyse audiovisueller Daten 30
2.1 Methodologische Prinzipien und methodische Vorgehensweise 32
2.2 Ansätze zur Analyse (audio-)visueller Daten 37
2.2.1 Analyse statischer Bilder 37
2.2.2 Analyse dynamischer Bilder und Töne 42
2.2.3 Systematisierung und Kontrastierung vorgestellter Ansätze ... 44

II. Theoretische Konstitution ... 51

3. Theoretische Grundlagen der objektiven Hermeneutik ... 51
3.1 Sozialer Akt und Gestenkommunikation ... 52
3.2 Gestenkommunikation und symbolisch vermittelte Kommunikation ... 55
3.3 Das Intersubjektivitätsproblem und dessen Verwindung ... 58

4. Interpretationsleitende Konstitutionsprinzipien I: Grundannahmen systemtheoretisch informierter objektiver Hermeneutik ... 65
4.1 Systeminterne Konstruktion des Innen-Außen-Verhältnisses ... 66
4.1.1 Subjekt/Objekt : Operation/Beobachten ... 69
4.1.2 Primäre Ausdifferenzierungen und Herstellung von Umweltkontakt ... 72
4.2 Sozialisation differenztheoretisch betrachtet ... 78
4.2.1 Zur Ausgangslage: Doppelte Kontingenz ... 79
4.2.2 Über die Ausgangslage hinaus: (Erwartungs-)Strukturen ... 80
4.2.3 Intersystemrelationen: Strukturelle Kopplung und Interpenetration ... 83
4.3 Resümee I: Sozialisation und (Fremd-)Verstehen aus differenztheoretischer Perspektive ... 84

5. Interpretationsleitende Konstitutionsprinzipien II: Erweiterte Grundannahmen – Sozialbezogene Körperbewegungen ... 93
5.1 Annäherung an einen Grundbegriff körperbezogener Sozialisation ... 95
5.2 Sozialisation und Körperbewegung in früher Kindheit ... 97
5.3 Zur regelhaften Struktur sozialbezogener Körperbewegung ... 100
5.4 Intersystemrelationen: Mimesis ... 103
5.5 Das Ritual: Körpersozialisation und Systemstabilisierung ... 106
5.6 Resümee II: Von der Theorie zur Methodologie ... 111

III. Methodologisches Gerüst und methodische Umsetzung 119

6. Methodologische Prämissen 119
6.1 Sequentialität 120
6.2 Simultaneität 124
6.3 Selektive Kontextvariation 130
6.3.1 Der innere äußere Kontext 130
6.3.2 Der äußere Kontext 136
6.3.3 Sinnstrukturrekonstruktion qua selektiver Kontextvariation 138

7. Methodisches Vorgehen: Ein Fallbeispiel 143
7.1 Selektionen im Vorfeld der Analyse 145
7.1.1 Datenaufbereitung und Erstellung eines Überblicks 145
7.1.2 Explikation des äußeren Kontextes 147
7.1.3 Wahl der Fragestellung und der interessierenden Interaktionsbeziehung 148
7.1.4 Wahl des Startpunkts der Analyse 149
7.1.5 Wahl der Reihenfolge ebenenspezifischer Sequenzanalyse 150
7.2 Ebenenspezifische Strukturrekonstruktion von Kursinteraktion 151
7.2.1 Strukturrekonstruktion auf auditiver Ebene 151
7.2.2 Explikation von Strukturhypothesen auf auditiver Ebene 173
7.2.3 Strukturrekonstruktion auf visueller Ebene 175
7.2.4 Explikation von Strukturhypothesen auf visueller Ebene 217
7.3 Konfrontation und Relationierung: Abschließende Explikation von Strukturhypothesen 219
7.3.1 Konfrontation auditiver mit visueller Strukturierungsebene 222
7.3.2 Relationierung der Struktur zum inneren äußeren Kontext 226
7.3.3 Konfrontation der Struktur mit dem äußeren Kontext 227

IV. Schlussbetrachtungen 233

8. *Selektionen, Variation und Kontext: Ein Konzept zur Rekonstruktion von Kursinteraktion* 233
8.1 Retrospektivische Strukturierung 233
8.2 Zur Gültigkeit von Ergebnissen 238
8.3 Selektive Kontextvariation und Erwachsenenbildung 242
8.4 Selektive Kontextvariation und Grundlagenforschung 245

Transkriptionskonventionen 250

Tabellen- und Abbildungsverzeichnis 251

Literaturverzeichnis 253

Vorwort

In dem Maße, in dem die Erziehungswissenschaft bei der empirischen Erforschung von Lehr-Lernverhältnissen auf Grund von neueren technischen Entwicklungen im Bereich der Erhebungs- und Speicherverfahren verstärkt auf audiovisuelle Daten zurückgreifen kann, stellt sich die Frage der zu ihrer (qualitativen) Auswertung angemessenen Methodologie und Methode. Die objektive Hermeneutik, eine der im Bereich der Qualitativen Forschung zweifelsohne elaboriertesten, zudem vielfältig erprobten Methoden ist zwar wiederholt auch zur Analyse von Bildmaterial genutzt worden. Aber die Irritation, die dieser Datentyp für ein programmatisch sprachzentriertes Interpretationsverfahren wie die objektive Hermeneutik mit sich bringt, ist bislang weder theoretisch noch methodologisch und methodisch ausreichend ernst genommen worden. Wenn Matthias Herrle in der hier vorliegenden Studie die Möglichkeiten und Grenzen der Anwendbarkeit der objektiven Hermeneutik zur Analyse audiovisuell verfasster, lehr-lernbezogener Interaktionszusammenhänge erörtert und vor diesem Hintergrund die Grundannahmen einer systemtheoretisch informierten objektiven Hermeneutik im Blick auf die Analyse von Videografien entfaltet, so greift er damit also ein drängendes Desiderat nicht nur erziehungswissenschaftlicher, sondern überhaupt sozialwissenschaftlicher qualitativer Forschung auf.

Die Studie besteht aus vier Teilen. Im ersten Teil wird nach einer ihren zentralen Gedanken erläuternden und einen ersten Überblick über den Aufbau gebenden Einleitung zunächst ihr empirischer Fokus, nämlich Kursinteraktion, knapp und präzis unter Bezug auf die relevante Literatur definitorisch umrissen. Danach wird in einem zweiten Argumentationsstrang der Stand der objektiven Hermeneutik als Methodologie und Methode zur Rekonstruktion (audio-)visueller Daten detailliert und umfassend mit großer Übersicht dargestellt. Es wird herausgearbeitet, dass die der objektiven Hermeneutik zuzurechnenden Untersuchungen trotz aller Akzentuierung der Bildebene weiterhin auf die Sprache fixiert bleiben und den dokumentierenden Datentyp ‚Videoprotokoll' noch nicht im Blick haben. Mit der Herausarbeitung dieses Defizits ist zugleich die Aufgabe benannt, der sich Matthias Herrle mit seiner Arbeit stellt: nämlich zu überprüfen, ob die objektive Hermeneutik dahingehend weiterentwickelt werden kann, dass auf ihrer Grundlage und mit ihrem Instrumentarium Kurse der Erwachsenenbildung, vor dem Hintergrund eines systemtheoretischen Referenzrahmens, auf der Basis von audiovisuellen Daten mit theoretischem und empirischem Gewinn analysiert werden können. Um die Bearbeitung dieses Fragenkomplexes geht es im zweiten Teil unter konstitutionstheoretischen, methodologischen, methodischen und forschungspraktischen Aspekten. In einem theoretisch sehr gewichtigen Kapitel werden die Grundlinien eines systemtheoretisch erweiterten Verständnisses von objektiver Hermeneutik, dem unter sozialisationstheoretischen ebenso wie unter hermeneutischen Gesichtspunkten der Gedanke der Differenz zugrunde liegt, begründet. Damit sind die Voraussetzungen geschaffen, um (sozialbezogene) Körperbewegungen, wie sie auf der Basis von Videodokumentationen in einem bis dahin nicht möglichen Umfang empirisch zugänglich werden, als eine eigenständige Ebene der Konstitution von Interaktion theoretisch zu erfassen. Dass sich Interaktionsprozesse ohne Blick auf die Körperlichkeit der Akteure und die Prozesse wechselseitiger Wahrnehmung kaum zureichend begreifen lassen, erscheint danach unmittelbar evident. So vorbereitet wird die objektive Hermeneutik anschließend unter methodologischen Aspekten weiterentwickelt. Dabei geht es vor allem darum, das bislang für sie zentrale Prinzip der Sequentialität zu relationieren. Herrle entwirft dazu unter dem Leitkonzept „Selektive Kontextvariation" eine überzeugende Methodologie. Sie erlaubt es, den Sinn von Kursinteraktion aus dem Zusammenspiel von Bild und Ton so zu rekonstruieren, dass den Prinzipien von Simultaneität und Sequentialität gleichermaßen Rechnung getragen wird. Wie dies methodisch und forschungspraktisch aussehen könnte, wird im zweiten Hauptteil der Arbeit an einem Fallbeispiel facettenreich in beeindruckender Genauigkeit und Differenziertheit auf dem Niveau der besten Beispiele qualitativer, mit dem methodischen Instrumentarium der objektiven Hermeneutik arbeitender Interaktionsforschung vorgestellt. Im letzten Teil blickt Herrle zunächst mit Gewinn auf die Studie zurück, indem er im Sinne einer „retroperspektivischen Strukturierung" ihren theoretischen und empirischen Ertrag noch einmal bilanziert. Bedenkenswerte Überlegungen zur Frage der Gültigkeit von Fallrekonstruktionen im Modus einer systemtheoretisch informierten objektiven Hermeneutik und zur Frage ihres Verhältnisses zu konversationsanalytisch vorgehenden Auswertungsverfahren schließen die Arbeit ab.

Die theoretische, methodologische und methodische Güte, die analytische Verdichtung bei vergleichsweise hoher empirischer Sättigung sowie die Stringenz der Argumentation machen Herrles außerordentlich anregende Studie zu einem ‚Meilenstein' der neueren, audiovisuelle Daten zugrunde legenden erziehungswissenschaftlichen Kurs- und Interaktionsforschung.

Frankfurt am Main, im Februar 2007   Jochen Kade

Einleitung in die Studie:
Theoretische Anknüpfungspunkte und Vorgehen

Erwachsene begegnen in unterschiedlicher Art und Weise einem zunehmend rasanter verlaufenden sozio-kulturellen und technischen Wandel. „Lebenslanges Lernen" lautet das Diktum, das die Massenmedien durchdringt und von Vertretern von Bildungspolitik und Wirtschaft gefordert wird.[1] Mit dem Lernappell einher geht die Annahme, dass durch kognitive Struktur- resp. Verhaltensänderung eine sich kontinuierlich wandelnde Realität adäquat bewältigt werden kann. Zur Steigerung der Wahrscheinlichkeit des Lernens Erwachsener werden spezifische soziale Settings konstruiert: ‚Kurse der Erwachsenenbildung', lehr-lernbezogene Interaktionssysteme, die im Umkreis von Volkshochschulen und Weiterbildungseinrichtungen ebenso vorzufinden sind, wie bei nicht derart explizit auf Lernen ausgerichteten Institutionen – z. B. Glaubensgemeinschaften, Vereine oder Unternehmen. Aus der Perspektive der Erwachsenenbildungswissenschaft als erziehungswissenschaftliche Teildisziplin, die sich u. a. mit dem Lehren und Lernen von Erwachsenen befasst, drängt sich die Frage danach auf, was in Kursen der Erwachsenenbildung empirisch vor sich geht: Von welcher latenten Strukturlogik sind lehr-lernbezogene Interaktionssysteme durchzogen? Was konstituiert den Kurs in Abgrenzung zu anderen Interaktionszusammenhängen und welche verschiedenen Formen des Umgangs mit welchen strukturellen Problemen können identifiziert werden? Antworten auf derartige Fragen lassen sich weniger durch quantifizierende Analysen als vielmehr durch qualitative Forschungsdesigns geben, anhand derer das Interaktionsgeschehen in mikroskopischer Einstellung beobachtet werden kann.

Meine Studie versteht sich als Beitrag zum erziehungs- bzw. sozialwissenschaftlichen Methodologie- und Methodendiskurs und zielt darauf ab, theoretisch reflektiertes ‚Handwerkszeug' zur Analyse von lehr-lernbezogenen Interaktionssystemen im Kontext der Erwachsenenbildung zu entwickeln und dieses Instrumentarium methodisch und forschungspraktisch an einem Fallbeispiel vorzuführen. Ihren innovativen Charakter erhält diese Studie insbesondere durch die Auseinandersetzung mit audiovisuellen Daten als Basis zur Rekonstruktion interaktionsinhärenter Sinnstrukturen. Abgezielt wird also nicht darauf, das prinzipiell intransparente Denken und die Motivationslage von Kursleitern und Kursteilnehmern zu untersuchen oder Aussa-

---

1   So etwa die Stellungnahme einer unabhängigen Expertenkommission in ihrem, vom Bundesministerium für Bildung und Forschung in Auftrag gegebenen Bericht zur Finanzierung lebenslangen Lernens: „Lebenslanges Lernen ist unverzichtbar, um die Anforderungen in komplexen technischen, wirtschaftlichen und sozialen Systemen kompetent bewältigen zu können" (Unabhängige Expertenkommission 2004, S. 9).

gen zu lernförderlicher Unterrichtsinteraktion zu formulieren (vgl. etwa Rosenbusch 2004), sondern Lehren und Lernen Erwachsener in deskriptivanalytischer Einstellung als potenziell auftretendes, kommunikationsinhärentes Phänomen in den Blick zu nehmen. Insofern knüpft der hier entwickelte Ansatz perspektivisch an Sigrid Noldas Studie „Interaktion und Wissen" (1996) an, bei der es darum geht, prinzipielle Merkmale der kommunikationsinternen Konstitution des Lernens Erwachsener in lehr-lernbezogenen Settings zu beschreiben.[2] Durch den Einbezug des Bildes potenziert sich allerdings die Detailliertheit und Komplexität dessen, was einer Interaktionsanalyse zu Grunde liegt. Von besonderer Wichtigkeit ist es deshalb, sich zunächst die Frage zu stellen, wie Strukturen in Interaktionszusammenhängen entstehen und welche Voraussetzungen getroffen werden müssen, um diese rekonstruieren zu können. Rückgegriffen werden kann dabei auf Konzepte rekonstruktiver Sozialforschung, die sich bereits zur Analyse auditiver Daten fest etabliert haben. Insbesondere die objektive Hermeneutik stellt eine prominente und weit ausgearbeitete Methodologie und Methode dar, auf die ich mich in meiner Studie beziehe.

Grundlegendes Interesse dieser Studie ist die Erschließung des Datentyps ‚Videoprotokoll' als materiale Grundlage für ein sozial- bzw. erziehungswissenschaftliches Konzept zur Untersuchung der Strukturiertheit von Interaktionszusammenhängen, bei denen Lernen Erwachsener wahrscheinlich ist – wie dies bei Interaktionszusammenhängen im Rahmen von Kursen der Erwachsenenbildung meist vorausgesetzt wird. Die Konzeptentwicklung erstreckt sich auf vier Teile, innerhalb derer sich acht Kapitel und diverse Unterkapitel befinden. Von elementaren Begriffsbestimmungen bzw. Selektionen ausgehend wird ein Konzept auf den Ebenen von Theorie, Methodologie und Methode entwickelt und abschließend reflektiert und eingeordnet.

Unter der Überschrift „Ausgangsselektionen" werden grundlegende Annahmen zu den Begriffen ‚Interaktion' – bezugnehmend auf Arbeiten von Niklas Luhmann bzw. André Kieserling – und ‚Kurs' – bezugnehmend auf Arbeiten von Jochen Kade – eingeführt und das ‚Videoprotokoll' als Datengrundlage vorgestellt (Kap. 1). Zudem werden ein Überblick über Verfahrensweisen der objektiven Hermeneutik gegeben und bestehende objektivhermeneutische Ansätze zur Analyse (audio-)visueller Daten gesichtet (Kap. 2).

Von einem systemtheoretischen Theorierahmen ausgehend wird in einem zweiten Teil nach Möglichkeiten der Integration des objektiv-hermeneutischen Konzepts gefragt. Dazu werden theoretische Prämissen der objektiven Hermeneutik, die auf George H. Mead zurückgehen, eruiert und problematisiert (Kap. 3). Anschließend gilt es, interpretationsleitende Konstitutionsprinzipien als analyseorientierende, theoretische Grundsätze zu formu-

---

[2] Zur Institutionalisierung des Pädagogischen in nicht eigens auf Lernen ausgerichteten Feldern vgl. Kade/ Seitter 2007.

lieren. Dies geschieht in zwei Schritten. Im ersten Schritt (Kap. 4) werden allgemeine Grundannahmen einer systemtheoretisch informierten objektiven Hermeneutik dargelegt. Dazu beziehe ich mich insbesondere auf Tillmann Sutter (1999a) sowie auch auf Wolfgang Ludwig Schneider (2004). In einem zweiten Schritt (Kap. 5) befasse ich mich mit sozialbezogenen Körperbewegungen, die sich aufgrund der audiovisuell verfassten Datenbasis dem Beobachter aufdrängen und eine bedeutsame Rolle zur Organisation von Interaktion spielen: „Die beteiligten Personen müssen einander hören und sehen können. Damit gewinnen zugleich auch die Körper und deren Verhalten eine nicht ignorierbare Relevanz" (Kieserling 1999, S. 110). Aus systemtheoretischer Perspektive wird das Mimesis-Konzept von Gunter Gebauer und Christoph Wulf (1998) interpretiert, um die im vorigen Kapitel dargelegten interpretationsleitenden Konstitutionsprinzipien entsprechend der Datenbasis zu erweitern.

Der dritte Teil – zugleich der zweite Hauptteil dieser Studie – befasst sich auf methodologischer (Kap. 6) und methodischer Ebene (Kap. 7) damit, ein Konzept zur Rekonstruktion von Kursinteraktion auf der Basis audiovisueller Daten vor dem Hintergrund einer systemtheoretisch informierten objektiven Hermeneutik zu entwickeln: ‚Selektive Kontextvariation'. Die Analyse einer Anfangssequenz eines Volkshochschulkurses, der aus zwei Kameraperspektiven gefilmt wurde, dient der Illustration des hier entwickelten Konzepts.

In einem abschließenden vierten Teil (Kap. 8) werden die in dieser Studie von Kapitel zu Kapitel getroffenen Selektionen retrospektiv betrachtet, bedeutsame Erträge werden akzentuiert und der Status von Ergebnissen, die unter Anwendung eines derartigen Konzepts zur Rekonstruktion von Kursinteraktion gewonnen werden können, diskutiert. Zwei letzte Teilkapitel befassen sich schließlich mit der Kontextualisierung des Ansatzes – der Frage nachgehend, was mit dem hier entwickelten Konzept rekonstruktiver Kursforschung für die Erwachsenenbildung bzw. erwachsenenbildungswissenschaftliche Grundlagenforschung gewonnen werden kann.

Sollte in meiner Studie z. T. öfters die maskuline Form von Substantiven (z. B. Teilnehmer und Kursleiter) verwendet werden, steht dies im Interesse einer lesefreundlichen Textgestaltung. Entsprechend weibliche Formen sind als demgegenüber gleichberechtigt zu denken!

Danksagung

Die vorliegende Studie schließt an meine im Juli 2005 bei Prof. Dr. Jochen Kade an der Universität Frankfurt a. M. eingereichte Diplomarbeit an. Anregungen und förderliche Irritationen bei Erstellung der Studie verdanke ich insbesondere dem Forschungszusammenhang „Bild und Wort: Erziehungswissenschaftliche Kurs- und Bildungsforschung". Namentlich hervorheben möchte ich Jochen Kade, Sigrid Nolda und Jörg Dinkelaker. Für die Möglichkeit der Veröffentlichung dieser Studie danke ich dem Fachbereich Erziehungswissenschaften der Universität Frankfurt – besonders Frank-Olaf Radtke. Korrektur gelesen wurde die Arbeit von Evelyn Stettner. Birgit Fischer und Eva Neumann übernahmen die Formatierungsarbeiten. Auch Ihnen gilt mein Dank. Für ihre Unterstützung, auch während meines Studiums, herzlich bedanken möchte ich mich besonders bei Miriam Frcinik sowie Gudrun und Jürgen Herrle.

I. Ausgangsselektionen

1. Gegenstandskonstitution

Auf der Folie einer definitorischen Annäherung an den Interaktionsbegriff[3] werden in diesem Kapitel gegenstandskonstituierende Annahmen zum Kurs als lehr-lernbezogenem Interaktionssystem dargestellt sowie das Videoprotokoll als Datentyp zur Konservierung audiovisuell verfasster Kursinteraktion vorgestellt. Zur Abgrenzung des Interaktions- und Kursbegriffs wird sich hier auf einen systemtheoretischen Referenzrahmen bezogen, der durch Arbeiten von Niklas Luhmann, André Kieserling und Jochen Kade aufgespannt wird.

1.1 Interaktion

Unter Interaktion wird gemeinhin „sich, agierend und aufeinander reagierend, wechselseitig in seinem Verhalten beeinflussen" (Drosdowski/Scholze-Stubenrecht/Wermke 1997, S. 369) verstanden. Präzisierend hinzuzufügen ist, dass für ein wechselseitiges Agieren in Interaktionszusammenhängen die physische Ko-Präsenz einzelner Akteure – also Anwesenheit – vorauszusetzen ist. Der Interaktionsbegriff grenzt sich insofern von Kommunikation ab, als diese nicht an die gleichzeitige Anwesenheit von Personen in einem gemeinsamen Wahrnehmungsraum gebunden ist. Interaktionssysteme reproduzieren sich durch Kommunikation unter der Bedingung wechselseitiger Wahrnehmbarkeit. Kommunikation wird dabei als Synthese dreier Selektionen – Mitteilung, Information und Verstehen (vgl. Luhmann 1998, S. 86 f. und 190 ff.) – verstanden.[4]

Nach André Kieserling ist gemeinsame Anwesenheit das zentrale Konstitutionsprinzip von Interaktion, das einen Bezug anwesender Personen aufeinander für die Dauer der zeitlich begrenzten Interaktion ermöglicht (vgl. Kieserling 1999, S. 17). Interaktion stellt insofern einen Sonderfall von Kommunikation dar, als die Anwesenden je für sich die Kommunikation verstehen müssen und zugleich einander wahrnehmen, während sie läuft. Inter-

---

[3] Präzisiert werden der Interaktionsbegriff und dessen Implikationen für eine rekonstruktive Methodologie in Kapitel 6.
[4] Zum systemtheoretischen Kommunikationsbegriff vgl. einführend Berghaus 2004, S. 73 ff. sowie Baraldi/Corsi/Esposito 1999, S. 89 ff.

aktion ist nach Kieserling zu definieren als *Kommunikation unter Anwesenden*.
Interaktionen zeitigen sich im alltäglichen Umgang von Menschen miteinander tausendfach. Trotz der Flüchtigkeit, die ihr anhaftet, etabliert sich in der Interaktion eine eigenständige soziale Ordnung durch Selektion. Niklas Luhmann beschreibt dies als Herausbildung eines (einfachen) sozialen Systems: „Ein soziales System entsteht durch Strukturselektion und damit verbundene Grenzdefinition auf der Basis selektiver Prozesse" (Luhmann 1977, S. 6). Durch Thematisierung von Bestimmtem durch Bestimmte und Ausschluss von allem Anderen, was sonst hätte thematisiert werden können, spezifiziert sich ein Interaktionssystem in der Zeit – eine Systemgeschichte wird etabliert:[5] „Deshalb ist die Genesis des Systems zunächst zugleich seine Struktur; die Interaktionsgeschichte dient als Struktur der Folgeprozesse, und die Abhebung der Struktur von der Systemgeschichte ist für einfache Systeme teils unnötig, teils problematisch" (ebd., S. 5). Die Systemgeschichte stellt die Verkettung der im System erbrachten Selektionsleistungen dar, die in Relation zu dem, was nicht gewählt wurde bzw. zu dem Horizont der Möglichkeiten, aus denen gewählt wurde, steht (vgl. ebd., S. 12).

Der Wahrnehmung und Wahrnehmbarkeit der Interaktanten kommt beim Prozessieren von Interaktion eine besondere Bedeutung zu. Sie hat den Status einer eigenen Realität, die durch Überführung in sprachliche Ausdrücke nicht angemessen wiedergegeben werden kann und zeichnet sich, der verbalen Sprache gegenüber, durch eine große Komplexität vermittelter Eindrücke und ein hohes Tempo der Vermittlung und Verarbeitung aus (vgl. Luhmann 1977, S. 7).

Bewusstseinsintegrierte Wahrnehmung der Interaktanten als psychische Systeme ist zu unterscheiden von interaktionsrelevanter, reflexiver Wahrnehmung.

„Die Wahrnehmung muß als Wahrnehmung ihrerseits wahrnehmbar sein, und insofern sind im Interaktionsbereich eigentlich nur die (dafür dann aber auch:) alle wahrgenommenen Wahrnehmungen von Bedeutung – bis hin zu den Techniken eines taktvollen Verbergens des eigenen Wahrgenommenhabens, die eben darum erforderlich werden" (Kieserling 1999, S. 24).

Das Interaktionssystem grenzt sich in der Kommunikation von seiner Umwelt durch die Differenz anwesend/nicht anwesend bzw. der Zuschreibung Teilnehmer/Nicht-Teilnehmer ab.[6] Zur nicht anwesenden Umwelt gehört al-

---

5   Kieserling weist auf die Existenz von Typenprogrammen hin, an denen sich Interaktanten bei der Durchführung von Interaktion orientieren. Sie erleichtern die Herstellung einer sprachlich eindeutigen Beziehung und geben ein Minimum an Vorverständigung über den allgemeinen Sinn der Zusammenkunft, in der sich eine Systemgeschichte etabliert (vgl. Kieserling 1999, S. 18). Gleichzeitig kann allerdings konstatiert werden, dass das Statthaben von Interaktion das jeweilige Typenprogramm zu formen resp. abzuändern vermag.
6   Luhmann unterscheidet ‚Beteiligte' von ‚Anwesenden'. Als Beteiligte bzw. Teilnehmer fasst er Personen, die eigenes Erleben und Handeln zur Interaktion beisteuern und als An-

les, was jenseits der Grenzen der situationsgebundenen Wahrnehmung liegt – zugleich können allerdings auch physisch anwesende und potenziell wahrnehmbare Personen von der Kommunikation in Interaktionssystemen als nicht anwesend, genauer, als Nicht-Teilnehmer betrachtet werden. „Keineswegs ist alles, was anwesend ist, eo ipso schon Teil des Systems" (Luhmann 1977, S. 16; im Original kursiv). Dennoch kann die (systemintern definierte) Umwelt als Quelle störender oder anregender Ereignisse Interaktionsrelevanz erlangen (vgl. ebd., S. 17).

Während sich manche Interaktionssysteme kurz nach ihrer Etablierung wieder auflösen, ist für andere eine längerfristige Fortsetzung kennzeichnend. Dies erfordert die paradoxe Leistung „Kontinuität durch Unterbrechung der Kontinuität zu erreichen" (Luhmann 1977, S. 22; im Original kursiv). Das impliziert, dass der Sinn der Zusammenkunft reflektiert wird sowie Vereinbarungen bezüglich des Ortes, der Zeit und der Teilnehmerzusammensetzung für die Fortsetzung der Interaktion getroffen werden. Trotz der Gewahrwerdung der Identität des Interaktionssystems (bzw. sozialen Systems) durch die Teilnehmer, handelt es sich bei intermittierenden Systemen um ‚einfache Systeme', die sich von organisierten Sozialsystemen bzw. Gesellschaftssystemen unterscheiden (vgl. ebd., S. 23 f.).

1.2 Kurse der Erwachsenenbildung

Das unspezifischste Kennzeichen von Unterricht, bzw. Kursen der Erwachsenenbildung,[7] ist dessen auf wechselseitiger Wahrnehmung und Kommunikation basierende Verfasstheit (vgl. Proske 2003, S. 149 f.). Inwiefern besteht nun ein Unterschied zwischen alltäglichen Interaktionszusammenhängen, wie beispielsweise an Warteschlangen vor der Kinokasse oder im Supermarkt, und denen, die als organisierte Lehr-Lernsituationen ausgewiesen werden können?

---

wesende Personen, die sich wechselseitig wahrnehmen können – und somit potenziell Beteiligte sind (vgl. Luhmann 1977, S. 4 f.). Der Begriff des Teilnehmers bezeichnet in der Erwachsenenbildungssemantik demgegenüber zumeist eine spezifische Erwartungscollage und geht mit Rollenzuschreibungen einher (vgl. Schäffter 2001, S. 303 f.). Dafür verwende ich i. d. R. den Begriff ‚Kursteilnehmer'. Wenn ich im Folgenden dagegen vom ‚Teilnehmer' spreche, dann beziehe ich mich zumeist auf eine fundamentalere Ebene der Konstitution von Interaktion und grenze diesen Begriff zugleich, Luhmanns Vorschlag folgend, vom Begriff des ‚Anwesenden' ab.

7   Die Begriffe ‚Kurs' und ‚Unterricht' werden zunächst synonym verwendet. Inwiefern sich der Kursbegriff als Spezifikum der Erwachsenenbildung mit seinen Implikationen vom allgemeinen Unterrichtsbegriff abhebt, wird an entsprechender Stelle aufzuzeigen sein.

1.2.1 Spezifikation von Kommunikation

Nach Jochen Kade lässt sich das Interaktionssystem Unterricht „als spezifische Konkretisierung – vielleicht auch Engführung – *pädagogischer* Kommunikation deuten, als Kommunikation unter Anwesenden [...] unter Bedingungen wechselseitiger, reflexiver Wahrnehmung" (Kade 2004, S. 226; im Original nicht kursiv). Pädagogische Kommunikation ist dabei als Reproduktionsmedium des Erziehungssystems zu betrachten, durch welches das Erziehungssystem „in unterschiedlichen Formen das eigene Tun beobachtet und herstellt" (Proske 2003, S. 144). Schulunterricht wie auch Kurse der Erwachsenenbildung stellen unterschiedlich institutionalisierte Formen pädagogischer Kommunikation dar – und insofern handelt es sich dabei nicht um freifluktuierende Interaktionssysteme, wie sie etwa an Warteschlangen vor der Kinokasse aufzufinden sind. Vielmehr lassen sich diese Interaktionssysteme als (historisches) Zentrum des sich ausdifferenzierenden Erziehungssystems begreifen (vgl. Luhmann 2002, S. 110).[8] Ein zentrales Kennzeichen von Kursen der Erwachsenenbildung ist, neben wechselseitiger Wahrnehmbarkeit der Interaktanten qua physischer Ko-Präsenz, eine spezifische Gestalt der Kommunikation, die das Interaktionssystem als Kurs der Erwachsenenbildung und somit als ein ausdifferenziertes System zur Steigerung der Erwartbarkeit des Lernens bzw. der Wissensaneignung Erwachsener (vgl. Kade 2005) charakterisiert.

Insofern Wissensaneignung bzw. Verhaltensänderung der Teilnehmer von Unterricht bzw. Kursen als Fluchtpunkt dieser Zusammenkünfte gelten kann und zugleich einen Ausgangspunkt zur Selbstkonstitution des Erziehungssystems darstellt (vgl. Proske 2003, S. 145 f.), ist damit zugleich eine gewisse Unwahrscheinlichkeit und Kontingenz verbunden. Entgegen technologisch anmutender Vorstellung einer Übertragung von Wissen vom Lehrer bzw. Kursleiter auf seine Schüler bzw. Kursteilnehmer ist das Verhältnis von sozialem System, dessen Medium Kommunikation ist, und psychischem System der Anwesenden, dessen Medium Gedanken darstellen, gekennzeichnet durch gegenseitige Abschottung: „Wenn man individuelle Menschen als Konglomerat autopoietischer, eigendynamischer, nichttrivialer Systeme begreift, gibt es keinen Anlaß zu der Vermutung, man könne sie erziehen" (Luhmann 2002, S. 82). Das Problem, mit dem es Kursleiter zu tun haben, ist die Unmöglichkeit eines direkten Zugriffs auf die Wissensaneignung der Kursteilnehmer.

---

8 Gleichwohl ist damit nicht impliziert, dass Unterricht auch systematisch im Zentrum des Erziehungssystems steht. Vielmehr bildet der Unterricht einen Herkunftskontext, der neben neueren Entwicklungen steht – wie etwa medial vermittelter Kommunikation (vgl. Kade 2004, S. 227 ff.).

Die Etablierung pädagogischer Kommunikation ist mit der Bedingung doppelter Kontingenz bzw. Intransparenz konfrontiert.[9] Die Überbrückung der Kluft zwischen psychischen und sozialen Systemen geschieht kommunikationsintern durch die Konstruktion von ‚Personen' als Zurechnungspunkte für Kommunikation (vgl. Luhmann 1987, S. 155 und Kade 2004, S. 203).

„Pädagogische Kommunikation ist prinzipiell möglich, weil sie sich in ihrem Vollzug an der erreichbaren Person orientiert, ohne ihren Anspruch aufzugeben, den Menschen zu verändern, der auf der Hinterbühne der Kommunikation als unerreichbares Individuum präsent bleibt. In diesem Sinne ist pädagogische Kommunikation sowohl *Kommunikation* als auch *pädagogisch*" (Proske 2003, S. 147).

Die komplementären Operationen pädagogischer Kommunikation sind ‚Vermitteln' und ‚Aneignen'.[10] Dabei ist kommunikationsintegrierte von bewusstseinsintegrierter – der Kommunikation unzugänglicher und dem psychischen System zugehöriger – Aneignung zu unterscheiden. „Der Zugang zum psychischen System vom sozialen aus geschieht als Operation des Vermittelns, vom psychischen System her als Operation des Aneignens" (Kade 2004, S. 206).[11] Pädagogische Kommunikation in sozialen Systemen kann „als Zusammenhang der wissensbezogenen Operationen Vermitteln, Aneignen und Überprüfen (von Wissen) bestimmt [werden; M. H.], die ihren verbindenden Fluchtpunkt in einer pädagogischen Absicht haben" (Kade/Seitter 2004, S. 64). Dabei kommt es dem Kursleiter zu, Wissen im Hinblick auf die Aneignung der Kursteilnehmenden zu vermitteln. Überprüft werden kann allerdings nur kommunikationsintegrierte Aneignung von Wissen. Wenn ein Kursleiter seine Kursteilnehmer fragt, ob ein vermittelter Sachverhalt verstanden wurde, so können diese übereinstimmend mit dem Kopf nicken und „ja haben wir" kommunizieren. Ob die Kursteilnehmer tatsächlich verstanden haben, was der Kursleiter zu vermitteln beabsichtigt hatte, bleibt intransparent.[12]

Erwachsenenbildung kann als die gesellschaftliche Organisation zur Beförderung der Aneignung neuen Wissens (und damit einhergehender Entfremdung von altem Wissen) gefasst werden. Als Handlungssystem greift Erwachsenenbildung „in den Fluß der lebensweltlich „eingehüllten" Aneig-

---

9   Dies konstituiert zugleich die Ausdifferenzierung des lehr-lernbezogenen Interaktionssystems als solches. Doppelte Kontingenz „ermöglicht die Ausdifferenzierung einer besonderen Weltdimension für sozial unterschiedliche Sinnperspektiven (Sozialdimension), und sie ermöglicht die Ausdifferenzierung besonderer Handlungssysteme, nämlich sozialer Systeme" (Luhmann 1987, S. 153; im Original kursiv).
10 Die Unterscheidung von Vermitteln und Aneignen kann als Hineinkopieren der System-Umwelt-Unterscheidung soziales System (Kommunikation)/psychisches System (Bewusstsein) in die pädagogische Kommunikation aufgefasst werden (vgl. Kade 2004, S. 207).
11 Der aus Vermitteln/Aneignen abgeleitete Code des Erziehungssystems ist nach Kade: vermittelbar/nicht-vermittelbar (vgl. hierzu Kade 1997).
12 Aus konversationsanalytischer Perspektive bezogen auf Schulunterricht vgl. Mehan 1979 sowie Becker-Mrotzeg/Vogt 2001.

nungsprozesse [...] ein, indem sie eine Differenz zwischen Leben und Aneignung aufmacht. Vorgefundene Lebensverhältnisse werden als Aneignungsverhältnisse thematisiert und (um-)gestaltet. Von daher ist Erwachsenenbildung (nichts anderes als) Konstitution und Strukturierung von Aneignungsverhältnissen" (Kade 1993, S. 400). Rückbezogen auf die oben angeführte Differenz von Kommunikations- und Bewusstseinssystem nehmen Aneignungsverhältnisse eine Ebene zwischen der Erwachsenenbildung als sozialem System und den Aneignungsprozessen der Kursteilnehmer ein (vgl. a. a. O.).

Eine pädagogische Strukturierung von Aneignung ist nicht lediglich in institutionell markierten Kontexten der Erwachsenenbildung vorzufinden. Vielmehr ist eine kontextfreie Universalisierung pädagogischer Strukturierung von Aneignung, die Mischformen mit Alltags- und Freizeitlogiken eingeht, zu beobachten.[13] Zugleich sind explizit ausgewiesene Veranstaltungen der Erwachsenenbildung empirisch nicht lediglich auf Lernen und Verhaltensänderung bezogen. „Interaktionsgrenzen liegen [...] nicht notwendigerweise innerhalb der Grenzen anderer innergesellschaftlicher Sozialsysteme" (Kieserling 1999, S. 77).[14] So ist hier etwa eine Assimilation pädagogischer Strukturierung an Alltags- und Freizeitlogik nicht unwahrscheinlich (vgl. Kade/Seitter 1998).

1.2.2 Strukturierungsdimensionen

Ein Grundproblem, das bei der Herstellung und Verstetigung von Kursen als lehr-lernbezogene Interaktionssysteme in Erscheinung tritt, ist die Grenzziehung zur Umwelt – ein Problem, dessen Bewältigung erwartungsgemäß in erster Linie dem Kursleiter zugeschrieben wird. So sind zur Etablierung eines Kurses die Abgrenzung der Kommunikation zu lebensweltlichen Bezügen sowie die Richtung der Aufmerksamkeit und Disziplinierung von Körperbewegungen auf die Aneignung eines bestimmten Themas herzustellen. Umwelten, die in die Kurskommunikation irritierend hineinragen können, sind beispielsweise die wahrnehmbare Erscheinung der Interaktanten (z. B. deren Aussehen und Kleidung), Objekte im Kursraum (wie z. B. Bilder an der Wand) oder die Umgebung des Raumes, die sich durch Fenster in der Raumbegrenzung der Wahrnehmung aufdrängen kann (z. B. ein plötzlich aufziehendes Gewitter). Während jene Aspekte die Fragilität pädagogischer Struk-

---

13 Zur Universalisierung des Pädagogischen vgl. Kade/Seitter 2007.
14 Kieserling weist auf die lockere Verknüpfung hin, die zwischen spezifischen Interaktionssystemen und gesellschaftlichen Teilsystemen bestehen:
„Alle großen Teilsysteme führen an ihren Grenzen Interaktionen durch, die als soziale Systeme eigener Art weder eindeutig innerhalb, noch eindeutig außerhalb des Großsystems ablaufen, sondern gerade zur selektiven Verknüpfung mit spezifischen Umweltsystemen dienen, für die dann wiederum gilt, daß die Interaktion weder eindeutig innerhalb noch eindeutig außerhalb des Systems abläuft" (Kieserling 1999, S. 78).

turierung von Kursen der Erwachsenenbildung betonen, soll im Folgenden der Frage nach charakteristischen, verstetigenden Merkmalen von Kursen innerhalb verschiedener, spezifisch gestaltbarer Dimensionen nachgegangen werden. Zugleich soll die Differenz zwischen den beiden Formen des Erziehungssystems, Kurs und Unterricht, die sich im Medium pädagogischer Kommunikation konstituieren, akzentuiert werden, um so den Blick für die Eigenart von Kursen der Erwachsenenbildung zu schärfen.

Intransparenz kann als grundlegender Ausgangspunkt von Kursinteraktion betrachtet werden. Aus der Ungewissheit über das, was alles vor sich geht, resultiert eine retrospektive Orientierung des Kursverlaufes, die sich am gerade Geschehenen ausrichtet (vgl. Luhmann 2002, S. 104). Kursinteraktionen kommen in den Blick als „Einheit von Differenzen, als Verbindung von Kursleiterhandeln und subjektiven Aneignungsprozessen in all ihrer Fragilität, Kontingenz und Brüchigkeit" (Kade 1992, S. 35). Die Etablierung und Kontinuierung eines Lernraums (vgl. Kade 1992) und damit einhergehend die Grenzziehung zwischen Innen und Außen kann als zentrale Bedingung zum Herstellen und Auf-Dauer-Halten von Kursen (sowie auch von Unterricht; vgl. Proske 2003, S. 155 ff.) betrachtet werden. In diesem Verständnis handelt es sich beim Kurs der Erwachsenenbildung um ein „zur Steigerung der Erwartbarkeit des Lernens/der Wissensaneignung Erwachsener ausdifferenziertes Interaktionssystem" (Kade 2005), das sich selbst konstituiert, sofern es einmal hergestellt wurde. Vorstellbare Selektionen, die zur Steigerung der Wahrscheinlichkeit des Lernens Erwachsener getroffen werden, lassen sich anhand folgender Strukturierungsdimensionen systematisieren:

Raum

Kurse der Erwachsenenbildung finden an speziell dazu ausgewiesenen Orten bzw. in Räumen statt,[15] die einer Ablenkung anwesender Personen bzw. Irritationen der Kurskommunikation durch auditiv und visuell wahrnehmbare Umwelt präventiv entgegenwirken sollen und so der Kanalisierung von Aufmerksamkeit dienen. Diese Räume bilden einen institutionell vorstrukturierten Innenraum, in denen sich spezifische Gegenstände und ‚didaktische Utensilien' befinden, die zumeist eine vorstrukturierte Positionsanordnung, wie z. B. eine spezifische Tischordnung, im Hinblick auf das Lernen von Personen vorsehen. Öffnungen des Kurses zur Umwelt können durch Elemente wie Türen oder Fenster, aber auch durch Gegenstände wie Zeitschriften, Telefone oder internetfähige Rechner gebildet werden. Durch eine Konstanthaltung des Raumes während der Kurslaufzeit wird ein Kontinuum geschaffen, das die Aneignung des Raumes als Kursraum durch die Kursteilnehmenden gewährleistet und eine Grundorientierung schafft – wenngleich

---

15 Ich beziehe mich folgend ausschließlich auf Kurse, die qua Interaktion organisiert sind und blende – nicht weniger interessante – Kurse, die lediglich medial vermittelt stattfinden (z. B. Fernstudiumskurse), aus.

jene Anverwandlung des Raumes im Falle von Kursen der Erwachsenenbildung vermutlich wesentlich schwächer ausfällt, als dies bei Schulklassenräumen, die über einen längeren Zeitraum kontinuierlich belegt bzw. ‚belebt' werden, der Fall ist.

Zeit

Kurse haben einen Anfang und ein Ende. Verknüpft mit dieser trivial anmutenden Feststellung sind Aktivitäten des Öffnens und des Schließens. „Ist etwa am Anfang einer Veranstaltung die Abschirmung von der Außenwelt die Bedingung der Eröffnung eines Lernraums, so ist an ihrem Ende die Schließung des Lernraums Bedingung für die Öffnung der Teilnehmer für ihre Lebenswelt" (Kade 1992, S. 37). Da manche Kurse über einen längeren Zeitraum einmal oder öfter in der Woche stattfinden, was unterstellt, dass die Interaktion regelmäßig unterbrochen und wieder aufgenommen werden muss, werden Möglichkeiten geschaffen, um Kontinuität zu gewährleisten. Als Garant für die Möglichkeit der Fortsetzung von Interaktion setzt Luhmann auf das Gedächtnis von Personen: „Die Interaktion garantiert (wie immer es psychologisch darum bestellt sein mag) Teilnehmer mit Gedächtnis, nämlich „Personen", so daß die Kommunikation an die „letzte Stunde" anknüpfen kann" (Luhmann 2002, S. 106). Es sind verschiedene Formen von Kontinuitätsstiftung vorstellbar. Insofern sich Kontinuität auf die Teilnehmerzusammensetzung bezieht, stellen z. B. Zertifikate, die am Ende eines Kursbesuches erworben werden können, oder enorme Kosten, die für einen Kurs gezahlt wurden, oder auch Beziehungen, die sich unter Kursteilnehmern bzw. unter Kursteilnehmer und Kursleiter bilden, einen kontinuitätsstiftenden und konditionierenden Zusammenhang dar. Institutionell wird die Kontinuität von Ort und Zeit bereits vorab hergestellt. Eine Kontinuität von Themen als Lerngegenstände wird insbesondere durch den Kursleiter und dessen Konzeption des Kurses versucht aufrechtzuerhalten.

Luhmann unterscheidet des Weiteren Episoden von Perioden (vgl. ders. 2002, S. 108). Während Episoden den Unterricht nach dem jeweiligen Lehrerhandeln disponieren, stellen Perioden organisatorisch-institutionell vorgegebene Einteilungen dar. Brüche von Kontinuitäten in der Kurskommunikation lassen sich innerhalb einer Kursstunde sowie zwischen einzelnen Kursstunden aufweisen und rufen entsprechende Kompensationsmechanismen auf den Plan (z. B. Hausaufgaben).

Themen

Die Themenwahl bzw. die Transformation lebensweltlicher Themen in Lerngegenstände (vgl. Kade 1992, S. 37) ist ein weiteres Charakteristikum lehrlernbezogener Interaktion. Zugleich stellt die Abgrenzung des Kurses zu anderen Interaktionssystemen (z. B. gesellige Interaktion oder intime Interaktion) ein Problem dar, das nach Gestaltung verlangt (vgl. Kade 2005).

Die explizite Behandlung eines bestimmten Themas resp. Lerngegenstandes und die damit einhergehende Ausgrenzung anderer (z. B. lebensweltlicher) Themen bildet mit der pädagogischen Strukturierung der Kommunikation ein Gerüst, das den Kurs als solchen kenntlich macht und von anderen Interaktionssystemen unterscheidet. Andere, implizit bleibende Themen können demgegenüber die Kursoberfläche unterwandern, vor sich hinschlummern und hin und wieder ins Interaktionsgeschehen durchbrechen.[16]

Kursleiter und Kursteilnehmer
Während im schulischen Unterricht die Anwesenden eine Zwangsgemeinschaft altershomogener Zusammensetzung bilden und dies durch die Schulpflicht und die Organisation des klassenförmigen Unterrichts gewährleistet wird, unterliegen Kurse der Erwachsenenbildung weitgehend nicht derartigen Bestimmungen. Während Schulkinder als noch nicht vollends entscheidungsbefugt und unmündig betrachtet werden, trifft dies auf erwachsene Kursteilnehmer i. d. R. nicht zu. Zwar mögen diese z. T. auch äußeren Zwängen unterliegen (wenn z. B. eine Kursteilnahme als Voraussetzung zur Zahlung von Arbeitslosengeld geltend gemacht wird), können sich aber dennoch eigenverantwortlich gegen eine Kursteilnahme entscheiden. Teilnahmegründe an Kursen sind kontingent. Wissensdurst als Teilnahmemotiv ist möglich, aber nicht ausschließlich erwartbar. Wer aus welchen Motiven einen Kurs besucht, ist zunächst ungewiss. Gleichwohl wird versucht, diese Ungewissheit organisatorisch durch Veröffentlichung von Kurslegenden bzw. der (z. T. impliziten) Kommunikation von Erwartungen gegenüber dem potenziellen Teilnehmer zu kompensieren. So erfolgt im Vorfeld des Kurses der Versuch einer ersten Selektion, indem Angebote und Erwartungen kommuniziert werden. Öffentliche Kursankündigungen mögen zwar zur Rechtfertigung späteren Kursleiterhandelns beitragen, können aber kaum den realen Teilnehmer und dessen Teilnahmemotive vorhersehbar machen.

In der Kurssituation ist der Kursleiter i. d. R. nicht mit einem einzelnen Kursteilnehmer konfrontiert, sondern mit einer Gruppe anwesender Personen und dem Problem, sich auf den Einzelnen und zugleich auch auf die Gruppe zu beziehen. Die Gruppensituation ermöglicht einerseits eine Steigerung der Lernaktivitäten der Kursteilnehmenden, indem sie sich gegenseitig kontrollieren und unterstützen mögen. Andererseits wird eine Ablenkung des Kursverlaufes aufgrund individuell unterschiedlicher Anschlussoptionen an ein zur Aneignung angebotenes Wissen bzw. aufgrund differenter Erwartungshaltungen an den Kurs wahrscheinlich. Während im schulischen Kontext die

---

16 Bei einer unternehmensinternen Mitarbeitereinführung mag es beispielsweise vordergründig um die Vermittlung unternehmensspezifischen Wissens gehen. Demgegenüber ist vorstellbar, dass ein zweites Thema, z. B. Kompetenzdemonstration, die Interaktion latent zu bestimmen vermag – was etwa durch eine extensive Sequenzanalyse der Interaktion in den Blick kommt (vgl. Herrle 2007).

Gruppensituation zur notenförmigen Bewertung der Leistung des Einzelnen ausschlaggebend ist, trägt dies nicht als allgemeines Merkmal von Kursen der Erwachsenenbildung, bei denen die formale Bewertung von Aneignungsleistungen nicht immer im Vordergrund steht.[17] Allerdings ist vorstellbar, dass die Gruppensituation Konkurrenzkämpfe und Selbstdarstellungspraktiken evoziert.

In Absetzung von dyadischen Kommunikationskonzepten ist der Kurs als multilaterales Geschehen durch die Existenz einer (oder mehrerer) Vorder- und einer (oder mehrerer) Hinterbühne(n) gekennzeichnet – was alleine schon durch die asymmetrische Verteilung von Rederechten begünstigt wird –, die in einer Relation zueinander stehen, welche es fallspezifisch auszuloten gilt.[18] Während das Hauptmaß der Aufmerksamkeit der Kursteilnehmenden i. d. R. auf die Interaktion mit dem Kursleiter gerichtet ist, ist vorstellbar, dass sich ‚Nebenschauplätze' – wie beispielsweise ein Dialog mit dem Platznachbarn über den vergangenen Urlaub – ergeben, die den Kurs in seiner Fortsetzung potenziell gefährden.

Die spezifische Rollenverteilung stellt eine Besonderheit von lehr-lernbezogenen Interaktionssystemen dar. So konstatiert Luhmann: „Die wohl auffälligste Eigenart des Interaktionssystems Schulunterricht ist die komplementäre, aber asymmetrische Rollenstruktur Lehrer/Schüler, die Autorität, Situationskontrolle und Redezeit massiv zugunsten des Lehrers disbalanciert" (Luhmann 2002, S. 108). Die Ausdifferenzierung einer asymmetrischen Rollenstruktur ist nicht nur ein Spezifikum des Schulunterrichts. Sie kann generell als Projektion einer, für die Adressierung pädagogischer Kommunikation und deren Beendigung zentralen Differenz von Können/Noch-Nicht-Können auf das Rollenverhältnis zwischen Erzieher und Zögling, zwischen Kursleiter und Kursteilnehmer, zwischen Wissensvermittler und Wissensaneigner aufgefasst werden. Während die asymmetrische Rollenordnung, die als Direktive für Personenwahrnehmung und deren kommunikative Adressierung gilt (z. B. Rederechtverteilung), ein grundlegendes Orientierungsschema bildet (vgl. Proske 2003, S. 158 f.), ist in der Erwachsenenbildung, wo Teilnahme zumeist freiwillig ist bzw. vom Kursteilnehmer finanziert wird – womit eine Ressourceninvestition einhergeht, die an bestimmte Erwartungen gebunden ist – nicht das gleiche Maß asymmetrieförderlicher Bedingungen gegeben, wie für Schulunterricht zutreffend sein mag. Während bei letzterem eine Asymmetrie alleine schon durch Differenzen in Generation bzw. Alter und Körpergröße gegeben ist, ist es möglich, dass unter den Kursteilnehmenden in der Erwachsenenbildung Personen zu finden sind, die an Größe, Alter (resp. ‚Lebenserfahrung'), aber

---

17 Zur Bedeutungsvielfalt von Leistungsnachweisen in der Erwachsenenbildung vgl. etwa Kade/Seitter 1996 und Nuissl 2003.
18 Vgl. auch Proske 2003, S. 156 f., der an dieser Stelle diesen allgemeinen Sachverhalt für Schulunterricht beschreibt.

auch an Wissen bezüglich eines spezifischen, zur Aneignung angebotenen Themas dem Kursleiter überlegen scheinen – was den Kurs in seiner herkömmlichen Struktur destruieren kann. So ist es vorstellbar, dass derjenige, dem institutionell die Kompetenz als Kursleiter zugesprochen wird, nicht notwendigerweise als einzige Person über Wissensvermittlungskompetenzen verfügt und zum Einsatz bringt.

Da Kursinteraktion nicht auf verbale Kommunikation beschränkt ist, sondern auch wechselseitig wahrnehmbare Körperbewegungen beinhaltet, kommt szenischen Elementen gestischen, mimischen und rituellen Handelns eine besondere Bedeutsamkeit zu. Bereits im Schulunterricht (und früher) werden durch den repetitiven und inszenatorischen Charakter rituellen Arrangements Erwartungen der Institution im Körper der späteren Adressaten erwachsenenpädagogischen Handelns verankert (vgl. Kap. 5.5). Es ist davon auszugehen, dass Überreste jener Bildungsprozesse auch in Veranstaltungen der Erwachsenenbildung reaktualisiert werden und sich zur Strukturierung von Kursen als funktional erweisen. Die Körper der Kursteilnehmer sowie des Kursleiters sind kontinuierlich anwesend, in Bewegung und stille Voraussetzung des Stattfindens von Kursinteraktionen. So können Körperbewegungen als visuelle Kommunikation in den Vordergrund treten, sich vielfältig mit auditiver Kommunikation verschränken und zu einer Forcierung oder Hybridisierung pädagogischer Kommunikationsmuster beitragen. Die Komplexität, die durch die Etablierung mehrerer Interaktionsebenen, die zugleich synchron und asynchron prozessieren, geschaffen wird, wirkt sich als Maximierung von Ungewissheit auf das Kursgeschehen aus. Spezifische rituelle, szenische und gestische Arrangements können demgegenüber als funktional zur Disziplinierung der Teilnehmer und deren Körper gelten (so z. B. die stillschweigende Verabredung des Handhebens von Kursteilnehmern als Angebot und Objektivierung von Äußerungswilligkeit).

Nachdem – ausgehend von Interaktion als Kommunikation unter Anwesenden – charakteristische Merkmale von ‚Kursen der Erwachsenenbildung' als lehr-lernbezogene Interaktionssysteme bzw. Institutionalisierung der an Erwachsene gerichteten Erwartung zu lernen genannt wurden, kann diesen Annahmen im Hinblick auf die in Kapitel 7 durchgeführte Analyse der Status ‚allgemeiner äußerer Kontext' zugesprochen werden. Es handelt sich hier um allgemeine Erwartungshaltungen, die an das Interaktionsgeschehen herangetragen werden können. In objektiv-hermeneutischer Manier gilt es allerdings, die empirische Interaktion nicht von vornherein als Kursinteraktion zu betrachten, sondern die fallspezifische Selektivität bzw. innere Strukturierung der Interaktion in den Blick zu nehmen. Sollte die Untersuchung einer Sequenz nahelegen, dass es sich dabei etwa um pädagogische Kommunikation handelt, ist dies natürlich zu berücksichtigen. Geschärft wird aber der Blick für abweichende Selektionen, indem die Interaktion nicht vorab, quasi deduktiv, als lehr-lernbezogene Interaktion betrachtet wird. Erst nach dem Herausstellen der inneren Fallstrukturierung ist diese dann mit hier explizierten Erwartungshaltungen zu Kursen der Erwachsenenbildung zu konfrontieren und auf die Besonderheit des Falls zu schließen. Ebenso können theoretische Annahmen zum Kurs im Allgemeinen weiter ausdifferenziert werden. Auf entsprechende methodologische und methodische Prämissen wird dezidiert in Kapitel 2.1 bzw. in den Kapiteln 6 und 7 eingegangen.

1.3 Das Videoprotokoll als Datenbasis

Durch das Videoprotokoll[19] als Datengrundlage zur Rekonstruktion von Kursinteraktion wird der Protokollbegriff der objektiven Hermeneutik, von einer häufig vorzufindenden Zentrierung auf die Ebene vokaler Kommunikation, hin zu visuell Präsentem ausgeweitet. Prinzipiell umfasst der in Protokollen vergegenständlichte Text als Träger abstrakter Sinnkonfiguration „die gesamte sinnstrukturierte humane Praxis, also nicht nur etwa Schriftsprachliches" (Wagner 2001, S. 89). Allerdings ist die Erweiterung des Protokolls auf die visuelle Ebene von Kursinteraktion mit einigen theoretischen, methodologischen und methodischen Problemen behaftet, zu deren Reflexion ich später kommen werde. Zunächst aber wird in diesem Kapitel auf fundamentaler Ebene beschrieben, inwiefern das Videoprotokoll eine Komplexitätssteigerung gegenüber bisheriger Protokollierungspraxis darstellt, bzw. was alles in den forschenden Blick (und an das forschende Ohr) gelangt, wenn anstatt von auditiven, von audiovisuellen Daten ausgegangen wird.

Gründe für den Einbezug visueller Daten als Gegenstand einer, vormals insbesondere auf auditive Daten ausgerichteten qualitativen Sozialforschung, sind vielfältig. Während Hubert Knoblauch für eine derartige Ausweitung des Datenrepertoires und der damit einhergehenden Abwendung vom sprachlich-logozentrierten Paradigma insbesondere die „massive Ausbreitung visueller Medien und [...] die damit einhergehende Verfügbarkeit visueller Gerätschaften im wissenschaftlichen Alltagsbetrieb" (Knoblauch 2004, S. 125) verantwortlich macht, ist mit dem Einbezug audiovisueller Daten zur qualitativen sozial- bzw. erziehungswissenschaftlichen Analyse von Interaktion eine Steigerung von Komplexität sowie eine Hoffnung auf ein höheres Maß an analytischer Präzision verbunden, die ihr Pendant oftmals in unreflektierter Komplexitätsreduktion als Verzicht auf einen konsistenten methodologischen

---

19 Der Begriff ‚Videoprotokoll' bezieht sich auf material Identisches wie der Begriff ‚Videografie', den Knoblauch/Schnettler/Raab verwenden, um die ethnographische Orientierung ihres Zugangs deutlich zu machen – nämlich auf natürliche Daten, „made in situations affected as little as possible by the researchers" (dies. 2006, S. 11). Der Begriff ‚Videoprotokoll' hebt den Protokollstatus des Datenmaterials hervor. Im Zusammenhang objektivhermeneutischer Analysen bezeichnet der Protokollbegriff den wissenschaftlichen Zugang zur sinnstrukturierten Welt (vgl. Wagner 2001, S. 89).

Begründungszusammenhang findet (vgl. ebd., S. 124 f.). Ein experimentelles Vorgehen beim Umgang mit neuen Datentypen ist keineswegs abzuwerten oder gering zu schätzen. Vielmehr kann ein derartiges Vorgehen, sofern es eine Reflexion erfährt, durchaus notwendig und gewinnträchtig sein. Probleme zeitigen sich allerdings, wenn die leitenden Vorstellungen über die Konstitution des zu erforschenden Gegenstandes und der methodische Zugang keiner Reflexion ausgesetzt werden. Im Rahmen dieses Kapitels soll zunächst aufgezeigt werden, was mit einer Ausweitung des Datentyps zur Analyse von Kursinteraktionen alles Neues in den Blick kommt. Nach dieser Komplexitätssteigerung werden theoretische Grundlagen einer systemtheoretisch informierten objektiven Hermeneutik ausgelotet (Kap. 3, 4 und 5). Auf diesen Grundlagen beruhend wird schließlich ein methodologisches Gerüst entworfen (Kap. 6) und ein adäquates methodisches Vorgehen forschungspraktisch erprobt (Kap. 7). In reflektierender Einstellung wird dann das Erkenntniswerkzeug sowie dessen methodologische Implikationen und theoretische Grundlagen entsprechend begutachtet und kontextualisiert (Kap. 8).

Analysegegenstand sind Interaktionen in Kursen der Erwachsenenbildung – also ‚natürliche' Situationen, die von Beobachtern mit digitalen Camcordern gefilmt und durch Konservierung in Form digitaler Datenträger einer wissenschaftlichen Analyse zugänglich gemacht werden können.[20] Beim Videoprotokoll handelt es sich um ein Protokoll ‚ersten Grades', das noch nicht bereits in Schriftsprache transkribiert und nicht durch Selektionsprozesse, wie etwa dem Filmschnitt, einer Bearbeitung unterzogen wurde.[21] Das Protokoll steht homolog zum sequentiellen und simultanen Prozessieren audiovisuell wahrnehmbarer Phänomene in Interaktionszusammenhängen.

Zur Herstellung von Daten, die Auskunft über das Kursgeschehen geben, wird dieses gleichzeitig aus zwei unterschiedlichen Perspektiven im Raum gefilmt. Die zwei dafür notwendigen Kameras stehen auf Stativen und sind einerseits auf den Kursleiter, andererseits auf die Gruppe der Kursteilnehmer gerichtet. Die anwesenden Akteure und der Raum werden aus verschiedenen Perspektiven sicht- und hörbar. Es vergrößert sich der Ausschnitt dessen, was alles sicht- und hörbar wird, gegenüber Aufzeichnungen mit nur einer Kamera. Zudem ermöglichen die beiden Perspektiven einen Zugang zum ‚aggregierten Blick und Ohr' des Kursleiters bzw. der Kursteilnehmer. Gleichwohl ist die Beeinträchtigung des Feldes durch die Anwesenheit des Kamerateams und die Selektion der spezifischen Perspektiven bei einer späteren Analyse immer mit zu reflektieren.

---

20 Kontext hiesiger Datenerhebung ist das Projekt „Bild und Wort: Erziehungswissenschaftliche Kurs- und Bildungsforschung" (BIWO), das unter der Leitung von Jochen Kade an der Universität Frankfurt am Main und Sigrid Nolda an der Universität Dortmund stattfindet (vgl. http://www.uni-frankfurt.de/fb04/forschung/biwo.html sowie Kade/Nolda 2007).

21 Inwiefern eine Überführung des Videoprotokolls in Schrift oder andere Medien (Protokolle ‚zweiten Grades') möglich, notwendig und zulässig ist wird noch zu diskutieren sein.

Mit dem Einbezug visueller Daten erfährt das sequentiell geordnete, schriftsprachliche Protokoll sozialer Interaktion eine Erweiterung um die Raumdimension – um all das, was sich räumlich ausdehnt und der visuellen Wahrnehmung zugänglich ist.[22] In den Blick kommt der Raum zunächst in zweifacher Hinsicht: als transitorischer und nicht-transitorischer Raum.[23] Die Unterscheidung kann auf verschiedene Raumdimensionen angewandt werden: Der ‚Kursraum', die ‚Personen-Nahzone' sowie die Umwelt jenseits der Grenzen des Kursraumes, wofür ich den Begriff ‚Außen' gebrauche. Während der ‚Kursraum' ein institutionell vorstrukturiertes Setting darstellt, das erwartungsgemäß auf Wissensvermittlung und Wissensaneignung zugeschnitten ist und von den Anwesenden in bestimmter Weise genutzt bzw. gestaltet wird, stellen die anwesenden Personen (Kursteilnehmende und -leitende) als physische Räume ‚Personen-Nahzonen' dar, deren Gestaltung sich nicht primär – wenn überhaupt – an Wissensaneignung ausrichten muss. Die Raumdimension ‚Außen' zeigt sich etwa beim Blick aus dem Fenster. Unten angeführte Tabelle (Tab. 1) schafft einen ersten Überblick und Systematisierung von all dem, was durch das Videoprotokoll an potenziell Interaktionsrelevantem der Wahrnehmung des Forschers zugänglich gemacht werden kann. Der Frage, was von alldem in welcher Weise relevant zur Bildung bzw. Rekonstruktion von Sinnstrukturen in Interaktionszusammenhängen erachtet werden kann, wird nach vorheriger Reflexion theoretisch grundlegender Annahmen in Kapitel 6 nachgegangen.

---

22 Es sei angemerkt, dass durch die Erhebung audiovisueller Daten zudem eine Optimierung der Zurechenbarkeit einzelner auditiv wahrnehmbarer Phänomene zu Geschehnissen bzw. zu Personen möglich wird. Eine derartige Zuordnung einzig unter Rekurs auf Audioaufzeichnungen zu treffen, ist demgegenüber beträchtlich erschwert. Videoprotokolle eignen sich also bereits dazu, Audiotranskripte mit einem höheren Maß an Präzision zu versehen.

23 Diese Unterscheidung trifft Anke-Marie Lohmeier in ihrer Arbeit zur hermeneutischen Theorie des Films. Sie bezieht sich dabei auf kommunikative Zeichen (vgl. Lohmeier 1996, S. 228 f.). Hier sollen mit dieser Unterscheidung zunächst diejenigen Phänomene eine erste Systematisierung und Ordnung erfahren, die sich dem Betrachter des Videoprotokolls zeigen.

Tab. 1: Erste Systematisierung von Wahrnehmbarem in Kursinteraktionszusammenhängen

Dimension	Bild	Ton	Verfasstheit der Phänomene
Außen	Objekte und Personen	Geräusche	transitorisch/ nicht-transitorisch
Kursraum	Anordnung und Bewegung von Objekten und Personen	Geräusche	transitorisch/ nicht-transitorisch
Personen-Nahzone	Utensilien Aussehen Körperbewegung (Blicke, Gestik, Mimik, Proxemik)	Sprache und Laute mit spezifischen prosodischen Merkmalen	transitorisch/ nicht-transitorisch

Die Kategorie ‚Ton' der oben angeführten Tabelle bezieht sich auf auditiv wahrnehmbare Phänomene, die transitorisch oder nicht-transitorisch sein können. Das Geräusch eines am Kursraum vorbeifahrenden Traktors kann als transitorisches Phänomen gelten, während das kontinuierliche Rauschen von auf der Autobahn fahrenden Kraftfahrzeugen als nicht-transitorische auditive Erscheinung gilt. Beide Phänomene sind der Dimension ‚Außen' zuzuordnen. Auf bildlicher Ebene kommt die Dimension ‚Außen' beispielsweise in Gestalt eines Baumes auf der Wiese vor dem Kursraum in den Blick, der ebenso ein nicht-transitorisches Phänomen darstellt. Demgegenüber mag die vorübergehende Bearbeitung des Baumes durch einen Specht als ein transitorisches Phänomen gelten.

Die Dimension ‚Kursraum' drängt sich als nicht-transitorisch auf der Tonebene z. B. in Gestalt einer kontinuierlich tickenden Wanduhr auf. Als transitorisch mag demgegenüber das Klingeln eines Telefons oder das Rücken von Stühlen gelten. Auf der Bildebene kommen verschiedene Gestaltungselemente als dauerhaft und somit nicht-transitorisch in den Blick: Wände, die in einer bestimmten Farbe gestrichen wurden, ein spezifischer Bodenbelag, Decken, Fenster, Türen sowie das Vorhandensein mancherlei Gegenstände wie z. B. Bilder, Beleuchtungen, Stühle und Tische in bestimmter Anordnung, Tafel, Flipchart, Overheadprojektor usw. Diese Raumelemente können zu transitorischen Phänomenen werden, indem sie Bewegung erfahren. So mögen sich die Anwesenden im Raum in einer spezifischen Ordnung platzieren. Tische werden verrückt, die Tafel beschrieben, der Overheadprojektor in Betrieb genommen u. ä.

Die Dimension ‚Personen-Nahzone' kommt als nicht-transitorisch auf der Tonebene durch Worte und Laute anwesender Personen, für die etwa ein bestimmter Dialekt oder eine spezifische Klangfarbe bezeichnend ist, zum Tragen. Transitorisch erscheinen demgegenüber, neben der Variation von Vokalen und Konsonanten, die zu Worten in Sätzen aneinandergereiht oder Geräusche, die etwa aufgrund von Räuspern oder Naseputzen produziert werden, prosodische Merkmale wie Lautstärke, Tonhöhe oder Lautdauer und Sprechpausen. Als nicht-transitorisches, visuelles Element der ‚Personen-Nahzone' erscheint das Aussehen anwesender Personen in Gestalt von Kleidung, Haar- und Hautfarbe, Gesichtszügen, Fingernägellackierung etc. Aber auch Utensilien, die mitgeführt werden, wie beispielsweise Schreibwerkzeug, Rucksack, Kamm und Kaffeetassen, können der ‚Personen-Nahzone' zugerechnet werden. Als ebenso nicht-transitorisch mag das Verharren des Körpers in einer bestimmten Position gelten. Transitorische Phänomene sind einer Veränderung der Personen-Nahzone geschuldet, wie beispielsweise die Benutzung eines Füllfederhalters, das Zuknöpfen einer Bluse, die Zu- /Abwendung des Blicks, die Veränderung der Muskelkontraktion im Gesicht, das Heben eines Armes, eine Veränderung in der Körperhaltung usw.

Eine derartige Schematisierung von Phänomenen, die für den Forscher wie auch für die anwesenden Personen im Interaktionszusammenhang potenziell wahrnehmbar sind, vermag es, eine mit dem audiovisuellen Datentyp einhergehende Überkomplexität, die gekennzeichnet ist durch „die Kombination synchroner mit diachronen Beobachtungsaspekten" (Knoblauch 2004, S. 124) in einem ersten Zugriff zu ordnen. Auf Grundlage dieser Annäherung an das Videoprotokoll und der in den folgenden Kapiteln dargestellten theoretischen Prämissen, wird in Kapitel 6 ein methodologisches Gerüst konzeptualisiert, das in Kapitel 7 methodisch, im Rahmen einer exemplarischen Fallanalyse, ausbuchstabiert wird.

2. Die objektive Hermeneutik als Methodologie und Methode zur Analyse audiovisueller Daten

Während sich im vorigen Kapitel dem Interaktions- und Kursbegriff aus systemtheoretischer Perspektive definitorisch angenähert wurde und die multikomplexe Ausgangslage, die das Videoprotokoll zur Analyse von Kursinteraktion bereitstellt, eine Illustration und erste Ordnung erfuhr, soll in diesem Kapitel die auf Ulrich Oevermann zurückgehende Methodologie und Methode der objektiven Hermeneutik vorgestellt werden. Weiterhin werden Ansätze, bei denen sich um eine Anwendung der objektiven Hermeneutik auf (audio-)visuelle Daten bemüht wird, einer Untersuchung unterzogen, um mögliche Anschlussoptionen zur Rekonstruktion von Kursinteraktion auf der Basis ethnographischer Videoprotokolle in theoretisch-konzeptioneller Hinsicht auszuloten.

Die Forschungsmethode der objektiven Hermeneutik ist dem Bereich der qualitativen Sozialforschung zuzurechnen.[24] Diese unterscheidet sich von quantitativer Sozialforschung insofern, als es ihr „nicht um repräsentative Aussagen über Größenverhältnisse von Zuständen, Meinungen, Verhaltensweisen usw. von und in Populationen, sondern um Qualitäten [im Original kursiv], um verallgemeinerungsfähige Aussagen über Eigenschaften sozialer Typen, Prozesse, Strukturen usw." (Hitzler 2002, Abs. 14) geht. Für qualitativ ausgerichtete Ansätze steht die Erforschung von Sinnzusammenhängen im Mittelpunkt (vgl. Kraimer 2000, S. 23). Als theoretische Grundannahmen qualitativer Sozialforschung lassen sich folgende Punkte anführen (vgl. Flick/Kardoff/Steinke 2000, S. 22):

- Verständnis von sozialer Wirklichkeit als gemeinsam hergestellte und zu interpretierende Wirklichkeit
- Soziale Wirklichkeit als prozessual und reflexiv (alltägliche Herstellung und Konfirmierung bzw. Reformierung)
- Unterscheidung von objektiven Lebensbedingungen bzw. Bedeutungen und subjektiver Bedeutungszuschreibung
- Kommunikation charakterisiert als Medium die soziale Realität.

Diesen Grundannahmen gegenüber steht eine Vielzahl unterschiedlicher Methoden zur Erschließung diverser Gegenstände, die hinsichtlich ihrer Präsuppositionen bzw. innewohnenden Annahmen über die Wirklichkeit zu unterscheiden sind (vgl. Tenorth/Lüders 2000, S. 522; vgl. auch Flick/Kardoff/Steinke 2000, S, 18 f.). Es bestehen divergierende Annahmen darüber, wo sich Sinn konstituiert (Theorieebene), wie Sinnverstehen einer sozialen Realität demnach möglich ist (Methodologieebene) und welche Verfahren sich zur Sinnrekonstruktion eignen (Methodenebene; vgl. Hitzler 2002, Abs. 6).

Mein Anliegen ist es, die objektive Hermeneutik und die ihr innewohnenden Annahmen auf den Ebenen von Theorie, Methodologie und Methode

---

24 Neben der objektiven Hermeneutik können als prominente Methoden der qualitativen Sozialforschung, die sich mit auch mit audiovisuellen Daten befassen, etwa die Konversationsanalyse (vgl. z. B. Goodwin, 1979; Psathas 1990; Knoblauch 2004) sowie die dokumentarische Methode (vgl. z. B. Bohnsack 2003; Wagner-Willi 2001) angeführt werden. Eine vergleichende Analyse verschiedener Theorie-, Methodologie- bzw. Methodengerüste zur Anwendbarkeit auf audiovisuelle Daten stellt m. E. ein Desiderat zukünftiger Forschung dar. Hier wurde lediglich die objektive Hermeneutik in den Blick genommen, da diese in theoretischer und methodologischer Hinsicht als überaus elaborierter Ansatz gilt. Eine hinreichende Untersuchung anderer Ansätze würde eine Ressourceninvestition erfordern, die künftigen Unternehmungen vorbehalten bleiben mag.

als anschlussfähig an einen systemtheoretischen Theorierahmen sowie an den Datentyp Videoprotokoll zu konzeptualisieren, um so ein Konzept zur Rekonstruktion von Kursinteraktion zu entwerfen. Zunächst jedoch soll das bestehende methodologische und methodische Konzept der objektiven Hermeneutik skizziert und Ansätze zur Anwendung desselben auf (audio-)visuelle Daten angeführt werden.

2.1 Methodologische Prinzipien und methodische Vorgehensweise

Bei der objektiven Hermeneutik geht es um Fallrekonstruktion: „Die fallrekonstruktive Forschung ist auf die empirische Strukturerschließung menschlicher Lebenspraxis, auf das Erkennen der einer sozialen Erscheinung (›Fall‹) zugrunde liegenden Struktureigenschaften gerichtet" (Kraimer 2000, S. 23). Dabei sind soziale Fälle als Einheiten zu verstehen, „denen allgemeine wie spezifische Sinnstrukturen inhärent sind" (ebd., S. 24). Zentraler Ausgangspunkt der objektiven Hermeneutik ist die sinnstrukturierte soziale Wirklichkeit – eine Wirklichkeit die als Text, bzw. deren Überführung in Protokolle als textförmig einer Rekonstruktion zugänglich ist. Der Text als Träger abstrakter Sinnkonfigurationen (vgl. Wagner 2001, S. 89) wird dabei als offen zur Subsumtion jedweden Datentyps gedacht. Als Rekonstruktionsbedingung, die es hier samt ihrer Implikationen kritisch zu hinterfragen gilt, ist nach Oevermann die Möglichkeit der Versprachlichung (z. B. von Bildern) auszuweisen (vgl. Oevermann u. a. 1979, S. 378).

Soziales, sprachliches Handeln wird als regelgeleitetes Handeln aufgefasst. Eine Interpretation dieser in Protokollen fixierten Handlungen erfolgt unter Rückriff auf das Regelwissen des Interpreten, das er qua Sozialisation erworben hat: Kriterium für die Gültigkeit der Auslegung von objektiven Sinnstrukturen „sind genau jene Regeln, die in der Realität selbst an der Erzeugung der Sinnstrukturen beteiligt waren und über die der Interpret mehr oder weniger gut per Sozialisation in seiner gesellschaftlichen Lebenspraxis verfügt" (Oevermann 1986, S. 22). Objektive Bedeutungsstrukturen sind als latente, kommunikationsinhärente Sinnstrukturen aufzufassen, die unabhängig von den jeweiligen Intentionen beteiligter Akteure existieren (vgl. Oevermann u. a. 1979, S. 379).

Das Prinzip der Sequentialität

Fallstrukturen lassen sich durch striktes sequenzanalytisches Vorgehen rekonstruieren. Die Selektivität eines spezifischen Interaktionsgeschehens wird durch die Beobachtung der Eröffnung eines Möglichkeitshorizontes und der sich zeigenden Selektion vor dem Hintergrund dieser Möglichkeiten ausgewiesen. Es können also zwei Parameter bei der Interakt-Interpretation unterschieden werden:

„Der erste Parameter bezieht sich auf die gesamten offenstehenden Handlungsmöglichkeiten, der zweite auf die je vollzogene Auswahl unter diesen [...]. [Diese Differenzierung; M. H.] scheidet zwei Ebenen, eine objektive und eine subjektive, voneinander. Dadurch wird es erst methodisch möglich, das Besondere im Allgemeinen, das Individuelle im Typischen aufzudecken" (Wagner 2001, S. 118 f.; vgl. auch Oevermann 2000b, S. 64 f.).

Die objektiven Anschlussmöglichkeiten an eine bestimmte Sequenzposition werden mit der sich realisierenden Anschlusssequenz konfrontiert. Sukzessive können so spezifische, interaktionsinhärente Strukturen als innerer Kontext des Interaktionszusammenhangs sichtbar gemacht werden.

Forschungspraktisch bedeutet Sequentialität, dass dem Protokoll interpretatorisch Schritt für Schritt zu folgen ist, die nachfolgende Sequenz also nicht zu beachten bzw. zur Begründung von Lesarten und Bedeutungen der aktuellen Sequenzposition heranzuziehen ist (vgl. Oevermann u. a. 1979, S. 414). Allerdings sind rekonstruierte Bedeutungen vorangegangener Sequenzen als innerer Kontext des aktuell zu interpretierenden Interakts zu berücksichtigen (vgl. ebd., S. 415).

Das Prinzip der Sequentialität verbietet nicht die Suche nach ‚brauchbaren' Elementen im Interaktionsprotokoll. Voraussetzung dafür ist allerdings eine vollständig durchgeführte Sequenzanalyse bzw. eine bereits ausformulierte Fallstrukturhypothese, die an anderen Stellen falsifiziert oder näher ausformuliert werden kann. Entsprechende Textstellen sind allerdings ebenso konsequent sequenzanalytisch zu interpretieren (vgl. Wernet 2000, S. 31 und S. 85).

Methodologisch lassen sich nach Wagner keine klaren Kriterien für Anfang und Ende der Interpretation eines Falls vorgeben. „Da ein Fall an jeder Raum-Zeit-Stelle von seinen Strukturierungsprinzipien aufrechterhalten wird, ist es willkürlich, wo nun die Interpretation einsetzt, um jene freizulegen" (Wagner 2001, S. 125 f.). Lévi-Strauss folgend dränge sich der Endpunkt einer Interpretation von selbst auf: „wenn nämlich ein gewisser Stand des Unternehmens durchblicken läßt, daß ein idealer Gegenstand eine Form und Konsistenz gewonnen hat, die ausreichen, daß seine Eigenschaften, vor allem seine Existenz als Gegenstand, endgültig außer Zweifel gesetzt werden können" (Lévi-Strauss nach Wagner 2001, S. 126).

Das Prinzip der Kontextabstinenz

Die spezifische Aneinanderreihung der im Interaktionszusammenhang vorzufindenden Selektionen bildet den inneren Kontext der Interaktion,[25] welcher die „Spezifik und Typik der interessierenden Handlungspraxis" (Sutter 1994, S. 44), „die Selektivität des Interaktionssystems, das den Fall bildet" (Oevermann u. a. 1979, S. 422) darstellt. Der innere Kontext der Interaktion wird

---

25 Bzw. die Systemgeschichte im Luhmann'schen Sinne; auf das Verhältnis zwischen Systemtheorie und objektiver Hermeneutik hinsichtlich methodologischer Prämissen wird an anderer Stelle eingegangen (vgl. Kap. 6).

unter Ausblendung des Vorwissens des Interpreten, worum es sich bei dieser Interaktion handelt (z. B. Kurs der Erwachsenenbildung, Schulunterricht, Bewerbungsgespräch, familiale Interaktion am Essenstisch etc.), rekonstruiert. Nach der Erschließung der inneren Strukturiertheit des Interaktionszusammenhangs wird diese mit den äußeren Kontextbedingungen konfrontiert und so auf die Spezifik der Fallstruktur geschlossen. Zu den äußeren Kontextbedingungen zählt das Vorwissen des Interpreten über die soziale Situation, in der die Äußerung vollzogen wurde; also „sozialstrukturell induzierte, objektive Zwänge in der Handlungssituation, Restriktionen, die von den sozio-kulturellen Typisierungen dieser Kontextbedingungen ausgehen, soziokulturell geltende Normen und Orientierungen und offen geäußerte Verpflichtungen" (Sutter 1994, S. 44).

Forschungspraktisch beinhaltet das Prinzip der Kontextabstinenz, dass die Beachtung der spezifischen Situation, in der eine zu analysierende Äußerung getätigt wurde, der Bedeutungsexplikation dieser Äußerung systematisch nachgeordnet ist (vgl. Wernet 2000, S. 21 f.). Es werden zunächst Geschichten – also gedankenexperimentelle Kontexte – gebildet, in denen die Äußerung als sinnvoll und pragmatisch angemessen gelten kann. Damit soll versucht werden, Normalkontexte zu identifizieren, um diese dann mit der selektiven Realisierung im zu untersuchenden Protokoll zu konfrontieren, womit die Besonderheit der jeweiligen Praxisform, die innere Strukturierung erschlossen wird (innerer Kontext). Der innere Kontext wird im Verlaufe der Interpretation einzelner Sequenzen erschlossen und hat Bedeutung für die Bildung von Lesarten. Mit der Formulierung von Fallstrukturhypothesen wird versucht, die objektiv-latente Sinnstruktur der Interaktion auszuweisen. Um auf die Besonderheit des Falles zu schließen wird auf das Kontextwissen des Interpreten zurückgegriffen. Die innere Strukturiertheit des Falles wird mit den äußeren Kontextbedingungen konfrontiert. Der Fall gewinnt als Fall eines typisierbaren Interaktionszusammenhangs (z. B. Familien- oder Kursinteraktion) Kontur. Durch den Vergleich mit scheinbar gegenläufigen Stellen innerhalb des Protokolls, das dem Fall zugrunde liegt, sowie durch die Hinzuziehung kontrastierender Fälle kann die Fallstruktur schließlich differenziert, generalisiert oder falsifiziert werden.[26]

---

26 Hansjörg Sutter zusammenfassend zu den Grundprinzipien der Strukturgeneralisierung: „Die in der Methodologie der objektiven Hermeneutik angelegte abduktiv-qualitative Vorgehensweise läßt sich folgendermaßen zusammenfassen. Gemäß des Prinzips der extensiven Sinnauslegung sind Lesarten eines Interakts – als Strukturhypothese über den Interakt bzw. die bereits interpretierte Interaktfolge – zu generieren und im Sinne der sequenzanalytischen Vorgehensweise an den folgenden Interakten auf deren Geltung für den weiteren Interaktionsverlauf hin zu testen. Sequentiell sind die Lesarten auszuscheiden, die im tatsächlich vorliegenden, sukzessive rekonstruierten ('inneren') Kontext der Interaktfolge nicht aufrechtzuerhalten sind. Dies dient dem Interpretationsziel, jene Strukturhypothese über die situativ und kontextuell geltenden Bedeutungsrelationen der Interaktfolge zu erschließen, die letztlich deren sequentielle Strukturiertheit expliziert. Als Fallstrukturhypothese über die Spezifik und Typik der Handlungsstrukturierung ist diese an anderen Handlungsproto-

Das Prinzip der Extensivität

Das Prinzip der Extensivität bzw. Wörtlichkeit zielt darauf ab, den protokollierten Text in seiner vielfältigen objektiven Bedeutsamkeit zu analysieren. So kann etwa die Besonderheit der Verwendung spezifischer Worte und Formulierungen vor dem Horizont anderer möglicher Äußerungsweisen registriert und auf die Eigentümlichkeit des Falles geschlossen werden.

Extensive Sinnauslegung impliziert, „daß für einen zu analysierenden Interakt all die Lesarten zu benennen sind, die mit dessen Textfassung [im Original kursiv] kompatibel sind" (Sutter 1994, S. 46). Zur Gedächtnisstütze, die eine möglichst extensive Sinnauslegung befördern soll, haben Oevermann u. a. ein Gerüst von acht Ebenen der Sinnexplikation konzipiert (dies. 1979, S. 394-402), das im Folgenden zusammenfassend angeführt wird. Dieses Gerüst soll allerdings nicht als ein auf jeden Fall anzuwendendes Vollmodell verstanden werden.

Ebene 0: „*Explikation des einem Akt unmittelbar vorausgehenden Kontextes*, gewissermaßen des Systemzustandes vor dem betreffenden Interakt, und zwar aus der virtuellen Sicht desjenigen, der faktisch als nächster interagiert [...und insbesondere die Explikation von] offenstehenden »sinnvollen«, sinnhaft möglichen Handlungsalternativen [...]."

Ebene 1: „*Paraphrase der Bedeutung eines Interakts* gemäß dem Wortlaut der begleitenden Verbalisierung. Kriterium der Paraphrasierung ist das Verständnis, das die begleitende Verbalisierung beim unterstellten »normalen« kompetenten Sprecher der deutschen Sprache auslöst [...]."

Ebene 2: „*Explikation der Intention des interagierenden Subjekts.* Auf dieser Ebene werden extensiv und bewußt auch spekulative Vermutungen über die Bedeutung und die Funktion des Interaktes angestellt, die das interagierende Subjekt »bewußt« durchsetzen, realisieren und hervorrufen wollte [...Hierbei verhält sich der Forscher] nicht anders als jedes Handlungssubjekt in einer normalen Alltagskommunikation [...]."

Ebene 3: „*Explikation der objektiven Motive des Interakts und seiner objektiven Konsequenzen;* im Unterschied zur Explikation der Sprecherintention geht es hier um die Explikation der Veränderungen des Systemzustandes, die objektiv, und das heißt nur teilweise in Deckung mit der Intention des Sprechers, durch seinen Interakt gesetzt worden ist. Hier müssen nun alle Kontextinfor-

---

kollen der interessierenden Handlungs- bzw. Lebenspraxis zu testen, wobei auch dieser Prozeß zugleich eine weitere Differenzierung der Strukturhypothese darstellen kann" (Sutter 1997, S. 202; im Original kursiv; vgl. auch Wagner 2001, S. 114 ff.).

mationen, die dem Interpreten zur Verfügung stehen, herangezogen werden [...]."

Ebene 4: *„Explikation der Funktion eines Interakts in der Verteilung von Interaktionsrollen* [...]" (Bezug auf die „turn-taking-organization" der Ethnomethodologie; vgl. Streeck 1983, S. 76 ff.).

Ebene 5: *„Charakterisierung der sprachlichen Merkmale des Interakts.* Auf dieser Ebene werden die sprachlichen Besonderheiten festgehalten, sei es auf der syntaktischen, semantischen oder pragmatischen Ebene [...]."

Ebene 6: *„Extrapolation der Interpretation des Interakts auf durchgängige Kommunikationsfiguren* [...wie] Beziehungsprobleme, situationsübergreifende Persönlichkeitsmerkmale der interagierenden Subjekte und jeweils resümierende Beurteilung der bisher mit dem Material konsistenten Interpretationen im Lichte der Evidenz des interpretierten Interakts; Rekonstruktion der objektiv latenten Sinnstruktur der Szene [...]."

Ebene 7: *„Explikation allgemeiner Zusammenhänge.* Auf dieser Ebene soll festgehalten werden, welche allgemeinen, insbesondere sozialisationstheoretisch relevanten Zusammenhänge und Strukturen sich am Beispiel der untersuchten Familie [oder sonstiger Kommunikationszusammenhänge] feststellen, belegen oder problematisieren lassen [...]."

(Oevermann u. a. 1979, S. 395-402; Einfügungen und Hervorhebungen: M. H.)

Das Prinzip der Sparsamkeit

Ein letzter Punkt verweist auf Sparsamkeit. Dieses Prinzip „erlaubt nur diejenigen Bedeutungsexplikationen, die den Text als regelgeleitetes und wohlgeformtes Gebilde ansehen und verbietet diejenigen Lesarten, die den Text, ohne dass dieser selbst darauf verweist, als fallspezifisch motivierte Regelabweichung interpretiert" (Wernet 2000, S. 36). Oevermann u. a. definieren die Sparsamkeitsregel folgendermaßen:

„Gesicherte Vermutungen über die Besonderheit eines Falles lassen sich gerade dann gewinnen, wenn man bei der Textinterpretation so lange wie möglich davon ausgeht, daß die Motivierung einer Äußerung im Bereich des Normalen liegt – anders ausgedrückt, daß die faktisch vorliegenden Kontextbedingungen, wenn sie in die Klasse der konstruierbaren normalen Kontexttypen fallen, die die Geltungsbedingungen erfüllen, diese Äußerung auch tatsächlich motiviert haben. Vermutungen über fallspezifische Besonderheiten, die die Geltungsbedingungen erfüllen, sind als Annahmen über die Motivierung einer Äußerung methodisch erst dann legitim, wenn eine andere, fallunspezifische Motivierungslinie nicht gefunden werden kann" (Oevermann u. a. 1979, S. 419).

Die benannten Prinzipien (Sequentialität, Kontextabstinenz, Extensivität und Sparsamkeit) sichern die Fallrekonstruktion, eingebettet in den forschungspraktischen Dreierschritt von (1.) Geschichten explizieren (gedankenexperimentelle Kontexte eruieren), (2.) Lesarten bilden (d. h. Strukturgemeinsamkeiten/-differenzen der gebildeten Kontexte ausweisen und Bedeutungstypen extrahieren) und (3.) Fallstrukturhypothesen bilden, indem „die Lesarten also, mit dem tatsächlichen Äußerungskontext und der darin eingelassenen Aussageintention des Textes" (Wernet 2000, S. 39 f.; im Original kursiv) konfrontiert werden.

2.2 Ansätze zur Analyse (audio-)visueller Daten

Nachdem die objektive Hermeneutik auf methodischer bzw. methodologischer Ebene vorgestellt wurde, sollen nun ‚innovationsverdächtige' Ansätze zur Anwendung der objektiven Hermeneutik auf visuelle und audiovisuelle Daten dargestellt werden (Kap. 2.2.1 und 2.2.2). Untersucht werden diese Ansätze anhand der, für eine Erweiterung der objektive Hermeneutik als zentral erachteten Kategorien ‚Datentyp', ‚Deutung des Gegenstandes', ‚Sequenzierungsprinzip',[27] ‚sozialisationstheoretische Präsuppositionen' bzw. ‚interpretationsleitende Konstitutionsprinzipien',[28] ‚Verhältnis von Bild zu Wort' und ‚methodisches Vorgehen'. Ziel dabei ist es, einen Überblick über die derzeitige Lage prominenter objektiv-hermeneutisch ausgerichteter Ansätze zur Analyse (audio-)visueller Daten zu vermitteln, sowie das Ausweisen von – falls vorzufinden – Anschlussoptionen zur Analyse von Kursinteraktionen auf der Grundlage von Videoprotokollen (Kap. 2.2.3).

2.2.1 Analyse statischer Bilder

Zunächst sollen Ansätze zur Analyse unbewegter Bilder fokussiert werden.[29] Substanziell stellt das Videoprotokoll ebenso eine Aneinanderreihung von 25 Einzelbildern pro Sekunde dar – allerdings parallel zu auditiv wahrnehmbaren Schwingungen. Die Gegenstände, die in den einzelnen Beiträgen diskutiert werden, sind: Filmplakate, Soldatenfotos, Landschaftsgemälde und abstrakte Museumsgemälde.

---

27 ‚Sequenzierungsprinzip' meint die zeitliche Strukturierung der Fallstrukturrekonstruktion als ein Prinzip, das der in der Zeit prozessierenden Selektivität des Interaktionssystems geschuldet ist.
28 Der Begriff zielt hier zunächst auf materialinhärente, vom Interpreten internalisierte und bei der Fallrekonstruktion zu (re-)aktualisierende Regeln, Normen, Wissenssysteme. Allgemeiner fasst der Begriff ‚interpretationsleitende Konstitutionsprinzipien' Bedingungen der Möglichkeit von (Fremd-)Verstehen.
29 Auch Georg Peez setzt sich in seiner kürzlich erschienenen Monografie zur ästhetischen Bildung „Fotografien in pädagogischen Fallstudien" (2006) mit Ansätzen objektivhermeneutischer Bildanalyse auseinander.

Filmplakatanalyse nach Ackermann

Gegenstand der Analyse von Friedhelm Ackermann (1994) ist ein Filmplakat zum Kinofilm „Schlafwandler". Seinen Gegenstand deutet Ackermann als Teil einer sozialen Realität, die ebenso verbal-sprachlich darstellbar sei. Die Bildsymbole erwerben demnach ihre Signifikanz als bedeutungsgenerierende Elemente durch die Möglichkeit zur Verbalisierung derselben. Ein intersubjektiver Nachvollzug der Bedeutung entsprechender Bildsymbole sei homolog zu Wortsymbolen möglich. Das Bild selbst stelle ein Protokoll von Interaktionen resp. Handlungsverläufen dar, was allerdings durch den Rezipienten in verbal-sprachliche Symbole zurück zu übersetzen sei: „Der Produzierende gestaltet im Schaffensprozeß einen Ausschnitt von Welt, der prinzipiell auch mit den Mitteln der Verbalsprache darstellbar ist, der Rezipierende dagegen setzt in der ästhetisch-hermeneutischen Tätigkeit die ihm vorfindlichen Bildsymbole wieder in Verbalsprache um" (Ackermann 1994, S. 201). Hinsichtlich interpretationsleitender Konstitutionsprinzipien bezieht sich Ackermann somit auf sprachliche Kompetenz bzw. ein geteiltes Transformationswissen von Sprache in Bildsymbole (vice versa), bei dem „lediglich die objektive Bedeutungsstruktur [...welche; M. H.] mit der individuellen Lebenspraxis in Übereinstimmung zu bringen ist" (a. a. O.) einer Rekonstruktion zugänglich sei. Die Sequenzanalyse wird aufgrund deren Eigenschaft als „zweckmäßigste Form einer solchen Systematisierung" (a. a. O.) auf das Filmplakat angewandt. Durch die Deutung des Bildes als Selektion von Welt sei damit zugleich eine „welt-homologe" sequentielle Strukturierung auszuweisen:

„Es liegt ja gerade im Wesen des Bildes, daß durch Rahmung lediglich ein Ausschnitt von Welt sich präsentiert, Welt aber eben nur als Totalität, zudem als zeitlich strukturierte vorstellbar ist. Das Bild verschmilzt in sich ja gerade Aspekte der Vergangenheit und der Gegenwart und – konsequent gedacht – Aspekte der Zukünftigen. Ist die Produktion des Bildes somit das Verschmelzen verschiedener Zeit-Horizonte, ist die hermeneutische Tätigkeit das Entschmelzen im Akt der Rezeption, ist „Evokation einer Totalität" (Lukács) und damit auch der zeitlichen Struktur" (ebd., S. 197 f.).

Ackermann begründet die Sequentialität eines Bildes zudem durch Rekurs auf Max Imdahls Konzeption der Ereignisbilder: Das Bild wird als Ereignisimagination betrachtet. Textreferentiell verweist es auf das Bild als Protokoll von Interaktionen bzw. Handlungsverläufen und gegenstandsreferentiell auf einen entsprechenden Gegenstand – im Falle des Filmplakates auf den Film (vgl. ebd., S. 198). Im Filmplakat manifestiere sich der Film als verdichtete Beschreibung.

Forschungspraktisch geht Ackermann so vor, dass er zunächst Bildelemente paraphrasiert und deutet. Dabei wird von einem ikonischen Bildzentrum ausgegangen, von dem aus Handlungselemente sequentiell interpretiert werden. Nach der Bildung von Lesarten wird schließlich der Plakattext einer Sequenzanalyse unterzogen. Diesem wird ein paraphrasierender Status gegenüber dem Bild zugewiesen. Das Bild wird als Träger der eigentlichen

Strukturlogik aufgefasst, zu dem der auf dem Plakat vorzufindende Plakattext einen Kommentar bildet, der entweder der gleichen oder einer gegenläufigen Strukturlogik folgt.

Soldatenfotoanalyse nach Haupert

Soldatenfotos aus dem Zweiten Weltkrieg sind der Gegenstand der Bemühungen Bernhard Hauperts (1994), Simultaneität in Sequentialität zu überführen und so einer objektiv-hermeneutischen Analyse zugänglich zu machen. Haupert deutet seinen Gegenstand als Ausschnitt einer sozialen Realität, der auf Kontextuelles verweise. Dies wiederum müsse vom Rezipient sprachlich organisiert werden: „Der Bedeutungsgehalt der Bilder wird über Sprache zugänglich. Bilder erschließen demnach ein Doppeltes: Weltrekonstruktion und Weltkonstruktion in einem" (Haupert 1994, S. 286). Anhand von Fotos werden die dort verinnerlichten Normalitätsentwürfe als Habitus bzw. zeitgeist-gebende latente Sinnlogik rekonstruierbar. Als Interaktionszusammenhang verweise das Foto auf zweierlei: den Interaktionszusammenhang, deren Ergebnis das Foto darstellt und den Interaktionszusammenhang, der im Moment der Rezeption entsteht (vgl. ebd., S. 288). Hinsichtlich interpretationsleitender Konstitutionsprinzipien verweist Haupert auf die Kompetenz des Interpreten zum Entwurf sinnadäquater „und grammatisch richtige[r; M. H.]" (ebd., S. 286) Geschichten, die den kontextuellen Rahmen des Bildes modellieren. Standardisierungsregeln für Fotos geraten ebenso ins Blickfeld des Interpreten.

Haupert konstruiert Sequentialität, indem er vorschlägt, „vom Gesamteindruck ausgehend, die Sequenzen von oben nach unten und von rechts nach links, analog zum Schrifttext, zu setzen" (ebd., S. 289). Forschungspraktisch geht Haupert so vor, dass er Fotos einer Beschreibung und Deutung aussetzt. Verschiedene Fotos werden nach Maßgabe variierender Aufnahmekontexte kontrastiert.

Landschaftsgemäldeanalyse nach Loer

Der Vorschlag zur Gemäldeanalyse von Thomas Loer (1994) stellt unter den hier versammelten, den in theoretischer und methodologischer Hinsicht elaboriertesten Ansatz zur Anwendung der objektiven Hermeneutik auf visuell Präsentes dar. Loer deutet seinen Gegenstand als Ausdruck abgelagerter Bedeutungsstrukturen, die in frühster Kindheit erworben wurden. Er betont – entgegen der bisher vorgestellten Ansätze – die

> „Verquickung von Handeln und Sinnlichkeit [...] die zwar für die Rekonstruktion ihrer Bedeutung der Sprache bedarf und die wegen des Moments der Handlung ohne ein sprachlich konstituiertes Regelbewußtsein überhaupt nicht gedacht werden kann, die aber im Moment ihrer Erzeugung im werdenden Subjekt nicht dessen ausgebildeter Sprachmächtigkeit bedarf" (Loer 1994, S. 358 f.).

Aufgrund der Ermanglung einer Bildgrammatik bzw. einer Theorie der Ikonik, die als interpretationsleitendes Konstitutionsprinzip fungieren könnte, hält Loer eine Aufklärung über die Bedingungen der Entfaltung von ‚computational schemes' der Wahrnehmungsorganisation und die Verknüpfung dieser Prozesse mit der Erfahrungskonstitution für erfolgversprechend. Zur Interpretation von Gemälden rekurriert Loer auf die Erfahrungskonstitution des Subjekts, die Prägung schemaspezifischer innerer Bilder durch Sinneseindrücke äußerer Realität, welche soziale Interaktionen systematisch begleiten:

„Hier ist die Basis für sinnliche Erkenntnis: Durch das bereits vor allem subjektiven Begreifen stattfindende Nach-innen-Nehmen der überdeterminierten, rekonstruierbaren objektiven Sinnstruktur der sozialisatorischen Interaktion wird ein Fundus von sinnlichen Eindrücken gebildet, die durch Einbettung in die Handlungsstruktur bedeutsam werden und der späteren rekonstruierenden Sinninterpretation potentiell zugänglich sind. Alle spätere Erfahrung ist letztlich durch aktuelle Eindrücke angeregte Rekonstruktion dieser frühen Erfahrung und zugleich Interpretation der aktuellen Eindrücke im Lichte dieser Rekonstruktion" (ebd., S. 372 f.).

Um nun das Universelle, das der Bildproduktion wie auch einer möglichen Bildrekonstruktion zugrunde liegt herauszustellen, bezieht sich Loer auf die bereits genannten ‚computational schemes' der Wahrnehmungsorganisation (Farbgesetzlichkeit und Gesetzlichkeiten des Sehens und Sehen-Lernens).[30] Sequentialität werde durch die analytische Konzentration auf ikonische Pfade, durch die das Bild hierarchisch gegliedert sei, gewahrt (vgl. ebd., S. 349). Die Pluralität der ikonischen Pfade manifestiere sich als Selektion vor einem Möglichkeitshorizont, als strukturierte Komplexität (vgl. ebd., S. 353 ff.). Forschungspraktisch geht Loer so vor, dass er zunächst ikonische Pfade durch das Landschaftsgemälde beschreibt und die Prädestination des Motivs für eine herausgehobene Erfahrung andeutet und somit die Werkstruktur frei legt. Anschließend rekonstruiert Loer unter Rückgriff auf Briefwechsel des Künstlers die Konstitution der spezifischen Landschaftserfahrung desselben, um dann in eine Betrachtung der Korrespondenzen einzutreten – der Korrespondenzen zwischen der Erfahrungskonstitution des Künstlers und der Bedeutungsstruktur des Kunstwerks.

In der ästhetischen Realisierung gehen Loer zufolge Wahrnehmungsorganisation und lebensgeschichtlich Gebundenes eine Amalgamierung ein, was die Bedeutungsstruktur des Bildes konstituiert: „In der sinnlich präsenten Konfiguration, wegen des Universalismus des Ausdrucksmaterials erfahrbar, ist eine über das Abgebildete hinausgehende Gestalt gebunden, die erst in dieser Konfiguration zu sich gekommen und damit der Erfahrung zugänglich geworden ist" (ebd., S. 379).

Das Verhältnis von Bild zu Wort ist beschreibbar mit wechselseitiger Durchdringung, bei der visuelle Elemente in verbal-sprachlicher Interaktion Einbettung und Rekonstruierbarkeit erfahren, jedoch einen über Worte hinausgehenden Bedeutungsgehalt aufweisen.

---

30 Zur Konstitution von ästhetischer Erfahrung vgl. auch Oevermann 1996 sowie ders. 2000a.

Museumsgemäldeanalyse nach Heinze-Prause & Heinze

Heinze-Prause/Heinze (1996) deuten ihren Analysegegenstand – abstrakte Museumsgemälde – als künstlerischen Text, der in der Lebenspraxis des Künstlers begründet sei. Kunstwerke können bzw. müssen nach Ansicht der Autoren die Bedeutungsfunktion von Sprache entleihen, da sie selbst sinnstrukturierte Handlungen nicht zu konstituieren vermögen. „Die sinnstrukturierte Handlung, die erst durch Sprache konstituiert wird, existiert als Struktur außerhalb dieser nichtsprachlichen Ausdrucksformen. Die Bedeutungsfunktion der Sprache ist den anderen, nicht-sprachlichen Ausdrucksformen vorgängig" (Heinze-Prause/Heinze 1996, S. 40). In Absetzung von einem explizit sequenzanalytischen Vorgehen interpretieren Heinze-Prause/Heinze das Kunstwerk lediglich unter Rekurs auf das Oevermann'sche Gerüst zur Feinanalyse (vgl. Kap. 2.1), dem hier der Status eines Vollmodells verliehen wird – entgegen der Intention Oevermanns (vgl. Oevermann u. a. 1979, S. 394 f.). Das methodische Vorgehen erstreckt sich auf folgende Schritte (vgl. Heinze-Prause/Heinze 1996, S. 42-44 bzw. S. 47 ff.):

1) Konstruktion von Lesarten und Paraphrase des künstlerischen Textes (rekurriert wird hier als interpretationsleitende Konstitutionsbedingung auf eine sogenannte „Alltagshermeneutik", vgl. Heinze-Prause/Heinze 1996, S. 42; Paraphrasen werden sprachlich fixiert und entsprechend interpretiert).
2) Explikation des ästhetischen Objekts
   2.1) Explikation der objektiven Motive des künstlerischen Textes (Analyse von Bildaufbau, Relation, Material, Verknüpfung der Elemente etc.; an dieser Stelle kann nach Heinze-Prause/Heinze kunstspezifisches Fachwissen heuristisch zum Einsatz kommen)
   2.2) Explikation der Funktion des künstlerischen Textes hinsichtlich der Reaktionen des Betrachters
   2.3) Explikation der individualspezifischen Besonderheit des künstlerischen Textes (Stil und Technik)
   2.4) Rückgriff auf die intuitive Folie (Lesarten; hier erfolgt eine Konfrontation der Strukturhypothese, die sich aus 2.1-2.3 ergibt mit den intuitiven Lesarten, die in 1 gebildet wurden)
   2.5) Extrapolation der Struktur des künstlerischen Textes auf das gesamte Werk und die Biografie des Künstlers
3) Verallgemeinerung

2.2.2 Analyse dynamischer Bilder und Töne

Die hier dargestellten Ansätze zur Analyse bewegter Bilder und Töne beziehen sich auf die Materialien Fernseh- bzw. Kinofilm und Werbespot.

Werbefilmanalyse nach Englisch

Felicitas Englisch (1991) versucht die objektive Hermeneutik auf die Analyse eines Werbespots für Eiscreme anzuwenden. Ihren Gegenstand fasst sie als Träger gesellschaftlichen Sinns, dem spezifische Normen und Werte inhärent sind: „unter der Analyseperspektive von "Bedeutung" und "Praxis" werden sie [die Bilder; M. H.] notwendig von ihrer sprachlichen allgemeinen Funktion her betrachtet, Träger gesellschaftlichen Sinnes zu sein" (ebd., S. 139). Englisch begründet die Möglichkeit einer Sinnrekonstruktion von Objektkonstellationen, die in bildhaften Darstellungen präsent und nicht unmittelbar an ein handelndes Subjekt gebunden sind, durch Rekurs auf ein dezentriertes Subjekt, das ein Moment der Gesamtkonstellation, „zu der auch die in der Welt des Menschen vorkommenden Dinge, seine Umgebung zählen" (Englisch 1991, S. 138), darzustellen vermag. Das In-der-Welt-Sein der Objekte in der Umgebung handelnder Subjekte lasse sich – in Abhängigkeit von jeweiliger kultureller Elaboriertheit – eindeutig sprachlich fixieren (vgl. ebd., S. 139). Der Normalkontext von Dingen in einer Umgebung ist auf der Grundlage der Erfahrungsbasis des in der Welt lebenden Interpreten zu erschließen. Von einer Universalgrammatik im Hinblick auf Objektkonstellationen müsse hier zugunsten einer Partialgrammatik kultureller Differenziertheit abgesehen werden.

Ein besonderes Augenmerk widmet Englisch der Möglichkeit eines sequentiellen Vorgehens bei der Analyse bewegter Bilder. Zunächst nähert sie sich dem Film in einer Rezipienteneinstellung – gleich der eines möglichen Adressaten – und erstellt auf dieser Grundlage Assoziationsprotokolle, um die Gesamtgestalt festzuhalten. Bei einer wiederholten Rezeption des Filmes richtet sie ihre Aufmerksamkeit auf die jeweils vorgenommenen Einstellungen, um schließlich zwei bis drei als signifikant erachtete Bilder pro Einstellung herauszugreifen. Diese Bilder werden dann nacheinander analysiert und in sich sequenzanalytisch betrachtet. Hierzu bezieht sich Englisch auf Theorien gestaltpsychologischer Provenienz in Bezug auf höhere Invarianzleistungen der Wahrnehmung (vgl. ebd., S. 148-153) – universalisierbare Wahrnehmungsgesetze, die, „zumindest unbewußt, schon in die Produktion von Bildern eingegangen sind" (ebd., S. 152). Forschungspraktisch manifestiert sich dies in der Isolation einer visuell wahrnehmbaren Figur von ihrem Hintergrund und einbettender Umgebung, der Generierung von Normalkontexten und der Konfrontation entsprechender Lesarten mit anderen Figuren bzw. dem Bildhintergrund, also der zweiten Sequenz: „als zweite Sequenz gilt, was am nächstprägnantesten in den Blick tritt. Bei der sich daran an-

schließenden Rekonstruktion der Struktur erwartbarer (Bild-)Realität stellt sich dann Konsistenz oder -Widerspruch ein" (a. a. O.).
Der auditiven Verfasstheit von Werbefilmen, die bei ihrem Gegenstand die Form von Musik und Gesang annimmt, wird von Englisch leider wenig Beachtung geschenkt – allenfalls als Kommentierung des Bildes.

Fernsehfilmanalyse nach Lenssen & Aufenanger, Krambrock und Heinze-Prause & Heinze

Der Analysegegenstand ‚Fernsehfilm für Vorschulkinder' wird von Margrit Lenssen und Stefan Aufenanger (1986) als sozialisierende Interaktion von Fernsehfilm bzw. deren Produzenten und potenziellen Rezipienten gedeutet. In ihrer Analyse untersuchen Lenssen/Aufenanger einerseits die Interaktion im Film resp. die dort aufzufindenden objektiv-latenten Sinnstrukturen anhand der Interaktion im Film und anderseits die (imaginierte!) Interaktion des Filmes mit dem Rezipienten – in diesem Fall Vorschulkinder – anhand der produktionsimmanenten Kategorien Bildaufbau, Kameraperspektive, Kameraeinstellung, Kamerabewegung und Musik. Die audiovisuellen Elemente werden als Konglomerat sinnstrukturierten Handelns gedeutet, wobei der Sprache ein Status als Träger der Kernbedeutung von Interaktion zugemessen wird (vgl. Lenssen/Aufenanger 1986, S. 131). „Von dort ausgehend wird das Bild in die es konstituierenden Elemente zerlegt und kann so in einem quasi spiralförmigen Proceß analysiert werden" (a. a. O.). Die Autoren haben ein elaboriertes Partiturschema zur Protokollierung von Text, Handlung und Gestaltungselementen des Filmes entwickelt. Vorzufinden sind dort folgende Kategorien: Take, Zeitangabe, Handlungsablauf, Text, Intonation, Gestik/Mimik, paralinguistische Merkmale, Stellung der Personen zueinander sowie Bildaufbau, Kameraperspektive, Kameraeinstellung, Kamerabewegung und Musik (vgl. ebd., S. 131-136 sowie exemplarisch S. 200-204).

Zur sequentiellen Analyse wird der Film in Takes und Szenen eingeteilt. ‚Takes' sind kleinste Filmeinheiten und bezeichnen eine einzige, ununterbrochene Kameraaufnahme, denen gegenüber ‚Szenen' übergeordnete Einheiten darstellen.

Forschungspraktisch orientieren sich die Autoren in einem ersten Zugriff am gesprochenen Text, dem – wie bereits vermerkt – das größte Gewicht zur objektiv-latenten Strukturierung zugesprochen wird. Handlungsablauf, Gestik/Mimik, Stellung der Personen zueinander werden dann hinzugezogen. In einem zweiten Zugriff wird der objektive Bedeutungsgehalt der Gestaltungsmittel des Filmes ausgelotet – abstrahierend auf die Interaktion mit den imaginären Rezipienten.[31]

---

31 Bei Lenssen/Aufenanger (1986) wie auch bei Krambrock (1996) und Heinze-Prause/Heinze (1996, S. 156 ff.), die mit ihren Analysen u. a. auf eine potenzielle Interaktion des Filmes mit seinem Rezipienten abstrahieren, kann nur begrenzt von einer Untersuchung der Rezeptorwirkung gesprochen werden, da der Film in keinem Fall in der Haltung eines potenziel-

Ursula Krambrock (1996), deren Analyseansatz ein ähnliches Vorgehen aufweist, deutet den von ihr analysierten Film (historischer Spielfilm) als Zeitdokument, das über entsprechende Normen, Werte und Deutungen Auskunft zu geben vermag. Auch sie wählt ein Protokollierungsschema, um die im Film verwendeten Gestaltungsmittel bewusst und einer Interpretation zugänglich zu machen. Dabei orientiert sie sich an Zeit und Einstellung, Sprache samt paralinguistischer Merkmale, Ton, Bildinhalt (Objekte und Personen an bestimmten Orten in bestimmten Positionen), Bildbewegung, Kameraeinstellung, -perspektiven und Schnitttechnik (vgl. Krambrock 1996, S. 125-130). Krambrocks Protokollierungspraxis ist ähnlich der von Lenssen/Aufenanger. Ihre Protokolle sind sequentiell nach Takes geordnet. Innerhalb dieser Takes wendet sich die Autorin zunächst einer sequentiellen Analyse der Wortebene zu, die zur visuellen Präsenz des Filmes in einem Verhältnis der Verstärkung, Ergänzung oder des Widerspruchs steht (vgl. ebd., S. 131). Krambrock kritisiert (u. a.) an ihrer Methode der objektiv-hermeneutischen Filminterpretation, dass der in Spalten gruppierte Film sowie die sukzessive Interpretation der Spalten, die Simultaneität der Informationsvermittlung missachte und stattdessen ein Nacheinander sowie ein lineares, additives Verhältnis von Einzelinformationen suggeriere (vgl. ebd., S. 151).

Die Kommentarfunktion, die dem Bild gegenüber dem Wort zugesprochen wird, lässt sich auch beim Ansatz von Heinze-Prause/Heinze finden (dies., 1996, S. 156 ff.). Die Autoren stellen in ihrem Beitrag die Analyse sinnstrukturierten Handelns dar, welches sich in einer Fernsehserie manifestiere. Ihr methodisches Vorgehen ähnelt dem von Lenssen/Aufenanger (1986), weswegen an dieser Stelle nicht näher darauf eingegangen wird.

2.2.3 Systematisierung und Kontrastierung vorgestellter Ansätze

Aufgrund der jeweiligen Verschiedenheit des Gegenstands der dargestellten Analysen, ist eine Systematisierung unabhängig von einer Berücksichtigung der Verfasstheit des Untersuchungsgegenstandes nur begrenzt möglich. Die Bedeutung der Verfasstheit desselben für die Analyse wird in der unten angeführten Tabelle in den Kategorien ‚Datentyp' und ‚Deutung des Gegenstandes' berücksichtigt. Die übrigen drei Spalten fassen (neben der Bezeichnung des Autors) die bereits oben angeführten Vergleichskategorien (‚Interpretationsleitende Konstitutionsprinzipien', ‚Sequenzierungsprinzip', ‚Verhältnis von Bild zu Wort').

---

len Rezeptors betrachtet, sondern von vornherein ‚desequentialisiert' wird (vgl. dagegen der Versuch von Englisch 1991).

Tab. 2: Systematisierung von objektiv-hermeneutischen Ansätzen zur Analyse (audio-)visueller Daten

Autor	Datentyp	Deutung des Gegenstandes	Interpretationsleitende Konstitutionsprinzipien	Sequenzierungsprinzip	Verhältnis von Bild zu Wort
A. Statisches, visuelles Material					
Ackermann (1994)	Filmplakat	Protokoll von Interaktionen/ Handlungsabläufen	Sprachliche Kompetenz bzw. ein geteiltes Transformationswissen von Sprache in Bildsymbole vice versa	- Ikonisches Bildzentrum als Ausgangspunkt für Interpretationen - Bild als Ereignisimagination mit welthomologer sequentieller Strukturierung	- Bild als in Sprache zu überführender Träger der eigentlichen Strukturlogik - Plakattext als Kommentar
Haupert (1994)	Soldatenfotos	Fotos als Ausschnitt einer sozialen Realität und Verweis auf Kontextuelles (Interaktionszusammenhang, verinnerlichte Normalitätsentwürfe)	- Entwurf sinnadäquater und „grammatisch richtiger" Geschichten, die den kontextuellen Rahmen des Bildes modellieren - Standardisierungsregeln für Fotos	Setzung der Sequenz vom Gesamteindruck ausgehend, analog zum Schrifttext	Bild wird über Sprache zugänglich

Loer (1994)	Landschaftsgemälde	Ausdruck abgelagerter Bedeutungsstrukturen, die in frühster Kindheit erworben wurden	Computational schemes der Wahrnehmungsorganisation in Verknüpfung mit Erfahrung (Prägung schemaspezifischer innerer Bilder durch Sinneseindrücke äußerer Realität)	- Bilder als hierarchisch gegliedert
				- ikonische Pfade
				  o Form/Linie
				  o Farbe
				  o Hell/Dunkel-Kontraste
					Amalgamierung von Wahrnehmungsorganisation und lebensgeschichtlich Gebundenem im Bild

Heinze-Prause/ Heinze (1996)	Abstrakte Museumsgemälde	Kunstwerk als künstlerischer Text, der in der Lebenspraxis des Künstlers begründet ist	Alltagshermeneutik und kunstbezogenes Fachwissen	Extensive Feinanalyse	Bilder entleihen die Bedeutungsfunktion von Sprache

Tab. 2: (Fortsetzung)

Autor	Datentyp	Deutung des Gegenstandes	Interpretationsleitende Konstitutionsprinzipien	Sequenzierungsprinzip	Verhältnis von Bild zu Wort
B. Dynamisches, audiovisuelles Material					
Englisch (1991)	Werbefilm	Bilder bzw. Filme als Träger gesellschaftlichen Sinns, dem bestimmte Normen und Werte inhärent sind.	- Allgemeine Organisationsgesetze der Wahrnehmung - Erfahrungsbasis des Interpreten mit der Welt (Partikulargrammatik kultureller Differenziertheit)	- Drei Rezeptionsdurchläufe: o Text als ganzer o Wahrnehmung von Einstellungen o Auswahl von 2-3 signifikanten Bildern pro Einstellung - Bildsequentialisierung (Bezug auf Ansätze der Gestaltpsychologie) o Figur o Hintergrund	- Konzentration auf die sprachlich fixierbare Bildebene - Ton als Kommentar
Lenssen/ Aufenanger (1986)	Fernsehfilm für Vorschulkinder	- Audiovisuelle Elemente als Konglomerate sinnstrukturierten Handelns - Deutung des Filmes als sozialisierende Interaktion	Erfahrung mit Welt (Interaktionskompetenz) sowie Wissen über die Wirkung von Kameraeinstellungen (Interaktion: Film-Rezipient)	Szenen, Takes, Sprache, Handlungsablauf	Sprache als Träger der Kernbedeutung der Interaktion
Krambrock (1996)	Historischer Spielfilm	Film als Zeitdokument	Erfahrungsbasis des Interpreten	- Takes o Sprache o Übriges (Spalte für Spalte)	Bild als Kommentar von Wort

46

Als Gemeinsamkeit der hier versammelten Ansätze lässt sich der Versuch einer Anwendung der sequenzanalytisch vorgehenden objektiven Hermeneutik auf nicht-sprachliches, simultan präsentes Material ausweisen. Nach Oevermann ist dies prinzipiell möglich, da „keine Ausdrucksmaterialität, welcher Art auch immer, den Verfahren der objektiven Hermeneutik eine Grenze setzt, weil sie sich ja nicht primär auf die Ausdrucksmaterialität als Ausdrucksmaterialität richtet, sondern auf die von dieser realisierte, abstrakte, grundsätzlich versprachlichbare latente Sinnstruktur" (Oevermann 2000b, S. 107). Oevermann erhebt das Kriterium der ‚Versprachlichbarkeit' der Ausdrucksmaterialität zur zentralen Bedingung für die Rekonstruktion nichtsprachlichen Materials: „die Notierung [...] ist zugleich eine Art Beschreibung der nur wahrnehmbaren Ausdrucksgestalt und eine Übersetzung von deren Sinnzusammenhang in eine andere „Sprache", insofern eine implizite Interpretation" (ebd., S. 109; im Original kursiv). Eben dieses Problem wird in den oben referierten Ansätzen verschiedentlich gelöst – in Relation zur jeweiligen Ausdrucksmaterialität. Dabei wird dem Sequentialitätsprinzip unterschiedlich Aufmerksamkeit gewidmet. Während Heinze-Prause/Heinze (1996) bei ihrem Ansatz zur Bildanalyse eine strikt sequenzanalytische Vorgehensweise nicht explizit zum Programmpunkt erheben und sich statt dessen an den Maximen extensiver Feinanalyse orientieren und Haupert (1994) sich bei der Sequenzierung von Fotos an der Logik des Lesens von Schrifttexten orientiert, gehen Ackermann (1994) und Loer (1994) von einem ikonischen Bildzentrum aus, um von dort sukzessive eine Transformation visueller in sprachliche Elemente zu leisten (vgl. hierzu auch Oevermann 2000b, S. 107). Zudem orientiert sich Loer an der gestaltpsychologisch bzw. neurobiologisch zu erhellenden, menschenspezifischen visuellen Wahrnehmung als ein interpretationsleitendes Konstitutionsprinzip (u. a.). Durch Rekurs auf die Gestaltpsychologie rechtfertigt Englisch (1991) ihr Verfahren der Bildanalyse im Rahmen von Bildsequenzen (Filmen), indem sie jeweils Figur und Kontext variiert. Die Analyse von Bildsequenzen wird bei Englisch einerseits durch Bewahrung der Originalzeit und andererseits durch die Isolation charakteristischer Stills (Standbildaufnahmen aus einer Videosequenz) gelöst. Lenssen/Aufenanger (1986) hingegen orientieren sich an einzelnen Szenen und Takes und hierin in erster Linie an der Sequentialität der auditiv wahrnehmbaren Verbalsprache.

Nahezu alle der hier versammelten Autoren gehen von einem quasi intuitiven Regelwissen in Bezug auf visuell Wahrnehmbares und entsprechend zu Deutendes aus. Interpretationsleitende Konstitutionsprinzipien zur theoretischen Geltungsbegründung einer Anwendung der objektiven Hermeneutik auf visuelles Material werden selten explizit differenziert. Stattdessen wird zumeist ein mehr oder minder beiläufiger Verweis auf geteiltes Transformationswissen von Sprache in Bildsymbole (vgl. Haupert 1994), den Entwurf „grammatisch richtiger" Geschichten und Standardisierungsregeln für Fotos (vgl. Haupert 1994), Alltagshermeneutik und kunstbezogenes Fachwissen (vgl. Heinze-Prause/Heinze 1996), allgemeine Organisationsgesetze der Wahrnehmung sowie kulturell differierende Erfahrungsbasis der Interpreten (vgl. Englisch 1991) bzw. Erfahrung mit Welt und Filmtechnik (vgl. Lenssen/Aufenanger 1986; Krambrock 1996; Heinze-Prause/Heinze 1996) gegeben. Einzig Thomas Loer (1994) reflektiert ansatzweise die Problematik einer Geltungsbegründung objektiv-hermeneutischer Bildanalyse:

„Hat man […] für die herkömmlichen Gegenstände der objektiven Hermeneutik als sicheren Hintergrund die theoretische Explikation der sprachlichen Regeln, wie sie zumindest ansatzweise in der linguistischen Theorie Chomskys vorliegen, so fehlt ein solcher Hintergrund für die Analyse von Sinnobjektivationen in sinnlichem Ausdrucksmaterial bisher vollständig. Will man auf die Geltungsbegründung einer Bildanalyse jedoch nicht verzichten, so muß man zweifellos zumindest konzeptuell eine konstitutionslogische Ebene bestimmen können, die der Ebene der linguistischen Regeln für die sprachliche Bedeutungskonstitution entspricht" (Loer 1994, S. 357).

In diesem Zusammenhang verweist Loer auf die Möglichkeit des Entwurfs einer sinnesmodalitätsspezifischen Theorie bzw. einer Theorie der Ikonik einerseits und auf die Erforschung von „Bedingungen für die Entfaltung der computational schemes der Wahrnehmungsorganisation und die Verquickung dieser Prozesse mit der Erfahrungskonstitution" (ebd., S. 358) als den von ihm bevorzugten Weg, andererseits.

Bezüglich des in dieser Arbeit angestrebten Vorhabens – der Entwicklung eines, auf der Systemtheorie fußenden, objektiv-hermeneutischen Gerüsts zur Rekonstruktion von Kursinteraktion auf der Basis audiovisueller Daten – ist mit Blick auf den Datentyp zunächst zu konstatieren, dass die oben referierten Ansätze allesamt kein ‚natürliches' Material zum Gegenstand haben. Während sich dort zumeist auf ‚primär codierte' Daten bezogen wird, deren Spezifität die Sinnstrukturiertheit aufgrund von Selektion entsprechender Segmente durch einen Künstler, Regisseur oder Fotografen im Hinblick auf eine mediale Kommunikation mit einer diffusen Öffentlichkeit ist, handelt es sich bei dem Datentyp ‚Videoprotokoll' um weitaus geringer ‚codiertes' Material durch ‚Regieanweisungen'. Die Interaktion des Rezipienten mit dem Film stellt hier nicht das primäre Untersuchungsinteresse dar. Vielmehr wird die Auffassung vertreten, das filmische Protokoll verweise auf die so beobachtete soziale Interaktionsrealität.[32] Das Ausweisen der objektiv-latenten Sinnstrukturiertheit derselben ist hier das analyseleitende Interesse. Das Filmmaterial erhält hier den Status eines Protokolls zur Konservierung audiovisuell wahrnehmbarer Elemente sozialer Realität von Kursen der Erwachsenenbildung. Ihm wird nicht der Status eines künstlerisch gestalteten resp. ‚primär codierten' Produkts zugeschrieben, das im Hinblick auf eine (massen)mediale Kommunikation mit Rezipienten einer diffusen Öffentlichkeit kreiert wurde. Gleichwohl sind derartige Phänomene (Interaktion

---

32 Ähnlich bei Haupert (1994) und Lenssen/Aufenanger (1986; in einem ersten Zugang).

des Feldes mit dem filmenden Forscher oder den vermuteten (erziehungs-) wissenschaftlichen Rezipienten) bei der Analyse zu berücksichtigen.

Der Spalt zwischen unmittelbarer simultaner Präsenz sequentiell prozessierender, audiovisueller Phänomene und der Möglichkeit eines methodischen Verfügbarmachens zu Interpretationszwecken wird also zunächst durch die Konservierung entsprechender Phänomene unter Zuhilfenahme von Aufzeichnungsgerätschaften (dargestellt durch zwei digitale Camcorder; vgl. Kap. 1.3) zu überbrücken versucht. Das Filmmaterial kann so dem Interpreten – audiovisuell – in seiner Komplexität in beliebiger Anzahl von Wiederholungen zugänglich gemacht werden. Inwiefern eine, von Oevermann als unabdingbar erachtete Übersetzung audiovisueller Phänomene in schriftsprachliche Notation (vgl. Oevermann 2000b, S. 112) möglich und notwendig ist, und welche methodischen und methodologischen Implikationen damit einhergehen, ist Gegenstand von weiter unten zu führenden Auseinandersetzungen (vgl. Kap. 6 und 7). Hinsichtlich der Anwendbarkeit der objektiven Hermeneutik auf das hier vorliegende Datenmaterial zur Untersuchung der Sinnstrukturiertheit von Kursen der Erwachsenenbildung, ist es zunächst notwendig, die Geltungsbegründung einer objektiv-hermeneutisch operierenden Methodik in Bezug auf den audiovisuell verfassten Gegenstand auszuloten. Dabei wird von der Annahme ausgegangen, dass es zur Rekonstruktion von Kursinteraktion des Einbezugs auditiver wie auch visueller Kommunikation bedarf. Dies impliziert ein Überschreiten des genuin verbalsprachbezogenen Gegenstandbereiches der objektiven Hermeneutik hin zu visuell Präsentem. Eine reflektierte Ausweitung dieser Methode ist nicht möglich, ohne den entsprechenden „Hintergrund für die Analyse von Sinnobjektivationen" (Loer 1994, S. 357) – also entsprechende theoretische Prämissen – aufzuhellen. Aufgabe einer Hintergrundtheorie ist es, Vorstellungen über den Erwerb und den Einsatz von Wissen und Regeln zur Interpretation wahrnehmbarer Ereignissen zu explizieren (‚interpretationsleitende Konstitutionsprinzipien') und eine Kohärenz zwischen Gegenstandskonstitution und methodologischen resp. methodischen Konzeptualisierungen zu stiften.

Im folgenden Teil der Arbeit wird auf rekonstruktionstheoretischer Ebene der Frage nachgegangen, was Fremdverstehen aus Perspektive von objektiver Hermeneutik und Systemtheorie – mündend in die Skizzierung einer systemtheoretisch informierten objektiven Hermeneutik – heißen mag. Dies erfordert einerseits die Klärung der Frage, wie das Verhältnis von Subjekt zu Objekt zu fassen ist, wie also der Interpret durch Bezugnahme zu seiner Umwelt Regel-/Strukturwissen aufbaut, das seine Rekonstruktion anleiten kann[33] und in welchem Verhältnis Personen in Interaktionszusammenhängen zueinander sowie der Interpret zur Ausdrucksmaterialität stehen.

---

33 So konstatiert Hansjörg Sutter:
„Nur genau die bedeutungsgenerierenden Regeln, die objektive Bedeutungsstrukturen bzw. latente Sinnstrukturen konstituieren, können auch eindeutig das Verfahren ihrer Dechiffrie-

Zur Entwicklung eines kohärenten Analysegerüsts, das auf einem systemtheoretischen Interaktions- und Kursbegriff fußt, sich auf audiovisuelle Daten bezieht und mit Verfahrensprinzipien der objektiven Hermeneutik arbeitet, ist es notwendig, die theoretischen Prämissen der objektiven Hermeneutik Oevermanns transparent zu machen, sie in Beziehung zum Datentyp Videoprotokoll zu setzten und Vereinbarungen bzw. Differenzen zum systemtheoretischen Konzept Luhmanns auszuloten, um entsprechende Modifikationen einzuführen. Dazu werden im nächsten Kapitel zunächst Grundlagen der objektiven Hermeneutik, die auf G. H. Meads soziale Konstitutionstheorie zurückgehen, expliziert und problematisiert (Kap. 3),[34] um anschließend eine entsprechend modifizierte theoretische Ausgangsbasis zu konstruieren (Kap. 4), bei der insbesondere auch die durch das Bild in den Blick kommende körperliche Verfasstheit von Interaktionszusammenhängen zu integrieren ist (Kap. 5). Auf dieser Grundlage wird schließlich im dritten Teil der Arbeit ein methodologisches Gerüst zur Rekonstruktion von Kursinteraktion entworfen (Kap. 6) und forschungspraktisch umgesetzt (Kap. 7).

---

rung sichern. Kriterium für die Gültigkeit objektiv-hermeneutischer Sinnrekonstruktionen sind somit genau jene Regeln, die in der Realität selbst an der Erzeugung der latenten Sinnstrukturen beteiligt waren" (Sutter 1994, S. 26).

34 Die theoretische und methodologische Beschaffenheit der objektiven Hermeneutik weist eine Vielzahl verschiedener Ansätze und Bezüge auf (vgl. Wagner 1999, S. 43).
„Zu diesen gehören der pragmatistisch-naturalistische Ansatz George Herbert Meads, der interaktive Konstruktivismus J. Piagets, der Pragmatismus von Vh. S. Peirce, die Psychoanalyse S. Freuds, der Strukturalismus Cl. Levi-Strauss', die Grammatiktheorie N. Chomskys und die Sprechakttheorie J. R. Searles und J. Austins [...sowie die; M. H.] dialektisch-hermeneutische[n] Denkfiguren Th. W. Adornos" (Wagner 1999, S. 43).
Die zentralen Konstitutionsprinzipien jedoch sind dem theoretischen Ansatz George Herbert Meads entlehnt. Die objektive Hermeneutik basiert „auf einer fundierten strukturalen Rekonstruktion des Mead'schen Ansatzes" (Wagner 1999, S. 61). „An Meads Grundeinsichten orientieren sich Oevermanns Arbeiten von Anfang an" (Sutter 1997, S. 121).

II. Theoretische Konstitution

3. Theoretische Grundlagen der objektiven Hermeneutik

Die Explikation interpretationsleitender Konstitutionsprinzipien – die Untersuchung der Konstitutionslogik materialinhärenter, vom Interpreten internalisierter und bei der Interpretation zu (re-)aktualisierender Regeln, Normen, Wissenssysteme – ist eine zentrale Bedingung zur Konzeptualisierung eines methodologischen Gerüsts bzw. einer Methode, die nach den Verfahrensprinzipien der objektiven Hermeneutik operiert, auf den Datentyp ‚Videoprotokoll' zur Rekonstruktion von Kursinteraktion angewandt und zudem in einem systemtheoretischen Referenzrahmen eingebettet werden soll.

Ansätze objektiv-hermeneutischer Analyse konzentrieren sich bislang in erster Linie auf die Analyse gesprochener Sprache (auditive Daten). Dabei wird die Möglichkeit von Sinnverstehen durch Verweis auf unveränderliche Strukturen, wie insb. Chomskys universalgrammatische Regeln, an denen der Interpret ebenso wie die zu untersuchende Ausdrucksmaterialität partizipiert, begründet.[35] Anstatt nun nach der Existenz einer universelle Verhaltensgrammatik zu fragen, die sozialbezogener Körperbewegung in analoger Weise zu Grunde liegen könnte,[36] soll hier die Annahme einer Universalgramma-

---

35 Universale Konstanten werden von raum-zeitlichen Variablen abgegrenzt. Erstere dienen im Modell der objektiven Hermeneutik als Grundlage, auf der sich letztere aus- bzw. umformen können.
„Zu den universalen Regeln gehören etwa die Regel der Sozialität als zweckfrei sich reproduzierender Reziprozität, die universalgrammatischen Regeln auf der Ebene von Phonologie und Syntax und die universalpragmatischen Regeln, während zu den historisch variablen Regeln unter anderem epochenspezifische, gesellschaftlich-spezifische, lebensweltliche und subkulturelle Regeln zu rechnen sind. [...] Generative Regeln in ihrer Gesamtheit erzeugen in Form eines rekursiven Algorithmus objektive Sinnstrukturen und ermöglichen dadurch wohlgeformte Handlungen und Äußerungen" (Wagner 2001, S. 41 f.).
36 Ray L. Birdwhistell, der in seinen Arbeiten ein differenziertes Kategoriensystem zur Erfassung nonverbaler Verhaltensweisen entworfen hat (Kinesik), spricht sich für die Existenz eines kulturell differenzierten Regelbegriffs aus, der allerdings nicht als biologisch prädeterminiert gedacht wird:
„Die Forschung über sichtbare Körperbewegung überzeugt uns, daß dieses Verhalten ebenso geregelt und kodiert ist wie die Erzeugung von Sprechlauten. Wie die Sprache sind auch die infrakommunikativen Körperbewegungen ein strukturelles System, das von einer Gesellschaft zur anderen verschieden ist und das die Mitglieder einer Gesellschaft erlernen müssen, um erfolgreich interagieren zu können" (Birdwhistell, 1979, S. 193; vgl. auch Birdwhistell 1970).

tik als Prämisse objektiv-hermeneutischer Analyse kritisch hinterfragt werden.
Dass die Bewegung des Körpers bedeutsam für den Verlauf und die Struktur von Interaktion ist, wird im Verlauf der Arbeit herauszustellen sein. Bevor jedoch der Frage, inwiefern sich Sinnstrukturen in Körperbewegungen objektivieren, nachgegangen wird, sollen zunächst im Rahmen dieses Kapitels die erkenntnistheoretischen Grundlagen sozialen Verstehens, auf denen die objektive Hermeneutik basiert, expliziert werden. Von dort ausgehend sind dann interpretationsleitende Konstitutionsprinzipien einer systemtheoretisch informierten objektiven Hermeneutik darzulegen (Kap. 4) und hinsichtlich der visuellen Verfasstheit von (Kurs-)Interaktion zu erweitern (Kap. 5). Damit wird ein theoretisches Fundament bereitet, auf dem die Entwicklung einer Methodologie und Methode zur Rekonstruktion von Kursinteraktion aufbauen kann (siehe Teil III der Studie).

Ich beziehe mich im Folgenden hauptsächlich auf die soziale Konstitutionstheorie George Herbert Meads, auf deren Grundlage wesentliche erkenntnistheoretische Annahmen der objektiven Hermeneutik fußen (vgl. Wagner 1999, S. 61; Sutter 1997, S. 121). In den ersten beiden Teilkapiteln (3.1 und 3.2) wird, Meads Argumentation folgend, erläutert, wie sich Intersubjektivität als Möglichkeit wechselseitigen Sinnverstehens und identischer Bedeutungsanzeige bei interagierenden Lebewesen menschlicher Gattung herausbildet. Dabei wird der Übergang von Gestenkommunikation als subhumane Kommunikationsform zu humanspezifischer Kommunikation in Form signifikanter (vokaler) Symbole nachgezeichnet. Die objektive Hermeneutik folgt dem Ansatz Meads, identifiziert allerdings eine Schwachstelle in dessen Konzept, die durch die Annahme einer nach Chomsky ausbuchstabierten Universalgrammatik kompensiert wird – was sich als folgenreich für die Theoriearchitektur der objektiven Hermeneutik und deren Anwendbarkeit auf audiovisuelle Daten erweist (Kap. 3.3). Zunächst aber zur Mead'schen Konzeption von Sinn und der Frage, wie sich soziale Kooperation gestaltet und welche Implikationen damit für die objektive Hermeneutik und die Analyse wahrnehmbaren Verhaltens einhergehen.

3.1 Sozialer Akt und Gestenkommunikation

Zentrales Anliegen der objektiven Hermeneutik ist die Rekonstruktion der objektiv-latenten Sinnstrukturiertheit sozialer Zusammenhänge. Dabei bezieht sich die objektive Hermeneutik „wesentlich auf den Mead'schen Sinnbegriff" (Wagner 1999, S. 45). Die Genese objektiver Sinnstrukturen wird rückbezogen auf den Übergang menschlicher Gattungsgeschichte von Natur zu Kultur: „Es sind die im Übergang von Natur zu Kultur sich konstituierenden Regeln, die hier von besonderem Interesse sind" (ebd., S. 44). Ausgangspunkt ist die Annahme der sozialen Konstitution menschlicher Existenz, die sich in der Grundregel von Sozialität als einer sich zweckfrei reproduzierenden Reziprozität manifestiert. Menschliche Lebewesen bedienen sich sozialer Kooperation im Medium von Interaktion zur Befriedigung existentiell grundlegender – biologisch verwurzelter – Impulse.[37]

„Das Verhalten aller lebender Organismen weist einen grundlegenden gesellschaftlichen Aspekt auf: Die fundamentalen biologischen oder physiologischen Impulse und Bedürfnisse, die auf der Basis aller dieser Verhaltensformen liegen – insbesondere Hunger und Sexualtrieb, also die mit der Ernährung und Vermehrung verbundenen Bedürfnisse –, sind im weitesten Sinne gesellschaftlichen Charakters oder haben gesellschaftliche Implikationen, da sie gesellschaftliche Situationen und Beziehungen für ihre Befriedigung durch den jeweiligen Organismus voraussetzen. Sie bilden daher die Grundlage für alle Typen oder Formen des gesellschaftlichen Verhaltens [...]" (Mead 1973, S. 273 f.).

Initialpunkt jeglicher Interaktionsanbahnung ist die Geste als nach außen getragene, innere Haltung,[38] deren Funktion es ist, Reaktionen anderer hervorzurufen, die selbst wiederum zu Reizen für eine Handlungsanpassung werden (vgl. Mead 1973, S. 82 f.). Gesten können zunächst aus zwei verschiedenen Perspektiven betrachtet werden: Einerseits als Ausdruck von Emotionen (vgl. ebd., S. 55) und andererseits als „Teil der Organisation der gesellschaftlichen Handlung" (ebd., S. 83). Für die objektive Hermeneutik ist die Geste nur insofern von Interesse, als diese als Reaktion auf einen Reiz im Interaktionsgeschehen fungiert bzw. als Reiz, der Anschlussreaktionen zeitigt – d. h. als ein Teil der Organisation gesellschaftlicher Handlung fungiert, unabhängig von den Intentionen des sie äußernden Individuums. Der jeweilige subjektiv-

---

37 Der ‚Impuls' kann definiert werden als „angeborene Tendenz, unter bestimmten organischen Voraussetzungen in einer bestimmten Weise auf einen bestimmten Reiz zu reagieren" (Mead 1973, S. 387). Impulse sind grundlegende Handlungsschemata phylogenetischer Abstammung, die sich hinsichtlich Differenzierung und Formbarkeit vom subhumanen Instinkt unterscheiden (vgl. a. a. O.). Mead unterscheidet zehn Gruppen von Impulsen, welche die biologische (und zugleich vor-soziale) Ausstattung des Individuums kennzeichnen (vgl. ebd., S. 398 f.):
- Aufrechterhaltung von Position und Gleichgewicht in Bewegung und Ruhestellung
- Organisation von Reaktionen auf entfernte Objekte
- Anpassung der Körperhaltung an Kontakte mit Objekten
- Angriff auf und Verteidigung gegen feindliche Geschöpfe
- Flucht vor gefährlichen Objekten
- Bewegungen auf das andere Geschlecht hin (resp. von diesem fort); Sexualprozess
- Sicherstellung und Aufnahme von Nahrung
- Sorgetragen für den Nachwuchs
- Vermeidung von Hitze, Kälte, Gefahr; Entspannung durch Rast und Schlaf
- Errichtung von Wohnstätten zum Schutz und elterlicher Vorsorge
38 Die ‚Haltung' ist als ein Teil oder vielmehr als Beginn einer Handlung, jedoch noch innerhalb des Organismus liegend, zu betrachten. Sie fungiert als Handlungsplan und ist auf die operative Tätigkeit des Zentralnervensystems zurückzuführen. Da Haltungen den Beginn einer Handlung bzw. Interaktion markieren, gelten jene als Bedingungen der Möglichkeit überhaupt handeln zu können (vgl. Mead 1973, S. 50).

intentionale Gehalt, der mit der Äußerung einer Geste einhergeht, bleibt unbeobachtbar.
Der soziale Akt, die nach Mead kleinstmögliche Einheit sozialbezogener Handlungen, ist eingebettet in einen Strom sozialer Abläufe (vgl. Wagner 2004, S. 64). Die Geste bzw. Gebärde eines Lebewesens fungiert als Startpunkt, als Stimuli des sequentiell prozessierenden sozialen Geschehens, worauf entsprechende Interaktionsteilnehmer mit Handlungsanpassung in Form von Reaktion Bezug nehmen. Gesten erfüllen eine Funktion als Stimuli, „um Reaktionen der anderen hervorzurufen, die selbst wiederum Reize für eine neuerliche Anpassung werden, bis schließlich die endgültige gesellschaftliche Handlung zustande kommt" (Mead 1973, S. 83). Gestenkommunikation dient mithin der „Herstellung und Sicherung innerartlicher Verständigung" (Wagner 2004, S. 67): Das Schaf, das Dank seiner Ausstattung mit entsprechenden Sinnesorganen den Wolf im Gebüsch wittert, nimmt einen Reiz wahr, der es zu einer Fluchtreaktion veranlasst. Für die übrigen Schafe der Herde stellt das Verhalten des wolf-witternden Schafes wiederum einen Reiz dar, auf den sie mit Handlungsanpassung reagieren, indem sie sich dem Verhalten des informierten Schafes quasi mimetisch anschmiegen (zum Herdeninstinkt vgl. Mead 1973, S. 98, 285 f., 399). Für den Wolf im Gebüsch stellt indes das Verhalten der Schafe einen Reiz dar, der ihn entweder zum blitzschnellen Angriff oder zum Abwenden von der Herde und Zuwenden zum Schäfer, der gerade ein Nickerchen macht, veranlassen mag, um diesen mit entsprechenden Reizen zu versorgen.

„Gebärden rufen bestimmte und bei allen hoch organisierten Lebewesen teilweise vorab festgelegte Reaktionen hervor, zu denen etwa sexuelle, elterlich fürsorgliche, aggressive und möglicherweise noch weitere Reaktionen gehören wie z. B. der sogenannte Herdentrieb. Insofern diese spezialisierten Reaktionen in der Natur von Einzelwesen vorhanden sind, treten sie gewöhnlich immer dann auf, wenn der passende Reiz oder die geeignete Gebärde sie auslösen" (Mead 1987, S. 293).

Während die für das Tierreich typische soziale Handlungskoordination mittels Gestenkommunikation durch eine ‚Biogrammatik' gesteuert ist und ein instinktiv programmiertes Verhalten darstellt (vgl. Wagner 1999, S. 11), ist für die menschentypische Verständigung eine folgenreiche evolutionäre Transformation kennzeichnend, auf die im nächsten Kapitel eingegangen wird. Zunächst gilt noch festzuhalten, dass bereits bei der instinktiv determinierten Gestenkommunikation objektive Bedeutung angelegt ist (vgl. Wagner 1999, S. 15; ders. 2001, S. 25 sowie Schneider 2002a, S. 181 ff.). So verleiht beispielsweise die Reaktion der Schafsherde der Gebärde des wolf-witternden Schafes eine objektive – also von subjektiven Intentionen resp. introspektiven Mutmaßungen freie – Bedeutung. Am Beispiel der Interaktion von dem im Gebüsch lauernden und die Schafe beobachtenden Wolf und dem äußerst sensiblen, witterungsfähigen Schaf lässt sich zudem illustrieren, dass zwar die Fluchtreaktion des Schafes dem – so sicherlich nicht intendierten – Reiz des ausgehungerten und zähnefletschenden Wolfs zwar eine objektive Bedeutung gibt, beide Interaktionspartner allerdings nicht die gleiche Bedeutung mit der Geste verbinden. Während die lauernde, zähnefletschende Haltung für den Wolf Angriff bedeutet, bedeutet diese für das korpulente, gut im Futter stehende Schaf, Flucht. Es existiert kein gemeinsam geteiltes und somit signifikantes Symbol, das der Kommunikation zugrunde liegt: „Dieser Austausch von Gesten in einem sozialen Akt bezieht sich auf die subhumane Ebene der Kommunikation, die mit keinerlei mentalen Repräsentanzen und Bewußtseinsprozessen in Verbindung zu bringen ist. Die Kommunikationsprozesse basieren hier auf biogrammatischen Gesetzlichkeiten" (Wagner 2004, S. 68). Sinn einer Geste existiert mithin objektiv als Beziehung zwischen Gebärde bzw. Geste als Reiz, Reaktion und Anschlussverhalten, „auf das die Geste vorausweist. Subjektiv verfügbar ist dieser Sinn zunächst nur für einen Beobachter, der über die Kapazität zur Antizipation und Interpretation eigenen und fremden Verhaltens [...] bereits verfügt" (Schneider 2002a, S. 183; im Original kursiv). Von intersubjektiv geteilter Bedeutung kann hier nicht die Rede sein.

3.2 Gestenkommunikation und symbolisch vermittelte Kommunikation

Die Entstehung menschentypischer, verbaler Lautäußerung, die in ihrer Symbolik und Systematik eine Sprache zu bilden vermag, ist bei Mead verknüpft mit der Ermöglichung des Kommunizierens und Handelns anhand intersubjektiv geteilter Bedeutung. Diese ermöglicht Sozialisation bzw. kulturelle Evolution und stellt einen essenziellen Bedingungszusammenhang objektivhermeneutischer Analyse dar.

Die Kommunikation der im obigen Beispiel (Kap. 3.1) angeführten Lebewesen subhumaner Gattung kann nur insofern als symbolvermittelte Interaktion bezeichnet werden, als die jeweiligen Reize, die eine Handlungsanpassung zur Folge haben, einen symbolischen Charakter aufweisen, indem sie Objekte anzeigen. Hervorzuheben ist dabei deren Nicht-Signifikanz. Es besteht keine intersubjektive Teilbarkeit der Symbole für die Interaktanten – allerdings jedoch für menschliche Beobachter: „Alle diese Gebärden sind für einen eingeweihten Beobachter signifikante, d. h. bedeutungsvolle Symbole; keine von ihnen aber ist signifikant oder bedeutungsvoll für das Lebewesen, das sie ausführt" (Mead 1987, S. 294). Das Auftreten eines signifikanten Symbols impliziert die Expression einer Idee durch eine Geste, bei der die Idee im Gesten setzenden Wesen identisch ist mit der Idee, die im anderen Wesen durch Rezeption der Geste ausgelöst wird: „Gesten werden zu signifikanten Symbolen, wenn sie im Gesten setzenden Wesen die gleichen Reaktionen implizit auslösen, die sie explizit bei anderen Individuen auslösen oder auslösen sollen – bei jenen Wesen, an die sie gerichtet sind" (Mead 1973, S. 86). Die Herstellung eines individuellen Bewusstseins von intersubjektiv geteilter Bedeutung wird möglich, indem das Individuum sich selbst gegenüber die Haltung eines anderen einnimmt „und insofern es in einem gewissen Sinn in sich selbst die Bestrebung zu der Handlung erzeugt, die sein Verhalten bei einem anderen Individuum hervorruft" (Mead 1987, S. 294).

Die evolutionäre Transformation von instinktdeterminierter Interaktion zu regelgeleiteter, durch signifikante Symbole vermittelter Interaktion vollzieht sich nach Mead mit der Herausbildung der menschentypischen Sprache als ein Gebilde, das aus einer Reihe von Symbolen besteht, „die einem bestimmten Inhalt entsprechen, der in der Erfahrung verschiedener Personen bis zu einem gewissen Grad identisch ist" (Mead 1973, S. 94). Für das Zustandekommen von Kommunikation ist eine intersubjektiv geteilte Bedeutung des verbalsprachlichen Symbols Bedingung – und das gilt ebenso für die Möglichkeit einer Sinnrekonstruktion von Interaktion im Modell der objektiven Hermeneutik.

Für die Herausbildung der Fähigkeit verbal-sprachlichen Agierens ist eine Reihe von Entwicklungen bedeutsam. Die Entstehung der vokalen Geste ist in erster Linie auf Veränderungen im Blutkreislauf und im Atemrhythmus[39] zurück zu beziehen (vgl. Wagner 1999, S. 12). Als weitere physiologisch-anatomische Voraussetzungen zur Entwicklung der menschenspezifischen Sprach- und Handlungsfähigkeit zu erachten sind die phylogenetische Entwicklung des Zentralnervensystems sowie die evolutive Herausbildung der Hand als Teil des Körpers, die eine differenzierte Kontaktaufnahme mit Objekten der Umwelt, ein ‚Begreifen' der Dinge ermöglicht (vgl. Wagner 1999, S. 11) und in Interaktionen – nonverbal – zum Einsatz kommt.

„In dem Augenblick, in dem unser Ahn zum erstenmal die eigene, greifende Hand und den von ihr ergriffenen Gegenstand gleichzeitig als Ding der realen Außenwelt erkannte und die Wechselwirkung zwischen beiden durchschaute, wurde sein Verständnis für den Vorgang des Greifens zum Begreifen, sein Wissen um die wesentlichen Eigenschaften des ergriffenen Dinges zum Begriff" (Lorenz nach Steitz 1993, S. 320).

Die Herstellung von Intersubjektivität ist nach Mead an die Etablierung vokaler Sprache, der Kommunikation mit signifikanten Symbolen gebunden. Zugleich jedoch wird die Möglichkeit menschlichen Spracherwerbs an das Vorhandensein von Intersubjektivität geknüpft. Die auf Intersubjektivität und verbaler Kommunikation basierende Fähigkeit zur Rollenübernahme stellt nach Mead ein entscheidendes Kriterium dar, um tierische von der spezifisch menschlichen Sozialität zu unterscheiden.

---

39 Atmung ist ein wesentlicher Bestandteil der Stimmgebung. Ohne dass Luft durch den Kehlkopf geblasen wird, kann kein Ton erzeugt werden. Zur Phylogenese des peripheren Stimmapparats und cerebralen Organisation der Stimmgebung vgl. Jürgens/Ploog 1982, S. 20-24 und 29-38; zur phylogenetischen Herausbildung der menschentypischen Sprache im Unterschied zu Primaten vgl. Steitz 1993, S. 119-123.

Vokale Sprache ermöglicht, dass der Sprecher das Gesprochene genauso hört wie der, an den es gerichtet ist. Entscheidend dabei ist, dass das gesprochene Wort bei ersterem die gleiche Handlungs- resp. Reaktionstendenz auslöst, wie bei letzterem beabsichtigt – ein Prozess, der Sozialisation als Perspektivendifferenzierung, Internalisierung von Normen und Regeln sowie Identitätsbildung zur Folge hat.

„Die vokale Geste wird zum signifikanten Symbol, [...] wenn sie auf das sie ausführende Individuum die gleiche Wirkung ausübt wie auf das Individuum, an das sie gerichtet ist oder das ausdrücklich auf sie reagiert, und somit einen Hinweis auf die Identität des Individuums enthält, das die Geste ausführt" (Mead 1973, S. 85).

Wie aber kommt der Mensch zur Sprache bzw. zur Kommunikation mit signifikanten vokalen Symbolen? Die Fähigkeit, Gehörtes nachzuahmen reicht dazu nicht aus: „Unsere Behauptung lautet, daß es keine spezifische Nachahmungsfähigkeit in dem Sinne gibt, daß der Ton oder der Anblick einer Reaktion eines anderen an sich einen Reiz zu einer gleichen Reaktion darstelle" (Mead 1973, S. 107). Nachahmung, die zur Aneignung signifikanter Symbole führt, setzt voraus, dass sich bereits eine „unabhängige bewußte Existenz" (ebd., S. 99; vgl. auch Joas 1980, S. 116) etabliert hat. Nachahmung, die zur Reproduktion von Sprache führt und dem Aufbau von Identität dienlich ist, wird möglich,

„wenn in einem Individuum bereits eine Handlung angelegt ist, die der eines anderen Individuums gleicht. Bei dieser Nachahmung sollte im Auge behalten werden, daß das Verhalten und die Geste eines Individuums, die im anderen Individuum eine Reaktion auslöst, dazu neigen muß, die gleiche Reaktion auch in ihm selbst hervorzurufen" (Mead 1973, S. 107).[40]

Hans-Josef Wagner (2004, S. 70 f.) und Wolfgang Ludwig Schneider (2002a, S. 186) machen der Mead'schen Argumentation Zirkularität zum Vorwurf – dergestalt, dass gemeinsam geteilte Bedeutung (Intersubjektivität) den explanativen Ertrag der Lautgeste darstellen soll, diese allerdings die Fähigkeit zur Perspektivenübernahme bereits beansprucht, „um die Übereinstimmung der Reaktionsmuster und deren Veranlassung durch denselben Stimulus überhaupt bemerken zu können" (Schneider 2002a, S. 186). Die

---

40 Für die frühkindliche Nachahmung von Lauten entsprechender Bezugspersonen ist nach Mead die Existenz von Impulsen neben der Reizsimultanpräsenz entscheidend: Einerseits muss das Individuum durch den gleichen Reiz wie das reizsetzende Individuum beeinflusst werden, und zwar durch den gleichen Sinneskanal – was bei vokalen Gesten der Fall sei –, andererseits muss der Impuls, „der in jenem Individuum Ausdruck zu finden versucht, das den Ton ausstößt, funktional die gleiche Rolle spielen [...] wie der Reiz beim anderen Individuum, das den Ton hört" (Mead 1973, S. 414). An anderer Stelle hebt Mead die Bedeutung von Impulsen für die Vielfalt von Erfahrungen des Individuums hervor: „Wiederum muß ich die Tatsache betonen, daß diese Vielfalt in der Erfahrung nur dann gegeben ist, wenn es Impulse gibt, die auf die Vielfalt der Reize ansprechen und nach Ausdruck suchen" (ebd., S. 413).

Lautgeste biete keine hinreichende Erklärung dafür, wie Gesten als Symbole die Qualität gemeinsam geteilter Bedeutung erhalten.

„Die Lautgeste reicht weder aus, um bei den beteiligten Organismen übereinstimmende Reaktionstendenzen zu aktivieren, noch würden übereinstimmende Reaktionstendenzen ausreichen, um beide dazu zu veranlassen, die eigene implizite Reaktion und die beobachtete Reaktion des anderen mit demselben Stimulus in Verbindung zu bringen" (Schneider 2002a, S. 186).

3.3 Das Intersubjektivitätsproblem und dessen Verwindung

Im Theoriekontext der objektiven Hermeneutik ist der Spalt zwischen Phylogenese und Ontogenese, zwischen Alter und Ego, der sich im Werke Meads auftut, Anlass zu einer folgenreichen Brückenkonstruktion. Folgenreich insofern, als hiermit ein Konstrukt geschaffen wird, dass die Rekonstruktion von Sinnstrukturen an präexistente Strukturen bindet, denen der Interpret sowie sein Untersuchungsgegenstand unterliegen. Die Herstellung von Intersubjektivität, im Sinne gemeinsam geteilter Bedeutung, wird an eine Generierungsformel gebunden, die, so Wagner,

„die Exemplare derselben Gattung teilen und die Bedingung dafür ist, daß die vokale Geste funktioniert. Die Exemplare derselben Gattung sind im Besitz der Generierungsformel, haben diese in den Verschaltungsplänen des Gehirns gespeichert, und nur insofern ist es zu erklären, daß Sender und Empfänger dasselbe hören" (Wagner 2004, S. 71).

Um das Problem der Herstellung wechselseitiger Bezogenheit und intersubjektiver Bedeutungsidentität als Bedingung der Möglichkeit valider Sinnrekonstruktion zu lösen, werden präexistente und somit nicht-kritisierbare, universale Regeln und Strukturen als Konstante gesetzt:[41] „Die Möglichkeit der Konstitution von Bedeutungsidentität in der humanspezifischen Form der Kommunikation setzt immer schon ein gattungsgeschichtlich sich Identisch-Bleibendes, hier die kulturelle Universalie der Universalgrammatik, voraus" (Wagner 2004, S. 76). Signifikante Symbole bzw. Intersubjektivität als Bedeutungsidentität sei wahrscheinlich, da Alter die Äußerung Egos auf der Folie universalgrammatischer Regeln interpretieren kann.

Zur Erklärung universaler Regeln der Sprachkompetenz beruft sich die objektive Hermeneutik auf das Konzept der Universalgrammatik Noam Chomskys als materiales a priori (vgl. Sutter 1997, S. 31-39; Wagner 1999, S. 13; ders. 2004, S. 71-76). Unterschieden wird dort zwischen der performativen Sprechhandlung, die den empirischen Gegenstand darstellt und der

---

41 Oevermann bezieht sich dabei auf Regeln sprachlicher Kompetenz, Regeln kommunikativer/illokutiver Kompetenz sowie auf universelle Regeln kognitiver und moralischer Kompetenz (vgl. Oevermann u. a. 1979, S. 387). Zudem wird von grundlegender Sozialität als Reziprozität ausgegangen. Diese gelte es nicht erst herzustellen, sondern lediglich auszufüllen.

Kompetenz des Akteurs, regelkonforme Sprechakte auf der Basis universalgrammatischer Regeln (auf Ebene von Phonologie und Syntax) zu bilden – bzw. der Kompetenz des Interpreten, die Bedeutung von Sprechakten zu rekonstruieren. Nach Chomsky wird die Sprachentwicklung des Menschen „im wesentlichen als ein Reifungsprozeß angesehen, als ein biologisch vorprogrammierter Prozeß der Entfaltung sprachlicher Fähigkeiten, der sich autonom vollzieht, d. h. unabhängig von der kognitiven, motivationalen und sozialen Entwicklung des Kindes und den entsprechenden Formen von Umwelterfahrung" (Miller 1986, S. 47).

Die Verwindung der Intersubjektivitätsproblematik im Theoriegefüge der objektiven Hermeneutik stellt einen zentralen und zugleich neuralgischen Punkt mit Blick auf theoretische Konsistenz einerseits und Anwendbarkeit der objektiven Hermeneutik auf nicht-sprachliches Material andererseits dar. Die universalgrammatischen Regeln Chomskys sind ein Initialpunkt im Theoriegebäude der objektiven Hermeneutik, welche die Gestalt von unhinterfragbaren Prämissen annehmen und die Strukturiertheit des zu rekonstruierenden Gegenstandes konstituieren:

„Wir haben es hier [...] mit einem Typus universeller Regeln zu tun, dessen materiale Geltung nicht kritisierbar ist, weil diese Regeln als Bedingung der Möglichkeit sprachlichen Ausdrückens zugleich auch die Bedingung der Möglichkeit der Kritik darstellen. [...] Kritisierbar ist nur die Rekonstruktion [im Original fett] dieser in ihrer materialen Geltung nicht kritisierbaren Regeln" (Oevermann 1986, S. 26).

Die Konzeptualisierung des Status von verbaler und insbesondere nonverbaler Kommunikation bezüglich der damit assoziierten interpretationsleitenden Konstitutionsprinzipien,[42] ist als unhintergehbare und ausreichend zu explizierende, erkenntnistheoretische Basis zur Entwicklung eines konsistenten Modells zur Rekonstruktion von Kursinteraktion zu erachten. Daher ist es für notwendig, Probleme aufzuzeigen, die mit der o. a. theoretischen Ausgangslage der objektiven Hermeneutik einhergehen. Weiterhin sind die identitätslogischen Annahmen der objektiven Hermeneutik mit dem hier maßgeblichen systemtheoretisch-konstruktivistischen Referenzrahmen zu konfrontieren – auf dem Weg zur Ausbuchstabierung eines kohärenten Konzepts zur Analyse von Kursinteraktion mit Verfahrensweisen der objektiven Hermeneutik auf der Grundlage audiovisueller Daten.

Welche erkenntnistheoretischen Probleme werden virulent, wenn eine qualitative Forschungsmethode, wie die objektive Hermeneutik, von präexistenten Regeln und Strukturen ausgeht? Die Zirkularität, die bei der Mead'schen Konzeptualisierung des Übergangs von Phylogenese zu Ontogenese in Form wechselseitiger Bedingtheit von Rollenübernahmefähigkeit und der Herausbildung von Kommunikationsfähigkeit mittels signifikanter

---

42 Interpretationsleitende Konstitutionsprinzipien nehmen hier die Gestalt von sozialisations-/entwicklungstheoretischen Prämissen an, welche die Möglichkeit der Rekonstruktion objektiv-latenter Sinnstrukturen bedingen und theoretisch begründen.

vokaler Symbole besteht, wird bei der objektiven Hermeneutik durch Rekurs auf universalgrammatische Strukturen, denen der Status eines materialen a priori zugemessen wird, versucht zu durchbrechen. Dies evoziert allerdings zugleich eine erneute Zirkularität, die Tilmann Sutter in seiner Arbeit zur Konstitutionstheorie des interaktionistischen Konstruktivismus mit „Regelontologie" bezeichnet (vgl. Sutter 1999a, S. 70 ff.). Während die Methode der objektiven Hermeneutik auf die Generierung von neuem Wissen in der Sprache des Falls zielt, erfährt sie eine objekttheoretische Bindung an präexistente Regeln und Strukturen. Die Rekonstruktion von Fallstrukturen ist an universale Regeln gebunden, deren Geltungsbasis der zu erforschenden Lebenswelt voraus läuft: „Der hermeneutische Zirkel schottet sich ab: Wer sich auf immer schon geltende Regeln beruft, für den gibt es nichts mehr zu entdecken" (Sutter 1999a, S. 227). Die Erklärung der Entstehung von Neuem wird einem selbsttragenden Determinismus unterworfen: „Die Geltung allgemeiner Regeln soll einerseits an konkreten Fällen rekonstruiert werden, doch kann sie andererseits genau dadurch nicht widerlegt werden, weil sie von der Konstitution der Fälle und dem rekonstruktiven Verfahren vorausgesetzt wird" (ebd., S. 229).[43]

Ein weiteres Problem, das mit der theoretischen Ausgangslage der objektiven Hermeneutik einhergeht und mit dem man sich insbesondere beim Versuch einer begründeten Anwendung selbiger auf Videoprotokolle konfrontiert sieht, ist die Zentrierung auf verbale Sprache als Medium zur Generierung von Intersubjektivität und Sinn. Bildern resp. wahrnehmbaren Körperbewegungen wird keine eigene Sinnsphäre jenseits verbaler Sprache zugemessen. Oevermann hebt die unabdingbare Notwendigkeit der Transformation nicht-sprachlicher Ausdrucksgestalten in schriftsprachlich verfasste Protokolle hervor.[44] Eine angemessene Wahrnehmung verbal-sprachlicher Ausdrucksgestalten sei lediglich aufgrund der Tatsache „daß das wahrnehmende Bewußtsein durch dieselben Regeln und Algorithmen strukturiert ist wie die wahrgenommenen Gegenstände" (Oevermann 2000b, S. 111) gewährleistet. Nicht-sprachliche Ausdrucksgestalten seien als Wahrnehmungsgegenstände grundsätzlich anders strukturiert als die Prozesse und Struktur der wahrnehmenden Organisation.

In der Theoriearchitektur der objektiven Hermeneutik ist Sinn prinzipiell verbal-sprachlich verfasst. Verstehen wird als Konsens gedacht. Dagegen gehen differenztheoretisch angelegte Theoriearchitekturen wie die Systemtheorie Niklas Luhmanns von Sinn als einer Sprache fundierenden, vorsprachlichen Kategorie aus (vgl. Reese-Schäfer 2001, S. 137). Statt Konsens wird Differenz (zwischen Gedanke und Kommunikation) betont. Sinn wird

---

43 Jo Reichertz spricht in diesem Zusammenhang von „Metaphysik der Strukturen": „Metaphysik deshalb, weil kein Weg angegeben werden kann, wie sich diese Ontologie der Strukturen überprüfen ließe" (Reichertz 1988, S. 215).
44 Zum Verhältnis von Text, Protokoll und Lebenspraxis vgl. Wagner 2001, S. 87 ff.

hier funktional als Ordnungsform menschlichen Überlebens aufgefasst. Funktional ist diese Ordnungsform insofern, als sich menschliches, durch Instinktarmut geprägtes und mit geringer Vorausstattung behaftetes Leben mit einer Überfülle an Handlungsmöglichkeiten konfrontiert sieht. Selektion ist daher zwingend. „Es muß durch ein Programm zur Steuerung der Auswahl strukturiert werden. Dazu dient das, was man »Sinn« zu nennen sich angewöhnt hat" (Reese-Schäfer 2001, S. 40). Sinn kann daher als Medium betrachtet werden, „das die selektive Erzeugung aller sozialen und psychischen Formen erlaubt" (Baraldi/Corsi/Esposito 1999, S. 170). Als sinnhaft prozessierende Systeme, bei denen sich Verweisungsüberschuss und Selektionszwang erweisen, sind soziale und psychische Systeme zu deklarieren. Während die Operationen psychischer Systeme einander anschließende Gedanken darstellen, schließen in sozialen Systemen Kommunikationen einander an. Kommunikation und Anschlusskommunikation bauen auf das Verstehen der Differenz zwischen Information und Mitteilung. Dies wird in der Kommunikation selbstreferentiell angezeigt und ist von der Verstehensleistung psychischer Systeme zu unterscheiden. Dabei muss Kommunikation nicht zwangsläufig verbal-sprachliche Formen annehmen, sondern kann auch nonverbal qua wahrnehmbarer Körperbewegung prozessieren (vgl. Baraldi/Corsi/Esposito 1999, S. 180 ff.).[45]

Im Modell der objektiven Hermeneutik ist Sinn konstitutionslogisch an verbale Sprache gebunden. Demgegenüber wird durch eine auf Differenz statt Konsens bauende theoretische Grundlage die Bedeutung nonverbaler Sprache, die sich etwa in sozialbezogenen Körperbewegungen objektiviert, aufgewertet. Die visuelle Ebene von Interaktion kommt als eigenständige Ebene, auf der sich Sinnstrukturen etablieren und die in spezifischen Relationen zur auditiven Ebene steht, in den Blick. Weiterhin wird die objekttheoretische Annahme universeller Regeln und Strukturen ausgeklammert – was nicht heißt, dass diese auch auf methodologischer Ebene verworfen werden muss. Vielmehr kann die Geltung entsprechender Regeln so besonders leicht falsifiziert werden (vgl. Sutter 1999a, S. 227 ff.).

Während der Vorwurf der Regelontologie und des Sprachzentrismus auf die theoretischen und methodologischen Folgen der Annahme präexistenter Regeln und Strukturen Bezug nimmt – und eine differenztheoretische Fassung objekttheoretischer Ausgangsannahmen zur Entwicklung eines Konzepts für die Analyse von Kommunikation unter Anwesenden nahe legt – können zudem Argumente von Bezugswissenschaften angeführt werden, welche die Annahme der Möglichkeit konsensuellen Verstehens erodieren lassen. Neben Ergebnissen entwicklungs- und sozialisationstheoretischer Forschung zum Spracherwerb, wodurch die nativistisch angelegte Universal-

---

45 Auf die hier angeklungenen systemtheoretischen Konstrukte wird in Kapitel 4 ausführlich eingegangen.

grammatiktheorie Chomskys in Frage gestellt wird,[46] sind Ergebnisse neurobiologischer bzw. neurophysiologischer Forschung zum Verhältnis von Gehirn zu Umwelt wahrzunehmen, die ein Verstehen als Konsens unwahrscheinlich erscheinen lassen. Von präexistenten universalgrammatischen Regeln und Strukturen ausgehend kann angenommen werden, dass Lautäußerungen auf ein gleiches Substrat bei interagierenden Akteuren treffen, wodurch eine identische Bedeutungszuweisung wahrscheinlich wird. Geht man jedoch nicht von derartigen Strukturen aus, stellt sich die Frage, wie bzw. ob überhaupt intersubjektiv identische Bedeutung je bewusstseinsintern erzeugt werden kann, erneut. Während nach Mead anzunehmen ist, dass Alter sein Wort ebenso hört wie Ego und demzufolge eine gleiche Reaktionstendenz auf das von letzterem gesetzte Symbol verspürt, ist dies aus neurobiologischer Perspektive kaum vorstellbar. Homolog zur Mead'schen Vorgehensweise werden in den nächsten Absätzen Bedingungen humanspezifischer Wahrnehmung, die ihrerseits bedeutsam für die Konzeptualisierung von Sozialität und Intersubjektivität sind, angeführt. Ausgangspunkt hierzu sind Gerhard Roths Abhandlungen zur kognitiven Neurobiologie (1997).

Ebenso wie Mead von der Existenz grundlegend sozio-biologischer Impulse ausgeht, die dem Menschen eigen sind (Mead 1973, S. 397 ff.), konstatiert Roth ein selektives Interagieren von Organismen mit ihrer Umwelt zu

---

46 Während die objektive Hermeneutik von präexistenten Regeln und Strukturen ausgeht, die den Erwerb von Sprachkompetenz im Rahmen sozialer Interaktion ermöglichen und folglich intersubjektives Verstehen wahrscheinlich machen, ist die Annahme der Existenz universalgrammatischer Regeln und Strukturen aus der Perspektive aktueller entwicklungspsychologischer Ansätze nicht zu befördern.
„Dies ist mit Sicherheit ein Irrtum, der letztlich auf den weiteren entwicklungspsychologischen Irrtümern beruht, daß die Struktur der Sprache unabhängig von ihrer Funktion erklärt werden kann und daß angenommen wird, daß der Spracherwerb universellen Mustern folgt, die deshalb notwendigerweise angeboren sein müssen" (Grimm/Wilde 1998, S. 456). Die Entwicklung sprachlicher Kompetenz sei nach Hannelore Grimm und Sabine Wilde nicht bereits biologisch prädisponiert, sondern als Ergebnis eines interaktiv verfassten Erwerbsprozesses anzusehen, der auf bestimmten intraindividuellen, kognitiven Operationen beruhe. Gleichwohl komme Sprachentwicklung nicht ohne angeborene Fähigkeiten, wie beispielsweise bestimmte Fähigkeiten im phonologischen Wahrnehmungsbereich, affektive und kognitive Voraussetzungen und bestimmte biologische Zeitfenster der Hirnentwicklung, aus (vgl. Grimm/Wilde 1998, S. 456). Einem nativistischen Modell wie dem Chomskys könne damit allerdings nicht entsprochen werden. Es soll an dieser Stelle nicht näher auf die aktuelle entwicklungspsychologische und sozialisationstheoretische Diskussion zur Sprachentwicklung eingegangen werden (zum entwicklungspsychologischen Diskurs vgl. auch Grimm/Weinert 2002; zum sozialisationstheoretischen Diskurs vgl. etwa Miller/Weissenborn 1991 und Miller 1986). Es ist an dieser Stelle lediglich darauf hinzuweisen, dass die Konzeption Chomskys als Bezugstheorie der objektiven Hermeneutik zur Erklärung der Entstehung von Intersubjektivität nicht dem aktuellen Stand des Theorie- und Forschungsdiskurses zur Sprachentwicklung zu entsprechen scheint, dem gemäß nicht von nativistischen Ausgangsbedingungen zur Sprachentwicklung auszugehen ist, worauf eine Erklärung der Herstellung von Intersubjektivität als Bedeutungsidentität bzw. Konsens fußen könnte.

Zwecken des Nahrungserwerbs, zum Schutz vor Feinden, zur Erfassung räumlicher und zeitlicher Eigenheiten des entsprechenden Biotops sowie zum Erkennen von Artgenossen und Fortpflanzungspartnern (vgl. Roth 1997, S. 248). Dabei drückt sich die „Bindung der Wahrnehmung an die Lebens- und Überlebenssituation von Individuen und Gruppen [...] unter anderem in Bau und Leistung der Sinnesorgane aus" (a. a. O.; im Original kursiv). Selbsterhaltung als charakteristische Fähigkeit von Lebewesen ist an eine Wechselwirkung mit der (sozialen) Umwelt gebunden (vgl. ebd., S. 82). Sozialität wird von Roth also ebenso vorausgesetzt – mündet aber nicht in eine identitätslogische Fassung des Verhältnisses zwischen Individuum und Umwelt.

Das Gehirn kann als ein Organ betrachtet werden, dessen Organisationsweise es vermag, Informationen aus der Umwelt zu interpretieren und körperliche Reaktionen angesichts spezifischer Reize zu veranlassen. Von entscheidender Bedeutung ist, dass das Gehirn nicht in direkten Kontakt zur Umwelt treten kann. Sämtliche Phänomene – also auch auditive und visuelle Reize, die zur Rekonstruktion sozialer Interaktion einer Analyse zugänglich gemacht werden können und als zentral für den Aufbau von Interaktionszusammenhängen zu betrachten sind – stellen aus neurobiologischer Sicht physikalische Umweltreize dar, die im Prozess der Transduktion in modalitätsspezifisch indifferente Nervenimpulse umgewandelt und topologisch interpretiert werden (vgl. ebd., S. 249 f.). Das Gehirn als biologisches System operiert dabei selbstreferentiell und selbst-explikativ: „Das bedeutet, daß es funktional in sich abgeschlossen ist und nur mit seinen eigenen Zuständen interagiert. Es hat keinen direkten Zugang zur Außenwelt" (Roth 1987, S. 252). Es kann somit keine eindeutige Beziehung zwischen Umweltreizen und gehirninternen Prozessen ausgewiesen werden (vgl. ders. 1997, S. 100).

Bedeutung wird aus dieser Perspektive „innerhalb der automatisierten und unbewußt laufenden präkognitiven Phase der Wahrnehmung durch Vergleich und Kombination von Elementarereignissen [physikalisch-chemische Umweltgeschehnisse; M. H.]" (Roth 1997, S. 251; im Original kursiv) konstruiert. Bedeutungskonstituierende Regeln der Wahrnehmung ergeben sich aus der jeweiligen Vor-Erfahrung des kognitiven Systems (vgl. ebd., S. 256). Die Grundorganisation des Gehirns sei einerseits genetisch angelegt und andererseits durch sozialisatorische Interaktionen geformt. So behauptet Wolf Singer, dass die Spezifikation von Verbindungen auf einem aktivitätsabhängigen Selektionsprozess beruhen (Singer 2002, S. 93). Dabei kommt der Interaktionserfahrung mit der Umwelt ein entscheidender Stellenwert zu:

„Das Gehirn muß also zur Optimierung seines Repertoires außergenetische Informationen gewinnen, die Umwelt, in die hinein es sich entwickelt, also hinreichend differenziert sein. Ferner müssen die Interaktionsmöglichkeiten den Bedürfnissen des jungen Gehirns in seinen jeweiligen Entwicklungsphasen entsprechen und ihm – sofern kritische Phasen auch für die Entwicklung anderer Teilleistungen existieren – zu ganz bestimmten Zeiten vorrangig und ungestört verfügbar sein" (ebd., S. 119).

Singer geht von prädeterminierten, sensiblen Entwicklungsphasen aus, innerhalb derer bestimmte Funktionen ausgebildet werden können – unter der Bedingung des Statthabens sozialer Interaktion.

Sofern davon ausgegangen wird, dass soziale Interaktion Wahrnehmungsleistungen voraussetzt, wird durch Rekurs auf neurobiologische Grundlagen der Organisation von Wahrnehmung ein Intersubjektivitätsbegriff, der eine Bedeutungsidentität signifikanter vokaler Symbole in den Psychen interagierender Individuen impliziert und Verstehen als Konsens fasst, problematisiert. Mead betrachtet die Simultanpräsenz eines Reizes in den Psychen interagierender Individuen als kennzeichnend für die Kommunikation mit signifikanten vokalen Symbolen – als Intersubjektivitätsparadigma, das Perspektivendifferenzierung und Internalisierung gesellschaftlicher Regeln und Normen zur Folge hat.

„Bei der vokalen Geste hört das Wesen den von ihm selbst ausgelösten Reiz genauso, wie wenn sie von anderen Wesen gesetzt wird. Es tendiert daher dazu, auf seinen eigenen Reiz ebenso zu reagieren wie auf den, der von anderen ausgelöst wird" (Mead 1973, S. 104).

Demgegenüber scheint es aus o. a. neurobiologisch bzw. -physiologischer Perspektive eher unwahrscheinlich, dass Individuen angesichts eines unspezifischen, ursprünglich akustischen Reizsignals, das auf die autonome Interpretationstätigkeit des Gehirns trifft, die gleiche Reaktionstendenz aufgrund der Rezeption eines ‚gleichen' Umweltreizes aufweisen. Zumindest erscheint es als erklärungsbedürftig wie es zu einer ähnlichen Reaktionstendenz kommen kann, wenn Rollenübernahmefähigkeit oder universalgrammatische Regeln und Strukturen nicht als immer schon im Menschen verankert angenommen werden können. Wenn in differenztheoretischer Einstellung von der autopoietischen Organisationsweise des menschlichen Gehirns als biologisches System sowie von operativer Geschlossenheit des psychischen wie auch des sozialen Systems als Umwelt(en) des Gehirns ausgegangen wird, so gibt es keinen Grund zu der Vermutung, dass ein als Konsens begriffenes Verstehen möglich ist.

Während nun einerseits die Bedingungen zur Rekonstruktion von Sinnstrukturen im Sinne von Fremdverstehen angesichts einer differenztheoretischen Ausgangslage neu zu konzeptualisieren sind, wird andererseits eine regelontologische Ausgangsbasis, wie sie im Konzept der objektiven Hermeneutik angelegt ist, umgangen und der Zentrierung auf Sprache eine Öffnung auf jegliche Wahrnehmungsereignisse, die sich in sozialer Interaktion zeitigen, entgegengesetzt. Tilmann Sutter fasst in seiner Arbeit die Grundannahmen der sozialen Konstitutionstheorie, auf die sich die objektive Hermeneutik beruft, pointiert zusammen:

„In Prozessen sinnhaften Handelns bauen Subjekte die eigenen Strukturen und jene der Welt in symbolischen Formen auf. Diesem Konstitutionsproß liegt Sprache bzw. eine sprachliche Bedeutungsfunktion immer schon voraus, anders könnten Sinngehalte überhaupt nicht entstehen […]. Sinn als analytischer Grundbegriff wird intersubjektiv angesetzt. Die soziale Konstitutionstheorie sieht deshalb die Grundlagen der sozialisatorischen Interaktion in sprachförmigen, auf Verständigung zielenden Handlungskoordinationen" (Sutter 1999a, S. 90).

Während ein als Konsens gefasstes Verstehen bei der objektiven Hermeneutik als Grundlage zur Internalisierung gesellschaftlicher Deutungsmuster, Regeln und Normen im Rahmen sozialisatorischer Prozesse fungiert und zugleich methodisch kontrolliertes Fremdverstehen sichern soll, ist der Verstehensbegriff aus differenztheoretischer Perspektive Luhmann'scher Provenienz systemrelativ zu fassen. Sozialisation kommt als Selbstsozialisation in den Blick, die auf der Differenz zwischen psychischem und sozialem System fußt. Während Sinn im Konzept Oevermanns an verbale Sprache gebunden ist, kommt dieser in systemtheoretischer Einstellung bereits auf nonverbaler Ebene als vorsprachliche Kategorie zum Tragen.

4. Interpretationsleitende Konstitutionsprinzipien I: Grundannahmen systemtheoretisch informierter objektiver Hermeneutik

In diesem Kapitel skizziere ich interpretationsleitende Konstitutionsprinzipien, die einer systemtheoretisch informierten objektiven Hermeneutik zu Grunde liegen. Dabei weicht der für die objektive Hermeneutik zentrale Gedanke des Konsens einer differenztheoretischen Betrachtungsweise von Kommunikation und Bewusstsein. Eine derartige Umformulierung theoretischer Ausgangsbedingungen objektiv-hermeneutischer Analyse ermöglicht ein Umschiffen theoretischer Probleme, die virulent werden, wenn von präexistenten, universellen Regeln und Strukturen ausgegangen wird. Zudem erfährt der sprachzentrierte Textbegriff der objektiven Hermeneutik eine notwendige Erweiterung (vgl. Kap. 5) zu dem, was durch das Videoprotokoll in den Blick kommt. Darüber hinaus erscheint eine systemtheoretische Deutung des Verstehensbegriffs wie auch eine differenztheoretische Fassung des Verhältnisses von Kommunikation und Bewusstsein, als notwendige Verlängerung anfangs aufgestellter, objekttheoretischer Annahmen zum Kurs als lehrlernbezogenes Interaktionssystem (vgl. Kap. 1.2).

Ich betrete dabei kein gänzlich unergründetes Terrain. So diskutieren etwa Tillmann Sutter (1999a) sowie Wolfgang L. Schneider (2004) Vereinbarkeiten und Differenzen zwischen strukturgenetischen Theorien bzw. (objektiver) Hermeneutik und Systemtheorie. Ebenso beachtenswert erscheinen in diesem Zusammenhang etwa die Beiträge von Armin Nassehi (1997) und Alfons Bora (1993) zur Anwendbarkeit einer systemtheoretisch informierten

Hermeneutik bzw. zu Relationen zwischen Systemtheorie und objektiver Hermeneutik.
Zur Formulierung interpretationsleitender Konstitutionsprinzipien soll der Frage nachgegangen werden, wie der potenzielle Interpret im Rahmen von Sozialisations- und Entwicklungsprozessen zu einem Wissen gelangt, das es ihm ermöglicht, Sinnstrukturen, die sich in Interaktionssystemen bilden, zu rekonstruieren. Zur Beantwortung dieser Fragen beziehe ich mich auf o. a. Referenzrahmen – insbesondere auf Sutters Konstituierung eines interaktionistischen Konstruktivismus (1999a). Sein Konzept ermöglicht es, zu erklären, wie eine Außenwelt systemintern (bei psychischen Systemen) aufgebaut wird und von dort aus eine Analyse objektiv-latenter Sinnstrukturierung von Interaktionssystemen anzuleiten vermag. In einem ersten Teilkapitel (4.1) wird, unter Einbezug von Erkenntnissen des strukturgenetischen Konstruktivismus Jean Piagets, erklärt, wie es im Rahmen von Sozialisations- und Entwicklungsprozessen aus differenztheoretischer Perspektive zum Aufbau eines Innen-Außen-Verhältnisses bei psychischen Systemen kommen kann und wie ein Bezug zu sozialisationswirksamer Interaktion hergestellt wird. Daran anschließend werden, in einem zweiten bzw. dritten Kapitel (4.2, 4.3), interpretationsleitende Konstitutionsprinzipien abgeleitet: das interaktive Verhältnis von Mensch zu Umwelt bzw. Interpret zu Ausdrucksmaterialität wird – unter Rückgriff auf zentrale systemtheoretische Konstrukte – als Beobachtung erster und zweiter Ordnung dargestellt. Dieses Verhältnis kann zugleich als Resultat frühkindlicher Sozialisations- und Entwicklungsprozesse begriffen werden, über die in Kapitel 4.1 berichtet wird. Im Kontext (selbst-)sozialisatorischer Prozesse kommt es zum Aufbau beobachtungsleitender Erwartungsstrukturen, worauf methodisch kontrolliertes Fremdverstehen basiert – Strukturen denen hier allerdings kein metaphysischer Status zugewiesen wird.[47]

4.1 Systeminterne Konstruktion des Innen-Außen-Verhältnisses

Um die Etablierung eines systeminternen Innen-Außen-Verhältnisses bei psychischen Systemen erklären zu können, werden im Rahmen eines Exkurses, den der kundige Leser getrost überspringen mag, grundlegende Positionen des genetischen Strukturalismus bzw. strukturgenetischen Konstruktivismus, rekurrierend auf Jean Piagets Theorie geistiger Entwicklung, über-

---

47 Es sei angemerkt, dass hier nicht das Ziel verfolgt wird, eine systemtheoretische Sozialisations- bzw. Entwicklungstheorie zu entwerfen. Vielmehr sollen hier konstitutionstheoretische Ausgangsbedingungen einer derartigen Theorie genannt werden, die notwendig zu explizieren sind, um ein Konzept zur Rekonstruktion objektiv-latenter Sinnstrukturen von Interaktionssystemen auf der Basis audiovisueller Daten nach Maßgabe einer systemtheoretisch informierten objektiven Hermeneutik zu entwerfen.

blicksartig dargestellt. Dem Theorierahmen Piagets wird im Folgenden die Beschreibung zentraler kognitiver Mechanismen entlehnt, um den schrittweisen systeminternen Aufbau von Umweltbezügen zu erklären – zumal Luhmanns Systemtheorie, die sich in erster Linie als eine Gesellschaftstheorie begreift, keine sehr differenzierten Beobachtungen (und schon gar keine empirischen Untersuchungen) in diese Richtung angestellt hat. In einem ersten Schritt wird die Unterscheidung Subjekt/Objekt, die in der Theorie Meads sowie der Theorie Piagets angelegt ist, der Unterscheidung Operation/Beobachten gegenüber gestellt und Relationen zwischen Piagets strukturgenetischen und Luhmanns systemtheoretischen Annahmen zur Entwicklung psychischer Systeme skizziert (Kap. 4.1.1). In einem zweiten Schritt wird erklärt, wie es innerhalb frühkindlicher Zirkulärreaktionen zum systeminternen Aufbau von Außenwelt kommen kann und wie ein Bezug zum Anderen bzw. zu (sozialisationswirksamer) Interaktion hergestellt wird (Kap. 4.1.2).[48]

Exkurs: Grundlegende Positionen des strukturgenetischen Konstruktivismus Piagets

Piaget betont die Selbstorganisiertheit individueller Entwicklung. Von früher Kindheit an bildet das Individuum kognitive Strukturen aus, die als Schemata alle weiteren Erfahrungen eingliedern.[49] Als *Entwicklungsprozesse*, die zur Herausbildung kognitiver Strukturen führen, nennt Piaget die funktionellen Invarianten ‚Assimilation' und ‚Akkomodation', die in ihrem Zusammenspiel zu Strukturprogression und zu vorläufiger, labiler Äquilibrierung zwischen Subjekt und Außenwelt bzw. zwischen verschiedenen Schemata sowie Schemata und Struktur beitragen (vgl. Flammer 1996, S. 124, 135). Es wird kein Endpunkt individuell-menschlicher Entwicklung gesetzt. Vielmehr wird davon ausgegangen, dass eine fortdauernde Äquilibration kognitiver Strukturen durch Verarbeitung immer neuer Konfrontationen mit der Außenwelt erzwungen wird (vgl. Edelstein/Keller 1982, S. 11) – immer neue Irritationen der Außenwelt vermögen es, bestehende Erwartungen zu enttäuschen.[50] Dabei verläuft die Entwicklung der Kognition nach Piaget stufenförmig – in sei-

---

48 Vgl. ausführlich Sutter 1999a, S. 97-161.
49 Zur Einführung vgl. Piaget 2003 sowie Flammer 1996.
50 Aus der Perspektive der Life Span Developmental Psychology, die sich in den 60er/70er Jahren im Kontext der West-Virginia-Conferences als Reaktion auf die begrenzte und isolierte Sichtweise bisheriger entwicklungspsychologischer Theorien und Forschung, die sich insb. auf den Lebensabschnitt der Kindheit bezogen, konsolidierte, ist psychische Entwicklung zwar ebenso als lebenslang, jedoch multidirektional gedacht – als Kombination von Zuwachs- und Abbauprozessen (vgl. Baltes 1990). Dies wird bei Piaget, dessen Theorie in erster Linie die kognitive Entwicklung von Kindern im Blick hat, nicht in gleicher Weise betont.

nem Spätwerk konstatiert er allerdings einen spiralförmigen Verlauf zunehmender Komplexität (vgl. Beilin 1993, S. 37).[51]

„Lernen wird als die spezielle Fähigkeit begriffen, die eigenen kognitiven Erwartungen zu verändern. Es meint die – durchaus riskante – Bereitschaft, sich auf Überraschungen und Neues einzustellen und darauf mit der Änderung bereits aufgebauter Erwartungen zu reagieren. [...] Die in Lernprozessen entwickelten kognitiven Fähigkeiten sichern immer nur eine vorübergehende Anpassung an sich ändernde Umweltzustände [...]" (Sutter 1999a, S. 91, Fußnote 34).

Als *Schemata* werden typische Weisen „eine bestimmte Klasse von Umweltgegebenheiten zu handhaben" (Flammer 1996, S. 118) bezeichnet. Jene bilden sich als Niederschlag von Erfahrungen mit physischen oder sozialen Objekten der Umwelt, durch Assimilation bzw. Akkomodation. *Assimilation* kommt zustande, „wenn ein kognitiver Organismus eine Erfahrung in die konzeptuelle Struktur einpasst, über die er jeweils verfügt" (Glasersfeld 1994, S. 28). Zu unterstreichen ist hier, dass bereits eine kognitive Struktur vorhanden sein muss, an die etwas assimiliert wird. Erst durch Assimilation von Erfahrungen an systeminterne Strukturen wird selbigen eine Bedeutung verliehen (vgl. Keller 1982, S. 268). Als *Akkomodation* wird die Angleichung von Handlungs- und epistemischen Möglichkeiten an Umweltgegebenheiten bezeichnet (vgl. Flammer 1996, S. 118). Zur Akkomodation kommt es, wenn die Anwendung eines Handlungsschemas auf (physische oder soziale) Objekte der Außenwelt nicht zu dem erwarteten Ergebnis führt (vgl. Glasersfeld 1994, S. 33).

„Diese Fähigkeit zur Anpassung von Schemata und Strukturen an Besonderheiten einer Situation verhindert, daß das Subjekt in seinem eigenem Denksystem befangen bleibt, und gewährleistet damit potentiell eine dem jeweiligen Stand der Entwicklung entsprechende »adäquate« Verarbeitung der Realität" (Keller 1982, S. 268).

Antrieb zur Strukturprogression ist ein erfahrener Widerspruch zwischen dem zu assimilierenden Schemata und der Außenwelt im interaktiven Handlungsvollzug. Die Erfahrung eines kognitiven Konfliktes hat in aller Regel Akkomodation und somit eine progressive Reorganisation assimilatorischer Schematisierung konstruierter Realität zur Folge (vgl. Keller 1982, S. 268 f.). Der Anlass zu sozial-kognitiver Entwicklung – so könnte man aus systemtheoretischer Perspektive interpretieren – liegt in der strukturellen Kopplung bzw. der Interpenetration von psychischem und sozialem System begründet und vollzieht sich im Rahmen sozialisatorischer Interaktion (vgl. auch Flammer 1996, S. 136), wobei die autopoietische Reproduktionsweise des selbstreferentiell operierenden psychischen Systems zentraler Bedingungsfaktor ist.

---

51 Luhmann betont demgegenüber die Risikohaftigkeit des Lernens als ressourcenintensive Angleichung von Erwartungshaltungen (die wiederum enttäuscht werden können), nicht jedoch eine (normativ zu begründende) Höherentwicklung.

4.1.1 Subjekt/Objekt : Operation/Beobachten

Grundannahmen des genetischen Strukturalismus (bzw. strukturgenetischen Konstruktivismus) können wie folgt pointiert werden (vgl. Sutter 1999a, S. 22): (a) Der genetische Strukturalismus geht von der aktiven Konstruktionstätigkeit des Subjektes beim Strukturaufbau der Innenwelt aus; (b) Bedingung hierfür ist ein interaktives Wechselverhältnis zwischen den handelnden Subjekten und der Außenwelt; (c) mit dem Versuch zu erklären, wie und warum entsprechende Fähigkeiten erworben werden, kann der strukturgenetische Konstruktivismus als Konstitutionstheorie aufgefasst werden, deren Erklärungsanspruch es ist, die Möglichkeiten zu rekonstruieren, wie aus etwas Bestehendem etwas Neues gebildet werden kann; (d) ein zentrales Problem dabei ist, dass strukturgenetische Theorien immer schon von einer gegebenen Struktur ausgehen, auf deren Grundlage sich neue Strukturen bilden. Fraglich wird damit, von welcher strukturellen Ausgangslage her Sozialisations- bzw. Entwicklungsprozesse erklärt werden können – eine Frage, auf die im Rahmen von Kapitel 4.1 eine mögliche Antwort formuliert werden soll.

Während der strukturgenetische Konstruktivismus in der Tradition Piagets wie auch die soziale Konstitutionstheorie Meads mit Subjekt-Objekt-Relationen arbeiteten und so die Fremdreferenz einer realen Außenwelt mitführen (vgl. Sutter 1999a, S. 33), relativieren der radikale Konstruktivismus und die Systemtheorie den Status der Außenwelt: Ausgangspunkt ist operationale Geschlossenheit und autopoietische Reproduktionsweise von Systemen[52] – also die Differenz von System zu Umwelt. Interaktionistische Annahmen, gemäß derer die Vorstellung von Subjekt-Außenwelt-Beziehungen als Voraussetzung zur Entstehung von Intersubjektivität fungiert, sind somit unter Berücksichtigung der selbstreferentiellen Operationsweise von Syste-

---

52 Luhmann wendet den Begriff der *Autopoiesis* auf Systeme an, bei denen eine spezifische, nur dort stattfindende Operationsweise festzustellen ist. Als *Operation* in diesem Zusammenhang gilt „die Reproduktion eines Elements eines autopoietischen Systems mit Hilfe der Elemente desselben Systems, also die Voraussetzung für die Existenz des Systems selbst" (Baraldi/Corsi/Esposito 1999, S. 123). Neben biologischen Systemen können nach Luhmann auch soziale und psychische Systeme als autopoietische Systeme definiert werden (entgegen der Auffassung von Maturana/Varela, vgl. Kneer/Nassehi 1993, S. 55). Während Operationen in sozialen Systemen Kommunikationen darstellen, die sich reproduzieren und so eine Systemeinheit herstellen, sind Operationen psychischer Systeme Gedanken. So wie Kommunikation nur in sozialen Systemen stattfinden kann, sind Gedanken an Bewusstseinssysteme gebunden (vgl. Baraldi/Corsi/Esposito 1999, S. 29).
Autopoietische Systeme sind also operativ geschlossene, selbstreferentielle Systeme, die sich zur Reproduktion auf sich selbst beziehen. *Selbstreferenz* bezeichnet „die Tatsache, daß es Systeme gibt, die sich durch jede ihrer Operationen auf sich selbst beziehen" (Baraldi/Corsi/Esposito 1999, S. 163). In Zusammenhang mit dem Charakteristikum operativer Geschlossenheit kann nun behauptet werden, dass innerhalb autopoietischer Systeme „die Operationen, welche zur Produktion neuer Elemente eines Systems führen, von früheren Operationen desselben Systems abhängig und Voraussetzung für folgende Operationen sind" (ebd., S. 29).

men neu zu konzeptualisieren. In der Systemtheorie wird die Abgrenzung zwischen Systemen unterstrichen, was allerdings zugleich als Bedingung der Möglichkeit struktureller Kopplung (aus Perspektive des psychischen Systems: als Nutzung von Entwicklungsökologien zur Selbstentwicklung) erachtet werden kann.

„Entsprechend werden in der Systemtheorie Subjekt-Objekt-Relationen in die Selbstreferenz erkennender Systeme überführt. Erkennende Systeme konstruieren Wirklichkeiten, deren Bezug zur Realität unterstellt, aber nicht belegt werden kann [...]. Im Bereich der Sozialisation führt eine radikal-konstruktivistische Erkenntnistheorie selbstreferentiell geschlossener Systeme konsequenterweise zu einer Theorie der Selbstsozialisation [....]" (Sutter 1999a, S. 35).

Die klassische Unterscheidung zwischen Subjekt und Objekt, die eine Konstanz und Gleichartigkeit von Objekten für verschiedene Subjekte impliziert, wird im konstruktivistisch-systemtheoretischen Ansatz durch die Differenz Operation/Beobachten ersetzt (vgl. Baraldi/ Corsi/Esposito 1999, S. 102). In Luhmanns Konzept wird die Annahme einer Wirklichkeit als real existierende Außenwelt zwar nicht geleugnet,[53] aber immer als vom jeweiligen Beobachter und seiner Schematisierung der Realität – den (impliziten) Unterscheidungen, die dieser bei der Beobachtung verwendet – abhängig gedacht. ‚Objektivität' wird mithin durch Konsistenzprüfung hergestellt: „Durch rekursiv aufeinander bezogene Operationen kann ein System über die Stabilisierung von Eigenzuständen herausfinden „was sich in einer unbekannt bleibenden Umwelt bewährt"" (Luhmann nach Sutter 1999a, S. 58 f.). Möglicherweise bildet die Stabilisierung von Eigenzuständen psychischer Systeme ein funktionales Äquivalent zur Piaget'schen Äquilibration von Erkenntnis.

In Piagets Modell wird die Rekursivität der Interaktion zwischen den Elementen als Bedingung der Möglichkeit einer inneren Systemorganisation herausgestellt (vgl. Sutter 1999a, S. 52). Beim Zusammenspiel von Assimilation und Akkomodation ist erstere Funktion primär bedeutsam für den Aufbau einer internen Organisation. „Akkomodation erscheint als ein der Assimilation untergeordneter Teilprozeß der Adaption selbstreferentieller Systeme" (a. a. O.). Ausgehend von innerer Strukturdeterminiertheit bzw. zyklischer Geschlossenheit und Umweltoffenheit als Offenheit der Austauschprozesse,[54] ist eine Interaktion zwischen Strukturen des Organismus sowie zwischen Elementen des Innen- und Außenbereichs anzunehmen (vgl. ebd., S. 53). Insofern Luhmann zwischen struktureller Kopplung als Intersystembeziehung und operativer Kopplung als der „intrasystemische, autopoietische

---

53 „[...] Operationen, welche die Objekte konstruieren, sind genauso real wie die Objekte selbst" (Baraldi/Corsi/ Esposito 1999, S. 103 f.)

54 Piaget geht von einer Geschlossenheit bei gleichzeitiger Offenheit lebender Systeme aus: „Die Offenheit ist ... das System der Austauschprozesse mit der Umwelt, was aber keineswegs die Geschlossenheit im Sinne einer nicht linearen, sondern zyklischen Ordnung ausschließt. Die zyklische Geschlossenheit und die Offenheit der Austauschprozesse liegen somit nicht auf derselben Ebene" (Piaget nach Sutter 1999a, S. 51).

Prozeß der Produktion von Operationen des Systems durch Operationen des Systems [qua Beobachtung; M. H.]" (Sutter 1999a, S. 87)[55] unterscheidet, erweist sich eine Parallele zu Piagets Unterscheidung zwischen internen Interaktionen und Innen-Außen-Interaktionen (vgl. a. a. O.).

Zu fragen ist nun, in welcher Beziehung Intra- zu Intersystemrelationen stehen. Bei Mead wird die Fähigkeit zur Perspektivenkoordination und Rollenübernahme an das Aufkommen verbaler Sprache gebunden, was die Ermöglichung von Intersubjektivität zur Folge hat. Wie in Kapitel 3 gezeigt werden konnte, stellt die Erklärung des Übergangs von instinktgebundener Gestenkommunikation zu humanspezifischer Kommunikation mittels signifikanten vokalen Symbolen ein Problem dar, das zwar mit der Annahme einer Reiz-Reaktions-Entsprechung vokaler Gesten bei den Interaktanten gelöst werden sollte, in sich aber einen Zirkelschluss beherbergt, insofern als Sprachkompetenz und Rollenübernahmefähigkeit sich gegenseitig voraussetzen. Im Modell der objektiven Hermeneutik wird versucht, diese Zirkularität durch Setzung einer nativistisch gedachten Universalgrammatik zu durchbrechen, was den Wiedereintritt von Zirkularität zur Folge hat – in der Gestalt, dass den zu rekonstruierenden Fällen immer schon ein sozialer Algorithmus vorläufig ist (vgl. Nassehi 1997, S. 149 f.). Demgegenüber zielt eine systemtheoretisch informierte (objektive) Hermeneutik auf den Nachvollzug der Strukturgenese kommunikativer Ereignisverläufe in actu. Dabei wird objekttheoretisch nicht von prädeterminierten, universal gültigen Regeln ausgegangen. „Die Theorie autopoietischer Systeme vermittelt […] eine Sensibilität dafür, wie in sozialen Prozessen Selbstbindungen und -strukturierungen des Geschehens im Hinblick auf soziale Kontexte, aber nicht von diesen algorithmisch vorberechnet, entstehen" (ebd., S. 149; im Original kursiv). Um zu erklären, wie eine Analyse interaktionsinhärenter Sinnstrukturen bewerkstelligt werden kann, ohne objekttheoretisch in gleicher Weise von präexistenten Regeln und Strukturen auszugehen, bedarf es einer folgend zu explizierenden, differenztheoretisch angelegten Erklärung der Genese von ‚Subjekt'strukturen, die einen Ausgangspunkt zur Beobachtung bzw. Rekonstruktion von Sinnstrukturen darstellen.

---

55 Das Bewusstseinssystem, dessen Reproduktionsmedium Gedanken darstellen, reproduziert sich, indem Gedanken an Gedanken anschließen. Mit der Beobachtung von Gedanken durch Gedanken kann eine Kontrolle über den Verlauf der Autopoiesis ausgeübt werden. Luhmann definiert ‚Beobachten' unter Rekurs auf George Spencer Brown als immer dann eintretend, „wenn eine Operation eine Unterscheidung verwendet, um innerhalb dieser Unterscheidung die eine oder die andere Seite bezeichnen zu können […]. Beobachten ist mithin die Operation des Bezeichnens-anhand-einer-Unterscheidung" (Luhmann 1995, S. 62; im Original kursiv).

4.1.2 Primäre Ausdifferenzierungen und Herstellung von Umweltkontakt

Sutters Überlegungen zu einem interaktionistisch-konstruktivistischen Modell frühkindlicher sozial-kognitiver Entwicklung vermögen es Aufschluss darüber zu geben, wie eine Subjekt-Objekt-Differenzierung unter Aufrechterhaltung des Gedankens der Differenz von psychischem zu sozialem System zustande kommt (vgl. Sutter 1999a, S. 97-161).[56] Die Differenz zwischen Bewusstsein und Kommunikation wird als Ausgangsbedingung gesehen, von der aus Subjekt-Objekt-Beziehungen systemintern konstruiert werden.

„In der frühen Ontogenese werden aus System-Umwelt-Relationen Subjekt-Objekt-Beziehungen konstruiert. Subjekte und Objekte sind dabei als Resultate von Konstruktionsprozessen zu begreifen und stellen keine Überschneidungsbereiche psychischer und kommunikativer Operationen dar. Die Identität von Subjekten und Objekten bildet sich aus der strukturellen Kopplung selbstreferentiell prozessierender Assimilationen und sozialisatorischen Interaktionen" (Sutter 1999a, S. 160).

Das Potential der von Piaget für die sensomotorische Entwicklungsstufe beschriebenen Zirkulärreaktionen[57] liegt darin, beschreiben zu können, wie Subjekt und Objekt innerpsychisch sukzessive ausdifferenziert werden. Externe Entwicklungsbedingungen können aus dieser Perspektive nur vermittelt über die interne Dynamik kognitiver Strukturbildung, die einer eigenen Logik folgt, Einfluss nehmen (vgl. Schröder 1999, S. 82). Offen bleibt allerdings die Frage, wie sich eine Bezugnahme psychischer Systeme zu sozialen Systemen gestaltet resp. wie sozialisatorische Interaktion sozialisationswirksam werden kann und die anfängliche doppelte Kontingenz[58] asymmetrisiert wird – worauf Erkenntnisse soziogenetischer Untersuchungen Antworten formulieren mögen.

„Mit soziogenetischen Untersuchungen können wir davon ausgehen, daß Neugeborene für [...den Kontakt zu Bezugspersonen, M. H.] biologisch prädisponiert sind. Mit dem Konstruktivismus können wir davon ausgehen, daß dieser Kontakt an sich keine regulative Wirkung in der inneren Organisation entfaltet. Aber er stellt das Material für die Einübung

---

56 Diskutiert werden in diesem Zusammenhang, auf der Grundlage einer differenzlogischen Ausgangslage, Piagets genetischer Strukturalismus, Theorien sozialkonstruktivistischer Provenienz sowie Erkenntnisse soziogenetischer Untersuchungen früher Ontogenese.
57 Den Zirkulärreaktionen kommt nach August Flammer (vgl. ders. 1996, S. 123) ebenso eine zentrale Bedeutsamkeit für weitere Entwicklungsstufen bzw. ‚Komplexitätssteigerungs-/reduktions-Basen' [M. H.] zu.
58 Als kontingent kann etwas bezeichnet werden, „was weder notwendig ist noch unmöglich ist; was also so, wie es ist (war, sein wird), sein kann aber auch anders möglich ist" (Luhmann 1987, S. 152). Das Einzelhandeln psychischer Systeme ist immer schon kontingent insofern etwas Bestimmtes vor einem Horizont anderer Möglichkeiten, die ebenso hätten gewählt werden können, selegiert wird. Bei sozialer Kontaktaufnahme formiert sich Kontingenz zur doppelten Kontingenz: „Jede Selektion hängt sowohl von Ego als auch von Alter ab, und beide sind sinnkonstituierende Systeme" (Baraldi/Corsi/Esposito 1999, S. 38). Voraussetzung zur Entstehung von Situationen doppelter Kontingenz sind sinnkonstituierte Systeme (also psychische oder soziale Systeme) die füreinander intransparent sind und deren Verhalten nicht vorhersagbar ist (siehe auch Kap. 4.2.1).

und die zunehmende Beweglichkeit der Assimilationsprozesse bereit" (Sutter 1999a, S. 153).

Um Aufschluss darüber geben zu können, wie eine sozialisationswirksame Relation von psychischem zu sozialem System hergestellt wird, gilt es zunächst den Blick auf das psychische System zu konzentrieren. Ausgangslage psychischer Entwicklung ist eine interne Organisation genetisch prädisponierter, sensomotorisch reflexhafter Verhaltensweisen – angeborene, unspezifische Assimilationsschemata zur Überlebenssicherung des Neugeborenen (z. B.: Saugen, Sehen, Hören, Greifen; vgl. Sutter 1999a, S. 102).[59] Subjekt und Objekt werden in einem aktiven Konstruktionsprozess, innerhalb von drei aufeinander folgenden Zirkulärreaktionen innerpsychisch (bzw. intrasystemisch) ausdifferenziert (vgl. ebd., S. 103), wie im nächsten Abschnitt beschrieben wird.[60] Was aber eine Kontaktaufnahme psychischer Systeme zu sozialisationswirksamer Interaktion befördert und so zur Konstitution eines intersystemischen Verhältnisses beiträgt auf dessen Grundlage sich Selbstsozialisation fortwährend vollzieht, gilt es danach unter Berücksichtigung von Ergebnissen soziogenetischer Sozialisations- und Entwicklungsforschung zu beleuchten.

Zirkulärreaktionen: Innerpsychische Ausdifferenzierungen

In einer ersten Entwicklungsphase, die mit ‚Übung angeborener Reflexe' betitelt werden kann, schließt der Organismus des Kleinkindes selbstreferentiell an eigene Operationen an. Subjekt und Objekt sind ebenso wie Assimilation und Akkomodation noch nicht differenziert (vgl. Flammer 1996, S. 123 f. sowie Sutter 1999b, S. 57 f.). Der Außenwelt kommt die „Rolle eines unspezifischen Störpotentials [im Original kursiv] zu, das die Prozesse der internen Regulierung anregt" (Sutter 1999a, S. 103). Reflexe werden in der ersten Phase durch Wiederholung, im Sinne einer funktionellen Assimilation eingeübt. Dabei sind diese zirkulär auf sich selbst bezogen und wirken selbstverstärkend. Zugleich sind sie in den Einübungskontext eingebettet, was zur „Entwicklung ihrer fortschreitenden Organisation durch wiedererkennende und generalisierende Assimilation" (ebd., S. 104) führt. Das Einüben von Reflexen dient hier – wie auch in der zweiten Phase, dem Zeitraum des eigentlichen Stattfindens der *primären zirkulären Reaktionen* – dem selbstregulativen Funktionieren des Organismus. Akkomodation erweist sich lediglich durch das Angewiesensein der Assimilationsschemata auf den Kontakt zur Außenwelt – im Sinne einer selbstreferentiellen Bestätigung der Schemata –

---

59 Es sei darauf hingewiesen, dass auch Mead von grundlegenden biologisch prädeterminierten Handlungsschemata ausgeht (Stichwort: ‚Impulse'; vgl. Kap. 3.1 sowie Mead 1973, S. 398 f.).

60 Einen einführenden Überblick über Entwicklungsresultate im sensomotorischen Entwicklungsstadium (das in sechs Phasen, innerhalb derer drei Zirkulärreaktionen zu verorten sind, einzuteilen ist) bieten beispielsweise Patricia Miller (1993) sowie Leo Montada (1995).

als statthabend. Die Tendenz zur Eigenerregung (funktionelle Assimilation) wird zur „Brücke zwischen biologischer und psychologischer Organisation" (Sutter 1999a, S. 104). In der zweiten Entwicklungsphase werden Gewohnheiten durch generalisierende, wiedererkennende, wechselseitig koordinierende Assimilation aufgebaut. Verschiedene Assimilationsschemata werden koordiniert (z. B. einen Gegenstand oder eine Person sehen und hören). Diese Generalisierung und Koordination von Schemata führt zu einer Komplexitätsreduktion bei gleichzeitigem Komplexitätsaufbau. Erweitert wird das Störpotential der Außenwelt. Irritationen werden ausgelöst, sobald ein Assimilationsschema ohne das andere aktiviert wird (vgl. Sutter 1999a, S. 105 f.). Eine Anpassung an Externes bleibt jedoch innerhalb der Grenzen eigener Assimilationsschemata. Es kommt nicht zum Strukturaufbau für die Anpassung an bestimmte Außenweltbedingungen (vgl. ebd., S. 106).

Die Herausbildung *sekundärer Zirkulärreaktionen* vollzieht sich ebenso in zwei aufeinander folgenden Phasen (Phase drei und vier). In der dritten Phase werden, wie bereits in der zweiten Phase angelegt, verschiedene Objekteigenschaften koordiniert. Störungen werden nun immer wieder hervorgerufen, um die neu gebildeten Schemata zu aktivieren. Auf der Ebene von Handlungspraxis kommt es zu einer Differenzierung von Mitteln und Zwekken. Handlungen werden nicht mehr um ihrer selbst willen ausgeführt (z. B. Saugen um zu saugen), sondern um einen bestimmten Effekt zu reproduzieren (vgl. Sutter 1999a, S. 107 f.). Während in den ersten beiden Phasen Assimilation und Akkomodation eine Identität bilden, stellt sich in der dritten und vierten Phase ein komplementäres Verhältnis ein. In der vierten Phase wird eine Gegenlage von Subjekt und Objekt erkennbar. Die Imagination von Handlungsgegenständen wird allmählich von den Handlungen selbst abgelöst. Das Ablösen der Kognition von den eigenen Handlungen führt in der Folge zum Aufbau einer von diesen unabhängigen (symbolischen) Welt (vgl. Sutter 1999a, S. 115). Es wird erkannt, dass Objekte bestimmten Zwecken dienen können. Handlungs- und Wahrnehmungsschemata werden komplexer koordiniert, Verhaltensschemata werden durch neue Koordinationen generalisiert und flexibilisiert. Zufällige Außenweltkontakte (aufgrund entsprechender Assimilationsschemata) bedingen potenzielle Störungen, die nun Anlass zu weiterer Strukturbildung werden. Weil Außenweltelemente (Objekte) noch nicht hinreichend ausdifferenziert sind, kann bislang noch nicht von Akkomodation gesprochen werden – da Anpassungsleistungen auf vorlaufende Assimilationsprozesse aufbauen und so nur als Teil assimilatorischer Tätigkeit ablaufen (vgl. ebd., S. 109 f.): „Wenn ein Kind die Bewegungen und Laute einer anderen Person in die eigenen Bewegungen und Laute einfügt, wird das Wahrgenommene wiedererkannt und die beobachteten Bewegungen werden wiederholt" (ebd., S. 110). Es findet allerdings eine sukzessive Ausdifferenzierung von Assimilation und Akkomodation statt. Durch gezieltes Experimentieren, also der Variation des gegenstands-einbettenden

Kontextes, wird ein sensomotorischer Begriff der Objekteigenart gebildet, bei dem das Kind den Gegenstand durch seinen Zweck definiert (vgl. Sutter 1999a, S. 116). Eine Gegenlage von Subjekt und Objekt, die hier bereits vorbereitet wird, resultiert durch wiederholte Reproduktion eines vormals Unvorhergesehenem. Dies kondensiert so zur Erwartung und wird Tests an der ‚Außenwelt' unterzogen.

In den ersten beiden Zirkulärreaktionen finden rekursive Assimilationen statt. Die selbstreferentielle Operationsweise des Organismus bedingt eine operative Kopplung – Prozesse der Differenzierung und Koordination von Assimilationsschemata. Neue Irritationsquellen werden nur relativ zur internen Organisiertheit entwicklungsrelevant. Indes präsupponiert die selbstreferentielle Operationsweise zugleich ein spezifisches Verhältnis zur Umwelt. Dabei wird nur auf solche Irritationen reagiert, die der Struktur des psychischen Systems in gewisser Weise entsprechen. Störungen treten nur als solche in Erscheinung und bieten Anlass zur Strukturveränderung bzw. -progression, wenn sich der Test auf innere Passung als positiv erweist. Andernfalls werden diese schlicht ignoriert. Es bildet sich folglich eine Geschichte von Kopplungsverhältnissen heraus. Neubildungen innerhalb der ersten Zirkulärreaktionen können als Verlängerung biologischer Reflexe bzw. Systematisierung und Ausdifferenzierung von Assimilationsschemata bezeichnet werden (vgl. Sutter 1999a, S. 111-114).

Das aktive Aufsuchen unbekannter Situationen zur Konstruktion neuer Schemata ist zentrales Novum *tertiärer Zirkulärreaktionen*, innerhalb derer das Vermögen zu Akkomodation bzw. Fremdreferenz ausgebildet wird. Störungen der Außenwelt werden nun nicht mehr in den Dienst assimilatorischer Reproduktion gestellt, sondern selbst Erkundungsgegenstand. „Diese Störungen differenzieren sich von den Handlungen und konstituieren eigenständige Objekte, die in Handlungen integriert werden" (Sutter 1999a, S. 117 f.). Eine Ausdifferenzierung von Subjekt und Objekt findet mit der Ausdifferenzierung von Assimilation und Akkomodation statt. Eine subjektunabhängige Außenwelt wird (systemintern!) aufgebaut und ein interaktionistisches Innen-Außen-Verhältnis etabliert (vgl. ebd., S. 118). Innerhalb der Zirkulärreaktionen wird in letzter Phase die Möglichkeit des Wechselns der Referenz, von der Selbst- zur Fremdreferenz ausgebildet, was sich in ‚Akkomodation' manifestiert. Neues entsteht dabei durch eine sich selbst regulierende Zirkularität: „Neues entsteht immer nur im Rahmen intern konstruierter Strukturen, bleibt in seiner Erhaltung jedoch auf Tests an der Außenwelt angewiesen" (Sutter 1999a, S. 122).

Initialpunkt sozialisatorischer Interaktion

„Man muß [...] davon ausgehen, daß ein sich sozialisierendes System die gesellschaftlich gestellten Anforderungen mit eigenen [im Original kursiv] Mitteln aufgreifen und bewältigen muß. Und auch hierbei kann es nur rekursiv verfahren: wenn es nicht schon sozialisiert ist, kann es sich auch nicht sozialisieren. Irgendein Zufall, der es ihm ermöglicht, sich selbst als bezogen auf soziale Anforderungen zu begreifen, mag den Einstieg ermöglichen" (Luhmann 1995, S. 88).

Dieses Zitat Luhmanns weist auf die Problematik des Beginns sozialer Bezugnahme bzw. des Beginns sozialisatorischer Interaktion, anhand derer sich Perspektivenkoordination und Aneignung von Normen und Werten vollziehen mag, hin – ausgehend von der impliziten These, dass es keinen Punkt der Nichtstrukturiertheit gibt (ähnlich der Annahmen des strukturgenetischen Konstruktivismus; vgl. Sutter 1999a, S. 22). Luhmann erachtet den Zufall als eine Bedingung der Möglichkeit sozialisatorisch wirksamer Kontaktaufnahme. Rekurrierend auf den Ertrag soziogenetischer Untersuchungen (vgl. ebd., S. 140-151) soll hier eine etwas andere Lösungsmöglichkeit verfolgt werden.

Gegenstände des Außenweltkontakts im sensomotorischen Stadium können physische sowie soziale Objekte darstellen. Gleichwohl kommt den Erfahrungen, die das Kind im Umgang mit Personen, also sozialen Objekten, hat, eine wesentlich größere Bedeutsamkeit zu, da menschliche Wesen für Kleinkinder weit mehr manipulierbar erscheinen als unbelebte Objekte. (Bezugs-)Personen reagieren auf das Verhalten von Kleinkindern.

„Gerade in der frühen Phase der kognitiven Entwicklung bleibt Assimilation eng an die auslösenden Außenweltkontakte gebunden. Die anregende Wirkung, die Steuerungsfunktion und die Konstanz der Reaktionen anderer Subjekte vermögen deshalb weit mehr als physikalische Objekte die laufende Assimilation aufrechtzuerhalten" (Sutter 1999a, S. 124).

Weiterhin ermöglicht der Kontakt zu Bezugspersonen eine kognitive Verarbeitung der Differenz eigener und fremder Handlungen. In der Konsequenz bedeutet dies die Ausdifferenzierung von Selbst und anderer Person (vgl. Sutter 1999a, S. 125). Die Differenzerfahrung, welche aus dem Vergleich der Reaktionen der Bezugsperson mit den eigenen Reaktionen resultiert, ermöglicht „sensumotorische Perspektivenübernahme" (ebd., S. 128) als Zurechnung von Handlungen auf sich selbst oder auf Andere.

Die These, dass sich eine systeminterne Subjekt-Objekt-Differenzierung im Rahmen quasi-sozialisatorischer Interaktion ausbildet und im Anschluss auf unbelebte Objekte ausgedehnt wird, kann durch Untersuchungen zum kindlichen Animismus erhärtet werden (vgl. Sutter 1999a, S. 129): Als erstes dominierendes Objekt für das Kleinkind ist die sorgende, primäre Bezugsperson zu betrachten. Im Umgang mit ihr bildet sich ein Modell allgemeiner Formen der Erfahrungsverarbeitung in der frühen Ontogenese. Dies zeigt sich im kindlichen Animismus, dem Zuschreiben von Bewusstsein und auslösende Kraft zu allen Objekten: „Objekte werden derart im Schema handelnder Subjekte, Ereignisse im Schema subjektiver Handlungen begriffen" (a. a. O.). Wurde eben die Bedeutsamkeit des nach George H. Mead ‚significant other' betont, so ist nun zu klären, wie es dazu kommt, dass sich das psychische System (für welches hier in gewisser Unschärfe oftmals das Konstrukt ‚Kind' bzw. ‚Kleinkind' verwendet wurde bzw. wird) als bezogen auf die Interaktionsangebote der Umwelt begreift.

Aus soziogenetischer Perspektive der Entwicklungs- bzw. Sozialisationsforschung ist von der Existenz eines ontogenetisch durchgehend sozialen Entwicklungsantriebes auszugehen, der allerdings auf die biologische Vorausstattung des Kleinkindes zurückgeführt wird (vgl. Sutter 1999a, S. 141). Interne Entwicklungsbedingungen sind demnach angeborene Reflexschemata,[61] die funktionale Kommunikationseinheiten darstellen, indem sie als Reize für Bezugspersonen fungieren. Den Reflexschemata kann eine regulative Funktion für den sozialen Umgang beigemessen werden (vgl. ebd., S. 144; vgl. zudem Miller/Weissenborn 1991, S. 547). „Die kindlichen Verhaltensweisen an sich sind nicht sozial, liefern aber im Kontext sozialisatorischer Interaktionen sozial interpretierbare Bedeutungsmöglichkeiten" (Sutter 1999a, S. 143).[62] Das Kleinkind vermag es, seine innere Organisation aktiv zu differenzieren und zu erweitern. Das zeigt sich an seinen spontanen, periodisch und selektiv auftretenden Verhaltensweisen. Für die umgebenden Bezugspersonen werden die spezifischen Verhaltensweisen des Kleinkindes in gewissem Maße erwartbar, also berechen- und vorhersehbar. Dies ist allerdings nicht einer Aufhebung der grundlegenden Intransparenz der Interaktionspartner füreinander gleichzusetzen. Ebenso ist die Aufnahme und Verarbeitung sozial dargebotener Reize hauptsächlich als von intern regulierten Zuständen abhängig zu betrachten (vgl. ebd., S. 144). Die Fähigkeit des Kleinkindes, Umweltreize wahrzunehmen ist sehr begrenzt und nur in ruhigem Wachzustand möglich. Seine Einbindung in soziale Kontexte erweist sich als abhängig vom Erregungsniveau – dessen Zustand intern reguliert wird. Den Bezugspersonen kommt die Aufgabe zu, zu helfen, das Erregungsniveau des Sozialisanden zu regulieren, um ihr eigenes Verhalten an das des Kleinkindes (mittels fiktiver Unterstellung) anzukoppeln und so eine interpersonale Synchronisation zu schaffen (vgl. Sutter 1999a, S. 146).[63] Die für sozialisatorische Interaktionen konstitutive doppelte Kontingenz und deren Asymmetrisierung würde somit auf konditionierende Voraussetzungen biologischen Ursprungs fußen – was nicht heißt, dass hiermit einem biologisch-reifungstheoretischem Modell der Weg gebahnt ist.

Unter den Bedingungen rekursiver und autonomer Operationsweise der Assimilationsprozesse sind frühe soziale Interaktionen insofern von großer Bedeutung für Sozialisations- bzw. Entwicklungsprozesse, als die „Struktur der Assimilationsprozesse und die Anpassung der Reaktionen an diese Struktur [...] aneinander gekoppelte Konditionierungen des Problems der doppel-

---

61 Vgl. hierzu auch den Impuls-Begriff Meads (Kap. 3.1 sowie Mead 1973, S. 398 f.)
62 Vgl. auch Millers sozialisationstheoretischen Abhandlungen zur Sprachentwicklung (ders. 1986, S. 65).
63 Dies könnte ebenso auf biologische Prädispositionen rückführbar sein (vgl. Sutter 1999a, S. 145).

ten Kontingenz [bilden; M. H.]" (Sutter 1999a, S. 155). Assimilationen schließen rekursiv aneinander an und zeigen sich selbst über aufgebaute Eigenzustände an, was sich bewährt und was nicht – unter der Bedingung konstanter und sich zyklisch wiederholender Verhaltensweisen der Bezugspersonen auf die Signale der Eigenzustände (vgl. ebd., S. 155 f.).

4.2 Sozialisation differenztheoretisch betrachtet

Die Ausführungen im vorangegangenen Kapitel deuten an, wie grundlegende Sozialisations- bzw. Entwicklungsmechanismen vor dem Hintergrund eines systemtheoretisch-konstruktivistischen Referenzrahmens konzeptualisiert werden können. Dabei vollzieht sich die Bezugnahme des psychischen Systems zum sozialen System selbstreguliert qua Äquilibration. Die Tatsache, dass sich das psychische System von der Außenwelt irritieren lässt bzw. unter Akkomodationsdruck gerät, wenn intern aufgebaute Erwartungen enttäuscht werden, verweist auf die Bedeutsamkeit der Umwelt, die in Differenz zum System existiert. Die Befähigung zur Referierung auf System-Externes sowie die interne Differenzierung zwischen Subjekt und Objekt bildet sich sukzessive aufgrund der operativen Geschlossenheit und der selbstreferentiellen Operationsweise des psychischen Systems in früher Kindheit, wie mit den Zirkulärreaktionen beschrieben wurde, heraus.

Intersubjektivität, auf deren Grundlage Sozialisation und folglich (Fremd-)Verstehen im Konzept der objektiven Hermeneutik fußen, ist angesichts des Differenzverhältnisses von psychischem zu sozialem System neu zu fassen. Die Systemtheorie bindet „Verstehen nicht an Voraussetzungen schon hergestellter Intersubjektivität und eine daran gebundene selbsttragende methodologische Geltungsbegründung" (Sutter 1999a, S. 222). Ebenso sind nach systemtheoretischem Verständnis „nicht bereits intersubjektive Vorkonsentierungen Bedingungen für soziale Prozesse" (Nassehi 1997, S. 149), die es zu verstehen bzw. unter Zuhilfenahme wissenschaftlicher Methoden zu rekonstruieren gilt.

Zu klären, auf welcher Grundlage methodisch kontrolliertes Fremdverstehen im Kontext einer systemtheoretisch informierten objektiven Hermeneutik möglich erscheint, ist Anliegen dieses und folgenden Kapitels. Dazu gilt es sozialisationstheoretische Prämissen bzw. interpretationsleitende Konstitutionsprinzipien auf Basis der oben erörterten Ausgangslage zu formulieren. Zunächst werden systemtheoretische Grundbegriffe, die der Aufhellung des Verhältnisses zwischen Alter und Ego zuträglich und z. T. bereits in vorigen Kapiteln aufgetaucht sind, expliziert (Kap. 4.2.1 bis 4.2.3). Darauf aufbauend wird dann in resümierender Einstellung ein differenztheoretisches Verständnis von Sozialisation dargelegt, bei dem die Begriffe ‚Intersubjektivität' als Selbstbeobachtung von Kommunikation, ‚soziale Kognition' als

Fremdbeobachtung psychischer Systeme und ‚Erwartungsstrukturen' im Mittelpunkt stehen (Kap. 4.3).

4.2.1 Zur Ausgangslage: Doppelte Kontingenz

Die Ausgangslage, von der her sich Interaktionszusammenhänge bilden, ist mit ‚doppelter Kontingenz' zu bezeichnen. Psychische Systeme begegnen sich und stellen füreinander undurchsichtige, je operativ geschlossene Einheiten dar.

„Für jedes Ego ist Alter ein Alter Ego, dessen Verhalten unvoraussagbar und variationsfähig ist. Sowohl Ego als auch Alter bestimmen das eigene Verhalten innerhalb der eigenen Grenzen selbstreferentiell [...]. Jeder ist für den anderen eine black box, weil seine Selektionskriterien von außen nicht beobachtet werden können. Was für Ego sichtbar wird, ist nur die aus Alters operationaler Schließung resultierende Selektivität: Jeder beobachtet den anderen als System-in-einer-Umwelt und kann vom anderen nur Input und Output aus der und in die Umwelt und nicht die selbstreferentiellen Operationen an sich beobachten. Jedes System zeigt dem anderen die Unbestimmtheit der eigenen Selbstreferenz zusammen mit der Bestimmbarkeit der eigenen Selektionen" (Baraldi/Corsi/Esposito 1999, S. 38).

Zur Herstellung eines interaktiven Kontaktes gilt es, die anfängliche Symmetrie zu asymmetrisieren. Die Frage, wie Kommunikation als Medium sozialer Systeme in Gang gebracht wird und sich schließlich ein spezifisches Interaktionssystem (sofern Kommunikation unter Anwesenden vorausgesetzt wird) etabliert, lässt sich durch versuchsweises Handeln bzw. der Frage, die Alter mit seinem ersten Interaktionsbeitrag implizit formuliert, ob Ego eine Kommunikation annehmen oder ablehnen wird, beantworten (vgl. Luhmann 1987, S. 160).[64] Jeder weitere Kommunikationsbeitrag, bei dem etwas Bestimmtes vor einem Horizont von Unbestimmtem seligiert wird, läuft auf Komplexitätsreduktion bei gleichzeitigem Komplexitätsaufbau hinaus.

„Aufgrund der Komplexität der sie ermöglichenden Systeme (Ego und Alter) entsteht aus der doppelten Kontingenz eine neue Ordnung. Diese Ordnung stammt aus der gegenseitigen Beobachtung der Systeme und aus den von ihnen geschaffenen Informationen. Es handelt sich um ein soziales System, das sich durch die Koordination von Alters und Egos kontingenten Selektionen autopoietisch reproduziert. Die doppelte Kontingenz ist die Grundlage für die Autokatalyse der sozialen Systeme" (Baraldi/Corsi/Esposito 1999, S. 39).

Das was Mead mit ‚Rollenübernahme' beschreibt, bezeichnet Luhmann als „halbierte doppelte Kontingenz". Durch die Reaktion von Alter auf Egos Aktion wird letzterem die Bedeutung seines Verhaltens offenbar. Ein alter Ego wird in das handelnde Ego integriert und unterstellt, dass dies bei Alter ebenso geschehe. Bei sozialer Interaktion, so Luhmann, sind die Interaktanten jedoch zunächst doppelter Kontingenz ausgesetzt (vgl. Luhmann 1987, S. 154): „Jede Selektion hängt sowohl von Ego als auch von Alter ab, und beide

---

64 Wie soziale Bezogenheit im Kontext frühkindlicher Sozialisations- bzw. Entwicklungsprozesse zustande kommt, wurde oben bereits erörtert (vgl. Kap. 4.1.2).

sind sinnkonstituierende Systeme" (Baraldi/Corsi/Esposito 1999, S. 38). Freilich werden im Fortgang der Interaktion sukzessive bestimmte Erwartungshaltungen geschürt. Ebenso werden, aufgrund entsprechender Sozialisation, schon immer bestimmte Erwartungshaltungen an bestimmte Interaktionszusammenhänge herangetragen.

„Empirisch treten Situationen doppelter Kontingenz immer nur in mehr oder weniger strukturierter Form auf. Auch bei der ersten Begegnung zwischen Unbekannten kann ein Minimum an Erwartungserwartungen unterstellt und auch als Grundlage für die Orientierung eigenen Verhaltens in Anspruch genommen werden" (Schneider 2002b, S. 259).[65]

Doppelte Kontingenz fungiert als Konstitutionsbedingung einer emergenten Ordnung. Dabei lernen Systeme selbstreferentiell in eigener Beobachterperspektive, „was sie am anderen als System-in-einer-Umwelt, als Input und Output beobachten können" (Luhmann 1987, S. 157). Eine emergente Ordnung, die durch die Komplexität der sie ermöglichenden Systeme bedingt ist, nicht aber von deren Berechnung und Kontrolle abhängt, kommt zustande, indem Systeme dasjenige, was sie beobachten, versuchen durch eigenes Handeln zu beeinflussen und am Feedback entsprechende Schlüsse ziehen (lernen) (vgl. a. a. O.). Das was Systeme lernen, kann mit Stabilisierung von Erwartungen bezeichnet werden, die zur Absorption von Ungewissheit und Unsicherheit dienen. „Erwartungen gewinnen mithin im Kontext von doppelter Kontingenz Strukturwert für den Aufbau emergenter Systeme und damit eine eigene Art von Realität" (ebd., S. 158). Dies gilt für psychische Systeme wie auch für soziale Systeme.

4.2.2 Über die Ausgangslage hinaus: (Erwartungs-)Strukturen

Der systemtheoretische Strukturbegriff bezeichnet „die Selektion der Relationen zwischen Elementen, die in einem System zugelassen sind" (Baraldi/Corsi/Esposito 1999, S. 184). Systemstrukturen bilden eine Auswahl aus einer Vielzahl kombinatorischer Möglichkeiten. Die Herausbildung spezifischer Strukturen, welche durch Selektion und Anschlussselektion zustande kommen, zielt auf das Festigen von Einschränkungen (vgl. Luhmann 1987, S. 384 f.). Strukturen können nur innerhalb eines Systems gebildet werden und entstehen durch Relationierung von Relationen, wozu Selbstbeobachtung die Grundlage bietet. Lernen kann als „Änderung einer strukturellen Spezifikation, mit der das System seine Autopoiesis handhabt" (Luhmann 1995, S. 76) begriffen werden. Mit Blick auf psychische Systeme ist zu konstatieren, dass das Zusammenspiel von Spezifikationen, Generalisierungen und Respe-

---

65 André Kieserling bezeichnet in diesem Zusammenhang ‚Typenprogramme' als Gewährleistung eines „Minimum an Vorverständigung über den allgemeinen Sinn der Zusammenkunft" (ders. 1999, S. 18). Zugleich fungieren Typenprogramme als Lernregel, die über Strukturen typisierbarer Interaktionszusammenhänge (z. B. Party oder Unterricht) informieren.

zifikationen die Bildung kognitiver Strukturen höherer Einschränkbarkeit ermöglicht (vgl. Luhmann 1987, S. 449). Strukturbildung psychischer Systeme vollzieht sich durch Beobachtung von Gedanken durch Gedanken:

„Die Beobachtung eines anderen Gedankens als Vorstellung dient einem Gedanken dazu, sich selbst zu finden, sich in der diffusen Aktualität des Moments kurzfristig zu lokalisieren und den Übergang zum nächsten Moment zu regulieren. Die Strukturbildung wird dadurch angeregt, daß sich dafür Engführungen einschleifen und als Erwartungen bewähren. Die Differenz von Fremdreferenz und Selbstreferenz, die sich an der Vorstellung festmachen läßt, dient ihr als Leitfaden" (Luhmann 1995, S. 77).

Analog dazu bilden sich kommunikative Strukturen durch Selbstbeobachtung von einander anschließenden Kommunikationselementen (z. B. Laute, Worte, Sätze). Im Modell Oevermanns resp. Meads wird von objektiven Strukturen ausgegangen, die sich durch die Relation getroffener Selektionen zueinander bilden (sozialer Sinn) und von partizipierenden Interaktanten angeeignet werden können (subjektiver Sinn). Dabei konstituiert sich (objektiver) Sinn „hinter dem Rücken der Initiatoren des Sinns; er liegt zeitlich und logisch in einer objektiven Sinnstruktur vor, bevor er auf der Folie signifikanter Symbole angeeignet werden kann" (Wagner 1999, S. 15). Demgegenüber ist nach Luhmann von Erwartungsstrukturen zu sprechen, die sich qua Beobachtung auf der Grundlage operativer Geschlossenheit sozialer Systeme ausbilden. Psychische Systeme können die Strukturbildung sozialer Systeme beobachten – allerdings nach Maßgabe selbstgesteuerter Differenzen und Anschlussoptionen.

Für psychische Systeme ist der Erwerb von Wissensbeständen von zentraler Bedeutung. Diese Wissensbestände, die in Auseinandersetzung mit dem sozialen System resp. durch Kopplung des psychischen Systems mit dem sozialen System erworben werden, gilt es festzuhalten oder zu verändern. „Mit Wissen wird eine kognitive Strukturierung von Erwartungen prätendiert – Erwartungen im Modus der Änderungsbereitschaft, die zu vollziehen man aber (vorläufig jedenfalls) nicht nötig hat" (Luhmann 1987, S. 450). Während kognitive Erwartungen bei Enttäuschung der Realität angepasst werden, werden einmal angeeignete normative Erwartungen trotz ‚enttäuschender sozialer Realität' bewahrt. Erfüllung und Enttäuschung der Norm wird mit der Differenz konform/non-konform beobachtet, hingegen im Fall kognitiver Erwartungen Erfüllung und Enttäuschung mit der Differenz wissen/nicht-wissen beobachtet wird (vgl. Baraldi/Corsi/Esposito 1999, S. 48 f.).

Dass man bei grünem Ampelsignal über den Fußgängerüberweg geht und bei rot die Vorwärtsbewegung unterbricht, also stehen bleibt, wird durch wiederholtes Präsentieren der Erwartung in Interaktionszusammenhängen zur Aneignung angeboten. Dass es sich dabei um eine normative Erwartung handelt, wird deutlich, wenn man etwa die Reaktion von Eltern oder Ordnungshüter auf delinquente Fußgänger beobachtet, die bei rotem Signal über die Straße hasten. Erwartungen bzw. Erwartungserwartungen fungieren als

Strukturen psychischer sowie sozialer Systeme (vgl. Schneider 2002b, S. 260).[66] Im Kontext sozialer Systeme ermöglichen Erwartungserwartungen „die Synchronisierung der Verhaltensselektionen, die von unterschiedlichen psychischen Systemen beigesteuert werden" (ebd., S. 263). Durch Normierung können prinzipiell fragile Erwartungsstrukturen sozialer Systeme dauerhaft stabilisiert werden. In diesem Fall ist von einer Institutionalisierung von Erwartungen zu sprechen (vgl. ebd., S. 265 ff.).

Nach Oevermann gilt die Existenz generativer Regeln als Bedingung zur Rekonstruktion der Strukturgesetzlichkeit von Interaktion – sprachliches Regelwissen, das im Sinne einer ‚tacit knowledge' fungiert. Aufgrund des universalen Geltungsanspruches, der mit diesen Regeln einhergeht, werden kulturübergreifende Regeln unterstellt, die für Interaktion und menschliches Handeln konstitutiv sind (vgl. Schneider 2004, S. 208). Luhmann spricht zwar ebenso von Strukturdeterminiertheit der Auswahl von Operationen bei psychischen und sozialen Systemen; in seinem Konzept erscheinen Strukturen allerdings „wesentlich bestimmt durch die [kontingente; M. H.] Geschichte ihrer Ausformung in der Abfolge ihrer Verwendungssituationen, von der sie nicht vollständig gelöst werden können" (ebd., S. 210). Nach Maßgabe der Systemtheorie kondensieren Strukturen „nur als Resultat von Auswahlentscheidungen in vergangenen Situationen und müssen für jeden neuen Anwendungsfall vor dem Hintergrund der vergangenen Anwendungssituationen respezifiziert werden" (a. a. O.).[67]

Als weiterer Unterschied zwischen Systemtheorie und objektiver Hermeneutik bezüglich der Strukturdefinition sei angemerkt, dass aus Perspektive der Systemtheorie zwar nicht bestritten wird, dass soziale Strukturen durch forscherisches Begehren beobachtet resp. erschlossen werden können, die Möglichkeit einer vollständigen Identität der vom psychischen System beobachteten Strukturen zu den im sozialen System operativ fungierenden Strukturen wird allerdings angezweifelt (vgl. Schneider 2004, S. 218): „alle beobachteten Gesetzmäßigkeiten müssen per se als externe Zuschreibungen

---

66 Zur Differenz normative/kognitive Erwartungen und zu Erwartungen als Strukturen von Sinnsystemen vgl. Schneider 2002b, S. 256 ff.
67 Es sei angemerkt, dass Schneider die Existenz universaler Regeln der Sozialität bzw. der Reziprozität, wie sie von der objektiven Hermeneutik angenommen werden, ebenso für die Systemtheorie postuliert. Er veranschaulicht dies am selbstreferentiellen Zirkel doppelter Kontingenz:
„Ich tue, was Du willst, wenn Du tust, was ich will. Dieser Zirkel ist, in rudimentärer Form, eine neue Einheit, die auf keines der beteiligten Systeme zurückgeführt werden kann. Er mag jedem der beteiligten Systeme präsent sein als Bewußtseinsinhalt bzw. als Kommunikationsthema; dabei ist aber immer schon vorausgesetzt, daß er auch im anderen System präsent ist" (Luhmann 1987, S. 166).
Diese Regel gelte kraft Unterstellung. Welche kontingenten Erwartungsstrukturen aufgerufen, welches übereinstimmende Verhalten erreicht und welche Interaktionsofferten angenommen werden, sei dadurch allerdings nicht festgelegt (vgl. Schneider 2004, S. 215 f.).

verstanden werden; ob der Gegenstand selbst diesen Gesetzmäßigkeiten folgt, kann niemals geprüft werden" (Bora 1993, S. 323).[68]

4.2.3 Intersystemrelationen: Strukturelle Kopplung und Interpenetration

Die System-Umweltrelation, welche sich im Rahmen frühkindlicher Zirkulärreaktionen etabliert (vgl. Kap. 4.1.2), kann mit ‚struktureller Kopplung' beschrieben werden – der Bezug auf Umweltvoraussetzungen, der für die autopoietische Reproduktion selbstreferentieller, operativ geschlossener Systeme notwendig ist. Es ist hervorzuheben, dass sich die Kopplung, die Systeme eingehen, nur auf die Struktur bezieht bzw. auf dasjenige, was in der Umwelt Strukturrelevanz beanspruchen kann (deshalb ‚strukturelle' Kopplung). Ihr Zustandekommen ist von der Kompatibilität mit der Autopoiesis betreffender Systeme angewiesen: „die strukturelle Kopplung interferiert nicht mit der Autopoiesis des Systems" (Luhmann 2004, S. 120).

„Strukturelle Kopplungen beschränken den Bereich möglicher Strukturen, mit denen ein System seine Autopoiesis durchführen kann. Sie setzen voraus, daß jedes autopoietische System als strukturdeterminiertes System operiert, also die eigenen Operationen nur durch eigene Strukturen determinieren kann. Strukturelle Kopplung schließt also aus, daß Umweltgegebenheiten nach Maßgabe eigener Strukturen spezifizieren können, was im System geschieht. [...] strukturelle Kopplung steht orthogonal zur Selbstdetermination des Systems" (Luhmann 1998, S. 100).

Strukturelle Kopplungen sind selektiv: Bestimmtes ist eingeschlossen und Anderes ausgeschlossen. „Im Bereich der strukturellen Kopplung [...] sind Möglichkeiten gespeichert, die das System verwenden kann, die es in Informationen transformieren kann" (Luhmann 2004, S. 121). Ob etwas zur Information wird, hängt wesentlich vom Systemzustand des rezipierenden Systems ab (z. B. ob die Information an Vorwissen der Person anschließbar ist bzw. ob eine Relevanz für die Lebenspraxis des Systems besteht).

Das psychische System ergo Bewusstsein ist mit dem sozialen System ergo Kommunikation über das Medium Sprache gekoppelt.[69] „Die Sprache überführt soziale in psychische Komplexität. Aber nie wird der Bewußtseinsverlauf identisch mit sprachlicher Form, auch nicht mit >Anwendung< sprachlicher Regeln" (Luhmann 1987, S. 368).

Die strukturellen Kopplungen versorgen die betreffenden Systeme kontinuierlich mit Irritationen. Es wird ein Informationsverarbeitungsprozess in Gang gesetzt, „der im System operativ gehandhabt werden kann, etwa im Bewusstsein durch Überlegung oder durch Umlenkung der Wahrnehmung

---

68 Zur Problematik der Validität von Aussagen einer systemtheoretisch informierten objektivhermeneutischen Methode vgl. Kapitel 8.2.
69 Neben der Kopplung über verbale Sprache ist zudem eine Kopplung über (Körper-)Bewegungen bzw. nonverbale Sprache (als ein Medium von Interaktion) anzunehmen. Eine These, die den Einbezug audiovisueller Daten zur Strukturrekonstruktion von Interaktionen prätendiert und auf die später noch ausdrücklich eingegangen wird (vgl. Kap. 5).

auf die Störstelle bewältigt oder in der Kommunikation kommunikativ behandelt werden kann" (Luhmann 2004, S. 127). Hervorzuheben ist zudem der Ereignischarakter struktureller Kopplungen. Sie entstehen „in einem Ereignis [...], das im selben Moment verschwindet, in dem es entstanden war" (Baraldi/Corsi/Esposito 1999, S. 188). Es kommt nicht zu einer Fusion beteiligter Systeme.

Psychisches und soziales System sind ko-evolutiv entstanden und entwickeln sich ko-evolutiv. Beide Systeme sind sinnstrukturiert und weisen eine autopoietische Differenz auf, insofern beide in ihrer Reproduktion selbstreferentiell geschlossen und nicht aufeinander rückführbar sind (vgl. Luhmann 1987, S. 367). Sie sind strukturell über Sprache gekoppelt und stellen füreinander wechselseitig Umwelt dar. Bei dieser Intersystembeziehung handelt es sich um ein besonderes Verhältnis struktureller Kopplung, das Luhmann mit dem Begriff ‚Interpenetration' zu fassen versucht.

Das Interpenetrationsverhältnis von Systemen selegiert die Strukturen, welche für die interpenetrierenden Systeme Selbst(re)produktion ermöglichen. Das Ineinandergreifen von Autopoiesis und Struktur ist für das Zustandekommen von Interpenetrationsverhältnissen zwischen psychischen und sozialen Systemen auf beiden Seiten notwendig. Während die Autopoiesis Quell für die unbestimmbare Komplexität eines Systems ist und zur kontinuierlichen Reproduktion beiträgt, dienen die Strukturen der bestimmenden Reduktion „und ermöglichen genau dadurch auch die Reproduktion von Unbestimmtheit, die immer wieder am Bestimmen als Möglichkeitshorizont erscheint. Nur beides zusammen ermöglicht Interpenetration. Das Interpenetrationsverhältnis selegiert dann seinerseits die Strukturen, die für die interpenetrierenden Systeme deren Selbstreproduktion ermöglichen" (Luhmann 1987, S. 298). Während zwei Systeme interpenetrieren, bleibt keines unberührt. Vielmehr verändert jede Beobachtung ihren Gegenstand, da diese Operation in beiden Systemen zugleich zu verorten ist. Die interpenetrierenden Systeme fusionieren dabei nicht, sondern bleiben getrennt, was der Voraussetzung ihrer Reproduktion entspricht.

4.3 Resümee I: Sozialisation und (Fremd-)Verstehen aus differenztheoretischer Perspektive

Auf Grundlage der in den vorigen Kapiteln getroffenen Unterscheidungen sind nun Begriffe zu bestimmen, die es ermöglichen, das grundlegende Verhältnis zwischen Alter und Ego in Interaktionsbeziehungen bzw. das Verhältnis von Interpret zu Ausdrucksmaterialität zu beschreiben, um dann die konstitutionstheoretische Verfassheit der Basis, von der ausgehend eine Analyse objektiv-latenter Sinnstrukturen auf den Weg gebracht werden kann, zu formulieren.

Intersubjektivität und soziale Kognition: Beobachtung erster und zweiter Ordnung
Während obig die Ausgangslage, mit der Systeme bei Kontaktanbahnung konfrontiert sind (doppelte Kontingenz) dargestellt und Erwartungsstrukturen als Resultat autopoietischer Reproduktion, welche auf Umweltkontakt qua struktureller Kopplung bzw. Interpenetration angewiesen ist, genannt wurden, soll nun der Intersubjektivitätsbegriff, der in Mead'scher Manier auf Bedeutungsidentität abstrahiert, differenztheoretisch bestimmt und soziale Kognition als Bebachtungsleistung psychischer Systeme definiert werden.

(Fremd-)Verstehen ist im differenzlogischen Ansatz Luhmanns als systemrelative Beobachtungsleistung zu fassen. ‚Verstehen' hebt nicht die Intransparenz von System und System in der Umwelt desselbigen auf, sondern ermöglicht vielmehr Strukturbildung im Prozess des Beobachtens:

„Verstehen beobachtet die Selbstreferenz eines anderen Systems, d. h. die Unterscheidungen, mit denen das beobachtete System seine Umwelt beobachtet. Ein anderes System wird verstanden, indem dessen Verwendung der System-Umwelt-Unterscheidung beobachtet wird. Verstehen bleibt dabei freilich immer systemrelativ, denn das verstehende System beobachtet ein anderes System aus seinen eigenen System-Umwelt-Bezügen heraus: Verstehen operiert nicht in der Umwelt des verstehenden Systems" (Sutter 1999a, S. 197).

Armin Nassehi unterscheidet in seinem Beitrag zur empirischen Anwendbarkeit einer systemtheoretisch informierten Hermeneutik operatives von beobachtendem Verstehen (vgl. ders. 1997, S. 137). Mit *operativem Verstehen* wird dort auf den Luhmann'schen Kommunikationsbegriff Bezug genommen, der drei Selektionen beinhaltet: Information als selektiver Zugriff auf das, was mitgeteilt wird, Mitteilung als spezifisches Verhalten, welches die Information kundtut und Verstehen als Akt der Unterscheidung zwischen Information und Mitteilung und Voraussetzung zur Generierung von Anschlussoperationen. „Das Verstehen sichert den Anschluß einer neuen Kommunikation und ist damit der Garant für die Autopoiesis des sozialen Systems" (ebd., S. 139). Verstehen sichert somit die basale Selbstreferenz sozialer Systeme – was natürlich auch kommunikationsintern markiertes Missverstehen einschließt. Sofern auf Missverstehen eine Anschlusskommunikation folgt (beispielsweise eine kommunikative Reflexion über das Verstandene) erfährt das soziale System eine Fortsetzung.

Von operativem Verstehen ist *beobachtendes Verstehen* zu unterscheiden. Mit letzterem wird auf die Beobachtung von Systemen hinsichtlich deren Handhabung von Selbst-/ Fremdreferenz abstrahiert. Damit tritt die Unterscheidung Selbst-/Fremdreferenz in das beobachtende System wieder ein (re-entry) – womit keine Übertragung gemeint ist: „Die Handhabung von Selbstreferenz eines anderen Systems kann [...] nur – systemrelativ! – beobachtet [im Original kursiv] werden, es kann dagegen nicht wahrgenommen oder gar angezapft werden" (Nassehi 1997, S. 142). Für das Verstehen von Systemen – beobachtendes Verstehen das auch als ‚Beobachtung zweiter

Ordnung' bezeichnet werden kann (vgl. Sutter 1999a, S. 199) – gilt als Leitdifferenz die System-Umwelt-Unterscheidung des Systems, das beobachtet wird. „Vom verstehenden System ist damit eine eigentümliche Reflexivität von System/Umwelt-Unterscheidungen verlangt. Es muß die Wiedereinführung dieser Unterscheidung in ihren eigenen Bereich doppelt handhaben" (Luhmann 1986, S. 80; im Original kursiv). Die Operationen des beobachtenden Systems orientieren sich an der Differenz des eigenen Systems zur Umwelt (erste System-Umwelt-Unterscheidung). In die Umweltseite dieser Unterscheidung wird nun die System-Umwelt-Unterscheidung des zu beobachtenden bzw. zu verstehenden Systems eingeführt (zweite System-Umwelt-Unterscheidung). Das System versteht „in seiner Umwelt ein System aus dessen Umweltbezügen heraus" (a. a. O.; im Original kursiv). Für das Zustandekommen dieser Art von Verstehen, wofür Sutter mit Blick auf psychische Systeme den Begriff *soziale Kognition* verwendet (vgl. Sutter 1999a, S. 198 ff.), ist es entscheidend, „daß beide re-entries zugleich oder zumindest kurzfristig oszillierend realisiert werden" (Luhmann 1986, S. 80). Im Rahmen derart konzeptualisierter sozialer Kognition führt die strukturelle Kopplung von Systemen mit gleichen Elementen zur Konstruktion von Personen (Interferenz zweier psychischer Systeme) und die Interpenetration von Systemen unterschiedlicher Elemente (psychisches und soziales System) zur Konstruktion von Beziehungen (vgl. Sutter 1999a, S. 198).[70]

Während soziale Kognition die Verstehensleistung psychischer Systeme bezeichnet, die Systeme in ihrer Umwelt beobachten, kann *Intersubjektivität* als Verstehensleistung von Kommunikation begriffen werden, die sich selbst beobachtet. Beide Verstehensleistungen operieren überschneidungsfrei. Intersubjektivität entspricht der Koordination unterschiedlicher Sinnzuweisungen der Kommunizierenden als Selbstbeobachtung der Kommunikation – also operatives Verstehen nach Nassehi oder besser: Beobachtung erster Ordnung. In der Konsequenz heißt das, dass sich sozialisatorische Interaktion qua Intersubjektivität selbst festlegt (nicht direkt beeinflussbar von subjektiven Intentionen bzw. Steuerungen) und eine objektive Sinnstrukturiertheit ausbildet – ein Aneignungsangebot, das auf die spezifische Strukturiertheit psychischer Systeme trifft (vgl. Sutter 1999a, S. 199 f.), die soziale Systeme beobachten. Ebenso sind allerdings auch kommunikative Systeme fähig Bewusstseinssysteme zu beobachten resp. sich von diesen irritieren zu lassen.[71]

---

[70] Die Unterscheidung zwischen Verstehen von Personen und Verstehen von Beziehungen wurde in Lawrence Kohlbergs Theorie der Entwicklung des moralischen Urteils in Anlehnung an Selman als Stufenform zunehmender Perspektivenübernahmefähigkeit gefasst (vgl. etwa Kohlberg 1996, S. 139 ff.). Vgl. auch Schneiders Unterscheidung von Stufen der Abstraktion von Erwartungen im Kontext sozialer Systeme (Person, Rolle, Programm, Werte; Schneider 2002b, S. 268 ff.).

[71] Als Beispiel für ein soziales System, dass ein ungewöhnlich hohes Maß an Personenorientierung aufweist, kann die Familie als ein Prototyp intimer Kommunikation genannt wer-

Durch das Vermögen von Bewusstseinssystemen, Kommunikationssysteme zu beobachten, vice versa, ist die (differente) Konstitution von Strukturen auf beiden Seiten nun als nicht mehr unwahrscheinlich zu erachten. „Auf beiden Seiten, dem System der Kommunikationen bzw. den sozialisatorischen Interaktionen und den psychischen Systemen bzw. Subjekten, werden objektive Sinnstrukturen aufgebaut. Sie ermöglichen die mutualistische Konstitution von sozialen und psychischen Strukturen" (Sutter 1999a, S. 201).

Die Differenz richtig/falsch Verstehen (im Modus Intersubjektivität) wird am Verstehen artikuliert. In jeglichen Kommunikationen laufen Kontrollen zur Gewährleistung von Anschlussverhalten mit. „Man könnte im Hinblick auf diese Struktur von einer basalen Selbstreferenz aller Kommunikation sprechen" (Luhmann 1986, S. 86, Fn. 23).

Während Meads bzw. Oevermanns Konzeption insofern auf Konsens ausgerichtet ist, als von der Möglichkeit einer intersubjektiven Reiz-Reaktions-Ko-Präsenz ausgegangen wird, ist mit Luhmann zu konstatieren, dass Konsens empirisch unmöglich ist. Verstehen als Leistung des sozialen Systems (resp. differenztheoretische Intersubjektivität) vermag aber, nach Luhmann, ein funktionales Äquivalent zu Konsens darzustellen:

„Empirisch wäre Konsens die Duplikation eines Bewußtseinszustandes durch einen anderen (oder wenn man es hoch treibt: jedes Bewußtseinszustandes durch jeden anderen). Es ist klar, daß es das (glücklicherweise) nicht gibt und nicht geben kann. Verstehen dient aber als ein funktionales Äquivalent für Konsens, indem man weitere Operationen statt auf Konsens auf dessen Sicherheitsäquivalent, eben auf Verstehen stützt" (Luhmann 1986, S. 88).

Aufgrund der Differenz von psychischem und sozialem System muss zwischen Perspektivenkoordination im Bereich sozialer Kognitionen und im Bereich kommunikativer Selbstfestlegungen unterschieden werden. Die kommunikative Organisation zieht dabei die psychische Organisation nach sich; sie sind strukturell miteinander gekoppelt. Zur Strukturbildung kann es dabei trotz unterschiedlicher Bedeutungsselektionen kommen: „Die Subjekte passen ihr Handeln auch in Fällen erheblicher Irritationen [...] dem fortlaufenden Kommunikationsprozeß so weit an, daß auch weiterhin Anschlußmöglichkeiten eröffnet und genutzt werden können" (Sutter 1999a, S. 202).

Die Explikation des differenztheoretischen Verständnisses von Intersubjektivität als Verhältnis zwischen Alter und Ego mündet, wie gezeigt werden konnte, in zwei Verstehensbegriffe, die aneinander gekoppelt sind. Während oben das allgemeine Verhältnis von Alter und Ego in Kommunikationssituationen beschrieben wurde, harrt das besondere Verhältnis von wissenschaftlichem Interpret zu Ausdrucksmaterialität einer Erläuterung, der sich noch

---

den. Dabei handelt es sich „um eine Kommunikation, an der psychische Systeme teilnehmen, die in die Kommunikation einzubringen versuchen, was sie erleben, wenn sie an der Kommunikation teilnehmen" (Luhmann 1990, S. 220).

gewidmet wird. Vorerst allerdings gilt es, die ‚im' Interpreten verankerte Ausgangsbasis zur Analyse von Interaktionssystemen zu benennen und einer Beschreibung zugänglich zu machen.

Selbstsozialisation und Erwartungsstrukturen als Grundlage methodisch kontrollierten Fremdverstehens

Resultat von Sozialisation ist die Ausbildung von Erwartungsstrukturen – Differenzen mit denen psychische Systeme ihre Umwelt beobachten. Interne Bedingung für Sozialisation bzw. Entwicklung des psychischen Systems ist die autopoietische Reproduktion von Gedanken, „der immer fortlaufende Zwang, zu nächsten Gedanken zu kommen" (Luhmann 1995, S. 88). Die Ausbildung von Erwartungsstrukturen kann als Lernen des psychischen Systems beschrieben werden – Progression im Dreierschritt Spezifikation-Generalisierung-Respezifikation.

Konsolidierte Erwartungen können unterschieden werden in normative Erwartungen, Regeln und Normen, die trotz möglicher Enttäuschung (vorerst) beibehalten werden und kognitive Erwartungen – Wissen im Modus der Änderungsbereitschaft (vgl. Luhmann 1987, S. 444-452 sowie ders. 1994, S. 176). Auf „generalisierte Verhaltenserwartungen" (vgl. Sutter 1999a, S. 88) des sozialen Systems, mit denen sich das psychische System konfrontiert sieht, kann es in zweifacher Weise reagieren: Mit Erwartungserfüllung oder Erwartungsenttäuschung (vgl. Luhmann 1995, S. 88). „Erwartungen anderer gewinnen eine über das unmittelbare Miterleben hinausgehende psychische Realität nur, wenn man sie seinerseits erwarten, und das heißt, sich von ihnen distanzieren kann. Gerade das Sichaneignen von Erwartungserwartungen ermöglicht deshalb, die erwarteten Erwartungen anderer zu enttäuschen" (Luhmann 1994, S. 177).

Konfrontiert mit Erwartungen kann diesen, wie bereits festgestellt, entsprochen oder von ihnen abgewichen werden. Diese beiden (kontingenten) Möglichkeiten können sich zur Norm verdichten und so Individualität bedingen:

„Es ist die Bewältigung dieser Kontingenz, die das System in die Richtung von Individualität spezifiziert. Wenn das System sich konform einstellt, gewinnt es Individualität, weil es nicht abweicht. Wenn es abweicht, gewinnt es Individualität, weil es sich nicht konform verhält. Beide Haltungen können sich bewähren und durch positiven feedback verstärkt werden" (Luhmann 1995, S. 90).

Zwischen der Quantität differenzierter Erwartungsmuster der Gesellschaft und der Quantität unterschiedlicher Individualkonstellationen besteht ein proportionales Verhältnis.

Trotz der selbstreferentiellen Organisationsweise von Sozialisationsprozessen misst Luhmann der Entwicklungsökologie eine zentrale Bedeutsamkeit zu:

"Sowohl für Leben als auch für Bewusstsein ist die Selbstreproduktion nur im geschlossenen System möglich. [...] Trotzdem ist die Autopoiesis auf beiden Ebenen nur unter ökologischen Bedingungen möglich, und zu den Umweltbedingungen der Selbstreproduktion menschlichen Lebens und menschlichen Bewusstseins gehört Gesellschaft" (Luhmann 1987, S. 297).

Sozialisation findet immer dann statt, wenn das soziale System dem psychischen System seine Eigenkomplexität im Medium von Sprache zum Aufbau von Strukturen zur Verfügung stellt (umgekehrt ist die Rede von gesellschaftlicher Evolution).[72] Diese Beziehung ist als Interpenetration zu fassen, deren Konstitutionsbedingung Sinn als Verweisungsreichtum darstellt.[73]

"Alle Sozialisation läuft als soziale Interpenetration, alle soziale Interpenetration als Kommunikation ab. Kommunikation gelingt und ist als gelingend erfahrbar, indem drei Selektionen (Information/Mitteilung/Verstehen) eine Einheit bilden, an die Weiteres angeschlossen werden kann. Teilnahme an diesem Geschehen – sei es als Quelle von Information, sei es als Mitteilender, sei es als Mitteilung-in-bezug-auf-Information Verstehender – ist die Grundlage aller Sozialisation. Diese Sinneinheit Kommunikation läßt sich nie ganz auf den Sinn einer intendierten und zurechenbaren Handlung zurückführen, und dies schon gar nicht, wenn die Handlung selbst Kommunikation sein oder doch kommunikative Aspekte mitenthalten will. Zunächst sozialisiert das kommunikative Geschehen selbst – und zwar nicht dadurch, daß es richtiges oder unrichtiges Verhalten sanktioniert, sondern dadurch, daß es als Kommunikation gelingt" (Luhmann 1987, S. 330).[74]

Psychische Systeme beobachten ihre Umwelt und bilden Differenzschemata zur Generierung von Informationen aus (vgl. Luhmann 1987, S. 327). „Mit dem Differenzschemata (z. B. Zuwendung/Abwendung, Konformität/Abweichung) kann ein psychisches System Situationen erfassen und interpretieren" (Sutter 1999a, S. 85). Sozialisation verläuft differenzgesteuert. Das psychische System reagiert, indem es eigene Differenzauslöser entwickelt. „Alles was vorstellbar ist, ist etwas im Hinblick auf anderes und kann nur so Informationsgewinnung und Informationsverarbeitung ermöglichen" (Luhmann 1987, S. 328).

Während Sprache einen Transfer zwischen psychischem und sozialem System ermöglicht und eine sinnhafte Strukturanalogie (nicht -identität!) sozialer und psychischer Systeme sichert, manifestiert sich eine ebensolche Strukturanalogie in Form von Erwartungen psychischer sowie sozialer Systeme, die zur Orientierung an Umweltkontingenzen dienen, sequentiell Möglichkeitsspielräume einschränken und Handlungsabfolgen organisieren.

---

72 Zur Systememergenz und Ko-Evolution psychischer und sozialer Systeme vgl. Gilgenmann 1986, S. 75 ff.
73 Zum systemtheoretischen Sinnbegriff vgl. einführend z. B.: Baraldi/Corsi/Esposito 1999, S. 170-173.
74 Intendierte Sozialisation in Gestalt von Erziehung ist somit ein Projekt mit sehr begrenzter Erfolgswahrscheinlichkeit (vgl. Luhmann 1987, S. 330 f.).

„Erwartungen haben nur zur Voraussetzung, daß mit ihnen im Prozeß der Autopoiese operiert werden kann und daß sie anschlußfähig sind. Kontingentes wird so in systemintern Bestimmtes überführt, wobei die Geschichte von Erfüllungen und Enttäuschungen die Willkürlichkeit von Erwartungen immer weiter eingrenzt. Wie die Sprache bilden Erwartungen über die Sequenz von Vorher-/Nachher-Differenzen eine innere Ordnung, wobei im Bereich der psychischen Systeme der Fluß des Bewußtseins in Episoden organisiert wird. Das psychische System konstruiert Differenzen, die zur Selbstbeschreibung herangezogen werden können" (Sutter 1999a, S. 88).

Selbstsozialisation als ein, in der Zeit ablaufender Prozess der Aneignung von Wissen, Normen und Handlungsschemata, findet von den frühen Zirkulärreaktionen ausgehend in sozialer Interaktion statt.[75] Als Medium für den gemeinsamen Strukturaufbau ist ‚Sinn' als Verweisungsüberschuss, der sich im wechselseitigen, sequentiellen Aufzeigen von Anschlussoptionen und Selektionen sprachlich äußert, zu bezeichnen. Sozialisatorische Interaktion und die Bildung von Strukturen psychischer Systeme operieren überschneidungsfrei, sind jedoch strukturell gekoppelt.

Aufgebaute Erwartungsstrukturen geraten – in der Sprache Piagets – unter Akkomodationsdruck, wenn diese zunehmend enttäuscht werden. In krisenhaften Situationen werden Selektionen getroffen, die dann in Strukturdeterminationen umgewandelt werden und zugleich neue Komplexität erzeugen. Nach Oevermann ist der Ort der Entstehung von Neuem die Interaktion bzw. der Zwang im Interaktionsverlauf, zwischen kontingenten Anschlussmöglichkeiten zu selegieren. Es entsteht immer Neues in der Interaktion, was im Nachhinein in Determination (also Struktur) umgewandelt wird (vgl. Wagner 2001, S. 99). Funktional komplementär für die Sequentialität sinnstrukturierter Praxis kann die I-Me-Relation Meads (vgl. Mead 1973, S. 216 ff.) erachtet werden (vgl. Sutter 1999a, S. 187).

„Das ‚I' ist die Quelle möglicher Emergenz, die zugleich immer eins fällt mit der Gegenwärtigkeit der sich vollziehenden Praxis. (...) Im ‚me' ist die jeweils gegenwärtige Emergenz des ‚I' zur erinnerten und rekonstruierten Gegenwart geworden, mithin der Vergangenheit des Selbst, seiner Bildungsgeschichte hinzugefügt" (Oevermann nach Sutter 1999a, S. 187).

Die Bedingung der Entstehung von Neuem ist in der Krise als Enttäuschung von Erwartungen bzw. dem Scheitern von Reproduktions- und Assimilationsversuchen zu sehen. Die krisenhafte Situation veranlasst eine Neuordnung resp. Akkomodation. Systemtheoretisch ließe sich dieser Sachverhalt wie folgt ausdrücken: Für die Entstehung von Neuem ist eine Enttäuschung von Erwartungshaltungen notwendig, die als konstitutiv für Strukturbildung – und so auch für Strukturprogression im entwicklungspsychologischen Sinne – anzusehen ist: „Ohne Überraschungsmomente gäbe es deshalb keine

---

75 Von körperlicher Anwesenheit abstrahierende Verbreitungsmedien sind zwar ebenso als sozialisatorisch wirksame Zusammenhänge zu betrachten, können und sollen in ihrer Spezifität hier jedoch nicht behandelt werden.

Strukturbildung, weil nichts vorkäme, was zu verknüpfen wäre" (Luhmann 1987, S. 391). Zur Wiederherstellung von Stabilität ist es erforderlich – entwicklungspsychologisch gesprochen – zu akkomodieren, Erwartungsstrukturen aufgrund erfahrener Unstimmigkeit zu ändern, adäquate Erwartungen wieder herzustellen (vgl. ebd., S. 391 f.) bzw. – sozial-konstitutionstheoretisch gesprochen – die spontane ‚I-Aktivität' ins ‚Me' zu überführen (vgl. auch Sutter 1999a, S. 190).[76] Erwartungsstrukturen werden dabei immer in sozialen wie auch psychischen Systemen gebildet – müssen sich allerdings nicht entsprechen.

Zur Rekonstruktion von in Interaktion prozessierenden Sinnstrukturen ist die Konsultation von Erwartungsstrukturen des Forschers eine notwendige Bedingung zur Konstruktion von Lesarten bezüglich des jeweils beobachteten Interaktionsphänomens. Schneider verweist in diesem Zusammenhang auf die beobachtungsanleitende Verwendung binärer Schemata. Zur Aufdeckung von Differenzschemata bedarf es nach Schneider „der sozialisatorischen Konditionierung durch häufige Partizipation an Interaktionen, in denen diese Schemata als Prämissen der Selektion von Anschlüssen benutzt werden" (Schneider 2004, S. 230).

„Wenn der Strukturaufbau Konstruktion ist, dann ist die Beobachtung explizite Nach-Konstruktion. Beobachten erster Ordnung ist dann Rekonstruktion, wenn es – via Interferenz oder Interpenetration – die in der Sequenz des beobachteten Sinngeschehens realisierte Auswahl aus unterschiedlichen Verweisungsmöglichkeiten bezeichnet und von anderen Operationen unterscheidet. [...] Was sie [eine wissenschaftliche Methode; M. H.] damit beobachten kann, ist der durch Öffnung des Möglichkeitsspielraums und sequentielle Selektion erst generierte Sinn" (Bora 1993, S. 298).

Während die Formulierung von Lesarten eine Beobachtung erster Ordnung indiziert, ist dem allerdings eine Beobachtung zweiter Ordnung als vorgeschaltet zu betrachten: Der Interpret als psychisches System beobachtet die Handhabung der Selbstreferenz von sozialen Systemen. Er beobachtet ein soziales System in seiner Umwelt und konstruiert nach Maßgabe seiner je spezifischen, in Prozessen der Sozialisation erworbenen Erwartungsstrukturen, gedankenexperimentelle Kontexte – also Kontexte, in denen der zu untersuchende Interaktionsbeitrag angemessen erscheint – und stellt, von diesen Kontexten ausgehend, Hypothesen bezüglich des folgenden Systemzustandes auf. Qua struktureller Kopplung des psychischen mit dem sozialen System wird psychische in soziale Komplexität überführt, sofern der Interpret seine Beobachtungen sprachlich expliziert (z. B. schriftlich). Alsdann treten diese explizierten Beobachtungen in ein Verhältnis der Beobachtung erster Ordnung mit dem zu rekonstruierenden und in (Video-)Protokollen sich manifestierenden Sinnzusammenhang ein, indem die gedankenexperimentell kon-

---

76 ‚I' und ‚Me' sind dabei nicht als psychische Instanzen sondern vielmehr als dynamische Elemente im Prozess sozialer Interaktion zu verstehen.

struierten und in Schriftsprache explizierten Annahmen über den folgenden Systemzustand mit der faktischen Anschlussäußerung verglichen werden. Die Kommunikation des Ergebnis der Fallrekonstruktion kann schließlich als Forschungskommunikation als Reproduktionsmedium des Wissenschaftssystems bezeichnet werden. Vom Wissenschaftssystem her betrachtet, beobachtet dieses die sequentiell sinnhaften Verweisungen eines sozialen Systems als Aufbau einer objektiv-latenten Sinnstruktur (vgl. Nassehi 1997, S. 155). Dazu referiert das Wissenschaftssystem auf seine Umwelt, das psychische System bzw. die Erwartungsstrukturen des Interpreten, der wiederum seine Beobachtungen in Forschungskommunikation überführt. Dabei fußt methodisch kontrolliertes Fremdverstehen darauf, die beobachtungsleitenden Unterscheidungen transparent zu machen – als Reflexion selbst kreierter blinder Flecken (vgl. Nassehi 1997, S. 156).

Wie eine wissenschaftliche Rekonstruktion von Interaktionszusammenhängen unter Berücksichtigung der Eigenarten von Interaktion als Kommunikation unter Anwesenden im Modus einer systemtheoretisch informierten objektiven Hermeneutik methodologisch bzw. methodisch-praktisch vorzustellen ist und welche Implikationen damit einhergehen, wird in Teil III dieser Studie detailliert dargestellt. Als Ergebnis gilt es hier zunächst herauszustellen, dass eine Sinnrekonstruktion von Kommunikation in differenztheoretischer Einstellung nicht von Verstehen als Konsens ausgeht, sondern (Fremd-)Verstehen als autonome Beobachtungsleistung begreift. So beobachten psychischen Systeme soziale Systeme nach Maßgabe systemintern konstruierter Differenzen bzw. Erwartungsstrukturen, die sich in sozialisatorisch relevanten Interaktionsbeziehungen gebildet haben. Mit ‚Intersubjektivität' als Beobachtung von Kommunikation durch Kommunikation und ‚sozialer Kognition' als Beobachtung von Kommunikation durch Bewusstsein wurde das Verhältnis von ‚Individuum' zu Umwelt bestimmt, auf dessen Grundlage sich Erwartungsstrukturen bilden, die eine Interpretation im Modell einer systemtheoretisch informierten objektiven Hermeneutik, als Changieren von Beobachtung erster und zweiter Ordnung, anleiten.

5. Interpretationsleitende Konstitutionsprinzipien II: Erweiterte Grundannahmen – Sozialbezogene Körperbewegungen

Um der Organisation von Interaktion als „Kommunikation unter Anwesenden" (Kieserling 1999; vgl. Kap. 1.1) gerecht zu werden, bedarf es zu deren Rekonstruktion des Einbezugs visuell zugänglicher Kommunikation in Gestalt sozialbezogener Körperbewegungen.[77] „Körperlichkeit" so konstatiert Luhmann, „ist und bleibt eine allgemeine (und insofern theoretisch triviale) Prämisse sozialen Lebens" (Luhmann 1987, S. 334). So trivial anmutend die Bedingung sein mag, dass Personen in Interaktionsverhältnissen sich gegenseitig als „Körperbewohner" (a. a. O.) voraussetzen, so wenig Beachtung fand diese Tatsache, nach Wolfram Fischer, bisher im Diskurs der Sozialforschung: „Durchmustert man die soziologischen Fachdiskurse, glänzt der Körper durch Abwesenheit" (Fischer 2003, S. 10).[78] Meads Analysen zum Zusammenhang von Geist, Identität und Gesellschaft setzen bei jener ‚trivialen Prämisse' an: Sozialbezogene Körperbewegungen resp. Gesten werden als bedeutsam für die Organisation sozialer Kooperation erachtet (vgl. Kap. 3). Indessen wird Intersubjektivität als konsensuelles Verstehen bei Mead wie auch Oevermann an das Aufkommen verbaler Sprache gebunden und nicht für sozialbezogene Körperbewegungen behauptet. Die in Kapitel 4 dargelegte systemtheoretische Bestimmung von Intersubjektivität und (Fremd-) Verstehen lässt eine derartige Konzentration auf die verbale Ebene von Interaktion als unzulässig erscheinen. Anliegen dieses Kapitels ist es, zu zeigen, inwiefern sozialbezogener Körperbewegung Relevanz zur Rekonstruktion objektiv-latenter Sinnstrukturen zugesprochen werden kann bzw. welche sozialisationstheoretischen Prämissen als interpretationsleitende Konstitutionsprinzipien diesbezüglich auszuweisen sind – ausgehend von einem, im vori-

---

77 Mit dem Begriffspaar ‚sozialbezogene Körperbewegung' beziehe ich mich auf ein Konglomerat visuell zugänglicher Bewegungen von Personen – worunter beispielsweise auch Kopf- und Handbewegungen (Gesten) subsumiert werden – die in sozialen Zusammenhängen aufgeführt werden und dort Anschlussreaktionen erwartbar machen.

78 Demgegenüber ist allerdings eine Entwicklung, hin zur Aufwertung der Bedeutung von Bild und Körperlichkeit, gerade auch im Bereich erziehungswissenschaftlicher Forschung zu vermerken – worauf u. a. die Publikation eines Handbuchs zur Film- und Fotoanalyse in der Erziehungswissenschaft (vgl. Ehrenspeck/Schäffer 2003) wie auch das Erscheinen des Herausgeberwerks „Bild und Text: Methoden und Methodologien visueller Sozialforschung in der Erziehungswissenschaft" (vgl. Friebertshäuser/Felden/Schäffer 2007) und etwa das bereits in vierter Auflage publizierte Handbuch „Körpersprache und Pädagogik" (Rosenbusch/Schober 2004) hinweisen. Die interdisziplinäre Aufwertung und Anerkennung, die dem Bild gegenüber dem Wort zunehmend zu Teil wird, ist mit dem Begriff des ‚iconic turn' verbunden (siehe hierzu etwa: http://www.bildwissenschaft.org sowie http://www.iconicturn.de).

gen Kapitel skizzierten, systemtheoretischen Referenzmodell als Grundlage einer objektiv-hermeneutischen Methodologie und Methode des (Fremd-) Verstehens. Bevor auf methodologische und methodische Probleme einzugehen ist (Kap. 6 und 7), soll der Frage nachgegangen werden, wie sozialbezogene Körperbewegungen angeeignet bzw. zu Erwartungsstrukturen eines hypothetischen Interpreten kondensieren und von dort aus eine Interpretation anzuleiten vermögen. Ich beziehe mich dabei in erster Linie auf Gunter Gebauer und Christoph Wulfs Konzept mimetischen Handelns (dies. 1998), das es entsprechend der hier dargelegten systemtheoretischen Anlage zu beobachten gilt. Verfolgt wird die These, dass Körperbewegungen sich ebenso wie Verbalsprache eines Zeichen- bzw. Symbolgebrauchs bedienen, teilweise bewusst, teilweise unbewusst ablaufen und als nonverbale Sprache in Verbindung mit verbaler Sprache zur Überführung (nicht Übertragung!) sozialer in psychische Komplexität (vice versa) dienlich sind – sozialbezogene Körperbewegung also neben Lautsprache als Medium von Kommunikation unter Anwesenden betrachtet werden kann.

Wie sozialbezogene Körperbewegungen erworben werden und wie dabei das Verhältnis zwischen Alter und Ego zu bestimmen ist, sind leitende Fragestellungen dieses Kapitels. Ausgehend von einer ersten Annäherung an den Mimesisbegriff (Kap. 5.1), werden Annahmen zur frühkindlichen Entwicklung sozialbezogener Körperbewegungen diskutiert. Dabei gilt es Ähnlichkeiten zwischen dem Konzept Gebauer/Wulfs und den im vorigen Kapitel angeführten sozialisations- und entwicklungstheoretischen Annahmen zur systeminternen Konstruktion eines Innen-Außen-Verhältnisses herauszustellen sowie, rekurrierend auf einen Beitrag Wolfgang Edelsteins (1993), die Bedeutung der Entwicklungsökologie zu akzentuieren (Kap. 5.2). In einem dritten Kapitel ist das Konzept Gebauer/Wulfs mit Blick auf den Niederschlag von Sozialisations- und Entwicklungsprozessen zu betrachten. Dabei werden entsprechende Begriffskonstrukte in Beziehung zueinander gesetzt resp. systemtheoretisch interpretiert (Kap. 5.3). Welche Annahmen Gebauer/Wulf zur sozialisatorisch wirksamen Beziehung zwischen Alter und Ego treffen und wie diese Annahmen vor dem Hintergrund eines systemtheoretischen Referenzrahmens zu deuten sind, ist Gegenstand des vierten Kapitels (Kap. 5.4). In einem fünften Kapitel wird auf das Ritual als Prozess von Körpersozialisation und stützende Bedingung zum Aufbau und zur Verstetigung von Interaktionssystemen eingegangen (Kap. 5.5). Besonders herausgestellt wird dabei die Bedeutung von Ritualen im Lehr-Lernkontext. In einem abschließenden, sechsten Kapitel (Kap. 5.6) wird in resümierender Einstellung der Status von Gesten bzw. sozialbezogenen Körperbewegungen auf der Grundlage theoretischer Annahmen von Gebauer/Wulf, Mead, Oevermann und Luhmann diskutiert – auf dem Weg von der Theorie zur Methodologie einer systemtheoretisch informierten und um den Aspekt des Visuellen erweiterten objektiven Hermeneutik.

5.1 Annäherung an einen Grundbegriff körperbezogener Sozialisation

Die Bewegung des Körpers ist nach Gebauer/Wulf als zentral für die Vergesellschaftung von Individuen zu erachten: „Im Medium der Bewegung nehmen Menschen an den Welten anderer teil und werden selbst Teil ihrer Gesellschaft" (Gebauer/Wulf 1998, S. 24). Diese Partizipation, die Bezugnahme von Individuen auf deren sozialverfasste Umwelt, wird durch das Konstrukt ‚Mimesis' beschrieben, das zugleich eine zentrale Kategorie der Sozialwissenschaften darstellt. Ausgehend von der Annahme, dass am sozialen Handeln der Körper des Menschen samt seiner Sinne wesentlich beteiligt und das Verhalten des Menschen dabei weitgehend nicht instinktdeterminiert ist (vgl. ebd., S. 23), sind mimetische Handlungen folgendermaßen zu skizzieren:

„In mimetischen Handlungen machen die sozialen Subjekte eine je vorgängige Welt noch einmal als *ihre* Welt. Mit diesen Akten stellen sie eigene Welten her und fügen sich in die Gesellschaft ein. Sie nehmen an dieser teil und geben ihr eine körperhafte Existenz. Ebenso wie das Subjekt in der Welt enthalten ist, enthält es die Welt" (Gebauer/Wulf 1998, S. 300).

Weiterhin werden von Gebauer/Wulf Eigenschaften genannt, die soziale Akte als mimetische Handlungen charakterisieren (vgl. Gebauer/Wulf 1998, S. 11 f.): Die Bewegung muss erstens auf andere Bewegungen Bezug nehmen. Zweitens muss der soziale Akt als körperliche Aufführung betrachtet werden können, die einen Darstellungs- bzw. Zeigeaspekt besitzt. Drittens wird der soziale Akt als mimetische Handlung charakterisiert, wenn er einerseits eine eigenständige Handlung darstellt und aus sich selbst heraus verstanden werden kann, zugleich aber auf andere Akte bzw. Welten Bezug nimmt.

Die jeweilige Bedeutung von mimetischen Prozessen wird als abhängig zu gesellschaftlich-kulturellen Bedingungen in spezifisch historischer Position gesehen (vgl. Wulf 1994, S. 23). Von universalisierbaren Bedeutungen sozialbezogener Körperbewegung wird zugunsten kultureller Differenzierung abgesehen. Die Gleichheit menschlicher (Bewegungs-)Akte sei keine Wirkung von etwas Gemeinsamem, sondern werde mit Hilfe eines Netzes von „Familienähnlichkeiten"[79] hergestellt (vgl. Gebauer/Wulf 1998, S. 14). Eine fortsetzende Bezugnahme sozialer Handlungen geschehe indes immer nur sequentiell, zwischen einer neuen und einer vorgängigen Handlung.

„Es gibt keine Regel, Bedeutung oder Konvention, kein Merkmal, das sich durch alle familienähnlichen Handlungen hindurchzieht. Der Begriff der Identität ist zur Untersuchung von rituellen, gestischen und spielerischen Handlungen gänzlich ungeeignet; das gleiche gilt für Begriffe mit hohem Abstraktionsgrad und Generalisierungen mit universalem Anspruch" (ebd., S. 15).

---

79 Hier beziehen sich Gebauer/Wulf auf die philosophischen Untersuchungen Wittgensteins (vgl. Wittgenstein 1960).

Hervorgehoben wird die Kontextgebundenheit der Bedeutung spezifischer Körperbewegungen. Es wird konstatiert, dass es keine universale Regel gäbe, die sich durch alle einander ähnelnden Handlungen hindurch ziehe.[80] Vielmehr sind Körperbewegungen immer als eingebettet in eine Handlungskette sequentiell prozessierender Sozialität zu denken. Voraussetzung zur adäquaten Analyse selbiger ist eine Vertrautheit mit entsprechendem kulturellen und sozialen Kontext.

Zwar weist Mimesis als Prozess der Inkorporation sozialbezogener Körperbewegungen eine gewisse begriffliche Nähe zu ‚Nachahmen' auf, sei jedoch nicht auf Nachahmung zu reduzieren. „Mimetisches Handeln bedeutet nicht nur „nachahmen", sondern auch „sich ähnlich machen", „zur Darstellung bringen", „ausdrücken", „vor-ahmen"" (Wulf 1994, S. 23). Dabei rückt Wulf den Mimesisbegriff in die Nähe systemtheoretischer Konstrukte. „Der Begriff berührt Begriffe wie Mimikry, Repräsentation, Imitation, Reproduktion, Simulation, Autopoiesis" (a. a. O.). Mimetische Prozesse „schlagen eine Brücke zum Außen" (Wulf 2003, S. 125). Dies impliziert, dass eine Unterscheidung zwischen einem Innen und einem Außen getroffen wird:

„Im Unterschied zur Imitation und zur Simulation wird mit der Verwendung des Begriffs „Mimesis" an einem Außen festgehalten, dem man sich annähert und ähnlich macht, in das hinein man sich aber nicht „auflösen" kann, zu dem also eine Differenz bestehen bleibt. Dieses Außen, auf das sich das Kind und der Jugendliche hinbewegt, kann ein anderer Mensch, ein Teil der Umwelt oder eine konstruierte imaginäre Welt sein. In jedem Fall findet eine Annäherung an eine Außenwelt statt. Indem dieses Außen mit den Sinnen und der Einbildungskraft im mimetischen Prozeß in innere Bilder, Klangkörper, Tast-, Geruchs- und Geschmackswelten überführt wird, läßt es lebendige, an die unhintergehbare Körperlichkeit des Kindes gebundene Erfahrungen entstehen" (Wulf 1994, S. 41).

Aus systemtheoretischer Perspektive kann hier von einer intrasystemischen Konstruktion von Umwelt – einem re-entry der System-Umwelt-Unterscheidung durch das mimetische Sich-Anschmiegen eines psychischen Systems an seine soziale Umgebung – gesprochen werden. Wie das Verhältnis von System zu Umwelt im Konzept von Gebauer/Wulf aus systemtheoretischer Perspektive zu interpretieren ist, wird ausführlich in Kapitel 5.4 behandelt. Im folgenden Kapitel soll zunächst die frühkindliche Bezugnahme auf Körperbewegungen von Bezugspersonen geschildert bzw. die Bedeutung sozialbezogener Körperbewegungen als visuell zugängliche Kommunikationsformen im Rahmen frühkindlicher Sozialisations- und Entwicklungsprozesse unterstrichen werden.

---

80 Was nicht meint, dass sozialbezogenes Körperverhalten keine regelhafte Struktur besitzt (vgl. Kap. 5.3).

5.2 Sozialisation und Körperbewegung in früher Kindheit

Mimetische Prozesse ereignen sich bereits in früher Kindheit. „Sie vollziehen sich vor der Ich-Du-Spaltung und der Subjekt-Objekt-Trennung und tragen wesentlich zur Psycho-, Sozio- und Personagenese bei" (Wulf 1994, S. 41). In Kapitel 4.1 wurden frühkindliche Entwicklungsprozesse, in denen sich eine Bezugnahme zur sozialen Umwelt etabliert, als Zirkulärreaktionen beschrieben. Dabei wurde von sensomotorisch-reflexhaften Verhaltensweisen als Assimilationsschemata ausgegangen, die auf eine Umwelt treffen, in der primäre Bezugspersonen das Verhalten des Kindes als sozialbezogen interpretieren.[81] Von Selbstreferenz ausgehend wird so sukzessive das Vermögen zur Fremdreferenz bzw. Akkomodationsfähigkeit ausgebildet und eine Außenwelt systemintern aufgebaut. Auch das Mimesis-Konzept geht von einer grundlegend motorischen Aktivität des Kleinkindes aus, die als Voraussetzung zur Etablierung von Handlungsschemata fungiert[82] und ihre Funktion in der Kompensation residualer Instinktausstattung des Menschen als physiologische Frühgeburt findet (vgl. Wulf 1994, S. 22).

„In der Lebensgeschichte des Individuums findet man sehr früh die motorische Nachahmung von Bewegungen, die das Kind bei anderen Menschen oder Gegenständen beobachtet hat und auf die es sich als Modelle bezieht. [...] Im Nachahmungsprozeß nimmt das Kind das Modell in sich hinein, paßt diesem seine Motorik an und führt es schließlich als eigene, dem Vorbild angeglichene Bewegung aus. Dabei produziert es keine detailgenaue Kopie des Vorbilds, sondern ein Äquivalent, das mit diesem eine gewisse Ähnlichkeit hat und das sich an Stelle des Modells setzen kann. Auf Grund dieser Eigenschaft bereitet die Nachahmung jene Funktion vor, die auf höheren Entwicklungsstufen von inneren Bildern, Symbolen und Bedeutungen eingenommen wird" (Gebauer/Wulf 1998, S. 25 f.).

In seinem Artikel „Mimesis in der Erziehung" (1994) diskutiert Wulf, unter Rekurs auf Lacan als Vertreter psychoanalytischer Theorietradition, die Psychogenese von Kindern im Rahmen der Psychostruktur der Familie, die eine gesellschaftliche Institution darstelle, in der für das Kind mimetisch-erzieherische Prozesse organisiert werden.[83] Hierauf soll im Folgenden nicht näher eingegangen werden (vgl. hierzu Wulf 1994, S. 33-41). Als wichtig gilt es allerdings herauszustellen, dass bereits in der frühen Kindheit signifikante Bezugspersonen eine bedeutsame Entwicklungsökologie (im Sinne von Gelegenheitsstrukturen) zur Verfügung stellen und so die (Nicht-)Ausbil-

---

81   Aus soziogenetischer Perspektive betrachtet, stellen angeborene Reflexschemata funktionale Kommunikationseinheiten dar, indem sie als Reize für Bezugspersonen fungieren.
82   Gebauer/Wulf rekurrieren dabei auf Jean Piaget sowie Henri Wallon als Entwicklungspsychologe, der körperlichen, affektiven und sozialen Prozessen ein erhöhtes Maß an Aufmerksamkeit gewidmet hat – während bei Piaget die sozial-kognitive Entwicklung im Zentrum steht (vgl. Gebauer/Wulf 1998, S. 73, Anm. 2).
83   Unterschieden werden dort die Entwicklungsphasen bzw. Komplexe der Entwöhnung, des Eindringlings und des Ödipuskomplexes, was letztlich in das kindliche Begehren, so zu werden, wie die erwachsene, gleichgeschlechtliche Bezugsperson, mündet.

dung sozial-kognitiver Schemata sowie die Ausbildung sozialbezogener Körperbewegungen bzw. Handlungsschemata indirekt beeinflussen. Erwartungsstrukturen unterschiedlicher Bewusstheitsgrade bilden sich auf der Grundlage von Prozessen biografischer Tradierung von Erfahrungen in spezifischen Entwicklungsökologien. So konstatiert Wolfgang Edelstein, der sich aus sozialkonstruktivistischer Perspektive mit der Theorie Piagets und der Rolle der Entwicklungsökologie für sozial-kognitive Entwicklung[84] auseinander gesetzt hat:

„Die keineswegs zufällige Verteilung der Gelegenheitsstrukturen bereitet dem forschenden Geist des Kindes ein spezifisches und doch reguläres Erfahrungsangebot, das Assimilation und Konstruktion fundiert. Der Prozeß bildet folglich Dispositionen für spätere Explorationstätigkeit aus, Zentrierungen, welche die Ökonomie der assimilativen Schematatätigkeit an frühere Investitionen binden. Solche Gelegenheitsstrukturen werden durch die kulturellen Kontexte und Ökologien der Sozialisation festgelegt: durch die Mutter/Kind-Dyade, durch das Familiensystem, durch das spezifische Interaktionsfeld, in dem Kinder mit ihrer sozialen Erfahrung umgehen" (Edelstein 1993, S. 102).

Bereits in der Eltern-Kind-Beziehung wirken, insbesondere über Körperbewegungen vermittelt, gesellschaftliche Kontexte als Resultat der Sozialisation entsprechender Bezugspersonen, die außerhalb des unmittelbaren Erfahrungsbereichs des Kindes liegen. Urie Bronfenbrenner konzipiert diesbezüglich die Umwelt als ein Komplex ineinander geschachtelter ökologischer Systeme, die direkt oder indirekt auf das Handeln bzw. das Aktivsein des Organismus bei der Bildung von Strukturen einwirken (vgl. Edelstein 1993, S. 103 und Grundmann/Fuss/Suckow 2000, S. 27): Das Mikrosystem repräsentiert unterschiedliche Lebensbereiche, in denen das Subjekt aktiv an Interaktionsbeziehungen beteiligt ist bzw. in denen es lebt. Die konkrete Lebenswelt des Subjekts wird durch das Mesosystem dargestellt, das ebendiese Lebenswelt und so die Gesamtheit der Beziehungen im Mikrosystem fasst. Das Mesosystem wird wiederum als eingebettet in das Exosystem betrachtet. Dieses System wirkt nicht unmittelbar auf die Interaktionen des Subjekts mit seiner Umwelt ein. Es fasst vielmehr Lebensbereiche, die andere Lebensbereiche beeinflussen – wie beispielsweise gesellschaftliche Institutionen, institutionalisierte Verhaltensregeln oder Handlungserwartungen. Das umfassendste System, in das alle übrigen eingebettet betrachtet werden, stellt nach Bronfenbrenner das Makrosystem dar. In ihm finden sich kulturelle Wert- und Handlungsorientierungen. Lebensverlaufsmuster, Statusübergänge oder Entwicklungskarrieren werden als durch das Makrosystem vorgegeben gedacht (vgl. Grundmann/Fuss/Suckow 2000, S. 26-38). Die gesellschaftliche Verteilung von Gelegenheitsstrukturen, vermittelt in Interaktion, erzeugen in der je indi-

---

84 Ähnliches mag auch prinzipiell für sozio-emotionale Entwicklung gelten. Auf sozialisations- bzw. entwicklungstheoretische Annahmen zur Entwicklung und Eigenart von Emotionen kann und soll im Rahmen dieser Arbeit nicht dezidert eingegangen werden. Stattdessen sei zu einer ersten Übersicht zu diesem Thema auf das Handbuch von Otto/Euler/Mandl (2000) verwiesen.

viduellen Strukturbildung des psychischen Systems Variationen. Im Rahmen frühkindlicher sozialisationswirksamer Interaktionsbeziehungen sind die oben genannten unterschiedlichen lebensweltlichen Dimensionen, die sich im Agieren primärer Bezugspersonen gegenüber dem Kleinkind objektivieren, allesamt als bedeutsam zu berücksichtigen. Hans-Georg Soeffner unterscheidet diesbezüglich unterschiedliche Zuwendungsformen nach drei konzentrisch auseinander hervorgehenden Sphären gesellschaftlichen Handelns und Wissens (Interaktion, gesellschaftliche Regeln/Normen, Weltbilder und Traditionen; vgl. Soeffner 1991, S. 67), die alle gleichermaßen in Interaktionsbeziehungen wirksam seien. In den Kontaktbeziehungen des Kleinkinds zu signifikanten Bezugspersonen ereigne sich dann eine Auslegung bzw. Interpretation von „Berührungen, Mimik, Bewegungen, Gesten, Handlungen, Gegenständen (in Zeigehandlungen), Gerüchen – und gesprochener Sprache" (a. a. O.).

Obgleich die Untersuchung lehr-lernbezogener Interaktionszusammenhänge im Erwachsenenalter einen Fluchtpunkt dieser Arbeit darstellt, spielt dennoch die frühe Kindheit insofern eine wichtige Rolle, als hier Erziehungs- und Sozialisationsprozesse stattfinden, die spätere Wahrnehmungs- und Aneignungspräferenzen – des beobachtenden Forschers wie auch des beobachteten Interaktanten – kanalisieren und zum audiovisuellen Erscheinungsbild des erwachsenen Kursteilnehmers und Kursleiters als Konglomerat biografisch geschichteter Selektionen beitragen. In der Kindheit

„werden Sinnbilder und Symbole gebildet, die als biographische Miniaturen zum Ausdruck persönlicher Geschichte werden. Die Bilder, Embleme und Schriften werden zu Trägern der Erinnerung, in denen sich Individuelles und Allgemeines überlagern. [...] Das Denken des Kindes in seinem noch plastischen Wesen wird durch diese ersten Eindrücke bestimmt, die später die Wahrnehmungs- und Erlebnismöglichkeiten präformieren. Über die symbolisch kodierten Bilder, Dinge und Allegorien, die sich in das Innere des Kindes senken, wird das Empfinden und Denken des Erwachsenen geprägt" (Wulf 1994, S. 30).

In der Interaktionsbeziehung von Kind und signifikanter Bezugsperson werden Erfahrungen gemacht, die spätere Erfahrungen (vor-)formen und überlagern (vgl. Soeffner 1991, S. 67). Diese Erfahrungen, die zu Erwartungen kondensieren, sind als der Interpretation zu Grunde liegende Strukturen zu reflektieren. Nach Wulf kann davon ausgegangen werden, dass Bilder und Geräusche, die sich über mimetische Prozesse in früher Kindheit im „tieferen ich" festgesetzt haben, durch bestimmte Auslösereize wieder hervorgerufen bzw. re-aktualisiert werden können (vgl. Wulf 1994, S. 31).

Wie jedoch wird die Bedeutung von kommunikationsrelevanten Zeichen als Repräsentanten unterschiedlicher Sinnwelten angeeignet? Während Mead von einer sich sukzessive ausbildenden Rollen- bzw. Perspektivenübernahmefähigkeit qua Teilhabe an sinnhaft prozessierender Kommunikation ausgeht, wurden oben (vgl. Kap. 4) – in systemtheoretischer Einstellung – soziale Kognition und Intersubjektivität als Modi der Fremd-/Selbstbeobachtung gedeutet, mit denen Umweltkomplexität selbstreferentiell bearbeitet wird. Dabei operieren Intersubjektivität als Verstehensleistung sozialer und soziale Kognition als Verstehensleistung psychischer Systeme überschneidungsfrei. Bevor auf das im Konzept Gebauer/Wulfs angelegte Verhältnis zwischen Alter und Ego detailliert eingegangen und dieses aus Perspektive der Systemtheorie betrachtet wird, möchte ich zunächst den Strukturbegriff in Zusammenhang mit sozialbezogenen Körperbewegungen erhellen.

5.3 Zur regelhaften Struktur sozialbezogener Körperbewegung

Nach Gebauer/Wulf weisen körperliche Handlungen bzw. sozialbezogene Körperbewegungen eine regelhafte Struktur auf. Bereits innerhalb der ersten Zirkulärreaktionen bildet sich ein Vor-Verständnis der sozialen Welt unterhalb der Ebene sprachlicher Symbole und objektiviert sich in Form von Bewegungsabfolgen, die in Interaktionsverhältnissen aufgeführt werden. Während erwachsene Bezugspersonen die Körperbewegungen des Kleinkindes als sozialbezogen interpretieren und darauf selbst wiederum regelmäßig mit spezifischen Körperbewegungen und Lauten reagieren, vermag sich die Psyche des Kleinkindes ebenso als auf das Verhalten der Bezugspersonen bezogen begreifen – was Strukturbildung zur Folge hat.

„In Bewegungen entstehen Gewißheit und Regularitäten, eine erste Interpretation der Welt, ein Vor-Verständnis, das sich unterhalb von Sprache und Texten bildet, zeitlich vor dem Auftreten von bewußten und intentionalen Akten, in einem gegenseitigen Formungsprozeß des Subjekts durch seine Umwelt und der Umwelt durch individuelle Bewegungen. In den noch nicht symbolischen, aber schon regelhaften, kodifizierten Bewegungen sind die sozialen Gesten vorbereitet" (Gebauer/Wulf 1998, S. 29).

Mimesis stellt nach Gebauer/Wulf das Prinzip des praktischen Wissens des Handelnden „und zugleich das Strukturierungsprinzip der sozialen Welt" (Gebauer/Wulf 1998, S. 61) dar. Die körperliche Existenzform des Menschen inmitten der (sozialen) Welt lasse ihn zu einem Teil dieser Welt werden und die Welt zu einem Teil von ihm. „Mein Ich ist ein Ich von dieser Welt und die Welt eine Welt von meinem Ich. Auf diese Weise werden mein Ich und die umgebende Welt subjektiv erzeugt" (a. a. O.). Gebauer/Wulf beziehen sich auf Pierre Bourdieus Konzept des Habitus und praktischen Wissens. Objektive soziale Strukturen werden demnach nicht nur internalisiert, sondern auch inkorporiert (vgl. ebd., S. 62) – soziale Strukturen bedingen die Konstruktion von Erwartungshaltungen des psychischen Systems, die sich (u. a.) in Erscheinung und Bewegung des Körpers materialisieren. In Interaktionsbeziehungen entwickeln Individuen „eine subjektive Entsprechung zu den objektiven Strukturen, indem sie soziale Fertigkeiten und Fähigkeiten, praktisches Wissen, Dispositionen, Wahrnehmungs- und Bewertungsweisen ausüben und zu einem systematisch organisierten Gesamtkonstrukt ‹synthetisieren›" (ebd., S. 47). Dieses subjektive Konstrukt entspreche dem Bourdieu'schen Habitusbegriff. „Jede spezifische Gesellschaft wird von ihren Mitgliedern interiorisiert, subjektiv angeeignet und in Form von Habitusbildungen und Repräsentationen besessen, die wiederum von diesen in Form von Aufführungen dargestellt werden" (ebd., S. 274). Damit wird ein Kreislauf von Aneignung und Aufführung in Interaktionen etabliert.

Während Gebauer/Wulf auf den ‚Habitus' als Resultat körperbezogener Sozialisationsprozesse abstrahieren, war hier – in systemtheoretischer Einstellung – die Rede von Erwartungsstrukturen, die den Niederschlag des Kontakts des psychischen Systems mit dem sozialen System in Interaktionsbeziehungen bilden und als interpretationsleitende Konstitutionsprinzipien fungieren (vgl. Kap. 4). Dabei wurde von einer objektiv-latenten Sinnstrukturierung sozialer Interaktion ausgegangen, die entsprechend den Erwartungsstrukturen des jeweiligen psychischen Systems beobachtet wird. Oevermann spricht in diesem Zusammenhang von ‚sozialen Deutungsmustern', die sich auf der Grundlage sozialisatorischer Interaktion im Subjekt bilden. Wie die Konstrukte ‚Habitus', ‚latente Sinnstruktur', ‚soziales Deutungsmuster' und ‚Erwartungsstruktur' in Relation zueinander gesetzt werden können, soll nun kursorisch skizziert werden.

Der Habitusbegriff fungiert bei Bourdieu als eine Art Verhaltensgrammatik im Sinne der Chomsky'schen generativen Grammatik – allerdings mit dem entscheidenden Unterschied, dass jene nicht als nativistisch verwurzelt gedacht wird, sondern als ausschließlich in Auseinandersetzung mit der sozialen Umwelt erworben.

„In seiner gesellschaftlichen [im Original kursiv] Tätigkeit entwickelt das Subjekt von frühster Kindheit an ein so beschaffenes Produktionssystem, dass es Verhaltensweisen hervorbringt, in denen die ›Grammatikregeln‹ involviert sind. Man kann also eine kreisförmige Bewegung annehmen, die von der geregelten Gesellschaft zum Produktionssystem des Subjekts führt und dann in dessen regelhaftes soziales Verhalten einmündet" (Krais/Gebauer 2002, S. 33).[85]

Das Habituskonzept bildet das handlungstheoretische Fundament des praktischen Sinns. Dieser zeichnet sich nach Wagner dadurch aus, dass er (1) auf eine konkret historisch-gesellschaftliche Praxis gerichtet ist, (2) die Kompetenz eines Akteurs, in einem sozialen Feld angemessen handeln zu können darstellt, (3) einen Bezug zu konkreten Aktionen von sozialen Akteuren in sozialen Feldern herstellt und (4) als Resultat der Erfahrungen eines Individuums qua Verinnerlichung einer äußeren, objektiven Sinnstruktur durch aktive Partizipation an Tätigkeiten im sozialen Feld gelten kann (vgl. Wagner

---

85 Aus systemtheoretischer Perspektive müsste noch hinzugefügt werden, dass es sich bei der Kreis- bzw. Spiralförmigkeit der Bewegung (vgl. Krais/Gebauer 2002, S. 33), die zur Etablierung von Habitusformationen als durch Kondensierung von Erwartungsstrukturen strukturierte Komplexität führt, genauer um zwei Spiralen handelt, die zwar miteinander gekoppelt sind, sich aber nicht überschneiden.

1993, S. 328). Wie Mead arbeitet Bourdieu mit einem objektiv-latenten und nicht primär subjektiv-intentionalen Sinnbegriff (vgl. ebd., S. 332). Der Habitusbegriff weist eine Nähe zum Oevermann'schen Begriff der sozialen Deutungsmuster auf. Soziale Deutungsmuster sind „krisenbewältigende Routinen, die sich in langer Bewährung eingeschliffen haben und wie implizite Theorien verselbständigt operieren, ohne das jeweils ihre Geltung neu bedacht werden muß" (Oevermann 2001, S. 38). Charakteristika sind ein hoher Grad an situationsübergreifender Verallgemeinerungsfähigkeit, Unterdrückung/Auflösung potenzieller Krisen sowie ein hoher Grad an Kohäsion und innerer Konsistenz (vgl. a. a. O.; vgl. zudem Wagner 2001, S. 72 ff.). Soziale Deutungsmuster unterscheiden sich wiederum systematisch vom Begriff der latenten Sinnstruktur: „Deutungsmuster sind bestimmte Gegenstände der Sozialwissenschaften, latente Sinnstrukturen bezeichnen eine Realitätsebene in der Erschließung aller dieser Gegenstände, die als erste methodisch explizit erschlossen werden muß, bevor wir weitere spezifisch gegenstandstheoretische Schlüsse, u. a. auch über Deutungsmuster ziehen können" (Oevermann 2001, S. 41). Deutungsmuster stellen Oevermann zufolge subjektiv zuschreibbares Wissen in Form intentionaler Gehalte dar, denen allerdings zugleich der Status eines subjektiv-ablösbaren Wissens in Gestalt einer geordneten Menge propositionaler Gehalte zukommt. „Latente Sinnstrukturen dagegen bilden eine, vom Wissen praktischer Subjekte logisch unabhängige Realität, die auf der Basis von Ausdrucksgestalten methodisch erschlossen wird" (Oevermann 2001, S. 41). Habitusformationen und soziale Deutungsmuster[86] beziehen sich gemeinsam auf Unbewusstheit, innere Argumentationszusammenhänge, das Aufweisen einer spezifischen sinnlogischen Architektonik und das Generieren von Handlungen (vgl. Wagner 2001, S. 81). Im Gegensatz zu sozialen Deutungsmustern sind Habitusformationen jedoch tiefer in der Psyche der Person verankert und schwieriger bewusst zu machen bzw. zu verändern. Die beiden Begriffskonstrukte unterscheiden sich also einerseits graduell, andererseits wird mit dem Habituskonzept der Einbezug emotionaler, affektiver und körperlicher Komponenten betont, die in früher Kindheit in die psychische Formation der Persönlichkeit eingehen, wohingegen soziale Deutungsmuster sich hauptsächlich auf sozial-kognitive Dimensionen beziehen (vgl. ebd., S. 82).

Aus systemtheoretischer Perspektive betrachtet, stellen objektiv-latente Sinnstrukturen Selektionsmuster sequentiell prozessierender sozialer Interaktion dar,[87] die von beobachtenden psychischen Systemen nach Maßgabe je eigener Erwartungshaltung, die sich auf auditive und visuelle Kommunikation bezieht, angeeignet werden können. Es bilden sich so Erwartungen bzw. Erwartungserwartungen, indem bereits bestehende Erwartungsstrukturen ver-

---

86 Zur Gegenüberstellung der Begriffe vgl. auch Oevermann 2001, S. 45 ff.
87 Dasjenige, was bei Mead als Beziehung zwischen Reiz, Reaktion und Antworthandeln definiert ist.

festigt oder irritiert werden. Statt des sehr allgemein gehaltenen Konstrukts ‚Erwartungsstrukturen' verwenden Gebauer/Wulf den Bourdieu'schen Habitusbegriff zur Bezeichnung des Niederschlags grundlegender Handlungsorientierungen. Der je spezifische Habitus wird durch Aneignung regelhafter Strukturen erworben. Dabei wird von einer Sinnstrukturiertheit sozialer Phänomene ausgegangen.

Wie bereits konstatiert, weist der Habitusbegriff eine Nähe zum Begriff sozialer Deutungsmuster auf. Funktional betrachtet, ist im Falle von Habitusformationen, die sich insbesondere auf früh erworbene, körperlich-emotional verwurzelte, psychische Dimensionen beziehen, wie auch im Falle sozialer Deutungsmuster als vornehmlich sozial-kognitive Dimension, von Erwartungsstrukturen als innerpsychische Voraussetzung zur Interpretation sozialer Interaktion zu sprechen.[88] Wie aber konzeptualisieren Gebauer/Wulf das Verhältnis zwischen Alter und Ego beim Aufbau strukturierter Komplexität und inwiefern lassen sich dort Anschlussoptionen für die in Kapitel 4 dargestellte differenztheoretische Fassung des Verhältnisses von (psychischem) System zu (sozialer) Umwelt ausweisen?

5.4 Intersystemrelationen: Mimesis

Durch die Rekursivität sozialer Sinne werden nach Gebauer/Wulf „die spezifischen kulturellen Bedeutungen und Interpretationen der Wahrnehmung hergestellt" (dies. 1998, S. 268). Mit Bezug auf Lacan und Bourdieu versuchen die Autoren den mimetischen Charakter sozialer Sinnlichkeit präzisierend darzustellen: Mit sozialer Sinnlichkeit wird die Beteiligung von Subjekten an sozialen Prozessen betont, in denen sie „mit ihren Sinnen, mit Hören, Tasten, Berühren, Fühlen, Schmecken selbst soziale Welten erzeugen" (ebd., S. 257).[89] Durch mimetisches Handeln findet eine Verdopplung statt, mit der eine Beziehung zu anderen aufgenommen wird. Mit der Angleichung des eigenen körperlichen Agierens an das eines anderen wird ‚dessen' Körperlichkeit und Gefühlswelt erfahrbar (vgl. Wulf 2003, S. 129). Gesten und deren objektive Bedeutung im sozialen Akt werden im mimetischen Prozess – weitgehend unbewusst – inkorporiert (vgl. ebd., S. 131).

---

88 Ähnlich deutet auch Gerd Nollmann in seinem Aufsatz zu Übereinkünften der Ansätze Luhmanns und Bourdieus den Habitus aus systemtheoretischer Perspektive: Der Habitus bezeichne demnach „kognitive und normative Verhaltenserwartungen, die vom Individuum nach Maßgabe seiner sozialen Herkunft erlernt und im Lebensverlauf als sinnhafte Orientierung des Verhaltens weitergetragen werden" (Nollmann 2004, S. 128). Auf einen Theorievergleich zwischen Bourdieu und Luhmann kann und soll hier nicht vertiefend eingegangen werden. Es sei stattdessen verwiesen auf die Beiträge in Nassehi/Nollmann 2004.

89 Auf gesellschaftstheoretische Annahmen, nach denen Geschmack als sozialer Diskriminator fungiert (hier rekurrieren die Autoren auf die Sozialtheorie Bourdieus) wird im Rahmen dieser Arbeit nicht weiter eingegangen (vgl. dazu Gebauer/Wulf 1998, S. 256 ff.).

Die gegenseitige Wahrnehmung von Interaktanten vollzieht sich im Modus der Wechselseitigkeit. Dabei werden das Sehen (der Umwelt) und das Angesehenwerden (von der Umwelt) direkt aufeinander bezogen. „Ich sehe, daß ich angeblickt werde, und der Blickende sieht, daß ich zurücksehe" (Gebauer/Wulf 1998, S. 265). In dieser Selbstbezüglichkeit des Sehsinns – verteilt auf zwei Personen im Raum – trete das Mimetische auf: „Das Subjekt zeigt sich dem Blick; es macht sich selbst zum Bild, das erblickt werden will" (a. a. O.). Dabei ist der Blick auf den Bildkonstrukteur als eine Art Bestätigung (oder Ablehnung; M. H.) des von ihm gemachten Bildes zu sehen. Durch Blicken und Zurückblicken erkennt sich der Blickende nicht selbst. Vielmehr verhalte er sich gemäß den Blicken eines anderen. Gebauer/Wulf konstatieren, dass der Sehende sich vermittelt durch die Rezeption des Blickes seiner Umwelt betrachtet, Blicken und Zurückblicken dem zweiseitigen Herstellen eines sozialen Bildes entspreche. Auf Lacan rekurrierend führen Gebauer/Wulf eine Schirm-Metapher an, mit der sie die Beziehung zwischen Alter und Ego im Prozess gegenseitigen Wahrnehmens illustrieren: Zwischen den Wahrnehmenden sei ein Schirm aufgespannt, auf dem sie sich im performativen Akt abbilden.

„Was man auf diesem Schirm erkennen kann, ist [...] ein Sehgegenstand. Auf dem Bildschirm befindet sich das, was wir von uns zu sehen geben, was wir dem anderen zeigen. Weitere Sehwahrnehmungen als jene auf dem Bildschirm können andere Personen über uns nicht erhalten. [...] Jede mimetische Aufführung eines sozialen Subjekts ist eine Produktion auf einen Schirm. Sie ist, auf einer allgemeinen Stufe, ein Sehen des Sehens und, wenn wir feiner analysieren, dem Blick gegenüber ein Sich-Zeigen, das vom Blick erfaßt wird, und – wieder auf das handelnde Subjekt zurückgelenkt – ein Sehen dieses Blicks" (Gebauer/Wulf 1998, S. 266).

Die Entwicklung eines Bewusstseins von Bedeutungen wird im Prozessieren sozialer Wahrnehmung möglich. Der andere dient dabei als „Spiegel zur Selbstwahrnehmung und ermöglicht als Repräsentation unserer selbst die Entwicklung unseres Bewußtseins" (ebd., S. 21). Dabei wird allerdings nicht von Bedeutungsidentität entsprechender Symbole in den Psychen beteiligter Interaktanten ausgegangen, sondern eine „unauflösbare Differenz zwischen dem Eigenen und dem Fremden" (a. a. O.) konstatiert – die auch divergierende Bedeutungsselektion zur Folge haben kann. Demgegenüber räumt Mead die Möglichkeit der Übernahme der Haltung eines anderen ein und bindet dies an das Vermögen sprachlicher Verständigung bzw. an Rollenübernahmefähigkeit, was im Konzept der objektiven Hermeneutik als Zirkulärschluss gedeutet und durch Setzung nativistisch gedachter, universalgrammatischer Generierungsprinzipien versucht wird, zu kompensieren. Zentrale Ausgangsbedingung der Systemtheorie Luhmanns hingegen ist die operative Geschlossenheit und selbstreferentielle Organisationsweise von Systemen. Das gering ausformulierte, wenig explizite und sehr metaphorische Intersubjektivitätskonzept Gebauer/Wulfs lässt sich an die systemtheoretische Konzeptualisierung von Intersubjektivität (vgl. Kap. 4.3) anschließen, wie nun zu zeigen ist.

Auf dem „Schirm", der zwischen den Interaktanten aufgespannt ist, zeichnen sich nach Gebauer/Wulf die Konturen interagierender Personen ab und schließen aneinander an. Es emergieren Sinnstrukturen, die qua Beobachtungsleistung der Interaktanten selbstreferentiell angeeignet werden können.[90]

„Das Diesseits des Schirms gehört zum Standpunkt des Subjekts, das Jenseits zum Standpunkt der Gesellschaft. Dazwischen gibt es den Schirm, das Medium, auf dem sich Subjekt und Gesellschaft vereinen, in der mimetischen Repräsentation. [...] Der Schirm organisiert den Austausch von Subjekt und Objekt, von Individuum und Gesellschaft; dies auf einer bildlichen Oberfläche" (Gebauer/Wulf 1998, S. 268).

„Diesseits" und „Jenseits" des Schirmes bezeichnet jeweils Standpunkte von Systemen: psychisches System und soziales System. Der Schirm, auf dem verbale und nonverbale Sprache aufgeführt wird, ermöglicht eine je selbstreferentiell gehandhabte Beobachtungsleistung der Systeme. Sprache als Medium stellt einen Schirm dar und ermöglicht eine strukturelle Kopplung sozialer mit psychischen Systemen. Zwar organisiert der Schirm einen „Austausch", lässt beide Systeme jedoch nicht ineinander zerfließen bzw. „vereinen". Erwartungsstrukturen, die sich bei psychischen Systemen qua sozialer Kognition als Beobachtung 2. Ordnung bilden, sind auf die Verfasstheit der realen (sozialen) Gegenstände der Umwelt gerichtet: „Die Erwartungen des Blickenden sind immer hinter die Erscheinungen auf dem Schirm gerichtet" (Gebauer/Wulf 1998, S. 268). Die strukturelle Kopplung des psychischen (sowie sozialen) Systems mit dem organischen System agierender und rezipierender Körper ist als Voraussetzung zur Etablierung psychischer und sozialer Komplexität zu betrachten. In sequentiell prozessierenden sozialen Interaktionen werden sozialbezogene Körperbewegungen, samt ihrer beobachterrelativen Bedeutung, kontextgebunden mimetisch angeeignet und durch Aufführung in sozialer Interaktion einem Bewährungstest ausgesetzt (Kopplung von sozialer Kognition als Beobachtung 2. Ordnung und Intersubjektivität als Beobachtung 1. Ordnung).[91]

Zur Untersuchung bzw. Erweiterung interpretationsleitender Konstitutionsprinzipien auf sozialbezogene Körperbewegungen wurde auf Ähnlichkeiten und Entsprechungen der Konzeption Gebauer/Wulfs zu den in Kapitel 4 angeführten systemtheoretischen Überlegungen hingewiesen. Ähnlichkei-

---

90 Im Sinne von sozialer Kognition als re-entry der System-Umwelt-Unterscheidung.
91 Gebauer/Wulf binden die Ausbildung mimetischer Welten an Maßgaben eines frühzeitig sozial geformten Geschmacks (vgl. Gebauer/Wulf 1998, S. 277). Diese Annahme soll hier nicht weiter untersucht werden – obgleich davon auszugehen ist, dass das Erfahrungsangebot in der frühen Kindheit Gelegenheitsstrukturen zur (Nicht-)Ausbildung sozial-kognitiver Schemata und Strukturen bereitstellt und so erste Differenzen generiert, an die weitere Differenzen anschließen (vgl. auch Kap. 5.2).

ten ließen sich ausweisen (1) bei der Konzeptualisierung der Ausgangslage von Sozialisations- und Entwicklungsprozessen, (2) bezüglich des Niederschlags sozialisatorischer Interaktion sowie (3) bei der Untersuchung des Verhältnisses zwischen Alter und Ego beim Aufbau strukturierter Komplexität.

5.5 Das Ritual: Körpersozialisation und Systemstabilisierung

Je nach Beobachtungsperspektive können Rituale als spezifische Interaktionszusammenhänge betrachtet werden, die zur Sozialisation der Beteiligten durch Inkorporation von Werten und Normen führen mögen[92] oder zur Herstellung und Stabilisierung von Interaktionszusammenhängen beitragen. Im folgenden Abschnitt wird das Ritual aus dieser zweifachen Perspektive betrachtet, wobei insbesondere dem Aufführungskontext Schule Aufmerksamkeit gewidmet wird und die Bedeutung schulischer Rituale für die Rekonstruktion von Interaktionssystemen im Bereich des Lernens Erwachsener herausgestellt wird.

Dem Ritual als vornehmlich körperliche Handlung, die sich in symbolischen Gesten ausdrückt, kann eine besonders sozialisierende Kraft zugemessen werden, mit der Regeln und Normen sozialer Institutionen und Gruppen in die Körper der Beteiligten geschrieben werden. Rituale, so Soeffner, „sichern die gesellschaftliche Konstruktion der Wirklichkeit. Sie sind das Korsett menschlicher Gesellschaft, deren Figur sie formen" (Soeffner 1991. S. 76). Das Schaffen und die Tradierung von Ritualen trägt zu Aufbau und Stabilisierung spezifischer Interaktionszusammenhänge, wie z. B. Kurse der Erwachsenenbildung, durch Stiftung und Aufrechterhaltung eines impliziten Ordnungszusammenhangs bei (vgl. ebd., S. 77). Über Rituale wird ein Interaktionssystem in Richtung Kontinuierung und Ausdifferenzierung verstärkt. Ritualisierungen, so Luhmann, „übersetzen externe Ungewißheiten in einen internen Schematismus, der nur stattfinden oder nicht stattfinden, aber nicht

---

92 Neben dem Ritual kann das kindliche Spiel als bedeutsamer Sozialisationsprozess geltend gemacht werden. Nach Mead steigert das Individuum in den Phasen ‚play', ‚game' und ‚generalized other' sukzessive sein Vermögen der Perspektivenübernahme (vgl. Mead 1973, S. 194-206; vgl. auch Joas 1991 und Krappmann 1985; aus systemtheoretischer Perspektive vgl. Schneiders Ausführungen zu Stufen der Abstraktion von Erwartungen sozialer Systeme, ders. 2002b, S. 268 ff.). Wulf misst dem Spiel ebenso eine sozialisatorische Bedeutsamkeit zu. Im Spiel mache das Kind die Erfahrung, „seinen eigenen Körper für bestimmte Zwecke einsetzen zu können und damit soziale Anerkennung zu erhalten. Derartige mimetische Prozesse sind von symbolischen Deutungen begleitet, so daß in ihnen auch Denken und Sprache entwickelt werden" (Wulf 1994, S. 29; vgl. auch Gebauer/Wulf 1998, S. 187-234). Zur Interpretation von Meads Konzept als mimetisch-performatives Modell der Einverleibung sozialer Gehalte vgl. Jörissen 2001.

variiert werden kann und dadurch die Fähigkeit zur Täuschung, zur Lüge, zu abweichendem Verhalten neutralisiert" (Luhmann 1987, S. 253).

Wulf definiert das Ritual als symbolisch kodierten Körperprozess, der zur Erzeugung und Interpretation sozialer Realitäten ebenso wie zu deren Erhalt und Veränderung beiträgt (vgl. Wulf 2003, S. 132). Bereits in frühkindlichen Sozialisationszusammenhängen sublimieren demnach Rituale kindliche Triebe und befördern das Entstehen von Ordnungsstrukturen in den Körpern der Beteiligten (z. B. der ritualisierte Umgang mit Zeit in Bezug auf Schlafen und Wachen; vgl. Gebauer/Wulf 1998, S. 115-121).[93] Insofern die Aufführung von Ritualen an die Körperlichkeit der Interaktanten gebunden ist, stellt sie ein Phänomen dar, das insbesondere durch den audiovisuellen Datentyp einer Rekonstruktion zugänglich gemacht werden kann und durch alleinige Konzentration auf die verbal-sprachliche Verfasstheit von Interaktion kaum auszuweisen ist.[94]

Während Rituale eine gemeinschaftsstiftende und -erhaltende Funktion aufweisen, indem sie symbolisch Inhalte zu festgelegten Orten und Zeitpunkten in tradierten Formen und Verhaltensweisen qua sozialer Aufführungen verkörpern[95] und auf die Vermittlung intensiver Gefühle angelegt sind, ist mit der Homogenität des Verhaltens der Gruppenmitglieder nicht zugleich eine Homogenität der innerpsychischen Deutung und Empfindung ritueller Aufführung verbunden (vgl. Wulf 2003, S. 133 f.). Rituale sind symbolisch kodierte Handlungen und können dementsprechend „wie Texte gelesen werden" (Gebauer/Wulf 1998, S. 149). Sie weisen eine objektive Bedeutung auf, deren je subjektive Aneignung zur Generierung dauerhafter Dispositionen und Habitusformen führt. „Rituelle Handlungen stellen autonome, von der Sinndeutung der rituell Handelnden unabhängige Sinneinheiten dar. Durch Anähnlichung an szenische Gestaltung werden diese Rituale im Betrachter

---

93 Erik H. Erikson weist in seinem psychoanalytischen Modell zur Identitätsentwicklung dem Ritual eine Bedeutung als Entwicklungsdimension zu. Ritualisierungen tragen nach Erikson latent zur Stabilisierung des individuellen sowie gruppenmäßigen Identitätsgefühls bei und haben einen sozialen Wert, indem sie wechselseitige Adaption innerhalb einer Gemeinschaft erleichtern (vgl. Erikson 1998, S. 53 f.). Von naturwüchsigen menschlichen Trieben und einem, in Phasen differenzierten Entwicklungsmodell ausgehend, konstatiert Erikson, dass das Ritual für die vom Trieb gesteuerte Teilnahme am sozialen Prozess hinsichtlich menschlicher Anpassung das leiste, „was der vom Instinkt gesteuerten Anpassung einer Tierart an einem bestimmten Bereich in der Natur entspricht" (ebd., S. 54) – dem Ritual also eine Funktion im Sinne eines kulturellen Programms gegenüber Instinktdeterminierung zugemessen wird.
94 Gleichwohl ist davon auszugehen, dass sich Rituale auch in der Art und Weise des Sprachgebrauchs wie auch der Rederechtsverteilung manifestieren. Rituale stellen spezifische Selektionsmuster der Interaktion dar, die den einzelnen Fall übersteigen und zur Verstetigung ebendieses Interaktionssystems über den Tag der Begegnung hinaus Bedeutung erlangen.
95 Während Rituale einerseits zur Stabilisierung von Gemeinschaften beitragen mögen, besteht andererseits immer auch die Möglichkeit, neue Interaktionssysteme bzw. Subsysteme mittels Ritualen des Widerstands zu etablieren. Sozialen Machtverhältnissen, die im Ritual unbewusst vermittelt werden, kann so widersprochen werden.

nachgeschaffen, werden in ihm lebendig und vermitteln ihm ihre Bedeutung" (a. a. O.).

Eine besondere Beachtung ist der Aufführung von Ritualen im Interaktionssystem Schulunterricht, als Form des Erziehungssystems und bedeutsame Sozialisationsinstanz neben Familie und Peer-Group, zu widmen. Es kann davon ausgegangen werden, dass in institutionalisierten Lehr-Lernarrangements der Erwachsenenbildung Erwartungen re-aktualisiert werden, die durch biografisch frühere und sozialisatorisch wirksame Konfrontation des psychischen Systems der Beteiligten (wie auch der wissenschaftlichen Beobachter) mit Ritualen in institutionalisierten Lehr-Lernarrangements generiert bzw. inkorporiert wurden. Von den Annahmen Gebauer/Wulfs ausgehend (vgl. dies. 1998, S. 121-127), soll im folgenden Abschnitt die Schule als rituelle Veranstaltung thematisiert werden, da dort sozialisationsbedeutsame Prozesse der Aneignung sozialbezogener Körperbewegungen stattfinden, die für die Sinnrekonstruktion von Kursen der Erwachsenenbildung in zweifacher Weise relevant sind: Einerseits trifft der Lernhabitus, der bereits schon durch die frühkindliche Interaktion mit signifikanten Bezugspersonen und deren Weltdeutungen vorgeformt ist (vgl. Kap. 5.2), im Schulunterricht auf institutionell organisierte und vorstrukturierte Lehr-Lernarrangements, denen er über lange Zeit ausgesetzt ist.[96] Durch die dort aufgeführten rituellen Handlungsmuster werden grundlegende Orientierungen sowie sozioemotionale Erfahrungen in Assoziation mit Wissensaneignung in entsprechenden Lehr-Lernkontexten geformt. Es ist anzunehmen, dass diesen Erfahrungen ein überdauernder Strukturwert zukommt und biografisch spätere Erlebnisse in institutionellen Lehr-Lernkontexten vor dem Hintergrund vormals konstruierter Erwartungsstrukturen beobachtet werden bzw. entsprechende Erfahrungen in diese Einbettung finden.[97] Zudem ist davon auszugehen, dass der Interaktionsforscher mit strukturell ähnlichen Voraussetzungen konfrontiert wurde wie die zu untersuchende Ausdrucksmaterialität – was zugleich als eine Voraussetzung zur Dechiffrierung von Sinnstrukturen gelten kann, die u. a. durch das sichtbare, selektive Prozessieren sozialbezogener Körperbewegungen einer Rekonstruktion zugänglich werden.

Durch Rituale des alltäglichen Unterrichts- und Schullebens sowie Rituale zu besonderen schulischen Ereignissen (z. B. Einschulungs- oder Abschlussfeiern) werden „die allgemeinen gesellschaftlichen Aufgaben der Schule, die Qualifikation, Integration und Selektion der Schüler, in konkrete Unterrichtsprozesse und situationsspezifische Arrangements überführt" (Gebauer/Wulf 1998, S. 121). Durch den Versuch der Kontrolle kindlicher Motorik – z. B. das stille Sitzen am Tisch und die Konzentration auf eine Tätig-

---

96 Zum Verhältnis von Lernhabitus zu Milieu im Zusammenhang lebenslangen Lernens vgl. Herzberg 2004.
97 Zur Rekonstruktion von Bildungsbiografien vgl. etwa die Studie von Kade (1991).

keit – werden Normen der Institution in die Körper der Schüler geschrieben. Durch Rituale im Schulalltag wird die Kontinuität desselben sichergestellt und Lehrer-/Schülerhandeln aufeinander bezogen. Elemente, deren Zusammenwirken den rituellen Charakter der Schule ausmachen, sind nach Gebauer/Wulf: Jahrgangsklassen, Wochenstundenplan, Fächerprinzip, Relation eines Lehrers mit einer Gruppe von Schülern, Zielbezogenheit der unterrichtlichen Interaktion, kollektive Erarbeitung curricularer Inhalte, methodische Anlage des Unterrichts sowie Übungen und Wiederholungen, Auswahl und Verwendung unterschiedlicher Medien, Bewertung individueller mündlicher/schriftlicher Leistungen, rhythmischer Wechsel von Unterricht und Pause sowie die Vergabe von Hausaufgaben (vgl. ebd., S. 124).[98] Manche dieser Elemente finden sich auch in der eingangs vollzogenen Charakterisierung von Kursen der Erwachsenenbildung (vgl. Kap. 1.2). Sie lassen sich insofern als rituell bezeichnen, als es sich dabei um wiederkehrende (Bewegungs-) Muster handelt, die die Organisation von Unterricht konstituieren. Allerdings ist der Ritualbegriff hier sehr breit angelegt und nicht auf je kontextspezifische, regelmäßig auftretende und vornehmlich körperliche Handlungen zugeschnitten. Durch die undifferenzierte Subsumtion verschiedener Elemente verliert der Ritualbegriff etwas an Prägnanz. So ist beispielsweise das Bewerten von Schülerleistungen ein wiederkehrendes Phänomen, das mit bestimmten rituellen Gesten und Mimiken als sozialbezogene Körperbewegungen einhergehen mag und ein, mit Freude und Bestätigung oder Angst und Abwertung assoziiertes Lehrerbild befördern kann – das als solches potenziell bis zur Teilnahme an Volkshochschulkursen aufrechterhalten werden mag – und zur Stabilisierung der unterrichtskonstitutiven Asymmetrie beiträgt. Zugleich handelt es sich aber beim Bewerten aus der hier maßgeblichen systemtheoretischen Perspektive (vgl. Kap. 1.2) um eine wissensbezogene Operation pädagogischer Kommunikation, während etwa der rhythmische Wechsel von Pause zu Unterricht – der ebenfalls rituell, z. B. durch Läuten einer Schulglocke oder dem kollektiven Singen der Nationalhymne begangen werden kann – als funktional zur Eröffnung bzw. Schließung sozialer Räume betrachtet werden kann. Zwar sind Bewertungen des Lehrers ebenso wie der Wechsel von Pause zu Unterricht wiederkehrende Elemente lehr-lernbezogener Interaktionszusammenhänge, die rituell begangen werden können[99] und so eine gewisse Ordnung herstellen, das kollektive Erleben von Emotionen bedingen und die Ausbildung eines bestimmten Habitus durch

---

98 Die hier aufgeführten Rituale beziehen sich auf das öffentliche Curriculum. Zu Widerstandsritualen von Schülern, die sich gegen die Disziplinierung und Funktionalisierung des Lernens richten und so die Bildung von Interaktionssystemen in der Umwelt des Unterrichts befördern vgl. Gebauer/Wulf 1998, S. 126.

99 Insbesondere der Wechsel von Pause zu Unterricht als Problem der Etablierung eines Lehr-Lernraumes bedarf der wechselseitigen Handlungskoordination, für die Rituale eine willkommene Lösung darstellen können. Zur rituellen Gestaltung des Übergangs von Pause zu Unterricht in der Schule vgl. die Studie von Monika Wagner-Willi (2005).

gegenseitige Anähnlichung der am Ritual Beteiligten befördern mögen. Dennoch sollte hervorgehoben werden, dass allgemeine Organisationsprinzipien von Unterricht zwar rituell begangen werden können aber nicht notwendigerweise ritualisierte Handlungsweisen, die in immer gleicher Form aufgeführt werden, darstellen müssen.[100]

Im Konzept Gebauer/Wulfs erhält das Ritual den Charakter eines die körperliche Existenz von Menschen akzentuierenden Konstrukts, dessen explanativer Ertrag darin liegt, die (Re-)Produktion von Habitusformen durch Mimesis zu erhellen. Gebauer/Wulf unterscheiden fünf Erscheinungs- und Wirkungsformen von Ritualen (vgl. dies. 1998, S. 135): Ritualisierung, Konvention, Zeremonie, Liturgie, Feier.[101] Diese Begriffe beziehen sich jeweils auf unterschiedliche soziale Kontexte und fassen ein unterschiedliches Verhältnis von fest vorgeschriebenen Abfolgen symbolischer Bewegungen zu Improvisationsspielraum und individueller Performanz. Es wird zudem auf jeweils Unterschiedliches symbolisch Bezug genommen: Während beispielsweise eine Liturgie das Heilige repräsentiert und einen Bezug zur Transzendenz aufweist, betonen Feiern eine dramatische und expressive Seite rituellen Geschehens. Zur Analyse ritueller Handlungen unterscheiden Gebauer/Wulf charakteristische Strukturelemente als relevante Dimensionen (vgl. ebd., S. 137 ff.): *Ambiguität* bzw. affektive Bindung als Basis der sozialen Bedeutung von Ritualen; *Zeit* im Sinne einer Sicherung von Handlungsabfolgen in zeitlichen Sequenzen sowie der Aktualisierung von Erinnerungen als vergangenes rituelles Wissen; *Alterität* betont das Verhältnis zum Anderen. Durch das rituelle Geschehen entstehe ein gemeinsamer objektiver Sinn und eine (so suggerierte) gemeinsame Sicht der Welt – Unsicherheit und Angst bei Kontakt zu anderen/fremden Personen werde mit dem Ritual entgegen gewirkt. *Soziale Beziehungen* werden durch Rituale als Sublimierung von Trieben gestaltet – zwischen *Integration und Konflikt*. Rituale, so heben Gebauer/Wulf hervor, tragen zu einem gelingenden Umgang mit gegensätzlichen Ordnungen, „etwa der Natur und der Kultur oder sozialer Systeme bei" (dies. 1998, S. 142).[102]

---

100 Wie beispielsweise das soziale Arrangement der Vergabe des heiligen Abendmahls in der katholischen Kirche.
101 Im handlungspraktischen Vollzug wird das Auftreten von Mischformen für wahrscheinlich erachtet.
102 So liegt der Schluss nahe, dass Rituale etwa bei Anfangssituationen in Kursen der Erwachsenenbildung, wo ein gemeinsamer Bezug verschiedener sinnstrukturierender Systeme auf den Unterricht als lehr-/ lernbezogenes Interaktionssystem hergestellt werden soll, indiziert sind. Das plurale Agieren der Kursteilnehmer bzw. die sich objektivierenden unterschiedlichen Erwartungshaltungen müssen mit dem Agieren des Kursleiters synchronisiert werden, um das Interaktionssystem Kurs irgendwie zu etablieren – was nicht notwendigerweise dessen Stabilität über den Kursverlauf hinweg gewährleistet.

5.6 Resümee II: Von der Theorie zur Methodologie

Rituale, über die im letzten Kapitel berichtet wurde, sind szenische Arrangements, die sich im regelmäßigen Gebrauch spezifischer Gesten als sozialbezogene Körperbewegungen objektivieren. Gesten, die in Ritualen eingebettet sein können aber auch unabhängig von diesen operieren, sind nach Gebauer/Wulf als funktional zur Vergesellschaftung des Körpers zu betrachten. Sie bringen eine kommunikationsrelevante Relation des sozialen Körpers zu seiner sozial verfassten Umwelt zum Ausdruck (vgl. Gebauer/Wulf 1998, S. 19 f.).[103] Zugleich eignen sich Gesten zum Ausdruck von Gefühlen (vgl. Wulf 2003, S. 130 sowie Mead 1973, S. 83). Der Gefühlsausdruck muss nicht sozialbezogen intendiert sein, kann jedoch im sozialen Kontext eine sozialbezogene (objektive) Bedeutung erlangen, sofern sich Anschlussreaktionen zeitigen.[104]

„Gesten sind Ausdruck und Darstellung körperbezogenen praktischen Wissens. Durch Nachahmung von Gesten und die Anähnlichung an sie gewinnt das sich mimetisch verhaltende Subjekt eine Kompetenz, Gesten szenisch zu entwerfen, einzusetzen und den Umständen nach zu verändern" (Wulf 2003, S. 131). Individuen entwickeln also eine Gestenkompetenz in Form inkorporierter, sozialbezogener Handlungs- bzw. Körperbewegungsschemata, die situativ in Performanz transformiert werden kann. Dabei sind sozialbezogene Körperbewegungen, die als Reize Reaktionen evozieren, aus systemtheoretischer Perspektive als Medium von Kommunikation unter Anwesenden anzusehen. Als nonverbale Sprache bzw. visuelle Kommunikation sind Gesten neben verbaler Sprache bzw. auditiver Kommunikation im Rahmen von Interaktionszusammenhängen zur Überführung (nicht jedoch Übertragung) sozialer in psychische Komplexität (vice versa) geeignet und weisen eine objektive Bedeutung auf, die sich aus der Relation der Geste zu den sie umgebenden, zeitlichen und räumlichen Kontexten ergibt. Die Aneignung von Gesten, d. h. die systeminterne Rekonstruktion der objektiven Bedeutung derselben qua Beobachtung des sozialen Systems durch das psychische System (soziale Kognition als Beobachtung 2. Ordnung) und die Etablierung von Erwartungsstrukturen (Lernen des psychischen Systems) durch Relationierung der Beobachtung zur eigenen Autopoiesis (Beobachtung 1. Ordnung des psychischen Systems) geschieht weitgehend unbewusst bzw. latent. So beschreibt Wulf:

---

103 In ähnlicher Weise hebt auch Mead die Funktion von Gesten zur Etablierung gesellschaftlicher Handlungen hervor: Gesten haben ihre soziale Funktion als Reiz zur Hervorrufung der Reaktion eines anderen (vgl. Mead 1973, S. 83).

104 Eine Grundunterscheidung, die Harald G. Wallbott zur Einordnung von Gestik macht, ist die zwischen sprachbezogenen und expressiven Handbewegungen (vgl. ders., 1979, S. 108). Zwar mag dies die Konstruktion von Lesarten befördern, welche Rolle die vorfindbare Gestik allerdings im Kontext sozialer Interaktion erlangt, ist damit nicht festgelegt.

„Häufig sind die sich in den Gesten artikulierenden Gefühle und Stimmungen weder denen bewusst, die die Gesten vollziehen, noch gelangen sie ins Bewusstsein derer, die diese Gesten wahrnehmen und auf sie reagieren. [...] Dies gilt auch für die von Institutionen suggerierten Gesten und die in ihnen enthaltenen Werte, Normen und Machtansprüche" (Wulf 2003, S. 130).

Interaktionszusammenhänge, wie beispielsweise die Familie, Peer-Groups oder der Schulunterricht, tragen zur Körperbewegungssozialisation bei, indem sie den Gebrauch bestimmter Gesten verlangen, bzw. deren Vernachlässigung negativ sanktionieren.[105] Repräsentanten von Institutionen (in einem Kurs der Erwachsenenbildung mag dies beispielsweise der Kursleiter sein) bedienen sich spezifischer Gesten und stellen dadurch die Tradition der Institution bzw. des funktionalen Teilsystems der Gesellschaft, dem die Institution zugerechnet werden kann, und ihre sozialen Ansprüche dar (vgl. Gebauer/Wulf 1998, S. 95 f.).

„Über die Mimesis der institutionellen Gesten stellt sich bei den Vertretern und den Adressaten von Institutionen eine Identifikation mit der Institution her, deren Ansprüche und Geltung durch den Vollzug der Gesten jedes mal bestätigt werden. Gesten werden zu Emblemen von Institutionen, über die sich eine Abgrenzung zu anderen Institutionen und sozialen Feldern vollzieht" (Wulf 2003, S. 130 f.).[106]

Gesten objektivieren und generieren soziale Gemeinsamkeiten. Dies trägt zur Regulierung sozialer Beziehungen sowie zur Organisation von Interaktion bei. Durch die Aufführung bestimmter Gesten grenzen sich Interaktionssysteme, am Rande funktionaler Teilsysteme der Gesellschaft, gegenüber anderen Interaktionssystemen ab. Dabei erweisen sie sich allerdings als störanfällig. So mag sich etwa ein 30-köpfiger VHS-Kurs, als lehr-lernbezogenes Interaktionssystem, gegenüber einer Stammtischinteraktion durch eine asymmetrische Rollenstruktur, die sich durch die Forderung des Handhebens als Geste zur Erlangung des Rederechtes objektiviert, abgrenzen. Zugleich erfolgt dabei eine Öffnung für die je verschiedene Art und Weise des Handhebens der Teilnehmenden. Wenn gar mehrere Teilnehmer beschließen, auf die in diesem Interaktionssystem bisher geltende Erwartung des Handhebens zu verzichten, würde dies möglicherweise die Grenzen des Interaktionssystems zur Umwelt erschüttern, indem eine neue Unterscheidung eingeführt würde, die mit der Autopoiesis des Systems ‚Kurs der Erwachsenenbildung' als

---

105 Beispielsweise das Heben des Fingers im Unterricht, um anzuzeigen, dass der entsprechende Schüler als Redner selegiert werden will – einhergehend mit der Bestätigung der asymmetrischen Rollenordnung; oder das Sitzen als Einüben einer disziplinierten, aufmerksamen Körperhaltung (vgl. Wulf 2003, S. 129 sowie Gebauer/Wulf 1998, S. 96).

106 Gebauer/Wulf zufolge werde dabei den Repräsentanten ein gewisser Freiraum gewährt, der zu einer allmählichen Veränderung entsprechender gestischer Darstellungs-/Ausdrucksformen und ihrer Bedeutung führen könne und zugleich auf die Institution zurückwirke.

Form des Erziehungssystems nicht kompatibel wäre – je nachdem welche Anschlussreaktionen zu verzeichnen sind.[107]

Wenn ich oben die Bedeutung der Geste als sozialbezogene Körperbewegung weitgehend unabhängig von der lautsprachlichen Verfasstheit der Interaktion akzentuiert habe, so ist diese allerdings als mindestens gleichberechtigte Ebene von Interaktion mit zu berücksichtigen.[108] Während in der sozialen Konstitutionstheorie Meads bzw. in der darauf basierenden objektiven Hermeneutik die Bedeutung von Außersprachlichem zur Generierung objektiv-latenter Sinnstrukturen eingeschränkt wird, indem von Intersubjektivität als durch signifikante vokale Symbole hergestellter Bedeutungsidentität ausgegangen wird, eröffnet ein differenztheoretisches Modell, bei dem Sinn als eine „Sprache fundierende, vorsprachliche Kategorie" (Reese-Schäfer 2001, S. 137) gefasst wird, den Blick auf sozialbezogene Körperbewegungen, die ebenso wie Laute als Kommunikation fungieren können. Was daraus für die Rekonstruktion von Sinnstrukturen folgt, wird in Kapitel 6 auf methodologischer und Kapitel 7 auf methodischer Ebene erläutert. Im Folgenden sollen die unterschiedlichen Perspektiven, die von sozialer Konstitutionstheorie bzw. objektiver Hermeneutik und Systemtheorie auf Gesten bzw. sozialbezogene Körperbewegungen im Interaktionszusammenhang geworfen werden, eine Explikation erfahren und der theoretische Status derselben für eine Methodologie und Methode systemtheoretisch informierter objektiver Hermeneutik skizziert werden.

Humanspezifische Interaktion ist nach George H. Mead organisiert durch den Austausch signifikanter vokaler Symbole (vgl. Kap. 3.2). Dabei gehen Mead wie auch die objektive Hermeneutik von der Möglichkeit einer Bedeutungssimultanpräsenz entsprechender Symbole – die natürlich unterschiedliche Reaktionen evozieren kann – in den Psychen der agierenden Interaktanten aus. Ein Symbol erhält den Status eines signifikanten, bedeutungsvollen Symbols durch die Fähigkeit der Interaktanten „zur gleichen Zeit man selbst und ein anderer zu sein" (Mead 1987, S. 295), was mit dem Terminus ‚Rollenübernahme' bezeichnet werden kann und die Herstellung von Intersubjektivität zur Folge hat. Mit der Setzung der quasi-psychischen Bestandteile ‚I' und ‚me' als subjektinterne Gesprächspartner präzisiert Mead die Entstehung intersubjektiv geteilter und somit signifikanter Symbole im sequentiellen Prozessieren sozialer Interaktion: „Das »Ich« [‚I'; M. H.] ist die Reaktion des

---

107 Um eine dauerhafte Existenz sozialer Systeme wahrscheinlich zu machen, müssen diese in der Lage sein, „ihre Strukturen gegen Abweichung zu stabilisieren. Damit dies möglich ist, müssen Erwartungen normiert werden. Andererseits dürfen nicht alle Erwartungen im System normiert werden, weil es sonst seine Fähigkeit verliert, auf registrierte Änderungen in seiner Umwelt mit einer darauf zugeschnittenen Modifikation seiner Strukturen zu reagieren" (Schneider 2002b, S. 264).

108 Zur Relation von Körperbewegung zu Lautsprache siehe auch die Betrachtungen auf methodologischer Ebene (Kap. 6).

Organismus auf die Haltungen anderer; das »ICH« [‚me'; M. H.] ist die organisierte Gruppe von Haltungen anderer, die man selbst einnimmt. Die Haltungen der anderen bilden das organisierte »ICH«, und man reagiert darauf als ein »Ich«" (Mead 1973, S. 218). Während also hier von einer Art inneren Kommunikation ausgegangen wird, bei der das ‚me' den Niederschlag der sozialen Erfahrungen bildet, die durch die spontane Aktivität des ‚I' vollzogen werden, der reiz-setzende Sprecher sich selbst so hört wie der reagierende Empfänger und dadurch Rollenübernahme als Antizipation des situationsspezifischen, zukünftigen Verhaltens eines Anderen aufgrund der in der Vergangenheit gesetzten Reize möglich sein soll, unterscheidet die Systemtheorie strikt zwischen kommunikationsförmigen und bewusstseinsförmigen Ereignissen. Betont wird dort die jeweils selbstreferentielle, autopoietische Operationsweise von Kommunikations- und Bewusstseinssystem. Zwar ist die Herausbildung von Sinnstrukturen in der Zeit ein zentraler Konvergenzpunkt der beiden Theoriearchitekturen, wie im nächsten Kapitel verdeutlicht wird, die Vorstellung eines sprachlich strukturierten Bewusstseins ist allerdings aus systemtheoretischer Perspektive zurückzuweisen. „Unbestreitbar dient Sprache auch zur Strukturierung psychischer Prozesse, aber nicht in kommunikativer Funktion [im Sinne eines verinnerlichten Selbstgesprächs; M. H.]" (Luhmann 1986, S. 75; im Original kursiv).[109] Intersubjektivität ist aus systemtheoretischer Perspektive als Selbstbeobachtung von Kommunikation, die anzeigt ob richtig oder falsch verstanden wurde, zu denken (vgl. auch Kap. 4.3). Die Differenz von richtig/falsch verstehen wird am Verstehen selbst artikuliert. Dabei handelt es sich um eine „Kontrolldifferenz, die nur dann relevant wird, wenn aus Verstehen Anschlußverhalten abgeleitet werden soll" (Luhmann 1986, S. 86). Am Anschlussverhalten wird das Verstehen kontrolliert. Entweder setzt sich Kommunikation reibungslos fort oder es wird eine Reflexionsschleife eingeleitet – dergestalt, dass die Differenz von Verstehen/Missverstehen selbst zum Gegenstand von Kommunikation wird (vgl. auch Schneider 2004, S. 293 f. sowie Sutter 1999a, S. 197 ff.).[110]

„[...] dadurch, daß Kommunikation mit immanenten Verstehenskontrollen in Gang kommt, also gleichsam über Kettenreaktionen, wird nach und nach Verstehbares ausdifferenziert und der Anteil an Mißverständnissen reduziert bzw. marginalisiert. Er mag dann den Kommunikationsprozeß wie ein Schwarm folgenloser Nebengedanken begleiten, aber die Anschlußselektion wird tendenziell eher im Bereich des Richtig-Verstanden-Habens liegen" (Luhmann 1986, S. 86 f.).

Kommunikation ist aus systemtheoretischer Perspektive das Reproduktionsmedium sozialer Systeme resp. der Gesellschaft und nimmt u. a. die Gestalt

---

109 Zur Konvergenz/Divergenz von Systemtheorie und sozialer Konstitutionstheorie Mead'scher Provenienz vgl. auch Luhmann 1986, S. 87, Fn. 24.
110 Ebenso vorstellbar ist allerdings auch, dass, wenn Verstehen aussichtslos erscheint, die Kommunikation abgebrochen wird und sich das Interaktionssystem verflüchtigt.

auditiv wahrnehmbarer Wörter und Sätze an. Gegenstand dieser Arbeit sind allerdings Interaktionssysteme, für die eine wechselseitige auditive und visuelle Wahrnehmbarkeit der Beteiligten charakteristisch ist. Wahrnehmung ist dabei „zunächst psychische Informationsgewinnung, sie wird jedoch zu einem sozialen Phänomen, das heißt, zu einer Artikulation doppelter Kontingenz, wenn wahrgenommen werden kann, daß wahrgenommen wird" (Luhmann 1987, S. 560). Reflexive Wahrnehmung derart, dass der Interaktionsteilnehmer wahrnimmt, dass er wahrgenommen wird und diese Wahrnehmung ebenfalls von anderen Teilnehmern wahrgenommen wird. Dies erzwingt, das in den reflexiven Wahrnehmungsprozess eingespannte Verhalten als Kommunikation aufzufassen und es als Kommunikation zu kontrollieren (vgl. ebd., S. 561 f.). Wahrnehmung ist insofern Konstitutionsbedingung von Interaktion, als Kommunikation darauf angewiesen ist, auditive und visuelle Sprache wahrzunehmen und sich durch die Unterscheidung von Information und Mitteilung am Verstehen bzw. der Anschlussoperation, die wiederum wahrnehmbar ist, fortzusetzen.[111] Das Besondere an Interaktionssystemen ist die wechselseitige Wahrnehmung der Interaktanten, die sich nicht allein auf auditiv verfasste Sprache erstreckt, sondern auch visuell vermittelt die Reproduktion des Interaktionssystems beeinflusst. Die Zahl potenzieller Referenzpunkte von Kommunikation, von denen ausgehend durch Selektion und Anschlussselektion sich spezifische Strukturen in der Kommunikation verstetigen, wird um ein vielfaches potenziert. In der Interaktion erhält dasjenige Strukturrelevanz, was aus dem Raum wechselseitiger Wahrnehmung in Kommunikation gehoben wird und so als Reiz Reaktionen als Anschlussverhalten evoziert bzw. als Selektion vor dem Horizont anderer möglicher Selektionen Bedeutung für die Bildung von Sinnstrukturen erlangt. Dies kann bei verbaler Sprache wie auch bei Körperbewegung bzw. Gestik, sofern diese als Kommunikation aufgefasst wird und Anschlussreaktionen erwartbar macht bzw. veranlasst, der Fall sein. Kommunikation unter Anwesenden wird stets durch präkommunikative Wahrnehmung auf auditiver wie auch visueller Ebene begleitet und in ihr eingebettet. Charakteristischer Unterschied zwischen Wahrnehmungs- und Kommunikationsprozessen ist, dass

---

111 Der Wahrnehmungsbegriff kann des Weiteren auf drei verschiedene Beobachtungsbeziehungen angewandt werden: (1) die wechselseitige Wahrnehmung der an der Interaktion Beteiligten im zu untersuchenden Interaktionszusammenhang, auf dessen Grundlage sich Sinnstrukturen in der Kommunikation herausbilden (qua Beobachtung 1. Ordnung); (2) die Wahrnehmung des Beobachters bzw. des Forschers als sozialisiertes, d. h. mit Erwartungsstrukturen spezifischer Art versehenes, psychisches System, welche auf die Ausdrucksmaterialität ‚Videoprotokoll' gerichtet ist (qua Beobachtung 2. Ordnung) und von dort aus Bestimmtes zum Gegenstand von Forschungskommunikation erhebt; (3) die Wahrnehmung des Wissenschaftssystems, das die Beobachtungen des Forschers beobachtet – beispielsweise im Rahmen von Analysesitzungen, in denen manches aufgegriffen wird und, in Protokollen konserviert, spätere Anschlussoptionen gewährleistet.

„Wahrnehmung nicht darauf angewiesen ist, zwischen Information und Mitteilung zu unterscheiden, während für Kommunikation genau diese Unterscheidung konstitutiv ist. Kommunikation kommt überhaupt nur zustande, wenn es gelingt, am Verhalten zwischen Information und Mitteilung zu unterscheiden und beides auf unterschiedliche Selektionskontexte zu beziehen, die nur im Moment der Kommunikation selbst zusammengeführt werden" (Kieserling 1999, S. 118).[112]

Es gibt Körperbewegungen, die ihre Bedeutung jeweils im Kontext spezifischer (Sub-) Kulturen erlangen und dort angeeignet wurden. Andere Körperbewegungen scheinen universalisierbare Bedeutung naturgeschichtlichen Ursprungs aufzuweisen und wieder andere symbolisieren nicht, sondern verweisen/zeigen auf bestimmte Objekte im Interaktionskontext. Gebauer/Wulf unterscheiden ikonische interkulturelle Gesten von symbolischen intrakulturellen Gesten.[113] Meads Unterscheidung signifikanter von nicht signifikanten Symbolen beruht auf deren Vermögen zur Stiftung von Bedeutungsidentität in den Psychen interagierender Individuen. Aus systemtheoretischer Perspektive sind Gesten – fundamentaler angesetzt: Körperbewegungen – insofern interaktionsrelevant, als sie im Raum wechselseitiger Wahrnehmung potenziell Strukturierungsprozesse anlaufen lassen oder fortsetzen. Verstehen wird im Interaktionsverlauf selbstreferentiell durch das Prozessieren entsprechenden Anschlussverhaltens angezeigt. Inwiefern allerdings von Bedeutungsidentität spezifischer Symbole in den Psychen interagierender Personen gesprochen werden kann, lässt sich nicht ausweisen, da psychische Systeme als operativ geschlossen zu betrachten sind und sich durch Gedanken (nicht durch Kommunikation) reproduzieren. Die Unterscheidung signifikant/nichtsignifikant impliziert ein auf Konsens hinauslaufendes Verständnis von sozialer Interaktion und Psychen beteiligter Anwesender. Es wird die Möglichkeit von Bedeutungsidentität eines Objekts im Bewusstsein verschiedener Subjekte konstatiert. Voraussetzung hierfür sei Rollenübernahme bzw. Sprache als Selbst- und zugleich Fremdstimulanz. Oevermann führt mit Bezug auf Chomsky universalgrammatische Regeln ein, denen der Interpret ebenso wie die zu interpretierende Interaktionsgemeinschaft untersteht und begründet damit die Möglichkeit einer validen Rekonstruktion von Sinnstrukturen. Zudem ermöglicht ihm die Annahme einer biologisch fundierten Universalgrammatik eine Durchkreuzung der dem Werke Meads immanenten Zirkularität von ‚Interaktion mit signifikanten vokalen Symbolen' und ‚Perspekti-

---

112 Zur Beziehung zwischen Wahrnehmung und Kommunikation beim Aufbau strukturierter Komplexität vgl. dezidiert Kapitel 6.
113 Ekman/Friesen haben ein weitaus differenzierteres System zur funktionalen Klassifikation nonverbalen Verhaltens entwickelt. Dabei unterscheiden sie Illustratoren, Adaptoren, Embleme, Regulatoren und Affekt-Darstellungen (vgl. Ekman/Friesen 1969 sowie in Bezug auf Handbewegungen dies., 1979; zu interkulturellen Differenzen und Gleichförmigkeiten im Bereich der Körpersprache, vgl. auch Argyl 2005, S. 77 ff.).

venübernahmefähigkeit'.[114] Zur Konstitution bzw. Rekonstruktion von Sinnstrukturen ist nach Oevermann eine Überführung von nonverbalen Elementen in verbale Sprache möglich und notwendig, da „die nicht-sprachlichen Ausdrucksgestalten zwar qua Bedeutungsstrukturiertheit indirekt an der algorithmischen Strukturierung von Sprache partizipieren, aber auf der Ebene der sinnlich wahrnehmbaren Ausdrucksmaterialität den Gestaltungs- und Baugesetzen der kausalen und systemischen Welt der Naturdinge angehören" (Oevermann 2000b, S. 111). Demgegenüber „sind die sprachlichen Ausdrucksgestalten immer schon in sich algorithmisch, das heißt durch generative Regeln aufgebaut und konstituiert, der kausalen und systemischen Welt erwachsen" (a. a. O.). In differenztheoretischer Einstellung hingegen wird nicht von präexistenten Regeln und Strukturen sowie einer identitätslogischen Auffassung von Kommunikation und Bewusstsein ausgegangen. Die Unterscheidung Subjekt/Objekt wird systemintern auf der Grundlage des selbstreferentiellen Operierens psychischer Systeme in Kontakt mit der sozial verfassten Umwelt generiert (vgl. Kap. 4.1). Fortan bilden sich sukzessive Erwartungsstrukturen in Interpenetrationsbeziehungen zwischen psychischem und sozialem System nach Maßgabe der jeweiligen Anschlussoptionen bzw. beobachtungsrelevanten Differenzen. Sprache als Medium von Interaktion ist aus der hier maßgeblichen Perspektive sowohl als auditiv wie auch als visuell verfasst zu denken – insofern ist von auditiver und visueller Kommunikation als Medium von Interaktion zu sprechen. Körperbewegungen machen es z. T. ebenso wie Lautäußerungen möglich, Informationen zu identifizieren, Mitteilungsabsichten zu unterstellen und schließlich Anschlussreaktionen zu evozieren. Durch die sequentielle Verknüpfung der Reaktion von Alter auf den von Ego gesetzten (audiovisuell verfassten) Reiz, die wiederum eine Reaktion hervorzulocken vermag, emergieren Strukturen – eine Systemgeschichte etabliert sich. Systemgeschichten, welche die Form von objektiver Latenz[115] annehmen, gilt es vom Beobachter sequentiell und kontextsensibel zu rekonstruieren. Dabei leiten Erwartungshaltungen des Forschers die Beobachtung von Interaktion. An die Stelle des Mead'schen signifikanten vokalen Symbols als intersubjektivitätsstiftendes Moment tritt die Beobachtung der Selbstfestlegung von Kommunikation unter Anwesenden und deren Validierung durch anschließende Forschungskommunikation.

---

114 Damit wird jedoch erneut eine Zirkularität (allerdings auf anderer Ebene) eingeführt (vgl. Kap. 3.3).

115 Objektiv in dem Sinn, als es hier nicht um die Rekonstruktion der Operationen beteiligter intransparenter psychischer Systeme, sondern um die objektiven Beziehungen von Äußerungs-/Verhaltenssegmenten zueinander geht. Latenz meint in diesem Zusammenhang, dass Normalitätserwartungen, durch die die Bedeutung einer Äußerung konstituiert wird, „in der Kommunikation nicht thematisiert, sondern nur als Prämissen für die Verknüpfung von Äußerungen benutzt werden" (Schneider 2004, S. 205).

Entscheidend zur Sinnstrukturrekonstruktion im Modus einer systemtheoretisch informierten objektiven Hermeneutik ist die Frage, ob und wenn, welche Anschlussreaktionen aufgrund beobachtbarer, audiovisuell verfasster Reize erwartbar sind und was im Kontrast zu diesen Erwartungen dann tatsächlich registriert werden kann. Die Bedeutung verbaler wie auch nonverbaler Zeichen erschließt sich dabei „noch nicht aus dem Zeichen selbst, sondern erst aus dem Kontext, in dem es erscheint, aus dem Kontext nämlich erstens aller übrigen, gleichzeitig produzierten verbalen und nonverbalen Zeichen und zweitens der Interaktionssituation selbst" (Lohmeier 1996, S. 233). Die Einbettung audiovisuell verfasster Äußerungen in ein ‚gleichzeitiges Nacheinander' lässt Sinn emergieren und erhebt Sequentialität und Kontextsensibilität zu zentralen methodologischen Kriterien zur Sinnstrukturrekonstruktion im Modus systemtheoretisch informierter objektiver Hermeneutik – wie im nächsten Kapitel zu zeigen ist.

III. Methodologisches Gerüst und methodische Umsetzung

6. Methodologische Prämissen

Im Fokus des vorigen Teils der Studie stand die Untersuchung sozialisations- und entwicklungstheoretischer Prämissen, denen im Konzept einer systemtheoretisch informierten objektiven Hermeneutik der Status von interpretationsleitenden Konstitutionsprinzipien zukommt. Neben der Betrachtung inter- bzw. intrasystemischer Relationen bei Aufbau und Beobachtung strukturierter Komplexität wurde durch Thematisierung der Aneignung sozialbezogener Körperbewegungen dem Umstand Rechnung getragen, dass sich das hier zu entwickelnde Konzept auf die Erforschung von Interaktion als Kommunikation unter sich wechselseitig wahrnehmenden, leibhaftig Anwesenden richtet. Von diesen grundlegenden, differenztheoretisch konzeptualisierten Annahmen ausgehend, soll nun die bereits im letzten Kapitel (vgl. Kap. 5.6) sich abzeichnende Frage danach, wie sich Sinnstrukturen in Interaktionsverhältnissen bzw. in Kursinteraktionen bilden und dementsprechend zu rekonstruieren sind und welche Rolle dabei all dasjenige spielt, was bei der Betrachtung von Interaktion in den Blick (und ins Ohr) kommt, eine Erörterung erfahren. In einem ersten Teilkapitel werden Konvergenzen von sozialer Konstitutionstheorie (Mead) – auf der das Konzept der objektiven Hermeneutik fußt – und Systemtheorie (Luhmann, Kieserling) – welche die Hintergrundstheorie zur Beschreibung des Untersuchungsgegenstandes (Kurse der Erwachsenenbildung als lehr-lernbezogene Interaktionssysteme) darstellt – bezüglich der Beschreibung des Sinnbegriffs skizziert (Kap. 6.1). Anschließend wird das Problem ‚sequentieller Simultaneität', das sich aufgrund der audiovisuellen Verfasstheit der Datenbasis aufdrängt und ein Spezifikum von Interaktionssystemen darstellt, aufgerollt (Kap. 6.2),[116] um darauf aufbauend einen Vorschlag zur Konzeptualisierung einer Rekonstruktionsmethodologie auf der Grundlage einer systemtheoretisch informierten objektiven Hermeneutik zu unterbreiten (Kap. 6.3), den es in Kapitel 7 methodisch und forschungspraktisch auszuformulieren gilt.

---

116 Nach Hubert Knoblauch (2004) ist die Bewältigung des Problems der „Synchronizität und Diachronozität" (ebd., S. 124) von Videodaten eine der zentralen Aufgaben von Methodenentwicklung im Bereich sozialwissenschaftlicher Analyse audiovisueller Daten – für die hier der methodologische Nährboden bereitet wird.

6.1 Sequentialität

Zentraler Bedingungszusammenhang für die Herausbildung von Sinnstrukturen in Interaktionssystemen ist das Nacheinander-Stattfinden von Ereignissen. Dem entspricht das Analyseprinzip der Sequentialität (vgl. auch Kap. 2.1). Aufzuhellen, wie sich objektiv-latente Strukturen von Sinn in der Zeit bilden und dementsprechend rekonstruierbar sind, ist Anliegen dieses Teilkapitels. Dazu werden der Sinnbegriff aus der Perspektive der sozialen Konstitutionstheorie Meads, auf den sich die objektive Hermeneutik bezieht, sowie aus der Perspektive der Luhmann'schen Systemtheorie skizziert und mit Blick auf zentrale Konvergenzpunkte aufeinander bezogen – auf dem Weg zur Konzeptualisierung einer Rekonstruktionsmethodologie im Modus systemtheoretisch informierter objektiver Hermeneutik.

Wie bereits in Kapitel 3 angedeutet, zielt der Sinnbegriff auf die objektive Relation der Äußerungen von Interaktanten zueinander. Davon zu unterscheiden ist subjektiver Sinn, der im intransparenten Bewusstsein der Interaktanten emergiert und dem Prozessieren objektiv-latenter Sinnstrukturen gegenüber als nachgeordnet zu betrachten ist (vgl. Wagner 2001, S. 30). Einer sozialwissenschaftlichen Analyse zugänglich ist lediglich dasjenige, was sich – objektiv – der Beobachtung zeigt. Dabei bezeichnet ‚Sinn' die Beziehung zwischen verschiedenen Phasen der Kommunikation in Interaktionszusammenhängen: „die Beziehung zwischen einem gegebenen Reiz – als einer Geste – und den späteren Phasen der gesellschaftlichen Handlung, deren frühe (wenn nicht erste) Phase die Geste darstellt, ist der Bereich, in dem Sinn oder Bedeutung entsteht und existiert" (Mead 1973, S. 115). Im gegenwärtigen Ereignis kumulieren Vergangenheit und Zukunft, die dort als repräsentational existent aufzufassen sind (vgl. Wagner 1999, S. 18).

„Die Beziehung des Ereignisses zu den ihm vorhergehenden Bedingungen konstituiert unmittelbar eine Geschichte, und die Einzigartigkeit des Ereignisses macht diese Geschichte zu einer auf dieses Ereignis bezogenen Geschichte. Der konditionierende Ablauf und das Auftreten des einzigartigen Ereignisses lassen Vergangenheit und Zukunft entstehen, wie sie in einer Gegenwart erscheinen. Die gesamte Vergangenheit ist das konditionierende Moment des Ablaufs der Gegenwart, und die gesamte Zukunft entsteht aus den einzigartigen Ereignissen der Gegenwart" (Mead 1969. S. 264).

Das Ereignis – so lässt sich nach systemtheoretischen Vorstellungen Luhmann'scher Provenienz konvergierend konstatieren – ist Einheit der Unterscheidung vorher/nachher (vgl. Baraldi/Corsi/Esposito 1999, S. 45). Im Moment seines Auftretens wird das gegenwärtige Ereignis in ein vergangenes transformiert. Zugleich ist jedes Ereignis als Selektion zwischen verschiedenen Möglichkeiten zu betrachten und etabliert einen Verweisungshorizont für zukünftige Kommunikationsselektionen (soziales System) bzw. Gedankengänge (psychisches System). Beim Prozessieren sozialer Interaktion bilden

sich Selektionsstrukturen, indem Äußerung an Äußerung anschließt[117] und so sukzessive spezifische Selektionen vor dem Hintergrund anderer möglicher Selektionen als Sinnstrukturen des Interaktionssystems kondensieren.[118]
   Zur Konstruktion wie auch zur Rekonstruktion von Sinnstrukturen sind also zwei wesentliche Momente zu unterscheiden: Anschlussmöglichkeiten für Kommunikation bilden einen Horizont potenzieller Selektionen, vor dessen Hintergrund sich sukzessive, durch Asymmetrisierung anfänglicher doppelter Kontingenz[119] und Reproduktion des Interaktionssystems qua Kommunikation objektive Strukturen abbilden, welche die Selektivität bzw. Fallspezifität des Interaktionssystems kennzeichnen.[120] Es entstehen objektiv-latente Sinnstrukturen, die insofern objektiv sind, als es sich dabei um Strukturen handelt, die sich in sozialen Systemen abbilden – und nicht um Bewusstseinsstrukturen bzw. subjektiv intentionale Repräsentanzen. Sie sind insofern latent, als sie den Interaktanten beim Prozessieren sozialer Interaktion weitgehend unbewusst sind (vgl. Oevermann u. a. 1979, S. 380) – womit

---

117 ‚Anschließt' ist insofern wörtlich zu nehmen, als aus einem Horizont verschiedener Möglichkeiten eine spezifische ausgewählt wird. Die offene, (doppelt-)kontingente Situation erfährt eine Schließung gegenüber anderen vorstellbaren Selektionen und eröffnet damit zugleich einen Möglichkeitshorizont für Anschlussselektionen.
118 In der Systemtheorie Luhmanns wird die Differenz aktuell/möglich in drei Sinndimensionen ausbuchstabiert: (1) Die Zeitdimension, bei der Ereignisse nach der Differenz vorher/nachher beobachtet werden können; (2) die Sachdimension, welche die Aktualisierung spezifischer Themen akzentuiert (dies/anderes); (3) die Sozialdimension, der gemäß Ereignisse bestimmten Rednern zugeteilt werden können (alter/ego). Vgl. hierzu Luhmann 1987, S. 111-122 sowie in Bezug auf Interaktionssysteme S. 568 ff.; vgl. zudem Baraldi/Corsi/Esposito 1999, S. 173 ff.
119 Ausgangspunkt zur Etablierung von Interaktionssystemen ist doppelte Kontingenz: „Jeder kann nicht nur so handeln, wie der andere es erwartet, sondern auch anders und beide stellen diese Doppelung in erwartete und andere Möglichkeiten an sich selbst und am anderen in Rechnung" (Kieserling 1999, S. 87). Allerdings ist die Etablierung von Interaktionszusammenhängen an ein Minimum an Vorverständigung geknüpft. So gewährleisten „Typenprogramme" (ebd., S. 18) eine sprachlich eindeutige Bezeichnung der Zusammenkunft und unterstellen ein Vorverständigtsein über den allgemeinen Sinn des Beisammenseins. Objektiv-hermeneutisch gefasst handelt es sich bei Typenprogrammen um Erwartungen, die als äußerer Kontext an Interaktionszusammenhänge heran getragen werden und z. B. bei Kursen der Erwachsenenbildung die Teilnehmer darauf einstellen, dass es dort (auch) um Lernen geht.
120 Wagner bzw. Oevermann fassen die Unterscheidung von Anschlussmöglichkeiten und Selektion im Hinblick auf den Strukturbegriff in Form der Unterscheidung von zwei Parametern und vier Ebenen (vgl. Wagner 2001, S. 51 sowie Oevermann 1991, S. 271): Parameter I (Ebene 1) als „Menge aller Strukturgesetzlichkeiten bzw. Regeln, die rekursiv algorithmisch sinnlogisch wohlgeformte Möglichkeiten eröffnet" (Wagner a. a. O.) und Parameter II (Ebene 2) als charakteristische „Auswahlen einer Handlungsinstanz (Individuum, Gruppe, Gemeinschaft, Institution, Gesellschaft) aus Ebene I. Ebene II ist die Ebene der Subjektivität" (a. a. O.). Das Erkenntnisinteresse der objektiven Hermeneutik ist auf die objektive Fallstrukturgesetzlichkeit gerichtet, die mit Ebene 3 (Resultat der Selektionen) bezeichnet wird. Die objektive Identität des Falles wird von dessen bewusstseinsfähigem Selbstbild unterschieden, dem lediglich ein partielles Begreifen möglich sei (Ebene 4).

nicht behauptet wird, sie könnten nicht explizit zum Gegenstand gemacht werden. Dem Interpreten als Beobachter ist indessen die Möglichkeit gegeben, den blinden Fleck der Unterscheidung, von dem die Interaktanten ausgehen, zu beobachten.[121]

Die objektiv-hermeneutische Sequenzanalyse fokussiert das sukzessive Entstehen von Sinnstrukturen und beobachtet dabei den Übergang von der Eröffnung verschiedener Kommunikationsmöglichkeiten bzw. Anschlussoptionen zur Selektion bestimmter Kommunikationsweisen. Dabei konzentriert sich der Interpret zunächst auf eine, im Ausdrucksmaterial präsente Äußerung eines Interaktanten und blendet sein Vorwissen um den sozialen Kontext, in dem die Interaktion geführt wurde, sowie folgende Interakte aus. Von der Einzeläußerung ausgehend, sind Lesarten und Anschlussoptionen nach Maßgabe konstruierter Normalkontexte der Äußerung zu entwerfen (vgl. Kap. 2.1). Der Entwurf dieser Anschlussoptionen ist dabei auf Erwartungsstrukturen des psychischen Systems des Interpreten verwiesen, die dieser im Rahmen sozialisatorisch wirksamer Interaktion erworben hat (vgl. Kap. 4.3).

„Anders, als für den Kommunikationsteilnehmer, dem es nur um die treffsichere Erschließung der aktuell relevanten Erwartungen gehen muß, ist für den Beobachter gerade informativ, welche alternativ möglichen, d. h. mit einer Einzeläußerung grundsätzlich kompatiblen Erwartungsmuster durch die Anschlußäußerung als Reproduktionsgrundlage eines Kommunikationssystems je aktuell angeschlossen [...] werden. Jede Irritation, die der Beobachter vor dem Hintergrund der ihm verfügbaren Erwartungen registriert, ist dabei als Abweichung relevant, die mögliche strukturelle Besonderheiten anzeigt" (Schneider 2004, S. 177).

Die imaginär konstruierten Erwartungen in Bezug auf den folgenden Systemzustand, welche methodisch die Form einer Liste möglicher Normalitätserwartungen annehmen mögen, werden mit dem realen Vollzug der Folgeäußerung verglichen. Schneider spricht hier von retrospektiver Rekursion.[122] Entweder es erweist sich ein Passungsverhältnis zu den kommunizierten Erwartungen des Interpreten oder es ist Abweichung zu registrieren. Wenn Abweichung markiert wird, ist mit einem re-entry des Schemas konform/abweichend in die als abweichend markierte Seite nach alternativen Konditionierungen des Interaktionssystems zu fragen (vgl. Schneider 2004, S. 184).[123] In einem nächsten Schritt sind Anschlussoptionen an die faktische

---

121 Zur Strukturfunktionalität von Latenz bezüglich der Stabilisierung von Systemstrukturen vgl. Luhmann 1987, S. 456 ff. sowie Wager 2001, S. 57 f.
122 Die „retrospektiv-rekursive Verknüpfung gründet auf Erwartungen, die – weil zur Vorgeschichte der Äußerung gehörig – die Form von Voraussetzungen annehmen, deren Erfüllung in der Äußerung unterstellt wird" (Schneider 2004, S. 178).
123 Während die objektive Hermeneutik von intuitiven Angemessenheitsurteilen zum Entwerfen von Normalitätskontexten in der alltäglichen Interaktionssituation spricht, kann systemtheoretisch von binären Schemata der gegenseitigen Beobachtung gesprochen werden, die eine hinreichende Abstimmung der Interaktanten ermöglicht (vgl. Schneider 2004, S. 229 f.).

Äußerung im Sinne antizipierender Rekursivität[124] zu entwerfen. Bei der Analyse der faktischen Folgeäußerung ist wiederum zu beobachten, ob diese konform mit den entworfenen Erwartungen ist, oder ob Abweichung registriert wird – was wiederum die Untersuchung alternativer Möglichkeiten zur Folge hat: „Systemtheoretisch gesprochen wird hier die Beziehung zwischen antizipierender und retrospektiver Rekursivität untersucht. Kongruenz zwischen beiden Richtungen der Rekursivität indiziert Reproduktion, Inkongruenz hingegen die potenzielle Innovation von Erwartungsstrukturen, gemessen an den Normalitätserwartungen des Interpreten" (Schneider 2004, S. 179). Am Ende einer Rekonstruktion steht die Explikation der spezifischen Selektivität des untersuchten Interaktionssystems durch Konfrontation desselben mit Erwartungen, die der äußere Kontext evoziert, in dem die Interaktion als eingebettet zu betrachten ist. Dies ermöglicht letztlich die Explikation der spezifischen Fallstrukturgesetzlichkeit.[125] Die Analyse von Interaktionsstrukturen ist also – wie bereits in Kapitel 4.3 angeführt – als Beobachtungsleistung des Wissenschaftssystems zu fassen, das die Sinnstrukturiertheit von (in unserem Fall) Interaktionssystemen beobachtet und dazu eine Kopplung mit dem psychischen System eines Interpreten und dessen biografisch aufgebauten Erwartungen eingeht.[126]

Bevor auf das Problem ‚aufeinanderfolgender Gleichzeitigkeit' einzugehen ist, sei hervorgehoben, dass auf die Frage, wie sich Sinn als „Relation von Potentialität, also der Gesamtheit der Verweisungs- und Anschlußmöglichkeiten, und Aktualität, also der tatsächlich vollzogenen Selektionen" (Sutter 1999a, S. 74) konstituiert, eine weitgehende Konvergenz von Systemtheorie und sozialer Konstitutionstheorie auszuweisen ist. Eine Divergenz ist demgegenüber bei der Konzeptualisierung des Status verbaler und nonverbaler Sprache zur Etablierung objektiv-latenter Sinnstrukturen auszuweisen.[127]

---

124 Antizipierende Rekursivität bezeichnet die „Bedingung der Möglichkeit selbstreferentieller autopoietischer Reproduktion" (Schneider 2004, S. 175).
125 Zum Begriff der Fallstruktur vgl. Kapitel 2.
126 Was daraus für die Validität von Ergebnissen einer Analyse folgt, wird in Kapitel 8.2 diskutiert.
127 Die Möglichkeit des Verstehens von gesprochener Sprache bedarf nach dem Verständnis der sozialen Konstitutionstheorie Meads der Repräsentation der Bedeutung entsprechender vokaler Symbole in den Psychen interagierender Individuen. Während Mead einerseits von der Möglichkeit eines Bedeutungskonsens bei der Verwendung signifikanter vokaler Symbole ausgeht – insofern diese Symbole den selben Reiz für das sprechende wie hörende Individuum darstellen und infolge dessen Rollenübernahme durch Antizipation der Tatsache möglich sei, dass in Alter die selbe Reaktion wie in Ego ausgelöst wird – und andererseits ein sprachlich strukturiertes Bewusstsein annimmt, ist unter systemtheoretischen Paradigma die operative Differenz zwischen Bewusstsein und Kommunikation zu unterstreichen. Zwar ist Kommunikation zur Sozialisation psychischer Systeme sowie zur Ausdifferenzierung sozialer Systeme als notwendig zu betrachten, entgegen den Annahmen Meads aber nicht konsensuell angelegt (vgl. auch Kap. 5.6).

6.2 Simultaneität

Sinnstrukturen bezeichnen die Relation von selektiv einander anschließenden Ereignissen in der Kommunikation. Um also die Sinnstrukturiertheit selektiv prozessierender sozialer Realität zu rekonstruieren, bedarf es des ‚Festhaltens' dieser Ereignisse, die im Moment ihres Entstehens bereits der Vergangenheit angehören. Konfrontiert mit einer überkomplexen Situation, bei der Interaktion als Kommunikation unter Anwesenden sich in der Zeit durch den Bezug auf unterschiedliche Referenzpunkte fortsetzt, können verschiedene Arten des Zugriffs unterschieden werden. Die teilnehmende Beobachtung etwa macht die Konservierung bestimmter Aspekte von Interaktionssituationen möglich. Während das schriftlich verfasste Beobachtungsprotokoll bereits eine Selektion spezifischer Ereignisse, rekurrierend auf die Aufmerksamkeitsrichtung, Auffassungsgabe und selektive Erinnerungsleistung des Forschers, darstellt, ermöglicht das Videoprotokoll das Festhalten auditiver und visueller Objektivierung sozialer Realität. Gegenüber dem Beobachtungsprotokoll weist das Videoprotokoll zunächst ein geringeres Maß an Selektivität auf – Selektion wird vertagt und ist in gewisser Hinsicht reversibel.[128] Zudem folgt das Videoprotokoll der gleichen Sequenzlogik wie die stattgehabte Interaktion. Die Konservierung der Interaktionssituation durch Videoprotokolle ist allerdings insofern selektiv, als jene erst durch die Zuhilfenahme von Kameras, die das Geschehen aus einer oder mehreren bestimmten Perspektiven im Raum abbilden, möglich wird. Es können zudem nur auditive und visuelle Aspekte konserviert werden, nicht aber z. B. taktile und olfaktorische Reize. Daneben ist natürlich die Bild- und Tonqualität eine etwas andere, als die in der vergangenen sozialen Situation (vgl. Kap. 1.3). Gegenüber auditiven Daten, deren Transkription und Analyse eine herkömmliche Beschäftigung qualitativer Forschungsansätze wie der objektiven Hermeneutik oder auch der Konversationsanalyse darstellt, sind Videoprotokolle ein relativ neuer Datentyp zur Erforschung von Interaktionszusammenhängen. Sie sind insofern gegenstandsangemessen, als für die Gestaltung von Interaktion, als Kommunikation unter Anwesenden, auditiv und visuell wahrnehmbare Phänomene ausschlaggebend sind.

Bevor nun Möglichkeiten zur Erforschung von Kursinteraktionen auf der Grundlage systemtheoretisch informierter objektiver Hermeneutik formuliert werden sollen, ist zunächst der Aspekt der Anwesenheit und die damit einhergehende wechselseitige (auditive und visuelle) Wahrnehmbarkeit der Interaktanten im Anschluss an die theoretische Diskussion in Kapitel 5.6 auf

---

128 So ermöglicht das Videoprotokoll etwa das Erstellen von Beobachtungsprotokollen, Chronogrammtranskripten und Bildstaffeln (vgl. Sager 2005), die bestimmte Aspekte der Interaktionssituation einer Analyse zugänglich machen. Dabei wird das Ursprungsprotokoll nicht zerstört, sondern steht zu anderen Zeitpunkten für andere Formen der Datenaufbereitung, bei der wiederum andere Aspekte in den Vordergrund treten mögen, zur Verfügung.

methodologischer Ebene zu problematisieren und das Verhältnis zwischen Wahrnehmung und Kommunikation darzustellen.
‚Wahrnehmen' lässt sich paraphrasieren mit „sinnlichem Erfassen". Dies beinhaltet nicht lediglich das Sehen von Personen oder Gegenständen, sondern auch das Hören von Geräuschen und Stimmen, das Schmecken von süß und sauer sowie das Riechen und Tasten. Von all diesen sinnesphysiologisch differenzierbaren Dimensionen sind zwei unmittelbar interaktionsrelevante mit einfachen technischen Mitteln zugänglich zu machen – nämlich das Sehen und Hören. Während Wahrnehmung einerseits als prinzipiell intransparentes Erleben dem psychischen System zuzuschreiben ist, interessiert hier Wahrnehmung aus der Perspektive von Kommunikation in Interaktionssystemen. Interaktion basiert – im Unterschied etwa zur Kommunikation am Telefon oder über Medien wie Zeitung, Fernsehen oder Chatrooms – auf gleichzeitiger räumlicher Präsenz der teilnehmenden Personen, die sich wechselseitig sehen und hören (sowie ggf. spüren, schmecken, riechen) können. Insofern sind Interaktionssysteme ein Sonderfall sozialer Systeme.[129] Kommunikation als Reproduktionsmedium von Interaktionssystemen basiert also auf wechselseitiger Wahrnehmung. Durch das Aneinander-Anschließen von Selektionen in der Kommunikation, bei denen mitkommuniziert wird,

---

129 Interaktionssysteme können als Folge der Ausdifferenzierung sozialer Systeme begriffen werden (vgl. Luhmann 1998, S. 812 ff.) – und stellen insofern einen Sonderfall dar, als es sich hierbei um Systeme handelt, die intern nicht weiter differenziert sind. Auf den Zusammenhang von Gesellschaft und Interaktion bzw. den Mechanismus der Systemdifferenzierung soll hier nicht vertiefend eingegangen werden. Festzuhalten ist lediglich, dass Interaktionssysteme in Beziehung zur Gesellschaft bzw. den entsprechenden funktionalen Teilsystemen stehen – wie beispielsweise Kurse der Erwachsenenbildung als Interaktionssysteme im Kontext des Erziehungssystems (vgl. Kap. 1.2): „Die Großformen der gesellschaftlichen Teilsysteme schwimmen auf einem Meer ständig neu gebildeter und wieder aufgelöster Kleinsysteme" (Luhmann 1998, S. 812). Dabei ist es wichtig anzumerken, dass Interaktionssysteme zwar bestimmten gesellschaftlichen Funktionssystemen zugeordnet werden können, die Grenzen von Interaktionssystemen aber nicht notwendigerweise innerhalb der Grenzen anderer gesellschaftlicher Funktionssysteme liegen. Interaktion verdankt ihren Systemcharakter „*nicht* der Einordnung in das Schema gesellschaftlicher Differenzierung [...], sondern einem davon unabhängigen Stil der Grenzziehung, der Selbstselektion, der Autopoiesis. Man kann dies auch als operative Autonomie der Interaktion bezeichnen" (Kieserling 1999, S. 78). Dabei lässt sich Interaktion nicht durch Codes gesellschaftlicher Funktionsbereiche determinieren. Nach Kieserling muss die Frage, ob sich ein empirisch aufzufindender Interaktionszusammenhang einem gesellschaftlichen Funktionsbereich zuordnen lässt, auf der Ebene der Strukturwahl des Interaktionssystems analysiert werden (vgl. ebd., S. 79). Aus der Perspektive gesellschaftlicher Funktionsbereiche bietet es sich an, Interaktion zu nutzen, „um die gesellschaftlich undifferenzierte Alltagskommunikation in den Einzugsbereich bestimmter Funktionssysteme zu bringen" (ebd., S. 80). Andererseits können Interaktionen genutzt werden, um eine eng codegebundene Kommunikation zu hybridisieren (zum Lernen Erwachsener in hybriden Settings vgl. Dinkelaker 2007). „Die Frage, ob und wann dies geschieht, wird innerhalb der Interaktion selbst entschieden, und selbst organisatorisch vorentschiedene Interaktionen mit strenger Codebindung können jederzeit ihrem Heimatsystem entfremdet werden [...]" (Kieserling 1999, S. 80).

dass es sich dabei um Kommunikation unter wahrnehmbaren Anwesenden handelt, bilden sich sukzessive Strukturmuster aus. Dabei ist nicht anzunehmen, dass allein vokale Sprache als Reproduktionsmedium fungiert. Hand-, Arm-, Augen- und Körperbewegung kann als visuelle Kommunikation ebenso als Medium von Interaktion geltend gemacht werden. Nichtsprachliches Verhalten kann Kommunikation sein, „wenn immer der Wahrnehmende eine Mitteilungsabsicht und damit eine Differenz von Mitteilung und Information hineinliest und darauf seinerseits durch Kommunikation reagiert" (Luhmann 1995, S. 196).[130] Ob der nonverbal Agierende Kommunikation intendiert hat, verschließt sich der Beobachtung des Forschers. Beobachtbar ist lediglich, ob ein visuell wahrnehmbares Agieren zum Referenzpunkt von Kommunikation wird, insofern darauf (in visueller oder auditiver Weise) kommunikativ Bezug genommen wird. Gegenüber auditiver Kommunikation in Form von Wörtern und Sätzen ist allerdings zu konstatieren, dass wahrnehmbare Hand- und Körperbewegungen weniger eindeutig als Kommunikation aufgefasst werden können und eine kommunikative Reaktion auf derartige Verhaltensweisen entsprechend risikobehaftet ist.

„So bleiben die Verantwortungslage und mit ihr der Zugriffspunkt für Metakommunikation im Bereich des Wahrnehmens von Wahrnehmungen relativ unbestimmt. Und selbst das gezielte Wahrnehmenlassen läßt sich durch Zurechnung von Mitteilungsabsichten kaum disziplinieren. Man kann im Prinzip immer bestreiten, eine Kommunikation beabsichtigt zu haben" (Kieserling 1999, S. 124 f.).

Wechselseitige Wahrnehmung ist als vorkommunikative Ebene zu betrachten, auf deren Grundlage visuelle und auditive Kommunikation fußt. Charakteristika wechselseitiger Wahrnehmung sind nach Luhmann (vgl. ders. 1987, S. 561): (1) die zu einem ungefähren Modus des Verständigtseins führende

---

130 Nach Mead gilt demgegenüber allein verbale Sprache als signifikantes und sinnstrukturstiftendes Symbol. Spezifischen visuell wahrnehmbaren Reizen könne indessen durch ihre Rückbindung an Sprache Signifikanz zugesprochen werden:
„Es ist richtig, daß die Zeichensprache die gleichen Merkmale [also etwas signifikantes auszudrücken; M. H.] aufweist. Wir sehen uns selbst die Gesten tauber Menschen anwenden, sie beeinflussen uns genauso wie die anderen. Natürlich gilt das auch für jede Form der Schrift. Aber alle diese Symbole wurden aus der spezifisch vokalen Geste entwickelt, denn sie ist jene grundlegende Geste, die den Einzelnen so wie andere beeinflußt" (Mead 1973, S. 107).
Auch Luhmann betont, dass die „Erfahrung von Sprache die Voraussetzung von Kommunikation" (Berghaus 2004, S. 129; im Original fett) sei und dass nonverbales Verhalten als Kommunikation fungieren könne. Durch die (verbale) Sprache erst sei die Differenz von Information und Mitteilung gelernt worden, die ebenso auf Nichtsprachliches ausgeweitet werden könne. Während allerdings Mead von einem auf Konsens hin angelegten Intersubjektivitätsbegriff ausgeht, demnach die signifikante vokale Geste den Sender ebenso beeinflusst wie den Empfänger, ergibt sich aus Perspektive der Systemtheorie der Primat der verbalen Sprache nicht aus deren Eignung für die Herstellung von Bedeutungskonsens in den Psychen interagierender Personen, sondern aus deren Eignung zur Erzeugung von Differenz (zwischen Information und Mitteilung), die zwar bei nonverbalen Äußerungen nicht im gleichen Maße scharf ausgeprägt ist, aber dennoch geltend gemacht werden muss.

hohe Komplexität der Informationsaufnahme bei geringer Analyseschärfe; (2) Simultaneität zwischen verschiedenen kommunikationsrelevanten Aspekten nonverbalen Agierens – wie beispielsweise Blickrichtung, Körperhaltung und Gestikulierung – und hohes Tempo des Prozessierens von Information; (3) geringe Negierfähigkeit und geringe Rechenschaftspflicht; (4) Modalisierung von auditiver Kommunikation durch parallele Prozesse der Abschwächung, Verstärkung oder gegenteiliger Mitteilung.[131]

Nimmt man die Perspektive eines Beobachters ein, der ein Interaktionssystem auf der Grundlage audiovisueller Daten observiert, so drängt sich ihm zunächst eine übergroße Fülle an wahrnehmbaren Ereignissen auf, die gleichzeitig passieren. Wahrnehmung zeichnet ein hohes Fassungsvermögen für „gleichzeitige Komplexität" (Kieserling 1999, S. 135) aus. Dabei wird die Dichte des Eindrucks „durch Kombination mehrerer Unterscheidungen gewonnen, die dabei nicht näher bezeichnet werden müssen" (a. a. O.). Demgegenüber bilden sich Sinnstrukturen in Kommunikation diachron – im Übergang von Ereignis zu Folgeereignis. Kommunikation muss mithin „Komplexität in ein Nacheinander von Schritten übersetzen und kann auf diese Weise den Kompakteindruck der Wahrnehmung nie einholen" (a. a. O.).

In Interaktionszusammenhängen ist Verschiedenes wahrnehmbar, aber nur manches davon erhält Einzug in Kommunikation. Simultaneität findet sich innerhalb von Lautäußerungen (Artikulation, Tonstärke, Sprechtempo, etc.) sowie innerhalb gleichzeitig sich ereignender Körperbewegung (Blick, Mimik, Gestik, Körperhaltung): Eine Person kann im selben Moment verschiedene Körperteile bewegen und dabei die Stimme in bestimmter Tonhöhe, Lautstärke und Klangfarbe erklingen lassen. Zugleich kann der Adressat, an den sich das Agieren der Person richtet, verschiedene Körperbewegungen vollziehen und die Rede des anderen durch Laute kommentieren. Im Falle größerer Interaktionssysteme, wie z. B. Kursen der Erwachsenenbildung, ist es möglich, dass parallel dazu andere Personen in ähnlicher Weise miteinander interagieren. Es kommt also zu einer Überlagerung verschiedener potenziell kommunikationsrelevanter Interaktionsdimensionen verschiedener Interaktanten in der Zeit.

Was in Interaktionszusammenhängen alles (visuell) wahrnehmbar ist, wurde verschiedentlich systematisiert und analysiert. Wegweisende sozialpsychologische Untersuchungen zu den Dimensionen Gesichtsausdruck, Blickkontakt, Gestik, Körperhaltung, -orientierung und -bewegung sowie zu Beziehungen zwischen diesen Dimensionen bzw. zwischen Signalsystemen finden sich in dem Herausgeberwerk von Klaus R. Scherer und Harald Wallbott (1979). Heiner Ellgring gibt im Herausgeberwerk von Heinz S. Rosen-

---

131 Vgl. auch Kade/Nolda 2007, die auf der Grundlage empirischer Analysen drei unterschiedliche Zugänge unterscheiden: Bilder/Videos als: (1) Kommentar des Worttranskripts, (2) Irritation des Worttranskripts und (3) eigenständige Daten.

busch und Otto Schober „Körpersprache und Pädagogik" (2004) einen Überblick über den aktuellen Stand der Erforschung nonverbaler Kommunikation (Ellgring 2004). In ihrer Untersuchung zur Beziehung von Syntax, Prosodie und nonverbaler Kommunikation fasst Beatrix Schönherr die Forschungslage zur nonverbalen Kommunikation aus linguistischer Perspektive zusammen (vgl. Schönherr 1997, S. 30-58). Aktuelle linguistische Ansätze zur Systematisierung und Analyse von nonverbaler Kommunikation finden sich zudem in den Osnabrücker Beiträgen zur Sprachtheorie (vgl. Bührig/Sager 2005). Anke-Marie Lohmeier widmet sich in ihrer literaturwissenschaftlichen Arbeit zur hermeneutischen Theorie des Films ebenfalls der Systematisierung von Ansätzen nonverbaler Kommunikation sowie der Frage nach der Erfassung außersprachlicher Ereignisse, die zusätzlich zur verbalen Strukturierung die Interaktion beeinflussen (vgl. Lohmeier 1996, S. 228-270). Als Problem hebt sie u. a. die Schwierigkeit der Zuschreibung von zeichenhaften und nichtzeichenhaften Verhalten hervor (vgl. ebd., S. 231 ff.). So sei ungeklärt, inwiefern ein „Sich-am-Kopf-Kratzen" als Selbstadaptor im Sinne eines Selbstbezuges der Person zu interpretieren sei oder eine Funktion in der Interaktion trage. Deutlich wird hier nochmals die Bedeutung des Kontextes für die Interpretation von potenziell kommunikationsrelevanten Phänomenen. Ein „Sich-am-Kopf-Kratzen" kann verschiedene Lesarten evozieren – u. a. auch diejenige, ein Selbstadaptor zu sein. Inwiefern der Kratzbewegung eine Bedeutung für die Interaktion zukommt, ist letztlich durch retrospektive und antizipierende Rekursion festzustellen (vgl. Kap. 6.3). Ein damit zusammenhängendes Problem, das Lohmeier anführt, ist die Mehrdeutigkeit von nonverbalen Zeichen und die damit einhergehende Kontextgebundenheit – die allerdings ebenso für verbale Zeichen auszuweisen ist. Es könne somit kein Bedeutungslexikon nonverbaler Zeichen geben, aus dem deduktiv auf die spezifische Interaktionssituation geschlossen werden kann. Rekurrierend auf die sozialpsychologische Forschungslage gibt Lohmeier einen systematisierenden Überblick über transitorische Elemente in Interaktionszusammenhängen, der hier zur Illustration der Multidimensionalität audiovisueller Daten angeführt werden soll (vgl. ebd., S. 242 ff.):

Tab. 3: Audiovisuelle Multidimensionalität von Interaktion
(nach Lohmeier 1996, S. 243)

1.	Auditiver Kanal: Paralinguistische Zeichen	
1.1	Sprachbezogene Zeichen	
1.1.1		Artikulation
1.1.2		Tonstärke
1.1.3		Sprechtempo
1.1.4		Intonation
1.1.4.1		Akzentuierung (Betonung)
1.1.4.2		Tonhöhenverlauf (Tonfall, Satzmelodie)
1.1.5		Sprechpausen und Sprechrhythmus
1.1.6		Phrasierung
1.2	Sprachunabhängige Zeichen	
1.2.1		Sprachersetzende Laute
1.2.2		Affektlaute
2.	Visueller Kanal: Körpersprachliche Zeichen	
2.1	Mimik	
2.2	Blickverhalten	
2.3	Gestik	
2.3.1		Kopfbewegungen
2.3.2		Schulterbewegungen
2.3.3		Arm- und Handbewegungen
2.3.4		Beinbewegungen
2.3.5		Rumpfbewegungen
2.4	Proxemik	
2.4.1		Distanzverhalten und Berührung
2.4.2		Körperorientierung
2.4.3		Körperhaltung

In dieser Systematisierung werden Dimensionen von Mitteilungen angeführt, wobei zwischen paralinguistischen (auditiven) und körpersprachlichen (visuellen) Zeichen unterschieden wird.[132] Nicht berücksichtigt werden dabei nicht-transitorische Zeichen. Während auditive Ereignisse nochmals in sprachbezogene, im Sinne von im Akt der Sprachproduktion erzeugte, und sprachunabhängige Zeichen (als mögliche Substituierung von Sprache) differenziert werden, sind visuelle Ereignisse der Körperbewegung unterschieden in Mimik, Blickverhalten, Gestik und Proxemik. Eine derartige Systematisierung ist nicht als Legende zu betrachten, mit der audiovisuelle Daten Sequenz für Sequenz zu beobachten und entsprechende Ereignisse einzuordnen sind. Vielmehr wird hier ein Spektrum aufgezeigt, das eine Orientierung und Transformation von Beobachtungen in Sprache erleichtert.[133] Klassifikatio-

---

132 Einen Aufschluss über die Beziehung zwischen Zeichen und Bezeichnetem, den Zeichen untereinander, der Beziehung zwischen Zeichengebrauch und Sprecher sowie zwischen Zeichen und Interaktionssystem gibt der Beitrag von Scherer (1979). Sein Ertrag ist die Systematisierung der Funktion nonverbaler Verhaltensweisen im Dialog, wobei insbesondere die Beziehung zwischen verbalen und nonverbalen Komponenten berücksichtigt wird.
133 In seinem Beitrag zur Beschreibung von Gestik präsentiert Sager (2005) ein System zur Bestimmung elementarer Teil-Komponenten und Varianten von Gestik, indem er Zeitstruktur und Bewegungsqualität einzelner Gesten erfasst. Insbesondere für quantitativ ausgerichtete

nen sind „geeignet, die Wahrnehmung nonverbaler Zeichen im Film [bzw. Videoprotokoll; M. H.] von der Ebene der unbewußten auf die Ebene der bewußten Wahrnehmung zu heben" (Lohmeier 1996, S. 242). Umso mehr stellt sich nun die Frage, was aus dem Komplex sequentiell und simultan prozessierender Phänomene in welcher Weise Relevanz zur Konstruktion bzw. Rekonstruktion objektiv-latenter Sinnstrukturen bei größeren Interaktionszusammenhängen, wie Kursen der Erwachsenenbildung, beanspruchen kann.

6.3 Selektive Kontextvariation

Eine erste Ordnung dessen, was sicht- und hörbar wird, wenn man sich Kursen als lehr-lernbezogene Interaktionszusammenhänge auf der Grundlage von audiovisuellen Daten nähert, wurde bereits in Kapitel 1.3 erstellt (vgl. Tab. 1). Auf der Folie dieser Systematisierung und vor dem Hintergrund der Sondierung theoretischer Grundannahmen einer systemtheoretisch informierten objektiven Hermeneutik im zweiten Teil dieser Arbeit gilt es nun zu klären, wie objektiv-latente Sinnstrukturen rekonstruktiv erschlossen werden können, um in einem nächsten Schritt (Kap. 7) ein adäquates methodisches Vorgehen abzuleiten und zu erproben.

6.3.1 Der innere äußere Kontext

Das, was sich der Wahrnehmung des Beobachters von Videoprotokollen zeigt, kann zunächst als simultan präsente Gemengelage visueller und auditiver Phänomene bezeichnet werden, die im Zeitverlauf unterschiedliche Gestalt annimmt. Demgegenüber ist die Rekonstruktion von Sinnstrukturen auf die Beobachtung der Relation sequentiell prozessierender Selektion und Anschlussselektion in visuell und auditiv verfasster Kommunikation angewiesen. Das macht die Isolation entsprechender Elemente aus einem Konglomerat simultaner präsenter Phänomene und damit die Unterscheidung Text/Kontext[134] erforderlich. In Kapitel 1.3 wurden die auf Grundlage des Videoprotokolls wahrnehmbaren transitorischen und nicht-transitorischen Phänomene den drei Raum-Dimensionen ‚Außen', ‚Kursraum' und ‚Personen-Nahzone' zugeteilt (vgl. Tab. 1) und den Ebenen ‚Bild' oder ‚Ton' zugewiesen – je nachdem ob es sich dabei um auditiv oder visuell wahrnehm-

---

Analysen scheint dieser Ansatz vielversprechend. Zur qualitativen Analyse von Gestik ist insbesondere die Sequenzierung selbiger anhand der Phasenunterscheidung Onset, Kern und Offset, innerhalb derer verschiedene Extremkine unterschieden werden können, als hilfreich zu erachten.

134 Den Analyseprinzipien der objektiven Hermeneutik zufolge ist der ‚Text' als in Protokollen manifestierter Träger abstrakter Sinnkonfiguration zunächst kontextfrei zu analysieren, was eine Unterscheidung zwischen Text und Kontext notwendig macht (vgl. auch Kap. 2.1).

bare Phänomene handelt. Diese Ordnung beschreibt den (objektiven) Wahrnehmungsraum als dasjenige, was in Interaktionszusammenhängen für beteiligte und nicht-beteiligte Anwesende potenziell sicht- und hörbar ist und bei der Beobachtung von Videoprotokollen zugänglich wird. Auf einer höheren Abstraktionsebene lässt sich dies wie folgt darstellen:

Tab. 4: Der Wahrnehmungsraum als potenzieller Referenzpunkt und einbettender Kontext von Kommunikation unter Anwesenden

Dimension	Bild	Ton
Außen	Spezifische Verfasstheit, Anordnung und Bewegung von Objekten und Personen	Objekt- und personeninduzierte Geräusche
Durchlässige Grenze		
Kursraum	Spezifische Verfasstheit, Anordnung und Bewegung von Objekten und Personen	Objektinduzierte Geräusche
Personen-Nahzone	Spezifische Verfasstheit, Anordnung und Bewegung von Objekten und Personen	Personeninduzierte Geräusche

Auf der Bildebene finden sich jeweils Objekte und/oder Personen in spezifischer Verfasstheit, Anordnung und (Nicht-)Bewegung. Auditiv zugänglich werden objekt- und/oder personeninduzierte Geräusche. Was von alldem jeweils als Text und was als einbettender Kontext betrachtet werden kann, lässt sich an der Selbstfestlegung von Kommunikation ablesen, bei der etwas Spezifisches vor dem Hintergrund anderer Möglichkeiten als Referenzpunkt selegiert wird.

Phänomene, die den Dimensionen ‚Außen' ‚Kursraum' und ‚Personen-Nahzone' zugeordnet werden können, sind allesamt als Umwelt von Kurskommunikation und somit als anwesend, nicht aber notwendigerweise beteiligt zu betrachten. Insofern stellen sie potenzielle Referenzpunkte bzw. einbettende Kontexte von Kurskommunikation dar, von denen ausgehend spezifische Erwartungen an die Kommunikation herangetragen werden können. Als Referenzpunkte können dabei transitorische wie auch nicht-transitorische Elemente gelten.

Wahrnehmbare Körperbewegungen bzw. Blicke, Gestik, Mimik, Proxemik sowie Laute, Worte, Sätze, die von Personen in variierender Lautstärke und Tonhöhe geäußert werden, sind als primäre Referenzpunkte und potenzielle visuell resp. auditiv verfasste Medien von Kommunikation unter Anwesenden zu betrachten. In o. a. Schematisierung wurden sie der *Personen-Nahzone* zugeordnet. Ausschlaggebend dafür, dass visuell oder auditiv wahrnehmbare Phänomene in Kommunikation gehoben werden und als Medium im Sinne auditiver resp. visueller Kommunikation fungieren, ist, dass sie als Reize Reaktionen veranlassen – genauer ausgedrückt: visuell oder auditiv wahrnehmbare Phänomene als Mitteilungsabsicht einer Person gedeutet werden und so visuell oder auditiv verfasste Anschlusskommunikation evozieren, bei der wiederum eine Differenz zwischen Information und Mitteilung auszuweisen ist.[135] Dieser Sachverhalt lässt sich durch folgendes Beispiel illustrieren: In einem Weiterbildungsseminar, bei dem Wissen zum Mahnverfahren vermittelt werden soll, ertüchtigt sich ein Kursteilnehmer, indem er auf die eröffnende Frage des Kursleiters („Was ist das Mahnverfahren?") in auffällig langsamen Sprechtempo sehr konkretisierend auf die Frage des zunehmend unruhiger werdenden und vorantreibenden Kursleiters antwortet. Inzwischen nimmt ein anderer Kursteilnehmer, der in einer Reihe weiter hinten sitzt, Blickkontakt zum Kursleiter auf, wendet seinen Oberkörper in dessen Richtung, schaut auf seine Armbanduhr, schlägt mit seiner Faust leicht auf den Tisch und grinst den Kursleiter an. Dieses sich der Wahrnehmung zeigende Agieren des Kursteilnehmers, der eine spezifische Körperhaltung einnimmt, mit seinem Blick eine bestimmte Person adressiert und sich dabei einer spezifischen emblematischen Gestik bedient, erweckt beim Rezipienten des Videoprotokolls den Eindruck, dass es sich hierbei um eine Mitteilungsabsicht handelt und macht eine Reaktion des Adressaten, in diesem Fall des Kursleiters, erwartbar. Tatsächlich interpretiert der Kursleiter das Agieren des Teilnehmers als Mitteilung und nimmt darauf kommunikativ Bezug, indem er ihn ebenso angrinst, mit seiner Hand auf ihn verweist und seinen Namen nennt. Somit können die visuell wahrnehmbaren, der ‚Personen-Nahzone' zuordenbare Phänomene des Teilnehmers (Blicke, Gestik, Mimik, Proxemik) als visuelle Kommunikation gedeutet werden, insofern sie ein kommunikatives Anschlussverhalten erwartbar gemacht haben – das sich dann auch tatsächlich ereignet hat. Ebenso vorstellbar wäre allerdings gewesen, dass der Kursleiter den gerade antwortenden Teilnehmenden (A) weitersprechen lässt und auf das Agieren des zweiten Teilnehmers (B) keinen sicht-/hörbaren Bezug nimmt, sondern stattdessen ersteren durch spezifische Fragen weiter vorantreibt. In diesem Fall müsste der Personen-Nahzonengestaltung von Teilnehmer B – dem körpersprachlichen Agieren – der Status eines einbettenden Kontextes für die Kommunikation zwischen Kursleiter

---

135 Insbesondere auditiv verfasste Kommunikation ist nach Luhmann unentbehrlich für die Autopoiesis sozialer Systeme, da sie die Kommunikation mit der Möglichkeit der Zurechnung von Verantwortung, Adressen und Episoden versorgt. Insofern kann dieser auch eine primäre Bedeutsamkeit als Referenzpunkt und Medium von Kommunikation in Interaktionssystemen zugemessen werden – was aber nicht bedeutet, dass in allen Interaktionszusammenhängen Entscheidendes verbal mitgeteilt wird, wie dies etwa bei intimen Interaktionszusammenhängen der Fall sein mag (vgl. Luhmann 1995, S. 196 sowie die Studie von Gerhards/ Schmidt (1992)).

und Teilnehmer A zugeschrieben werden. Auf der Ebene des Tons mag etwa das Husten eines Kursteilnehmers vom Kursleiter und den übrigen Kursteilnehmern unbeachtet bleiben oder aber in Kommunikation gehoben werden, insofern etwa der Kursleiter das Husten des Akteurs als Mitteilung begreift und ihn darauf hin fragt, ob er etwas zur Thematik beizutragen habe. Ob Kommunikation intendiert war, kann in keinem Fall festgestellt werden und ist hier auch nicht von Interesse. Beobachtet werden können sich fortsetzende audiovisuelle Kommunikationszusammenhänge, bei denen Bestimmtes als Kommunikation aufgefasst wird resp. kommunikative Anschlüsse erwartbar macht, vor dessen Hintergrund wiederum etwas Bestimmtes faktisch-beobachtbar anschließt.

Ebenso wie transitorische Phänomene der Personen-Nahzone als Referenzpunkte für audiovisuell verfasste Kommunikation fungieren können, ist es möglich, dass nicht-transitorische Elemente zum Referenzpunkt von Kommunikation werden. Anderenfalls sind diese als die Kommunikation einbettende Kontexte zu berücksichtigen. Das faltige Gesicht eines Kursteilnehmers kann ebenso wie sein kariertes Holzfällerhemd und seine blaue Jeans als nicht-transitorisches Element der ‚Personen-Nahzone' zugerechnet werden. Selbst wenn dieser Teilnehmer sich in seiner Kleidung bewegt und seine Falten durch Kontraktion entsprechender Gesichtsmuskulatur in Wallung bringt, ändert sich nichts an deren nicht-transitorischen Verfasstheit. Sie betten sein (körper-)sprachliches Agieren ein. So macht es einen Unterschied, ob der Protagonist mit freiem Oberkörper gestikuliert, ob er ein kariertes Holzfällerhemd trägt oder ein weißes Hemd mit Schlips und Jackett.[136] Ebenso ist es allerdings möglich, dass diese innere Umwelt von Kommunikation zum Referenzpunkt zur Thematisierung von etwas Bestimmtem wird, indem etwa der Protagonist, der sonst immer im T-Shirt erscheint, gefragt wird, ob es einen besonderen Anlass dafür gäbe, dass er heute mit einem Hemd bekleidet ist. In gleicher Weise, wie das Aussehen und die Kleidung als potenzieller Referenzpunkt und einbettender Kontext von Kommunikation unter Anwesenden fungieren, ist dies auch für nicht-transitorische Merkmale auf der Tonebene zu konstatieren. So mag es z. B. einen Unterschied

---

136 Ein anderes Beispiel für Kleidung als Element der Dimension ‚Personen-Nahzone' und einbettenden Kontext von Kommunikation unter Anwesenden kann aufgrund von Beobachtungen des Videoprotokolls eines Marketing-Kurses an einer Akademie des Handwerks formuliert werden: Als auffällig erweist sich hier, dass der Kursleiter die selbe legere Kleidung (kurzes Hemd und Jeans) trägt wie die Kursteilnehmer. Zwar wird dies nicht Gegenstand von Kurskommunikation, gleichwohl aber kann auf der Grundlage dieses vorkommunikativen Phänomens, das sich der wechselseitigen Wahrnehmung zeigt, die Frage gestellt werden, ob sich der Kursleiter in der Art und Weise seines Agierens an die Kursteilnehmer, die auch alle in kurzem Hemd erschienen sind, anschmiegt. Tatsächlich ließ sich durch die Betrachtung der Kurskommunikation eine Sozialorientierung des Kursleiters ausweisen, die offenbar eine Verlängerung in der Gestaltung der Personen-Nahzone findet.

machen, ob der Stimmklang einer Kursteilnehmerin Ähnlichkeiten zu dem von Bonnie Tyler oder von Angela Merkel aufweist.

Als weitere Dimension des Wahrnehmungsraumes ist der *Kursraum* anzuführen. Phänomene, die dieser Dimension zugerechnet werden können, dienen der Kurskommunikation ebenso als potenzieller Referenzpunkt resp. einbettender Kontext. Die spezifische Anordnung von Tischen und Stühlen, das Vorhandensein bestimmter Objekte wie Wandtafel oder Overheadprojektor, die Position von Fenstern und Türen spannen einen Möglichkeitsraum für spezifische Selektionen auf. So mögen sich Kursteilnehmer in bestimmter Art und Weise in die institutionell vorstrukturierte Ordnung einfügen und der Kursleiter manche der vorhandenen Objekte in bestimmter Art und Weise nutzen. Eine hufeisenförmige Tischanordnung eröffnet z. B. andere Möglichkeiten für den Ablauf von Kursinteraktion als parallel angeordnete Tischreihen, bei denen die Oberkörper der Kursteilnehmer in Richtung des Kursleiters weisen.[137] Die Positionierung von Anwesenden im Raum kann in Kommunikation gehoben werden, indem etwa Kursteilnehmer angewiesen werden, sich in bestimmter Weise anzuordnen oder das sichtbare Erscheinen verspäteter Personen Anlass für den Kursleiter wird, seine thematischen Ausführungen zu unterbrechen und seine Position im Raum zu verändern. Auf der Tonebene mag das nicht-transitorisch verfasste (objektinduzierte) Geräusch, das von einer Belüftungsanlage ausgeht, die Kursinteraktion über weite Zeit wenig beeinträchtigen. Zu einem bestimmten Zeitpunkt aber – etwa dann wenn ein gerade aktuelles Thema höchste Konzentration verlangt – kann das Phänomen in Kommunikation gehoben werden, indem der Kursleitende einen Kursteilnehmer bittet, die Anlage auszuschalten. Demgegenüber mag das transitorische Geräusch eines rückenden Stuhls für die Kommunikation folgenlos bleiben, sofern darauf nicht referiert wird.

Phänomene, die den Dimensionen ‚Kursraum' und ‚Personen-Nahzone' zugeordnet werden können, sind für anwesende Personen und beobachtende

---

137 So bestehen beispielsweise bei parallel angeordneten Tischreihen weitaus größere Chancen zur Bildung von Interaktionszusammenhängen in der inneren Umwelt der Kursinteraktion, bei denen Themen fernab der Hauptlinie lehr-lernfokussierter Kursinteraktion behandelt werden können (freizeit- und alltagsorientierte Themen, wie etwa die Ergebnisse des letzten Regionalligaspiels der heimischen Fußballmannschaft). Es ist dem Kursleiter hier weniger als bei einer hufeisenförmigen Tischanordnung möglich, auf die Kursteilnehmer direkt zuzugreifen, indem er etwa den ‚delinquenten' Teilnehmenden körperlich nahe rückt. Christa M. Heilmann betont in ihrem Aufsatz „Der gestische Raum" die Relevanz der Positionen von Personen im Raum als konstitutives Element von Interaktion:

„Betritt ein Körper einen leeren Raum, gestalten sich Relationen und Spannungsfelder, indem er sich zu den Raumgrenzen positioniert. Größere und kleinere Abstände entstehen, vorn und hinten wird beschreibbar. Vorhandener Raum und Körperraum entwickeln ein Beziehungsgeflecht, sie figurieren Beziehungen und konstituieren also Interaktion bzw. Kommunikation. Dieser Prozess gewinnt an Konturiertheit, sobald ein weiterer Körper hinzukommt" (Heilmann 2005, S. 117 f.).

Forscher potenziell wahrnehmbar und können zunächst als innere Umwelt von auditiv bzw. visuell verfasster Kommunikation geltend gemacht werden. Die Dimension *Außen* zählt ebenso zur inneren Umwelt von Kurskommunikation, da entsprechend zurechenbare Phänomene ebenfalls einen Kontext evozieren und der Kommunikation als Referenzpunkt dienen können. Die Grenzziehung zwischen den Dimensionen ‚Personen-Nahzone', ‚Kursraum' und der Dimension ‚Außen' ergibt sich aufgrund der Spezifität von lehrlernbezogener Kommunikation unter Anwesenden. Jedes Interaktionssystem zieht eine Grenze, die dazugehörig und nicht-dazugehörig diskriminiert. Ein Charakteristikum von Kursinteraktion ist es, dass diese zumeist in eigens für die Interaktion hergerichteten Räumen stattfindet. Alle Dinge, alle Personen, die sich im Raum befinden, sind als anwesend zu betrachten und können in die Kommunikation hinein ragen. Im Fall von Kursinteraktion schraubt die Interaktion ihre eigenen Ansprüche an die Konstitution von Zugehörigkeit herunter und symbolisiert ihre eigenen Systemgrenzen als Raumgrenzen „mit der Folge, daß jedes Betreten des Raumes zur Inklusion führt. Aber um so etwas festzustellen, muß man Kommunikation beobachten" (Kieserling 1999, S. 66). Die Grenze von Kommunikation unter Anwesenden wird selbstreferentiell gesetzt. Dabei ist die Referenz auf Anwesende zu betrachten als „umgeleitete Selbstreferenz der Kommunikation und nicht etwa [als; M. H.] ein Externum, an dem sie einen von ihr selbst unabhängigen Außenhalt fände" (ebd., S. 67). Was zur Strukturierung von Interaktion beiträgt, was als relevante Wahrnehmung Anknüpfung in Kommunikation unter Anwesenden findet und ansonsten als Kontext fungiert, kann durch die Beobachtung von Selektion und Anschlussselektion in visuell und auditiv verfasster Kommunikation geschlossen werden, bei der jeweils etwas Bestimmtes als Text und anderes als Kontext zu betrachten ist. Dass eine Grenzziehung zwischen ‚Personen-Nahzone', ‚Kursraum' und der Dimension ‚Außen' stattfindet (vgl. oben Tab. 4), ist eine Erwartungshaltung, mit der Kurse beobachtet werden. Entsprechend dieser Erwartungshaltung ist vorstellbar, dass Kurse als lehrlernbezogene Interaktionssysteme durch das Eindringen starker Reize von außen irritiert und in ihrem thematisch konzentrierten Ablauf gestört werden können.[138]

Während wahrnehmbare Phänomene als Kontexte und potenzielle Referenzpunkte von Kommunikation unter Anwesenden den drei Dimensionen ‚Personen-Nahzone', ‚Kursraum' und ‚Außen' zugeteilt werden können, stellen parallel prozessierende Interaktionszusammenhänge einen Sonderfall innerer Umwelt der Kommunikation dar.

---

138 So mag eine sich fortsetzende, auf ein bestimmtes Thema konzentrierte Kurskommunikation eine andere Bedeutung annehmen, wenn an Fenstern vorbeilaufende Personen eine Störung erwartbar machen. Auf der Tonebene mögen etwa lautstarke Geräusche, wie das Gebläse moderner Laubbesen Einzug in Kurskommunikation finden, indem der Kursleiter einen Kommentar zu der Störung durch die „Höllenmaschinen" ablässt.

„Zur anwesenden Nahumwelt können [...] auch andere Interaktionssysteme gehören. Auch hier divergieren Wahrnehmungsmöglichkeiten und Systemgrenzen, und auch hier ergeben sich daraus besondere Ansprüche an die Kontrolle der Systemgrenzen. Die Interaktion muß sich dann als Umweltausschnitt dieser anderen Interaktionssysteme beobachten. Das setzt ein ungewöhnliches Maß an Einfluß der Kommunikation auf das Körperverhalten voraus" (Kieserling 1999, S. 72).

So ist etwa bei Weiterbildungsseminaren vorstellbar, dass während der Interaktion eines Kursleiters mit einem Kursteilnehmer zwei andere Teilnehmer über die merkwürdig anmutende Kleidung des Kursleiters debattieren. Es ist erwartbar, dass sie dies leise tun, um als Umwelt des Interaktionssystems Kursleiter-Kursteilnehmer nicht störend aufzufallen.

Die Kontextdimensionen bzw. potenziellen Referenzpunkte von Kommunikation unter Anwesenden, die auf der Grundlage des Videoprotokolls unterschieden wurden, erhalten ihren Status als den Text einbettenden Kontext dadurch, dass sie Erwartungen an die Gestaltung der Kommunikation evozieren. Künftig soll hierbei vom ‚inneren äußeren Kontext' gesprochen werden.[139] Als Referenzpunkte gelten entsprechende Phänomene, wenn sie durch visuelle bzw. auditive Kommunikation in den Zyklus von Selektion und Anschlussselektion einspannt werden.

Bevor ich auf das besondere Text-Kontext-Verhältnis von visueller und auditiver Kommunikation zu sprechen komme, sei zunächst noch eine andere Art von Kontext erwähnt, den die objektive Hermeneutik vom inneren Kontext als sich sequentiell herausbildende Selektionsgeschichte unterscheidet: der äußere Kontext.

6.3.2 Der äußere Kontext

Wie bereits in Kapitel 2.1 berichtet, handelt es sich beim äußeren Kontext um Erwartungen, die an die zu untersuchende Interaktion herangetragen werden und auf der Grundlage von Vorwissen um die Typik und Spezifik der Interaktionssituation sowie aufgrund individuell angeeigneter, sozio-kulturell geltender Normen und Orientierungen formuliert werden können. Es kann unterschieden werden zwischen allgemeinen Annahmen zur Verfasstheit von Interaktionssystemen im Bereich des Lernens Erwachsener, worauf im Rahmen der Gegenstandsbestimmung in Kapitel 1.2 detailliert eingegangen wurde, und Erwartungen, die den besonderen Kurs betreffen.[140] Allgemeine Er-

---

139 Methodisch besonders zu berücksichtigen sind dort nicht-transitorische Phänomene, denen eine kontinuierliche Anwesenheit unterstellt werden kann, während die Kursinteraktion läuft (zum methodischen Vorgehen vgl. Kap. 7).
140 In gewisser Weise sind Erwartungen als theoretische Annahmen auch bereits in die Formulierung des oben dargestellten Kategoriensystems wahrnehmbarer Phänomene eingeflossen – besonders deutlich wird dies, wenn von einer durchlässigen Grenze zwischen der Dimension ‚Außen' und den übrigen Dimensionen gesprochen wird. Dies erfordert ein besonders kontextsensibles Vorgehen bei der Analyse.

wartungshaltungen an Kurse als lehr-lernbezogene Interaktionssysteme können unter folgenden Stichpunkten subsumiert werden:
- Vorherbestimmtheit von Zeit und Ort
- Institutionell-organisatorische Einbettung der Interaktion
- Besondere räumliche Gestaltung zur Lenkung der Aufmerksamkeit der Teilnehmenden
- Inhaltlicher Bezug der auditiven Kurskommunikation zu einem bestimmten Thema
- Positive Einstellung des Kursleitenden zu dem von ihm aktualisierten Thema
- Rollenasymmetrie: Kursleiter/Kursteilnehmende
- Pädagogische Muster der Kommunikation (Vermittlung, kommunikationsintegrierte Aneignung, Überprüfung).

Grundlage zur Formulierung derartiger Erwartungen sind Annahmen zur Verfasstheit von Kursen, die auf empirischen bzw. theoretischen Ausführungen von Jochen Kade und Niklas Luhmann basieren. Daneben objektivieren sich allgemeine Erwartungshaltungen zur Gestaltung von Kursen in der Literatur zur Didaktik der Erwachsenenbildung.[141] Gegenüber der Formulierung allgemeiner Erwartungshaltungen ist die Formulierung von Annahmen, die den besonderen, je gegenständlichen Kurs betreffen in erster Linie auf Protokolle zur Datenerhebung, auf öffentliche Kursankündigungen/-legenden und Informationen zum Kursleiter bzw. zur veranstaltenden Institution verwiesen – neben Erwartungen, die auf der Grundlage lebensgeschichtlicher Erfahrungen des Interpreten mit Kursen dieser Art aktualisiert werden können (vgl. auch Abb. 1 in Kap. 7). Im Datenerhebungsprotokoll können neben formalen Angaben zu Zeit und Ort der Aufnahme, technischem Equipment bei der Datenerhebung und Kontaktpersonen, der Weg der Kontaktherstellung des Forscherteams zum Untersuchungsfeld, die Interaktionen zwischen Forscherteam und Akteuren im Feld sowie Irritationen und Besonderheiten während der Aufnahmen festgehalten werden. Die öffentliche Kursankündigung gibt beispielsweise Auskunft darüber, wer die Adressaten des Kurses sind, welches Wissen wann und wie vermittelt werden soll und ob auf den Erwerb eines Zertifikats hingearbeitet wird. Darüber hinaus erfährt man durch Homepages oder Flyer der Institution etwas über deren Leitbilder, Intention und Organisation.[142]

---

141 Vgl. etwa Knoll 1991; Müller 1992; Weidenmann 2004.
142 Diese Daten dienen nicht einem Vergleich mit der tatsächlich vorgefundenen Strukturierung der Interaktion im Sinne einer Bewertung, ob vorgenommene Ziele eingehalten oder davon abgewichen wurde. Es handelt sich hier vielmehr um zwei unterschiedliche Ebenen der Selbstbeobachtung: Selbstbeobachtung der Institution und Selbstbeobachtung der Interaktion.

6.3.3 Sinnstrukturrekonstruktion qua selektiver Kontextvariation

Unterschieden wurde auditiv bzw. visuell verfasste Kommunikation als Text von (a) dem inneren äußeren Kontext und (b) dem äußeren Kontext.[143] Beide Kontextdimensionen beinhalten spezifische Erwartungshaltungen bezüglich der Gestalt, des Verlaufs und des Inhalts der Kommunikation, die dann mit der besonderen Strukturiertheit selbiger konfrontiert werden können. Welchen Kontext es wann und wie bei der Rekonstruktion objektiv-latenter Sinnstrukturen zu berücksichtigen gilt und was jeweils als Text bzw. Träger abstrakter Sinnkonfigurationen und was als Kontext betrachtet werden kann, möchte ich in folgenden Absätzen verdeutlichen.

Wie bereits in Kapitel 5.6 begründet, ist auditive ebenso wie visuelle Sprache als Medium von Kommunikation zu betrachten. Sprache als Medium ermöglicht eine ständige „Kopplung/Entkopplung der Elemente des Mediums – also die ständige Produktion von neuen Formen" (Baraldi/Corsi/Esposito 1999, S. 59 f.). Während auditive Formen beispielsweise die Gestalt von Worten und Sätzen annehmen, zeigen sich visuelle Formen in Gestalt von Gestik, Mimik, Blicken und Körperhaltung. Ein Text-Kontext-Verhältnis besteht sowohl zwischen den Signalsystemen (auditiv und visuell) wie auch innerhalb der Signalsysteme. So wird ein Satz mit bestimmter Lautstärke und -dauer, in spezifischer Tonhöhenvariation und charakteristischer Stimmqualität, durchzogen von diversen Sprechpausen, wahrnehmbar.[144] Gleiches gilt für die Gestik einer Person, die Einbettung in übrige Körperdimensionen wie Blick, Mimik und Körperhaltung findet.

Zur Rekonstruktion von Sinnstrukturen ist indessen die Beobachtung von Kommunikations*sequenzen* notwendig. Dadurch, dass etwas Bestimmtes vor dem Horizont anderer Möglichkeiten mitgeteilt wird und dies wiederum einen Horizont von Anschlussoptionen eröffnet, vor dem eine nächste Selektion in der Kommunikation beobachtbar wird, entsteht Sinn als Relation von Selektion zu vorausgehender Selektion. Durch das Redundantwerden spezifischer Selektionsrelationen in einem sich fortsetzenden Interaktionszusammenhang lassen sich Strukturen als charakteristische Selektionsmuster der Kommunikation ausweisen. Bei der Rekonstruktion von Sinnstrukturen geht es, in den Worten Schneiders, um die Untersuchung der Beziehung zwischen antizipierender und retrospektiver Rekursivität (vgl. Schneider 2004, S. 178 f.). Die Selektivität des in der Zeit prozessierenden Interaktionssystems bildet sukzessive einen *inneren Kontext*, auf dessen Folie zukünftige Selektionen als konform oder abweichend beobachtet werden können, was dazu führt, dass eine Strukturhypothese sich erhärtet, ergänzt, modifiziert oder gar verworfen werden muss.

---

143 Als Sonderfall wurden zudem parallel prozessierende Interaktionssysteme angeführt, die dem inneren äußeren Kontext zugemessen werden können.
144 Zu Parametern der Prosodie vgl. die Studie von Christiane Miosga „Habitus der Prosodie" (2006), insb. S. 56 ff.

Das Erfordernis der Konzentration auf die sich sequentiell herausbildende Relation von Äußerungen zueinander impliziert, dass etwas Bestimmtes als Analyseeinheit und somit als Text selegiert wird. Während ein Tonbandtranskript die Konzentration auf das Gesprochene lenkt und möglicherweise mit-transkribierte prosodische Merkmale als Kontextfaktoren bzw. inneren äußeren Kontext erscheinen lässt, ist die Lage um ein Vielfaches komplexer, wenn man Videoprotokolle zum Ausgangspunkt einer Analyse wählt. Wie bereits ausgeführt, kommen hierbei auditive wie auch visuelle Phänomene in den Blick, welche die Strukturierung des Interaktionsgeschehens konstituieren. Damit wird zwar einerseits Interaktion als Kommunikation unter Anwesenden in einer ihr angemessenen Komplexität zugänglich, zugleich stellen sich aber auch Erfordernisse an die Begründung des notwendigerweise selektiven Zugriffs auf das multikomplexe Konglomerat von Bild und Ton.

Knoblauch (2004) unterscheidet in seinem Beitrag „Die Video-Interaktions-Analyse" drei Lösungen des Selektionsproblems. So kann der Interpret (1) davon ausgehen, dass die Handelnden selbst verdeutlichen, was für ihre Handlung jeweils relevant ist. Die Analyse stützt sich dann auf „das, was beobachtbar in einem erkennbaren Zusammenhang mit einer vorausgegangenen Handlung steht" (Knoblauch 2004, S. 135). Zur Identifikation des spezifischen Sinns von nicht eindeutig bestimmbaren beobachteten Phänomenen sei es (2) möglich, die Beteiligten im Nachhinein dazu zu befragen. Ein dritter Vorschlag (3) zielt auf eine umfassende Bildanalyse, bei der visuelle Aspekte gedeutet werden, „die auch außerhalb des interaktiven Geschehens der aufgezeichneten Interaktion liegen" (a. a. O.). Dabei werde Sequentialität insofern bewahrt, als vorgenommene Deutungen an dem gemessen werden, „was im folgenden Bild oder in der folgenden Bildfolge geschieht und dies als Selektion aus den vorangehenden Bildfolgen bzw. deren Sinn versteht" (ebd., S. 136). Das hier zu entwickelnde Konzept lässt sich insofern in der Nähe des dritten Vorschlags verorten, als nicht nur das interaktive Geschehen selbst, sondern auch der innere äußere Kontext als visuell verfasster Wahrnehmungsraum, welcher nicht unmittelbar an der Kommunikation beteiligt ist, in die Betrachtung mit einbezogen wird – insbesondere hinsichtlich nicht-transitorischer Phänomene (vgl. Kap. 7).[145] Zunächst jedoch gilt es, die Evokation von Strukturmustern als Geschichte von Selektion und Anschlussselektionen zu rekonstruieren. Dabei werden die Ebenen auditiver und visueller Kommunikation jeweils für sich analysiert und anschließend aufeinander bezogen. Was im alltäglichen Handlungsvollzug simultan gegeben ist, wird hier analytisch getrennt, um die Komplexität der Ebenen der Sinnkon-

---

145 Die prinzipiellen Möglichkeit, neben als nicht-transitorisch vermuteten visuellen Aspekten auch auditive Aspekte bei der Analyse des inneren äußeren Kontextes zu berücksichtigen, wird am Fallbeispiel in Kapitel 7 nicht realisiert. Ebenso wird die Gesamtheit prosodischer Merkmale zugunsten von visuellen Aspekten wenig in den Blick genommen – was prinzipiell nicht problematisch erscheint, wenn dies als Selektion kenntlich gemacht wird.

stitution in den Blick zu bekommen und hinterher in Relation zu setzen. Bei der sequenzanalytisch vorgehenden Strukturrekonstruktion auf auditiver und visueller Ebene wird sich an transitorischen, körper- bzw. lautsprachlichen Phänomenen orientiert. Bei ihnen ist davon auszugehen, dass sie für die Kommunikation Relevanz beanspruchen, also als Mitteilungen gedeutet werden können, die kommunikative Anschlüsse fordern – was in gewisser Weise dem ersten Vorschlag Knoblauchs entspricht. Ergebnis der Relationierung auditiver und visueller Strukturierungsebene ist dann, allgemein formuliert, das Ausweisen einer wechselseitigen Verstärkung, eines Widerspruchs oder eines zusätzlichen Bedeutungsgehalts (vgl. auch Kade/Nolda 2007). Das herausgestellte Strukturgebilde wird dann schließlich mit dem inneren äußeren Kontext, der einen Möglichkeitshorizont aufspannt und Erwartungen an den Interaktionszusammenhang heran trägt, konfrontiert. Als maßgeblich zur Konstitution dieses, die gesamte Interaktion einbettenden inneren äußeren Kontextes werden nicht-transitorische Phänomene erachtet.[146] Als letzter Schritt zur Explikation der Fallstruktur wird das Resultat dem äußeren Kontext des Interaktionszusammenhangs gegenübergestellt (zum Überblick methodischer Schritte vgl. Abb. 1 in Kap. 7).

Während sich eine Sequenzanalyse auf auditiver Ebene an bedeutungsstrukturellen Einheiten wie Worten, Sätzen, Gesprächsbeiträgen ausrichten kann, stellt sich die Frage, wie aufeinander folgende, visuell wahrnehmbare, kommunikationsrelevante Phänomene sequenziert werden können, um diese als Abfolge kommunikativer Einheiten zu analysieren. Zu dieser Frage hat Albert E. Scheflen bereits 1964 eine mögliche Antwort formuliert. In seinem Beitrag zur Bedeutung der Körperhaltung in Kommunikationssystemen (vgl. Scheflen 1977) betrachtet er Körperhaltungskonfigurationen als Indikatoren kommunikativer Einheiten – ausgehend von der Annahme, dass Kommunikationssysteme „als ganzes eine integrierte Anordnung struktureller Einheiten [darstellen; M. H.], die aus bewegungsablauftypischen (kinesic), taktilen, verbalen und anderen Elementen stammen" (ebd., S. 229). Damit grenzt sich Scheflen gegenüber einem auf die verbale bzw. auditive Ebene beschränkten Begriff von Kommunikation ab. Ähnlich wie bei auditiv verfasster Sprache lasse sich auch bei visuell verfasstem körperlichen Agieren eine hierarchische Anordnung der Einheiten aufweisen. Unterscheiden lassen sich demnach drei unterschiedliche Ebenen jenseits des syntaktischen Satzes, die als Argument (point), Position (position) und Präsentation (presentation) bezeichnet werden können (vgl. ebd., S. 228-235).[147] Das *Argument* stellt die

---

146 Zu unterscheiden sind diese nicht-transitorischen Phänomene von transitorischen Phänomenen des inneren äußeren Kontextes, die kurz erscheinen und eine Äußerung folgenlos begleiten, spezifisch modulieren oder gar zu einem Referenzpunkt von Kommunikation werden.

147 Es sei angemerkt, dass die Systematisierung Scheflens auf einer Untersuchung von Psychotherapie-Interaktionen in den USA beruhen. Inwieweit entsprechende Ebenen bei Kursen

kleinste von Scheflen unterschiedene Einheit dar und wird durch Veränderung der Position von Kopf und Augen markiert. Die Dauer der Einheit entspricht der Beibehaltung einer spezifischen Kopfhaltung bzw. Blickrichtung. Die *Position* stellt demgegenüber die nächst größere Kommunikationseinheit als Sequenz mehrerer Argumente dar. Während das Argument dem Hervorbringen eines spezifischen Arguments in einer Diskussion entspricht, kann bei der Position auf das Einnehmen eines Diskussionsstandpunktes abstrahiert werden. Markiert wird die Position durch einen umfassenden Haltungswechsel, der mindestens die Hälfte des Körpers einbezieht. Für die *Präsentation* als größte Einheit, die sich aus der Gesamtheit beobachtbarer Positionen zusammensetzt, gilt als Markierung ein Ortswechsel: „Zum Beispiel kann ein Teilnehmer das Treffen ganz verlassen oder seinen Platz im Raum verändern" (ebd., S. 234). Neben der Betrachtung von Haltungskonfigurationen als strukturelle kommunikative Einheiten beobachtet Scheflen sie als Markierung sozialer Beziehungen und liefert damit ein Deutungswissen für Körperhaltungen in Kommunikationssystemen. Des Weiteren erachtet er Körperhaltungskonfigurationen als Indikatoren für Schritte eines Programms. So wäre möglicherweise vorstellbar, dass Kurse der Erwachsenenbildung bestimmten Körperhaltungsmustern folgen, die etwa den Anfang und das Ende der Veranstaltung markieren. Hierauf soll nun nicht weiter eingegangen werden. Auf die Erkenntnisse Scheflens wird sich hier hauptsächlich zur Sequenzierung visueller Kommunikation bezogen. Wie dabei methodisch im Einzelnen vorzugehen ist, wird in Kapitel 7 am Fall expliziert.

Das Problem, mit dem eine objektiv-hermeneutisch operierende Methode angesichts audiovisueller Daten konfrontiert ist, ist die Reduktion von Überkomplexität. Zur Rekonstruktion von Kursinteraktion auf der Grundlage audiovisueller Daten vor dem Hintergrund einer systemtheoretisch informierten objektiven Hermeneutik, wurde hier ein empirisch inspiriertes Ordnungsmodell eingeführt. Gefasst werden dabei sämtliche Phänomene, die sich der Wahrnehmung des Forschers und der Interaktanten im Interaktionszusammenhang zeigen und so als potenzieller Referenzpunkt bzw. einbettender Kontext bei der Konstruktion (bzw. Rekonstruktion) von Sinnstrukturen fungieren. Dem Text-Kontext-Verhältnis von körpersprachlichem und lautsprachlichem Agieren wird insofern Rechnung getragen, als Strukturbildung zunächst ebenenspezifisch betrachtet und dann in Relation zueinander gesetzt wird. Das daraus resultierende Strukturgebilde wird dann zunächst mit dem, auf nicht-transitorische Phänomene bezogenen, inneren äußeren Kontext konfrontiert. Anschließend wird das Strukturmuster den Erwartungen, die auf äußeren Kontextbedingungen gründen, gegenübergestellt. Dabei handelt es sich um Erwartungen, die auf der Basis (a) der Einbettung des Interaktionssystems in funktional ausdifferenzierte gesellschaftliche Teilsysteme und (b)

---

der Erwachsenenbildung als lehr-lernbezogene Interaktionszusammenhänge unterschieden werden können, wird in Kapitel 7 illustriert.

der Besonderheit des spezifischen Interaktionszusammenhanges formuliert werden können. Auf diese Weise kann dann eine Fallbestimmung vorgenommen werden.

Das hohe Maß an Abstraktion, das diesem Kapitel anhaftet, weicht im nächsten Kapitel einer konkreten methodischen Umsetzung des hier dargelegten methodologischen Ansatzes, um das Vorgehen selektiver Kontextvariation transparent zu machen. Als besonders charakteristisch für dieses Konzept kann die Differenzierung einer Vielzahl von Text-Kontext-Beziehungen gelten. Bei ihnen hängt die Beobachtung von Selektion und Anschlussselektion letztlich von Selektionen des Forschers ab, wie in Kapitel 7 ersichtlich wird: Die Selektion der aufmerksamkeitsfokussierenden Fragestellung,[148] die Selektion des Detailliertheitsniveaus der Transkription (resp. der einzubeziehenden Kontexte) und der Analyseeinstellung. Zugleich aber wird diese Selektivität durch Konservierung und prinzipielle Zugänglichkeit des Ausgangsmaterials kompensiert.[149] So handelt es sich bei der Analyse von Kursinteraktion immer auch um eine *Analyse-on-demand* und nicht um die Generierung letzter Wahrheiten durch die Erfassung der Gesamtkomplexität des Gegenstandes. Auf Fragen, die auf den Status von Ergebnissen einer derartigen Fallrekonstruktion zielen, wird dezidiert in Kapitel 8 eingegangen.[150]

---

148 Die Selektion, welche sequentielle Ereignisschichtung resp. Sinnstrukturierung rekonstruiert werden soll, entspringt weniger der Ausdrucksmaterialität als vielmehr dem Interpreten. So ist (Fall-)Verstehen als wissenschaftliche Operation vor allem durch den Beobachter Wissenschaft determiniert und nicht durch die Struktur des Gegenstandes (vgl. Nassehi 1997, S. 156). Auch Oevermann hebt die Selektion des Interpreten hervor, der sich entscheiden müsse, „welche der im Text zum Ausdruck kommenden Fallstrukturen er analysieren will" (Oevermann 2000b, S. 106).
149 Was demgegenüber nicht kompensiert werden kann, ist die Selektivität der Kameraperspektive bzw. der Aufnahmeeinstellungen. Die Besonderheit, dass das hier gegenständliche Videoprotokoll eigentlich aus zwei Protokollen besteht, bei denen eines den Kursleitenden und das andere die Kursteilnehmenden abbildet, spielt eine besondere Rolle für das methodische Vorgehen, das im nächsten Kapitel erläutert wird.
150 Zur Generalisierbarkeit von Fallrekonstruktionen aus Perspektive der objektiven Hermeneutik vgl. Oevermann 2000b, S. 116 ff., Sutter 1994, S. 201 ff. sowie Wernet 2000, S. 19 f.

7. Methodisches Vorgehen: Ein Fallbeispiel

Um zu zeigen, wie auf Basis der in den vorigen Kapiteln erarbeiteten theoretischen und methodologischen Überlegungen eine forschungspraktische Umsetzung des Konzepts selektiver Kontextvariation möglich ist, wird im Folgenden das methodologische Gerüst (vgl. Kap. 6) am Beispiel einer Fallrekonstruktion in einzelne methodische Schritte übersetzt und erläutert. Gegenstand ist ein zweiperspektivisches Videoprotokoll,[151] das von einem Kamerateam, zu dem auch der Autor zählt, im Rahmen des Lehr- und Forschungsprojekts „Bild und Wort: Erziehungswissenschaftliche Kurs- und Bildungsforschung"[152] aufgezeichnet wurde. Bezeichnung des Kurses laut Programmankündigung ist: „Deutsch als Fremdsprache/Zweitsprache".

Die Fallrekonstruktion dient in erster Linie der Illustration des hier entwickelten Konzepts und ist material auf 31 Sekunden des Videoprotokolls begrenzt. Einen Überblick über das methodische Vorgehen und dessen Einbettung stiftet die unten angeführte Abbildung (vgl. Abb. 1). Die dort zu findenden, grau unterlegten Schritte werden im Rahmen dieses Kapitels am Fall illustriert: I. Treffen von Ausgangsselektionen (Kap. 7.1), II. Rekonstruktion von Sinnstrukturen auf den Ebenen von Ton bzw. Wort[153] und Bild (Kap. 7.2), III. Relationierung der Ebenen bzw. Analyseergebnisse zueinander und Relationierung der herausgestellten Strukturen zum inneren äußeren und äußeren Kontext bzw. Explikation der objektiv-latenten Sinnstruktur (Kap. 7.3). Auf einzelne Aspekte der in Abbildung 1 vermerkten Rubrik ‚Ausgangslage' wurde bereits im vorigen Kapitel näher eingegangen. In Kapitel 8 wird darauf nochmals sowie insbesondere auf den Status von Ergebnissen Bezug genommen.

---

151 Zum Videoprotokoll als Datenbasis vgl. Kapitel 1.3.
152 Vgl.: http://www.uni-frankfurt.de/fb/fb04/forschung/biwo.html
153 Zur Bezeichnung der auditiven Verfasstheit der Ausdrucksmaterialität wird in gewisser Unschärfe alternierend die Bezeichnung Ton- und Wortebene gebraucht.

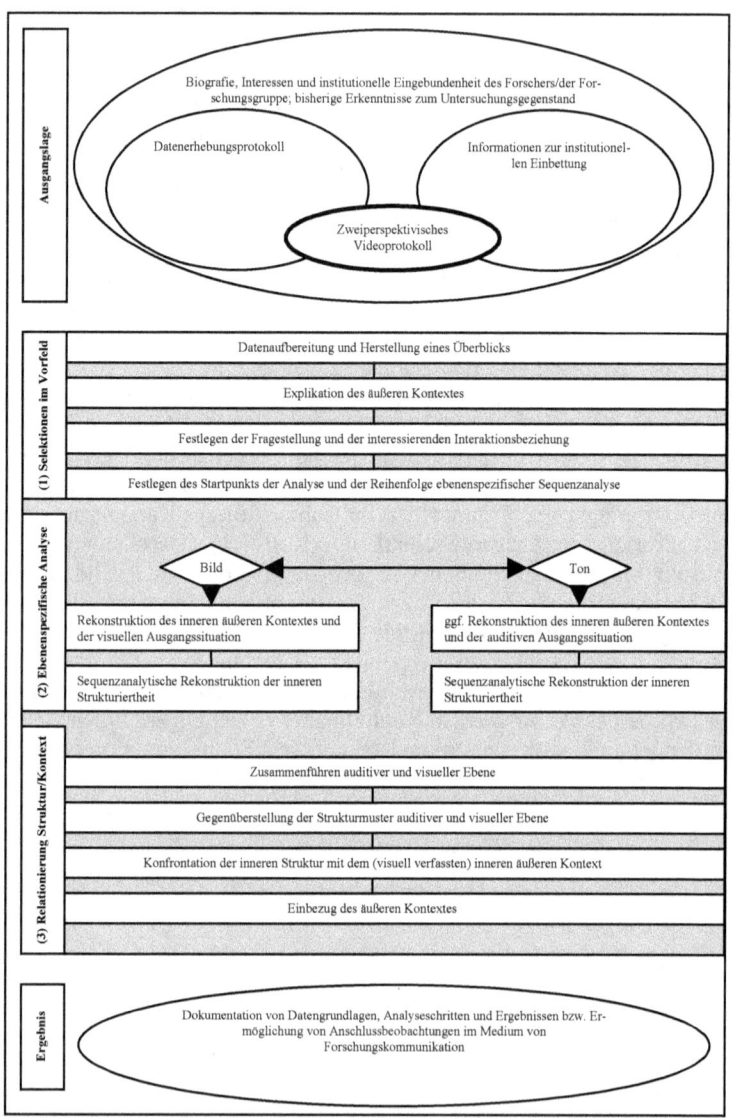

Abb. 1: Methodisches Gerüst selektiver Kontextvariation

7.1 Selektionen im Vorfeld der Analyse

Bevor mit der eigentlichen Sequenzanalyse begonnen werden kann, sind einige Entscheidungen zu treffen, auf denen die Analyse audiovisueller Daten auf der Wort- und Bildebene aufbaut und auf die sich wiederum in der Endphase der Analyse bezogen wird.

7.1.1 Datenaufbereitung und Erstellung eines Überblicks

Für die Analyse von Videoprotokollen ist die Datenaufbereitung als Zwischenschritt zwischen Datenerhebung und Datenanalyse von großer Bedeutung. Während bei der Anfertigung von Beobachtungsprotokollen die Komplexität des Wahrnehmungsangebots in der Beobachtungssituation durch die selektive Aufmerksamkeit des teilnehmenden Beobachters reduziert wird, der manches von dem was er wahrnimmt schriftlich fixiert, wird dieser Schritt bei der Arbeit mit Videoprotokollen verzeitlicht und reversibel gemacht. Zwar werden auch hier einschneidende Selektionen durch die Wahl der Kameraposition, Aufnahmeeinstellung, Bildausschnitt und die Anzahl der Kameras sowie der Perspektiven getroffen, dennoch wird eine vergleichsweise größere Komplexität einer späteren Selektion zugänglich – eine Komplexität, die nicht den Bedeutungsselektionen des Forschers entspringt, der manches in eigenen Worten aufschreibt und manches ausblendet (vgl. auch Oevermann 2000b, S. 84 ff.).

Der Raum und die in ihm agierenden Personen werden aus bestimmter Perspektive zugänglich und versorgen den Interpreten mit vielfältigen Wahrnehmungsofferten. Dies macht das Treffen von Selektionen notwendig. Während auf der Grundlage von Tonaufzeichnungen Transkripte erstellt werden können, die durch Berücksichtigung prosodischer Merkmale nah an das heranreichen mögen, was man unter einer ‚vollständigen' Erfassung der auditiven Situation verstehen mag, ist dies bei audiovisuellen Daten einerseits nicht möglich und andererseits nicht notwendig. Unterschiedliche Beobachter können auf der Grundlage des Videoprotokolls eine Vielzahl unterschiedlicher Beobachtungsschwerpunkte geltend machen, indem sie Selektionen treffen, ohne dabei den Horizont möglicher Beobachtungsschwerpunkte irreversibel einzuschränken. Mag zunächst die Gestik des Kursleiters von Interesse sein und eine detaillierte Beschreibung erfahren, so können später etwa die begleitende Mimik oder die Körperhaltung im Fokus der Aufmerksamkeit stehen. Neben dem wiederholten Zugänglichmachen des aufgezeichneten Interaktionszusammenhangs an eine Vielzahl unterschiedlicher Beobachter, ermöglicht das Videoprotokoll eine experimentelle Zeit- und Raumvariation. Bilder können dekontextualisiert werden und Videosequenzen in ent- oder beschleunigter Einstellung rezipiert werden. Auf die verschiedenen Möglichkeiten der Datenaufbereitung möchte ich an dieser Stelle nicht weiter eingehen und mich nun dem Fallbeispiel zuwenden.

Zur Gewährleistung einer Grundorientierung bietet es sich an, einen Überblick über das erhobene Material herzustellen. Konkret heißt das: das Videoprotokoll der Kursinteraktion zu rezipieren und die Wortebene zu transkribieren, um einen Überblick über Phasen des Interaktionsgeschehens, bei denen die Beschäftigung mit einem spezifischen (manifesten) Gegenstand/Thema charakteristisch ist, zu erhalten.[154] Bei dem Kurs „Deutsch als Fremdsprache/Zweitsprache" kann der chronologisch-inhaltliche Ablauf wie folgt dargestellt werden:

Tab. 5: Das Videoprotokoll im thematischen Überblick

Kursanfang	[00:00:00]
Kontrolle der Hausaufgaben – Teil 1	[00:05:50]
Kontrolle der Hausaufgaben – Teil 2	[00:25:28]
Unterrichtseinheit: Das Adjektiv im Satz/Adjektivdeklination	[00:28:15]
Pause	[01:25:51]
Kontrolle von Arbeitsblatt-2	[01:56:33]
Tafelanschrieb und Erklärung: Adjektivdeklination mit unbest. Artikel	[02:09:36]
Vorbereitung auf das Spiel und Erläuterung	[02:16:46]
Quartettspiel	[02:33:16]
Erhebung von Rückfragen zum Spiel	[02:58:53]
Mündliche Vorbereitung auf die Hausaufgabe	[03:01:36]
Ende des Kurses-offiziell	[03:10:55]
KL verlässt den Raum	[03:21:40]

Neben Information über den in Phasen zergliederten Kursablauf kann eine Verortung entsprechender Stellen im Videoprotokoll vorgenommen werden. So geben die rechts angefügten Ziffern Auskunft über die jeweilige Zeitstelle (in Stunden:Minuten:Sekunden) im entsprechenden Videoprotokoll.

Ein Überblick über den Inhalt und die Rederechtverteilung erlangt man beispielsweise durch das Kursivlesen des Worttranskriptes. Auf der Ebene des Bildes ermöglicht das Betrachten des um ein Vielfaches beschleunigten Videoprotokolls einen Überblick über die visuelle Verfasstheit des Kurses – Kursivlesen auf der Bildebene. Neben der Raumgestaltung kommen so die Positionsverteilung und der Positionswechsel im Raum sowie ein Spektrum möglicher Bewegungen und Bewegungsverdichtungen in den Blick. Bei hiesiger Analyse wird sich auf die Darstellung manifest-thematischer Einheiten in der verbalen Kommunikation begrenzt.

7.1.2 Explikation des äußeren Kontextes

Vor dem Beginn der eigentlichen Sequenzanalyse bietet es sich an, den äußeren Kontext, in dem der interessierende Interaktionszusammenhang eingebettet ist, zu explizieren und schriftlich zu fixieren. Dieses Kontextwissen gilt es bei der Sequenzanalyse auszublenden und erst danach der inneren Strukturiertheit des Falls gegenüberzustellen (vgl. hierzu auch Kap. 2.1 sowie Wernet 2000, S. 21ff.).

Ich habe vorig (vgl. Kap. 6.3.2) Annahmen zum äußeren Kontext dahingehend unterschieden, ob sie allgemeiner Natur sind – ob es sich dabei also um Erwartungshaltungen handelt, die auf jegliche lehr-lernbezogene Interaktionssysteme zutreffen mögen – oder ob diese Erwartungshaltungen der Besonderheit des zu untersuchenden Interaktionssystems geschuldet sind und auf Protokollen zur Datenerhebung, der Kursankündigung sowie Informationen zur Institution fußen.

Der äußere Kontext des hier im Mittelpunkt stehenden Untersuchungsgegenstandes lässt sich in aller Kürze wie folgt beschreiben: Es handelt sich um einen Kurs, der an einer großstädtischen Volkshochschule stattfand und zweiperspektivisch, mit Blick auf Kursleiter und Kursteilnehmer, aufgezeichnet wurde. Die zur Analyse ausgewählte Sequenz liegt in der Anfangsphase des Kurses (vgl. Tab. 5). Titel des Kurses ist „Deutsch als Fremdsprache/Zweitsprache". Adressaten sind dementsprechend Personen mit Migrationshintergrund, deren Vermögen die deutsche Sprache zu verstehen, zu sprechen bzw. zu schreiben, für eine Integration in die nationale Gemeinschaft als nicht ausreichend oder verbesserungsbedürftig erachtet wird. Dabei ist zu vermuten, dass nicht alle Kursteilnehmer eine gemeinsame Sprache haben und von dort ausgehend sich eine fremde Sprache aneignen – wie dies häufig bei anderen Sprachkursen der Fall ist. Ebenso ist anzunehmen, dass der Kursleiter nicht der Muttersprache aller Kursteilnehmenden mächtig ist. Bei dem aufgezeichneten Kurs handelt es sich um einen Kurs der Grundstufe 2. Dies präsupponiert, dass manche Teilnehmer möglicherweise schon andere Deutschkurse besucht haben und weitere Kurse folgen mögen. Orientiert wird sich bei der Stufenfolge an einem europäischen Referenzrahmen, demnach international vergleichbar verschiedene Niveaustufen unterschieden werden. Die Kursteilnehmer werden auf der Grundlage von Beratungsgesprächen einem Kurs zugewiesen. Es ist unklar, mit welcher Motivation die einzelnen Personen den Kurs besuchen. Am Ende des Kurses, der etwa 200 Unterrichtseinheiten à 50 Termine fasst, steht keine Abschlussprüfung. Das Absolvieren von Prüfungen ist freiwillig. Ein Zertifikat („Europäisches Sprachenzertifikat Deutsch") kann laut Programmankündigung nach dem Besuch von drei bis vier derartigen Intensivkursen, in denen es auch um die Vermittlung sozialer Kompetenzen geht, erworben werden. Die Prüfung – von der unklar ist, ob die Kursteilnehmer sie anstreben – dient dem Nachweis von soliden Grundkenntnissen der deutschen Sprache. Es soll festgestellt werden, dass der Prüfling sich in den wichtigsten Situationen des täglichen Lebens mündlich und schriftlich verständigen kann. Die Teilnahme an der Prüfung ist prinzipiell nicht abhängig von der Teilnahme an einem Vorbereitungskurs. Der Kurs wie auch die Prüfung sind kostenpflichtig. Allerdings besteht die Möglichkeit einer Förderung.

Annahmen zum äußeren Kontext, die sich auf Kurse der Erwachsenenbildung im Allgemeinen beziehen, können in Kapitel 1.2 nachgelesen werden.[155] Eine Besonderheit, die sich aufgrund der Phase, aus der die zu analysierende Sequenzposition stammt, ergibt ist, dass es sich hierbei um eine Anfangssituation handelt, für die der Vollzug eines Übergangs von einer thematisch nicht spezifizierten Alltagskommunikation hin zu einer thematisch fokussierten Kurskommunikation mit der ihr inhärenten Rollenverteilung und Zeitordnung erwartbar ist – ein lehr-lernbezogenes Interaktionssystem sich also in inhaltlicher, sozialer und zeitlicher Hinsicht etablieren muss, was mit unterschiedlichen Erwartungen an Kursleiter und Kursteilnehmer verbunden ist.[156] Zudem ist zu reflektieren, dass der Kurs von einem Kamerateam – zu dem auch der Autor zählt – aufgenommen wurde.

Die Darstellung des äußeren Kontextes soll hier nicht weiter vertieft werden. Es sei angemerkt, dass es generell lohnenswert ist, die Eruierung von Erwartungen, die sich auf den äußeren Kontext beziehen, in einer möglichst heterogenen Interpretationsgruppe zu betreiben.

7.1.3 Wahl der Fragestellung und der interessierenden Interaktionsbeziehung

Eine für die Rekonstruktion entscheidende Selektion wird getroffen, indem eine bestimmte Fragestellung an die Ausdrucksmaterialität herangetragen wird und so die Wahrnehmung des Beobachters eine Fokussierung erfährt (vgl. dazu Wernet 2000, S. 54 ff.). Bei der hier zu untersuchenden Interaktion handelt es sich um eine Kursinteraktion. Von Interesse könnten beispielsweise die Fragen sein, wie sich die Kursteilnehmer aufeinander beziehen oder wie ihr Herkunftsmilieu bzw. ihre Lebenswelt sich in der Interaktion objektiviert. Hauptaugenmerk bei der hier durchgeführten Analyse gilt

---

155 Stichpunktartig lassen sich diese Annahmen wie folgt pointieren:
   Vorherbestimmtheit von Zeit und Ort
   - Institutionell-organisatorische Einbettung der Interaktion
   - Besondere räumliche Gestaltung zur Lenkung der Aufmerksamkeit der Teilnehmenden
   - Inhaltlicher Bezug der auditiven Kurskommunikation zu einem bestimmten Thema
   - Positive Einstellung des Kursleitenden zu dem von ihm aktualisierten Thema
   - Rollenasymmetrie: Kursleiter/Kursteilnehmende
   - Pädagogische Muster der Kommunikation (Vermittlung, kommunikationsintegrierte Aneignung, Überprüfung)
156 Aus erfahrungsbezogener didaktischer Perspektive vgl. Geißler 1995 und 2005; aus empirischer Perspektive vgl. Nolda 1996, S. 224 ff.; aus theoretischer Perspektive vgl. Herzog 2002, S. 437 ff.

hingegen dem Agieren des Kursleiters und den Reaktionen bzw. Aktionen individueller Kursteilnehmer sowie der Kursteilnehmergruppe in der Anfangsphase des Kurses. Das impliziert, dass der äußere Kontext diesbezüglich – also die Tatsache, dass es sich um einen Kurs der Erwachsenenbildung mit Kursleiter und Kursteilnehmenden in der Anfangsphase handelt – nach Maßgabe der Prinzipien der objektiven Hermeneutik bei der Sequenzanalyse auszublenden ist (vgl. Oevermann 2000b, S. 106 sowie Kap. 2.1), um so die innere ‚textimmanente' Strukturgestalt des Falles rekonstruieren zu können. Mit der Wahl der Fragestellung wird zugleich die Aufmerksamkeit auf spezifische Personen bzw. Rollenträger gerichtet. Würde man sich für die Beziehung der Kursteilnehmer untereinander interessieren, würde anderes die Richtung der Aufmerksamkeit bestimmen.

Die Selektion einer bestimmten Fragestellung wirkt sich komplexitätsreduzierend aus. Die Aufmerksamkeit des Interpreten wird auf bestimmte Aspekte zentriert. Die Explikation der Fragestellung und interessierenden Interaktionsachse ist bedeutsam, „damit die Einbeziehung von Vorwissen über den zu analysierenden Fall auf jeden Fall vermieden wird" (Oevermann 2000b, S. 106).

7.1.4 Wahl des Startpunkts der Analyse

Als nächstes ist die Stelle des Einstiegs sequentieller Analyse zu wählen. Dazu bietet sich die Orientierung an Übersichtsdarstellungen zum Kursverlauf an. An welcher Stelle mit der Analyse eingesetzt wird, ist gemäß der objektiv-hermeneutischen Annahme, dass „ein Fall an jeder Raum-Zeit-Stelle von seinen Strukturierungsprinzipien aufrechterhalten wird" (Wagner 2001, S. 125), prinzipiell von untergeordneter Bedeutung. Allerdings ist davon auszugehen, dass insbesondere in der Anfangsphase als Zeitraum, wo ein Übergang von Nicht-Kurs zu Kurs stattfindet, besonders deutlich Strukturmuster zu Tage treten, die das Interaktionssystem als lehr-lernbezogenes Interaktionssystem konstituieren und so von anderen Interaktionszusammenhängen unterscheidbar machen. Dass es sich um einen Kursanfang handelt, wird als äußere Kontextbedingung berücksichtigt. Insofern können die vorzufindenden Strukturierungsprinzipien nicht für die gesamte Kursinteraktion geltend gemacht werden. Dies würde zudem eine Überprüfung der Strukturlogik an anderen Stellen des Videoprotokolls erfordern – im Hinblick auf eine Strukturgeneralisierung (vgl. Sutter 1997, S. 201 ff.).

Zur exemplarischen Analyse wurde eine 31-sekundige Sequenz in der Anfangsphase (Kursanfang 00:00 – 05:50; vgl. Tab. 5) gewählt. Dabei war die Auswahl der Sequenz hauptsächlich durch die Absicht einer knappen, beispielhaften Darstellung gelenkt: Es handelt sich um eine, hinsichtlich des Aspekts der Simultaneität und der Dauer, vergleichsweise überschaubare Sequenz. Anfang und Ende wurden in Orientierung an einem Wortwechsel zwischen Kursleiter und einer bestimmten Kursteilnehmerin festgelegt.

7.1.5 Wahl der Reihenfolge ebenenspezifischer Sequenzanalyse

Während die Wahl des Startpunkts zur Analyse dem sequentiellen Verlauf der Kursinteraktion geschuldet ist, ist die Selektion der primär interessierenden Interaktionsbeziehung auf das Problem der Gleichzeitigkeit verschiedener Interaktionsrelationen im Kurs bezogen (‚Intersimultaneität'). Demgegenüber kann die Gleichzeitigkeit des Prozessierens verschiedener interaktionsrelevanter Ebenen (‚Intrasimultaneität'), nämlich Bild und Wort, ebenso als Problem betrachtet werden, das einer expliziten Selektion des Interpreten bedarf. Bereits durch die Konstruktion einer Ablauforganisation des Kurses (vgl. Tab. 5), die sich an auditiv zugänglichen, manifesten Themen der Kurskommunikation orientiert, wird der lautsprachlichen Ebene Vorschub gewährt. Durch Konzentration entweder auf visuell wahrnehmbare Bewegung oder auditiv wahrnehmbare Laute wird das eine zum Text und das andere zum Kontext stilisiert. Von auditiv verfasster Sprache auszugehen und diese in visuell verfassten Äußerungen eingebettet zu betrachten, erscheint insofern adäquat, als es sich aus systemtheoretischer Perspektive bei verbaler Sprache um das „grundlegende Kommunikationsmedium" (Berghaus 2004, S. 127) zur Reproduktion sozialer Systeme bzw. Interaktionssysteme handelt. Körpersprachliche Ausdrucksformen sind demgegenüber oftmals wesentlich uneindeutiger. Gleichwohl kann angenommen werden, dass über die Körperbewegung der Anwesenden eine eigene Kommunikationsebene eröffnet wird. Zudem ist es möglich, dass sich die Bedeutungen gleichzeitig kommunizierter auditiver und visueller Sprache ausschließend gegenüber stehen oder auditive und visuelle Aspekte sprachlichen Verhaltens sich gegenseitig ergänzen bzw. verstärken (vgl. Kade/Nolda 2007). Bevor ich mich jedoch einer Analyse auf der visuellen Ebene von Kursinteraktion zuwende (Kap. 7.2.3), steht die auditiv zugängliche Kommunikation im hier gegenständlichen Interaktionszusammenhang im Fokus der Aufmerksamkeit (Kap. 7.2.1). Das Verhältnis der beiden Ebenen zueinander wird in einem gesonderten Verfahrensschritt nach der ebenenspezifischen Analyse untersucht (vgl. Kap. 7.3.1). Gegenüber dem hier gewählten Vorgehen ist es auch vorstellbar, ein Worttranskript um die Bildebene zu erweitern und in die Analyse direkt mit einzubeziehen.[157] Mit der vorläufigen analytischen Trennung wird allerdings die Aufmerksamkeit des Interpreten – so die Annahme – auf je eine Ebene konzentriert, womit eine Aufwertung der visuellen Verfasstheit von Interaktionen als sinnhaft strukturierte Ebene neben auditiver Sprache verbunden ist.[158]

---

157 So ermöglicht etwa ein Chronogrammtranskript (vgl. Sager 2005) die Herstellung eines direkten Zusammenhangs zwischen verbaler Sprache und Gesten.

158 Dass hier eine analytische Trennung vollzogen wurde heißt nicht, dass die Analyse größerer Sequenzen in gleicher Weise ablaufen muss. Im Sinne eines interpretatorischen Direktzugriffs (vgl. Wernet 2000, S. 80 ff.), bei dem zuvor sondierte Fallstrukturhypothesen an weiteren Textstellen überprüft, erweitert oder widerlegt werden, bietet es sich möglicher-

7.2 Ebenenspezifische Strukturrekonstruktion von Kursinteraktion

Ausgehend von den im Vorfeld der Analyse getroffenen Selektionen, ist nun, der Sequenzlogik des Videoprotokolls folgend, Interakt für Interakt zu analysieren bzw. das jeweilige Verhältnis von Äußerung zu voriger Äußerung und Folge-Äußerung zu beobachten. Konkret wird eine Äußerung – unter Ausblendung der Folgeäußerungen und Erwartungen auf Grundlage des äußeren sowie inneren äußeren Kontextes (vgl. Kap. 6.3) – daraufhin untersucht, welche vorstellbaren Kontexte diese evoziert. Es werden Erwartungsstrukturen des Interpreten bezüglich der entsprechenden Äußerung (re-)aktualisiert und gedankenexperimentell Geschichten bzw. Normalkontexte gebildet, in dem die Äußerung als wohlgeformt, d. h. angemessen und erwartbar erscheint. Die gedankenexperimentell konstruierten Kontexte werden dann mit Blick auf Strukturgemeinsamkeiten gruppiert (Bildung von Lesarten). Anschließend sind erwartbare Folgeäußerungen zu explizieren. Die faktische Folgeäußerung ist schließlich mit den gedankenexperimentell eruierten Folgeäußerungen zu konfrontieren: „Die Bedeutungsstruktur des Textes einer aktuell interpretierten Sequenzposition wird in Beziehung gesetzt zu dem, schon vorher interpretierten Text" (Wernet 2000, S. 90). Dabei ist erwartbar, dass bestimmte Lesarten den Fall durchziehen und so zur Struktur kondensieren. Die Sequenzanalyse gewährleistet eine „kumulative" Bedeutungsexplikation (vgl. a. a. O.).[159]

7.2.1 Strukturrekonstruktion auf auditiver Ebene

Zur exemplarischen Analyse wurde eine transkriptförmig verfasste Sequenz aus der Anfangsphase des Kurses gewählt (siehe Tab. 6). Dabei handelt es sich um die schriftliche Wiedergabe der auf die Wortebene reduzierten, auditiven Ebene der Interaktion. Die Transformation von Schallwellen in Schriftsprache scheint notwendig, um zu explizieren, worauf sich bei der Interpretation bezogen wird. Zweifelsohne ist eine derartige Transformation selbst bereits eine Selektion bzw. Interpretation. Es wurden beispielsweise sämtliche prosodischen Merkmale außer Acht gelassen. So könnten nicht-transitorische Phänomene der auditiven Ebene als innerer äußerer Kontext einbezogen werden – wie auch in Abbildung 1 berücksichtigt wurde.[160] Transitorische Elemente könnten zusätzlich im Transkript vermerkt werden.[161] Es ist davon

---

159 Zur sequenzanalytischen Vorgehensweise bzw. den Prinzipien der Sequentialität, Kontextabstinenz, Extensivität und Sparsamkeit vgl. auch Kapitel 2.1.
160 Der innere äußere Kontext auf auditiver Ebene wird hier weitgehend außer Acht gelassen, da insbesondere das Bild bzw. visuell Wahrnehmbares in seiner Bedeutung für Kursinteraktion unterstrichen werden soll. Prinzipiell ist die Hinzuziehung von Text bzw. Kontextdimensionen und deren Detaillierungsgrad als von der Fragestellung abhängig zu betrachten.
161 Zu Transkriptionskonventionen diesbezüglich vgl. z. B. Dittmar 2004.

auszugehen, dass es einen Unterschied für die Bildung von Normalkontexten bzw. die Auslotung von Anschlussoptionen macht, zu vermerken, an welcher Stelle die Stimme jeweils gehoben oder gesenkt wird und ob bei der Lautäußerung Besonderheiten in der Stimmqualität aufzuweisen sind. Je nach Analyseinteresse und angestrebter Präzision sind entsprechende Aspekte mit einzubeziehen, außen vor zu lassen oder punktuell hinzu zu ziehen.[162]

Tab. 6: Transkriptauszug auditive Ebene[163]

[1A1]	Ja, auch wenn wir noch nicht vollständig sind, denke ich, starten (.) wir (.) schon (.) ein (.) mal. Ehhphh, wie üblich machen wir (..) mit Bezug zum Thema Lampenfieber, sie gucken noch (.) was ist Lampenfieber? Wer hat Lampenfieber?
3 Sekunden Pause	
[2A2]	Verstehen sie nicht? (unverständlicher Vorname) gucken sie doch mal, Lampenfieber.
[3B1]	Hier ist es
[4A3]	Das wissen sie?
[5B2]	Ja, ich seh schon
[6A4]	Jaa, a ha.

7.2.1.1 Analyse der ersten Sequenz

Zunächst konzentriert sich die Analyse auf die erste Äußerung ([1A1]) und blendet Folgeäußerungen systematisch aus. Da es sich hier um einen relativ langen Redebeitrag handelt, wird die Äußerung in ‚interpretationsfreundliche Stücke' desequentialisiert.

Teilsequenzanalyse [1A1-1]

[1A1-1] Ja, auch wenn wir noch nicht vollständig sind,

Die Äußerung kann paraphrasiert werden mit „Auch wenn noch nicht alle da sind...". Es gilt nun gedankenexperimentell Kontexte auszuweisen, in denen die Äußerung als angemessen betrachtet werden kann.

Gedankenexperimentelle Kontexte:

[1A1-1-G1] Orchesterleiter zum Orchester bei Beginn einer Probestunde ins Gemurmel der Musiker: „Ja, auch wenn wir noch nicht vollständig sind, schlage ich vor, wir wiederholen schon mal Teil B vom letzten Mal."

---

162 In den Blick – oder vielmehr ins Ohr – kommen hier die Dimensionen: ‚Außen' (z. B. Geräusche vorbeifahrender Autos), ‚Kursraum' (z. B. Geräusche von am Boden kratzenden Stühlen, die durch den Raum geschoben werden), ‚Personen-Nahzone' (z. B. Intonation und Klangfarbe).
163 Transkriptionskonventionen: siehe Anhang.

[1A1-1-G2] Jugendfußballtrainer zu den herumkickenden Jugendlichen: „Ja, auch wenn wir noch nicht vollständig sind, solltet ihr euch schon mal n'bisschen aufwärmen."

[1A1-1-G3] Gruppe von Studenten, die sich zur Besprechung eines gemeinsam abzuhaltenden Referats treffen. Gespräche über Lebensweltliches. Eine Studentin ergreift das Wort: „Ja, auch wenn wir noch nicht vollständig sind, würde ich vorschlagen, wir gucken schon mal, wie jeder den Text so verstanden hat und klären schon mal so grob, wie wir vorgehen wollen."

[1A1-1-G4] Busreise. Die betagten Damen und Herren haben gerade das antike Rom bewundert. Nun ist der Abend nah und Zeit zum Aufbruch, um rechtzeitig im Hotel zum Abendessen zu erscheinen. Der Reiseleiter fordert die Reisenden, die von ihrer Rom-Tour bereits zurück gekehrt sind und schwatzend vor dem Bus stehen, auf: „Ja, auch wenn wir noch nicht vollständig sind, würde ich sie bitten, schon mal im Bus Platz zu nehmen, damit wir dann gleich losfahren können, sobald der Rest eingetroffen ist. Das Abendessen wartet auf uns."

[1A1-1-G5] Parteimitglied zu seinen Genossen: „Ja, auch wenn wir noch nicht vollständig sind, bin ich der Meinung, wir sollten schon mal über die Organisation des nächsten Parteitages sprechen. Steht denn schon fest, wer sich diesmal um das Catering kümmert?"

Um das Spezifische der Äußerung sichtbar zu machen, kann versucht werden, Kontexte zu eruieren, in denen die Äußerung als ungewöhnlich bzw. nicht erwartbar vorzustellen ist.

Kontrastierende Kontexte:

[1A1-1-K1] Kleinfamilie. Mutter, Vater und Kind wollen gemeinsam eine Partie ‚Mensch-Ärgere-Dich-Nicht' spielen. Mutter und Vater haben sich schon am Tisch eingefunden und das Spiel aufgebaut, während das Kind noch auf der Toilette mit dem Urinieren beschäftigt ist. Der Vater zur Mutter: „Ja, auch wenn wir noch nicht vollständig sind, können wir ja schon mal anfangen."

[1A1-1-K2] Großstädtische Universität. Vorlesung. Der Saal ist fast zur Gänze mit etwa 500 Studierenden gefüllt. Gemäß der Seminarankündigung sollte die Vorlesung nun beginnen. Der Dozent: „Ja, auch wenn wir noch nicht vollständig sind, werde ich nun mit meinem Vortrag beginnen."

[1A1-1-K3] Patient auf dem OP-Tisch. Beinoperation unter Teilnarkose. Das Anästhesistenteam und die OP-Pfleger sind schon versammelt, bereiten die Operation vor und warten auf den lei-

tenden Arzt. Der Patient: „Ja, auch wenn wir noch nicht vollständig sind, können sie ja schon mal anfangen."
Zur weiteren Präzisierung der Analyse mag die Explikation der Bedeutung einzelner Worte beitragen.

Explikation der Wortbedeutung von „vollständig":
„Vollständig" kann paraphrasiert werden mit „mit allen dazugehörenden Teilen, Stücken vorhanden; keine Lücken, Mängel aufweisend" (Wermke/Kunkel-Razum/ Scholze-Stubenrecht 2002, S. 1013) bzw. „völlig, gänzlich" (a. a. O.).
In einem nächsten Schritt sind Lesarten als Strukturgemeinsamkeiten bzw. -differenzen auszuweisen.

Strukturgemeinsamkeiten/-differenzen:
Die angeführten gedankenexperimentellen Kontexte präsupponieren allesamt einen Interaktionszusammenhang, bei der mehr als zwei Personen erwartet werden. Voraussetzung zur Gültigkeit der Äußerung ist, dass die Gruppe zum Zeitpunkt der Äußerung bekanntermaßen noch nicht vollzählig anwesend ist. Das Wort „ja" zu Beginn der Rede kennzeichnet den Beitrag als Übernahme des Rederechts durch die betreffende Person – zuvor könnte jemand anderes gesprochen oder sich mehrere Personen unterhalten haben. Der Sprecher macht deutlich, dass er eine Äußerung von sich geben will, die an alle gerichtet ist bzw. alle Anwesenden mit einbezieht („wir") – was voraussetzt, dass ihm das Recht der Strukturierung zukünftigen Interaktionsgeschehens zugesprochen wird (vgl. kontrastiv [1A1-K-3]). Die Unvollständigkeit der Gruppe wird explizit thematisiert. Dies wiederum setzt voraus, dass Vollständigkeit ein erwartbares Kriterium zur Durchführung der künftigen Interaktionspraxis und die Anzahl der erwarteten Teilnehmenden bekannt ist (vgl. dagegen [1A1-K2]). Das Wort „vollständig" bezieht sich zudem auf eine Gruppe, deren Bestandteile prinzipiell gleichrangig und nicht individuell unterschiedlich von Bedeutung sind (vgl. dagegen: „Auch wenn Britta, Uwe und Tim noch nicht da sind…") – allerdings nicht insofern, als das Vorhandensein aller eine notwendige Bedingung zur Etablierung des Interaktionszusammenhangs darstellt. Es kann schon begonnen werden. Die übrigen Teile werden sich dazu gesellen und Anschluss finden – was unterstellt, dass die zukünftige Praxis ausreichend offen gestaltet wird, damit Anschluss möglich ist bzw. Anschließbarkeit jeweils hergestellt werden kann. Die Äußerung lässt zudem vermuten, dass eine vorher stattgehabtes Interaktionsgeschehen nun abgeschlossen und stattdessen etwas Neues eingeleitet werden soll, wozu sich der Sprecher als strukturierungsmächtig und -berechtigt darstellt.

Nun gilt es Anschlussoptionen an die bisherige Rede auszuloten, bzw. Fragen zum weiteren Interaktionsverlauf zu fixieren – im Sinne antizipierender Rekursivität (vgl. Schneider 2004, S. 179).

Anschlussoptionen:

[1A1-1-A1] Der Redner tut kund, welcher Inhalt bzw. welches Thema die Interaktionspraxis bestimmen soll. Dabei bezieht er sich je nach sozialem Kontext, der eine spezifische Rollenverteilung nahe legt, in bestimmter Weise auf die Adressaten seiner Rede („...würde vorschlagen", „...sollt ihr", „...könnten wir vielleicht", etc.). Voraussetzung dafür ist, dass es A zugesprochen wird, Vorschläge zur Strukturierung des zukünftigen Interaktionsgeschehens zu machen – sein Beitrag also Gehör findet und seine Rede nicht unterbrochen wird.

Fragen:

- Wie definiert der Redner die Beziehung zu seinen Adressaten?
- Mit welchem Thema soll nun begonnen werden?

Teilsequenzanalyse [1A1-2]

[1A1-2] Ja, auch wenn wir noch nicht vollständig sind, **denke ich, starten wir (.) schon (.) ein (.) mal.**[164]

Nachdem illustriert wurde, wie schrittweise vorzugehen ist, soll nun eine Abkürzung in der Darstellung der Analyse vollzogen werden. Lesarten werden ‚ad hoc' formuliert und gedankenexperimentelle Kontexte lediglich zur Illustration oder bei strittigen Passagen hinzugezogen. Bei der Bildung von Lesarten zur aktuellen Sequenzposition ist die Analyse voriger Interaktionssegmente samt ausgewiesener Anschlussoptionen zu berücksichtigen und auf Passungsverhältnisse hin zu beobachten – im Sinne der Untersuchung der Beziehung zwischen antizipierender und retrospektiver Rekursivität (vgl. Schneider 2004, S. 179).

Es erweist sich zunächst ein Passungsverhältnis zur konstruierten Anschlussoption. Der Sprecher schlägt vor, dass mit etwas Neuem begonnen werden soll („starten wir"). Er charakterisiert sich als strukturierungsmächtig in Bezug auf eine zukünftige, für alle als gültig zu erachtende Praxis. Seine Position ist erwartungsgemäß die eines Gruppenleiters (vgl. dagegen [1A1-1-K3]). Es wird an dieser Stelle nicht kundgetan, welches neue Thema die Kommunikation bestimmen soll – folglich ist zu erwarten, dass den Adressaten[165] der Interaktionszusammenhang bereits bekannt ist (wie dies bei Orche-

---

164 Fett hervorgehoben sind die jeweils hinzugefügten Äußerungssegmente.
165 Um etwaigen Verwirrungen präventiv entgegenzuwirken sei angemerkt, dass ich hier den Begriff ‚Adressat' für jene Personen in Interaktionszusammenhängen gebrauche, an die Mitteilungen gerichtet sind resp. die als Rezipienten in Frage kommen (vgl. Hillmann 1994, S. 8). Den Begriff ‚Teilnehmer' verwende ich i. d. R. im Unterschied zum Begriff ‚Anwesender'. Mit beiden Begriffen wird sich auf den kommunizierten Status von Personen in In-

sterproben [1A1-1-G1] oder beim Fußballtraining [1A1-1-G2] der Normalfall sein mag). Die Gruppe trifft sich regelmäßig zu einer derartigen Versammlung, bei der die Kommunikation durch ein für alle bekanntes Thema determiniert ist (z. B. Fußballtraining; vgl. dagegen Busreise [1A1-1-G4]), womit begonnen wird, wenn der Leiter dazu das entsprechende Signal gibt. Konkrete Anweisungen werden zu diesem Zeitpunkt noch nicht gegeben.

Es stellt sich hier die Frage, ob die zukünftige gemeinsame Praxis thematisch benannt wird bzw. ob gesagt wird, was getan werden soll oder ob die Adressaten der Rede von sich aus mit einer bestimmten Handlungs- oder Kommunikationsroutine beginnen. Sollten die Anwesenden von sich aus mit dem Vollzug einer bestimmten Praxis beginnen, würde dies die Äußerung als Initialzündung und die Adressaten der Äußerung als aufforderungsbedürftig, bereits bekannte Handlungs-/Kommunikationsroutinen umzusetzen charakterisieren. Anderenfalls (bei Bekanntgabe des Themas) ist davon auszugehen, dass sich der künftige Interaktionszusammenhang durch die Besonderheit eines neuen Themas auszeichnet. In beiden Fällen wird allerdings unterstellt, dass eine gemeinsame Praxis stattfinden wird und A dazu als zu strukturieren berechtigt ist – die Rollenverteilung also keiner Diskussion bedarf.

Auffällig an diesem Äußerungsteil ist die Verwendung des Wortes „starten" (vs. beginnen, anfangen etc.). „Starten" markiert nicht nur einen inhaltlich, sozial und/oder zeitbezogenen Übergang, sondern charakterisiert die zukünftige Interaktionspraxis als äußerst dynamisch. Das international verständliche Wort „starten" wird zur Kennzeichnung der Überführung von statischer Masse in einen äußert dynamischen Zustand verwendet – z. B. beim Wettrennen, beim Anlassen eines Motors, beim Abheben eines Flugzeugs, einer Rakete (vgl. auch Wermke/Kunkel-Razum/Scholze-Stubenrecht 2002, S. 848). Der künftige Interaktionszusammenhang bzw. das Agieren der an ihm Beteiligten verspricht also hoch energetisch und dynamisch zu sein. Demgegenüber wirkt der folgende Satzteil („(.) schon (.) ein (.) mal.") als Zurücknahme der zuvor propagierten Dynamik. Statt eines ‚reifenquietschenden, von lautem Motorengeheule begleiteten Durchstartens' erscheinen die ungewöhnlichen, ein-sekundigen Pausierungen nach den einzelnen Worten eher als ‚Seufzer eines vom Absaufen bedrohten Motors'. Deuten lässt sich eine derartige Äußerung zunächst in zwei Weisen: (a) Dem Sprecher ist es nicht möglich, die Aufmerksamkeit der Adressaten seiner Rede zu gewinnen. Mit der Äußerung soll eine allgemeinverbindliche Interaktionspraxis etabliert werden. Dies gelingt nur, insofern die Aufmerksamkeit aller, oder zumindest eines Großteils der Angesprochenen, auf die Äußerung von A gerichtet ist. Da niemand erkennbar dazwischen redet, stellt sich be-

---

teraktionssystemen bezogen. Der Begriff ‚Kursteilnehmer' bezeichnet demgegenüber eine bereits spezifizierte Rollenerwartung. Zur Differenz Anwesende/(Kurs-)Teilnehmer vgl. auch Kapitel 1.1 sowie Luhmann 1977, S. 4 f.

züglich der Bildebene die Frage, ob der Sprecher möglicherweise gar nicht beachtet wird. Das Hinauszögern des Satzendes könnte als Versuch betrachtet werden, die Aufmerksamkeit der Angesprochenen durch ungewöhnliche Pausierung auf sich zu ziehen bzw. seine Erwartungen mit denen der Anwesenden zu synchronisieren. Zudem (b) wird mit der Pausierung das absehbare Ende des Satzes und somit die nächste turn-taking Stelle hinausgezögert. So ist als Anschlussoption nach Beendigung des Satzes erwartbar, dass A preisgibt, mit welchem Thema begonnen werden soll. Dies würde allerdings die Aufmerksamkeit der Adressaten voraussetzen, die vermutlich bislang noch nicht auf A fokussiert ist. Andererseits könnten die Adressaten von selbst beginnen, einer Handlungs- oder Kommunikationsroutine nachzugehen. Beides ist unwahrscheinlich, wenn der Äußerung von A keine Aufmerksamkeit gewidmet wird. Vielmehr würde ihm die Strukturierungsmacht abgesprochen.

Ebenfalls konträr zur Startaufforderung ist die Formulierung „denke ich", welche die darauf folgende Äußerung als allgemein-verbindliche abschwächt. Um den Bedeutungshorizont von „denke ich" auszubreiten, ist es möglich dieses Segment in verschiedene Kontexte zu setzen:

- „Auch wenn meine Eltern keinen Hund hatten, denke ich, dass ich mir irgendwann mal einen zulegen werde."
- „Selbst wenn das Wetter schlecht sein sollte, denke ich, dass wir mit diesem Urlaubsziel goldrichtig liegen werden."
- „Auch wenn ich bald sterben sollte, denke ich, dass mein Leben erfüllt war."
- „Auch wenn es noch nicht regnet, denke ich, wir sollten schon mal die Sitzbezüge rein holen."

Kontrastierende Redewendung:

- „Auch wenn es noch nicht regnet, sollten wir jetzt die Sitzbezüge rein holen!"

Es handelt sich in jedem Fall um die Kennzeichnung einer geäußerten Meinung als eigene, subjektive Ansicht, der prinzipiell widersprochen werden kann. Demgegenüber verursacht im o. a. Kontrastbeispiel ein Widerspruch möglicherweise Streit und lässt das Interaktionssystem instabil werden. Die Äußerung ist auf Kontinuität zur dauerhaften Etablierung eines Interaktionssystems mit geringer Hierarchisierung angelegt (vgl. kontrastiv: Bundeswehr. Der Hauptfeldwebel: „Auch wenn noch nicht alle da sind, denke ich, können wir schon mal mit dem Appell beginnen").

Auf der Grundlage bisheriger Analyse bietet es sich bereits an, eine Charakterisierung des Interaktionszusammenhangs vorzunehmen, um den Bedeutungsgehalt der ersten (Teil-)Äußerung zusammenzufassen und stärker zu konturieren.

Erste Charakterisierung des Interaktionszusammenhangs

a) Das Interaktionssystem zeichnet sich durch ein hohes Maß an Fragilität aus. Trotz des von A anvisierten Beginns einer gemeinsamen Interaktionspraxis, dessen Zeitpunkt den (potenziellen) Adressaten seiner Rede als bekannt unterstellt wird, herrscht keine vollständige Anwesenheit – was möglicherweise auf Fluktuation hindeutet. Dabei wird die Tatsache der Unvollständigkeit zwar hervorgehoben, gilt aber nicht als Bedingung zur Initiierung und Strukturierung der Interaktion durch A. Dasjenige womit begonnen werden soll, muss ein gewisses Maß an Offenheit zur Integration hinzukommender Teilnehmer aufweisen. Es findet keine rigide Abschottung von der Umwelt statt.

b) Die Personen, die an dem offenbar zu etablierenden Interaktionszusammenhang teilhaben sollen, sind dem Sprecher bekannt, werden aber nicht als unterschiedliche, individuelle Persönlichkeiten betrachtet. Vielmehr werden die Anwesenden und die zukünftig potenziell Anwesenden als einzelne Teile, die zusammen ein ‚vollständiges Konglomerat' bilden, bezeichnet. In diesen Zusammenhang integriert sich der Sprecher einerseits, indem er die erste Person Plural verwendet, hebt sich andererseits aber durch seine Strukturierungstätigkeit davon ab – womit er eine Führungsposition beansprucht und so eine asymmetrische Rollenstruktur zu Tage treten lässt.

c) Die Art und Weise der Gestaltung des Übergangs in eine (Gruppen-)Aktivität charakterisiert die Beziehung des Sprechers zu den Adressaten seiner Rede als eine auf Kontinuität hin angelegte Beziehung. Es geht hier weniger um die Hinführung zu einer Beschäftigung mit einem konkreten Inhalt, als vielmehr um das Herstellen der Möglichkeit von Beziehungskontinuität über einen längeren Zeitraum unter der Bedingung geringer Hierarchieverhältnisse resp. eingeschränkter Steuerungsmöglichkeiten. Durch die spezifische Art und Weise der verbalen Gestaltung des Übergangs („denke ich, starten wir (.) schon (.) ein (.) mal") wird die Möglichkeit des Widerspruchs ohne Zuspitzung auf Konflikt eingeräumt („denke ich") sowie durch das Setzen von kurzen Pausen versucht, die Aufmerksamkeit der Angesprochenen auf die Kommunikation zu richten. A öffnet die eigenen Strukturierungsansprüche gegenüber potenziell abweichenden Vorschlägen – beim Versuch der Bindung der angesprochenen Personen an einen bestimmten Interaktionszusammenhang im Kontext geringer Hierarchieverhältnisse erscheint dies durchaus als angemessene Option. Durch die Äußerung von A wird zugleich eine Schließung des Interaktionszusammenhangs in Richtung Kontinuität (vs. Unterbrechung, Auflösung) vollzogen, indem divergierende Meinungen als kommunikativ bearbeitbar markiert werden. Durch Gebrauch des international verständlichen Wortes „starten" wird zudem die Überführung

einer diffusen Situation in eine geschlossene, gleichgerichtete Dynamik als Ziel derzeitiger verbaler Strukturierungsbemühungen anvisiert.
d) Der Lesart, es handele sich bei diesem Satz möglicherweise um ein Diktat, bei dem Sprechpausen aus didaktischen Gründen eingesetzt werden, wird hier unter Berufung auf das Prinzip der Sparsamkeit (vgl. Kap. 2.1) nicht nachgegangen.

Nachdem nun eine erste zusammenfassende Charakterisierung des Interaktionszusammenhangs erfolgt ist, sind die nachfolgenden Interakte auf dieser Folie zu beobachten. Zunächst gilt es wiederum Anschlussoptionen auszuweisen.

Anschlussoptionen:

[1A1-2-A1]   Da das Satzende möglicherweise das Ende der Rede von A anzeigt, ist vorzustellen, dass eine andere Person die Redeaktivität übernimmt und A die Strukturierung zukünftiger Interaktionspraxis streitig macht bzw. Alternativen vorschlägt (z. B.: „Ich denke aber, wir sollten lieber noch warten.").

[1A1-2-A2]   Es ist ebenso vorstellbar, dass A die Strukturierung des Interaktionszusammenhangs abbricht oder unterbricht, da es ihm nicht gelingt, die Aufmerksamkeit der Adressaten auf sich zu ziehen.

[1A1-2-A3]   Möglicherweise gibt A weitere Hinweise zur inhaltlichen Gestaltung zukünftiger Interaktionspraxis bzw. sagt, was zu tun ist. Dies würde allerdings Aufmerksamkeit resp. Bindungsbereitschaft der Adressaten präsupponieren.

[1A1-2-A4]   A könnte die verbale Strukturierungstätigkeit einstellen, da die Adressaten bereits entsprechend seiner Erwartungen agieren.

Teilsequenzanalyse [1A1-3]

[1A1-3]   Ja, auch wenn wir noch nicht vollständig sind, denke ich, starten wir (.) schon (.) ein (.) mal. **Ehhphh, wie üblich machen wir (..)**

Es besteht ein Passungsverhältnis zur Anschlussoption [1A1-2-A3]: Der Redner gibt weitere Anweisungen zur inhaltlichen Gestaltung des zu etablierenden Interaktionszusammenhangs und unterstellt damit eine gerichtete Aufmerksamkeit der Adressaten. Dabei charakterisiert er die künftige Praxis als allgemein bekannt und die Versammlung als ein gewohnheitsmäßig, immer wieder gleich ablaufendes Setting („üblich"; vgl. auch Wermke/ Kunkel-Razum/Scholze-Stubenrecht 2002, S. 922).
  Der explizite Verweis auf übliche Handlungs-/Kommunikationsmuster, deren Benennung möglicherweise im anschließenden Satzteil folgt, ist ledig-

lich dann erwartbar, wenn zu einer üblichen Gemeinschaft neue Personen hinzu gestoßen sind, die in routinisierte Abläufe eingeführt werden sollen. Damit wird ein Unterschied zwischen gewohnten und neu hinzu gekommenen Teilnehmern konstruiert. Die Neulinge werden indessen nicht explizit als einzuführende Novizen angesprochen, denen die Kommunikations- bzw. Handlungspraxis zu erklären ist. Vielmehr wird auf Lernen qua Beobachten gesetzt. Die Rede von A richtet sich also an zwei unterschiedliche Personenkreise: Einerseits gewohnte Teilnehmer. Für diese stellt die inhalts-, rollen- und zeitförmig spezifizierte Interaktionspraxis nichts Neues dar. Andererseits Neulinge, die zur Partizipation am Geschehen qua Beobachtung angewiesen werden.

Es ist allerdings ebenso möglich, dass der Redner durch seinen Verweis auf die allgemein geteilte Erwartbarkeit des Ablaufs künftiger Interaktionspraxis, diese als Fortsetzung betont – also in eine Reihe von ähnlich ablaufenden Veranstaltungen einbettet und so deren Kontinuität betont. Damit stilisiert er die Adressaten seiner Rede entweder zu Novizen, die in eine, in dieser Art und Weise immer wieder stattfindende Praxis eingeführt werden sollen, oder er betont gegenüber altbekannten Teilnehmern die Gleichartigkeit dieser Praxis, was dann erwartbar ist, wenn Anzeichen für eine Abänderung üblicher Abläufe erkennbar sind.

Nach dem Satzteil erfolgt eine Pause, die zwei Lesarten befördert: Eine Pause an dieser Stelle ist erwartbar entweder, (1) wenn die Angesprochenen ihre Aufmerksamkeit nicht sichtbar auf den Sprecher gerichtet haben, ein Abbruch der Rede also aufgrund der Nicht-Legitimierung von Strukturierungsanheischungen durch Aufmerksamkeitsentzug der Angesprochenen zustande kommt, oder (2) wenn der Redner sich ungewiss darüber ist, was als nächstes zu sagen ist resp. wie es mitgeteilt werden soll. Da markiert wird, dass die Interaktionspraxis immer gleich abläuft, ist die Lesart, der Redner wisse nicht recht, was diese Praxis beinhaltet bzw. was als nächstes zu tun ist, aus Gründen ‚sparsamen Vorgehens' auszuschließen. Ein anderer Normalkontext für den Vollzug einer Pause an dieser Stelle wäre, wenn der Redner durch (visuell) wahrnehmbare Irritationen davon abgehalten wird, fortzufahren.

Das Interaktionsgeschehen erweist sich weiterhin als fragil und erfährt in dieser Hinsicht, durch die doppelte Adressatenkonstruktion, eine Steigerung. Unterstellt wird einerseits eine Gruppe altbekannter Teilnehmer, die dennoch zum Beginnen der ihnen bereits bekannten Praxis aufgefordert werden müssen. Das ist dann erwartbar, wenn es sich hier um heterogen agierende Personen handelt, die etwa vor dem Beginn der Veranstaltung individuelle Interessen realisieren bzw. der Pflege von Interaktionsbeziehungen, die möglicherweise auch über den aktuellen Interaktionszusammenhang hinaus bestehen, nachgehen und deren Zusammenschluss erwartungsgemäß durch einen Leiter angeregt wird, der die Aufmerksamkeit in Richtung kollektiven Agierens lenkt. Andererseits präsupponiert die Rede das Vorhandensein eines oder mehrerer Neulinge – oder zumindest Personen, denen die Interaktionspraxis nicht geläufig ist – die implizit zum Nachvollzug qua Beobachtung aufgefordert werden. Die explizite Initiierung des Interaktionsgeschehens könnte mithin auch den Novizen geschuldet sein. Damit wird ihnen der als gewöhnlich markierte Ablauf präsentiert – zu Lasten derer, die den gewöhnlichen Ablauf zur Genüge kennen und für die die explizite Thematisierung der Routine befremdlich und redundant erscheinen mag. Weiterhin wäre vorstellbar, dass alle Adressaten Novizen im betreffenden Kontext sind und auf die Einbettung der Veranstaltung in eine Reihe von so ablaufenden Praxen, also auf eine Standardisierung hingewiesen werden sollen.

Anschlussoptionen:

[1A1-3-A1]   Da eine gerichtete Aufmerksamkeit der Adressaten von A's Rede nicht gegeben ist, bittet dieser um Ruhe und Aufmerksamkeit, um fortzufahren.

[1A1-3-A2]   A nutzt die zwei-sekundige Pause zur Versicherung der Aufmerksamkeit der Angesprochenen. Als diese hergestellt ist, fährt er fort und erläutert, was inhaltlich das künftige Interaktionsgeschehen determinieren soll.

[1A1-3-A3]   A knüpft an die (visuell zugängliche) Irritation, die eine Unterbrechung seiner Rede veranlasst hat, an.

Teilsequenzanalyse **[1A1-4]**

[1A1-4]   Ja, auch wenn wir noch nicht vollständig sind, denke ich, starten wir (.) schon (.) ein (.) mal. Ehhphh, wie üblich machen wir (..) **mit Bezug zum Thema Lampenfieber,**

An dieser Stelle realisiert der Sprecher eine Anschlussoption gemäß [1A1-3-A2] und/oder [1A1-3-A3]. A fährt fort, indem er inhaltlich-thematisches anführt. Da es sich hier um eine etwas ungewöhnliche Anschlussselektion handelt, erscheint es lohnenswert, dazu explizit gedankenexperimentelle Kontexte zu konstruieren. Dabei wird das benannte Thema zunächst durch einen beliebigen Platzhalter substituiert, um den Bedeutungshorizont der Syntax herauszukristallisieren („…mit Bezug zum Thema (x)…").

Gedankenexperimentelle Kontexte:

[1A1-4-G1]   Vortragssituation an der Universität. Der Dozent beginnt: „Ich werde Ihnen im Folgenden etwas zum Paarungsverhalten der Frösche, mit Bezug zum Thema ‚Emanzipation im Tierreich' erklären."

[1A1-4-G2]   Moderatorin in einer Dokumentationssendung: „Mit Bezug zum Thema ‚Rauchen als orale Triebbefriedigung' haben wir

Raucher in der Frankfurter Innenstadt befragt, in welcher Situation sie mit dem Rauchen angefangen haben und was das Rauchen für sie bedeutet."

Die Position des Satzteils kann satzintern variieren. Gemeinsam ist den gedankenexperimentell konstruierten Kontexten, dass der Satzteil einen zentralen Aspekt (das Paarungsverhalten der Frösche oder das Interviewen von Passanten) näher beschreibt und diesen in einen Kontext einbettet bzw. auf diesen verweist (,Emanzipation im Tierreich' oder ,Rauchen als orale Triebbefriedigung'). Mit Blick auf die zu untersuchende Sequenzposition ist erwartbar, dass diesem Verweis der zentrale Aspekt nachgeordnet benannt wird. Demgegenüber stellt „Lampenfieber" ein Thema dar, auf das sich zusätzlich bezogen werden soll. Dabei ist offen, ob dieser Bezug etwas Besonderes ist, das den gegenwärtigen Interaktionszusammenhang von anderen, ähnlich konzipierten Veranstaltungen unterscheidet, oder ob sich üblicherweise auf Lampenfieber bezogen wird.

Die kollektive Bearbeitung von Themen, die mit „Lampenfieber" (womit i. d. R. eine nervöse Erregung vor öffentlichen Auftritten bezeichnet wird; vgl. Wermke/Kunkel-Razum/Scholze-Stubenrecht 2002, S. 570) assoziiert werden können, ist erwartbar in Kontexten wie etwa einer Schauspielschule, einem Vortragstraining bzw. einer Trainerausbildung oder einer Therapiegruppe. Lampenfieber gilt dort als Defizit, das Gruppenmitgliedern anhaftet oder anhaften könnte und durch Lernen bearbeitet werden soll. Daneben könnte Lampenfieber allerdings auch als Phänomen, unabhängig von den jeweiligen Problemen der Gruppenteilnehmer, einer Bearbeitung unterzogen werden. Lampenfieber könnte beispielsweise thematischer Gegenstand einer Arbeitsgruppe sein, die – neben anderen Themen – verschiedene Umgangsweisen mit Lampenfieber vor öffentlichen Auftritten untersucht. Zum Einfinden in dieses neue Thema könnte die Gruppe – „wie gewöhnlich" – mit einem Brainstorming beginnen.

Anschlussoption:

[1A1-4-A1]   Verweis auf ein weiteres Thema bzw. eine angestrebte Verfahrensweise, welche die zukünftige Praxis bestimmt und mit genanntem Thema assoziiert ist.

Teilsequenzanalyse [1A1-5]

[1A1-5]   Ja, auch wenn wir noch nicht vollständig sind, denke ich, starten wir (.) schon (.) ein (.) mal. Ehhphh, wie üblich machen wir (..) mit Bezug zum Thema Lampenfieber, **sie gukken noch (.)**

Es erweist sich kein Passungsverhältnis zur oben ausgewiesenen Anschlussoption. Anstatt ein weiteres Thema bzw. eine angestrebte Verfahrensweise zu benennen, wird sich in der Anschlussselektion auf visuell wahrnehmbare Aktivitäten der- oder desjenigen bezogen, an die/den sich die Rede richtet – eine mögliche Alternative im Falle einer sichtbaren Unaufmerksamkeit angesprochener Person(en). Anstatt allerdings um Aufmerksamkeit zu bitten bzw. die Nicht-Legitimierung von A's Anleitungsaktivitäten explizit zum Thema zu machen, wird die Aufmerksamkeitsrichtung des Adressaten in die Kommunikation gehoben und implizit als ‚Aufmerksamkeitsfehlleitung' thematisiert.

Das Äußerungssegment „…sie gucken noch (.)" unterstellt, dass die angesprochene(n) Person(en) noch mit etwas anderem beschäftigt ist/sind, das zuvor primärer Gegenstand der Aufmerksamkeit gewesen sein mag. Zwar wird die Rede von A nicht durch verbale Äußerungen der Adressaten gestört, jedoch durch ‚Fehlleitung der Blickrichtung' als wahrnehmbarem Nicht-Bezug – so die These. Zur Etablierung des Interaktionszusammenhangs wird nicht lediglich ein Stillschweigen der Angesprochenen, sondern zudem eine sichtbare Zuwendung von Aufmerksamkeit erwartbar. Zur Herstellung einer einheitlichen Aufmerksamkeitsrichtung der Adressaten wird die Ankündigung eines Themas bzw. einer angestrebten Handlungslogik unterbrochen und Aufmerksamkeitsfehlleitung zum Kommunikationsgegenstand erhoben. Mit allen, der visuellen und auditiven Wahrnehmung zugänglichen und kontrollierbaren Sinnen soll sich auf die Strukturierungsaktivität von A konzentriert werden. Dies unterstellt ein überschaubares Interaktionssystem, bei dem die Aufmerksamkeitsrichtung der einzelnen Personen unmittelbar zugänglich ist (vgl. dagegen etwa Vorlesungen im Universitätskontext).

Gedankenexperimentelle Kontexte zur Thematisierung abweichender Aufmerksamkeit:

[1A1-5-G1]   Unterweisung eines Lehrlings in das Arbeiten an der Stanzpresse. Während der Meister erklärt, wie wichtig es ist, seine Finger in Acht zu nehmen, bevor man mit dem Fuß den Stanzmechanismus aktiviert, bemerkt er, dass der Lehrling, statt seinem Hantieren Aufmerksamkeit zu schenken, einer vorbeilaufenden Kollegin hinterher schaut.

[1A1-5-G2]   Grundschule, 4. Klasse. Die Lehrerin möchte gerade ein neues Thema erläutern und nimmt wahr, dass ein Schüler aus dem Fenster nach draußen schaut, wo auf dem Rasen zwei Amseln gerade damit beschäftig sind, sich um einen dicken Regenwurm zu streiten.

[1A1-5-G3]   Zwei Freundinnen unterhalten sich. Während die eine Frau gerade erzählt, wie sie eine neue Bekanntschaft übers Internet gemacht hat, schaut die andere in eine Zeitschrift. Erstere fragt daraufhin: „Hörst du mir überhaupt zu?"

Kontrastierende Kontexte:

[1A1-5-K1]   Kurs der Erwachsenenbildung. Während ein Kursteilnehmer, bezugnehmend auf die Frage der Kursleiterin, aus seiner Perspektive schildert, wie man Rotkohl geschmackvoll zubereitet, nimmt er wahr, dass eine Person am anderen Ende des Raumes aus dem Fenster schaut. Er unterbricht seine Rede und ruft: „Frau Brinkmann, Sie gucken aus dem Fenster?!?"

[1A1-5-K2]   Im Zoo. Fütterung der Seehunde. Während der Tierwärter im Gehege vor einer versammelten Gemeinde von Zoobesuchern etwas über die Fressgewohnheiten von Seehunden zum Besten gibt, bemerkt er, wie ein Besucher seinen Blick 'gen Himmel auf zwei vorbei fliegende Störche richtet. Er ruft: „He, Sie da! Hier spielt die Musik!"

Strukturgemeinsamkeiten/-differenzen:

Überschaubarkeit der Adressatenmenge bildet ein erstes Kriterium für Strukturgemeinsamkeiten der hier versammelten Kontexte. Daneben muss dem Redner ein Recht zur Strukturierung der Aufmerksamkeit zugesprochen werden (vgl. dagegen [1A1-5-K1 und -K2]). Die Rede muss zudem für den Vollzug künftiger Kommunikationspraxis vom Redner als wichtig eingestuft werden. Die Herstellung der Möglichkeit von Anschließbarkeit an die eigene Rede gilt als wesentliches Kriterium – Versicherung der Aufmerksamkeitsrichtung als Risikovermeidung zur Herstellung von Kontinuität.

Durch die dezente Thematisierung von Aufmerksamkeitsfehlleitung wird einer möglichen Instabilität des Interaktionssystems präventiv entgegengewirkt. Das Problem potenzieller Nicht-Legitimation des Gruppenleiters bzw. der asymmetrisch angelegten Rollenstruktur wird dabei nicht explizit thematisiert. Anstatt die (hypothetisch) unaufmerksame Person dazu aufzufordern, Aufmerksamkeit zu demonstrieren und so vor die Wahl zwischen Anpassung und Abweichung zu stellen, wird eine derartige, für die Fortsetzung des Interaktionszusammenhangs riskante Forcierung ausdrücklicher Selektion unterwandert, indem A die Aufmerksamkeitsrichtung der angesprochenen Person in einer weniger sanktionierenden als vielmehr registrierenden Weise thematisiert. Dadurch, dass die als abweichend unterstellte Aufmerksamkeitsrichtung Einzug in auditive Kommunikation erhält, wird ein Kontext evoziert, bei dem: (a) eine ungebrochene, sichtbare Aufmerksamkeit der Angesprochenen zur Fortsetzung der Interaktionspraxis bzw. zur Gewährleistung von Anschließbarkeit an einen sich fortsetzenden Interaktionszusammenhang notwendig ist; (b) diese Aufmerksamkeitsrichtung nicht bereits gegeben ist, sondern erst von einer dazu berechtigten Person hergestellt werden muss; (c) eine seichte Überführung der Anwesenden zu Teilnehmern gewährleistet und ein Ausscheiden potenzieller Teilnehmer verhindert werden soll.

Anschlussoptionen:

[1A1-5-A1] An dieser Stelle könnte eine Redeübernahme der angesprochenen Person(en) erfolgen.: „Ja, ich habe den letzten Punkt noch nicht verstanden." Dies setzt eine zuvor stattgefundene, gemeinsame Handlungspraxis voraus.

[1A1-5-A2] A könnte die Anleitung der Interaktionspraxis fortsetzen, indem er wiederholt und auf Inhaltliches verweist, z. B.: „äh, heute mit Bezug zum Thema Lampenfieber machen wir wie immer ein erstes Brainstorming".

[1A1-5-A3] Es könnte eine explizite Thematisierung der Aufmerksamkeitsfehlleitung erfolgen, z. B.: „Ich möcht' Sie doch bitten, ein wenig aufmerksam zu sein."

[1A1-5-A4] A könnte dasjenige, was als Referenzpunkt der Aufmerksamkeit anwesender Personen unterstellt wird kurz thematisieren, und dann direkt zum zuvor angeklungen Thema zurückleiten oder den unterstellten Referenzpunkt der Aufmerksamkeit als Anlass zum Dialog nehmen – je nachdem was als Referenzpunkt der Aufmerksamkeitsfehlleitung gilt und inwiefern dies einen Indikator für eine risikobehaftete Fortsetzung des Interaktionszusammenhangs darstellt: (a) „Sie gucken noch (.) Also ich finde auch, der Stil dieser neuen Wandgemälde passt sich optimal in den Raum ein. Aber zum Thema. Für heute..."; (b) „Sie gucken noch (.) Haben Sie noch Fragen zum letzten Punkt?".

Teilsequenzanalyse [1A1-6]

[1A1-6] Ja, auch wenn wir noch nicht vollständig sind, denke ich, starten wir (.) schon (.) ein (.) mal. Ehhphh, wie üblich machen wir (..) mit Bezug zum Thema Lampenfieber, sie gukken noch (.) **was ist Lampenfieber? Wer hat Lampenfieber?**

Es erfolgt keine Redeübernahme durch einen anderen Sprecher. A knüpft in seinem Beitrag an das relative Thema „Lampenfieber" an, statt den tragenden Inhalt zukünftiger Beschäftigung zu benennen. Es erweist sich also zunächst kein Passungsverhältnis zu den zuvor antizipierten Kommunikationsverläufen. Das macht es notwendig, auszuloten, welcher Strukturlogik diese Anschlussselektion folgt. Gedankenexperimentell können etwa folgende Kontexte für die Formulierung „Was ist (x)? Wer hat (x)?" angeführt werden:

Gedankenexperimentelle Kontexte:

[1A1-6-G1] Vorlesung an der medizinischen Fakultät. Der Dozent leitet zum Thema über: „Was ist Mumps? Wer hat Mumps? Bei Parotitis epidemica, auch Mumps genannt, handelt es sich um eine akute generalisierte Virusinfektion, die durch eine nichteitrige Schwellung der Ohrspeicheldrüse gekennzeichnet ist. Mumps tritt i. d. R. zwischen dem dritten und achten Lebensjahr, überwiegend bei Jungs auf."

[1A1-6-G2] Ein Reporter interviewt einen Obdachlosen und fragt nach dessen Geldverbrauch pro Tag. Darauf antwortet dieser: „Was ist Geld? Wer hat Geld? Ich brauch kein Geld! Die Küchenabfälle der florierenden Fast-Food-Industrie genügen mir vollkommen."

Die direkte Kopplung von ‚W-Fragen' nach demselben Gegenstand schränkt den Kontext vorstellbarer Realisierung ein. „Was ist" und „wer hat" zielt auf etwas, das man besitzen kann resp. mit dem man behaftet sein kann und das einer erläuternden Definition bedarf. Das direkte Aufeinanderfolgen der beiden Fragen kommt als didaktisches Stilmittel oder als Markierung von Ironie bzw. Spott in den Blick – wobei das Beispiel zur Ironisierung ([1A1-6-G2]) bereits unterhalb der Grenze ‚wohlgeformter Normalkontexte' liegt und im Folgenden ausgeklammert wird – sofern sich nicht eine entsprechende Lesart bei der Beobachtung des weiteren Kommunikationsverlaufs aufdrängt.

A schließt also an die implizit-dezente Thematisierung der Unaufmerksamkeit der Adressaten seiner Rede durch Rekurs auf ein, zuvor als zum Hauptgegenstand relational benanntes Thema („Lampenfieber") an, das möglicherweise als Referenzgegenstand der Aufmerksamkeitsrichtung, den anwesenden Personen unterstellt wird. Dieses Thema bereitet er didaktisch qua rhetorischer Frage auf. Bezugnehmend auf diese Frage wäre nun eine detaillierte Ausführung seinerseits erwartbar. Eine Didaktisierung von „Lampenfieber" erscheint notwendig gegenüber Personen, deren Sprachverständnis als noch nicht ausreichend betrachtet wird, wie beispielsweise bei Kindergartenkindern oder Schülern der Primarstufe.[166] Da dies aufgrund vorheriger Verwendung der 3. Person Plural als nicht zutreffend erscheint, wäre es vorstellbar, dass es sich bei den Angesprochenen um defizitäre konstruierte Erwachsene handelt, die nicht wissen, worum es sich bei „Lampenfieber" handelt – die Adressaten also entweder geistig anormal entwickelt sind oder es sich um Menschen mit Migrationshintergrund handelt, die als der deutschen Sprache noch nicht mächtig konstruiert werden.

---

166 Ebenso könnte die Frage allerdings auch im Dienste einer Irritation des Alltagsverständnis stehen. Erwartbar ist dies etwa im Kontext wissenschaftlicher Auseinandersetzung mit grundlegenden Themen. Betrachtet man aber den sich sukzessive abzeichnenden inneren Kontext, erscheint diese Option als eher unwahrscheinlich.

Resequentialisierung und Rekapitulation:
Bildung erster Strukturhypothesen
Nachdem die erste Äußerung in Teilschritten rekonstruiert wurde, werden nun zentrale Strukturierungsprinzipien zusammenfassend herausgestellt.

[1A1]: Ja, auch wenn wir noch nicht vollständig sind, denke ich, starten wir (.) schon (.) ein (.) mal. Ehhphh, wie üblich machen wir (..) mit Bezug zum Thema Lampenfieber, sie gukken noch (.) was ist Lampenfieber? Wer hat Lampenfieber?

a) Fragilität
Vollzähligkeit der Anwesenden ist als erwartbare Voraussetzung zur Etablierung des hier durch A angeleiteten Interaktionszusammenhangs auszuweisen. Obgleich demgegenüber Unvollständigkeit kommuniziert wird, ergeht der Vorschlag, zu beginnen. Vollständigkeit wird somit nicht als notwendige Bedingung zur Etablierung der Interaktionspraxis erachtet. Da allerdings erwartbar ist, dass derzeit Abwesende später noch hinzu stoßen werden, steht die Strukturierung künftigen Geschehens unter der Maxime ‚Offenheit für später hinzukommende Personen'. Es muss gewährleistet sein, dass die verspäteten Personen am Geschehen Anschluss finden können bzw. der Interaktionszusammenhang durch das spätere Aufkreuzen potenzieller Teilnehmer in seinem Vollzug nicht gefährdet wird.

‚Grenzziehung' stellt sich als Problem des Interaktionszusammenhangs heraus. So ist auf der Grundlage auditiver Kommunikation zu beobachten, dass die Strukturierungsanheischungen von A auf die Unaufmerksamkeit anwesender Personen stoßen (ein Verdacht, den es am Bild zu erhärten gilt) bzw. Unaufmerksamkeit unterstellt wird. Das Interaktionssystem wird damit zugleich als eines charakterisiert, bei dem sichtbare Aufmerksamkeit der Anwesenden als Teilnahmebedingung fungiert – eine Bedingung die ein erhöhtes Maß an Fragilität produziert. Zwar wird A in seiner Rede nicht hörbar von anderen Personen unterbrochen, dennoch kommt er vom ursprünglichen Muster seiner Satzkonstruktion ab, indem er sich selbst unterbricht und die unterstellte Aufmerksamkeitsrichtung der Anwesenden zum Thema macht. Die Strukturierungsaktivitäten von A zielen somit auf die Herstellung sichtbarer Aufmerksamkeit der Anwesenden auf seine Person bzw. auf den von ihm gewählten Referenzpunkt. Demgegenüber erweist sich visuell wahrnehmbare Unaufmerksamkeit als Problem zur Etablierung bzw. Fortsetzung des Interaktionszusammenhangs. Die Herstellung von einheitlicher Aufmerksamkeit ist mit dem Problem verbunden, dass manche Anwesenden noch keine Teilnehmer[167] und manche der als (potenzielle) Teilnehmer kommunizierten Personen noch keine Anwesenden sind.

b) Freiwilligkeit

Dass offenbar nicht alle Teilnehmer zum Zeitpunkt der untersuchten Äußerung anwesend und manche Anwesenden unaufmerksam sind, charakterisiert die Adressaten der Rede von A als freiwillige Teilnehmer des Interaktionszusammenhangs, die nicht mit negativen Sanktionen oder Exklusion zu rechnen haben, wenn sie unpünktlich oder unaufmerksam sind. Indem A den Vorschlag nun zu beginnen als ‚nach eigenem Ermessen' bzw. ‚subjektiven Vorschlag' charakterisiert, öffnet er seine Strukturierungsvollmacht für divergierende Vorschläge und ermöglicht dadurch zugleich eine kommunikationsintegrierte Bearbeitung von Abweichung.

c) Kontinuität

Das Interaktionssystem wird auf Kontinuität bzw. Aufrechterhaltung unter der Bedingung geringer Hierarchisierungsvollmachten und Steuerungsmöglichkeiten des Protagonisten eingestellt. Herstellung von Kontinuität des Einen und damit einhergehende Abgrenzung von Anderem wird möglich, indem A seine Strukturierungsaktivität gegenüber kontingenten Selektionen der Angesprochenen öffnet und somit divergierende Meinungen einer kommunikativen Bearbeitung zugänglich werden und nicht als Ausschlusskriterium fungieren. Inwiefern hier allerdings eine tatsächliche Öffnung erfolgt oder die Öffnung unter der Bedingung eines gemeinsam geteilten Rollenverständnisses stattfindet, das A von vornherein als maßgeblich zur Anleitung des Interaktionsvollzugs ausweist und einen Angriff seiner Strukturierungsaktivitäten als unwahrscheinlich erscheinen lässt, ließe sich lediglich durch Konfrontation des inneren mit dem äußeren Kontext ausloten.

Ein weiteres Indiz, das die Herstellung von Kontinuität als ein zentrales Thema des Interaktionsgeschehens ausweist, ist die Einbettung der Interaktionspraxis in eine Reihe gleich ablaufender Praxen. Der aktuelle Interaktionszusammenhang wird als ein Exemplar charakterisiert, dem einige vorangegangen sind und noch weitere folgen werden.

Zur Fortsetzung aktueller Strukturierungsleistung des Protagonisten werden ‚fehlgeleitete' Aufmerksamkeitsrichtungen der Anwesenden zum Kommunikationsgegenstand erhoben. Um Anschlusskommunikation zu gewährleisten, wird nicht lediglich auf stille Anwesenheit, sondern auf sichtbar gerichtete Aufmerksamkeit abgehoben, deren Herstellung durch die Thematisierung der Aufmerksamkeitsrichtung entsprechender Personen angebahnt wird.

---

167 Sie sind insofern noch keine Teilnehmer, als mit der Äußerung A's unterstellt wird, die Adressaten seiner Rede würden sich noch nicht bezogen auf den zu etablierenden Interaktionszusammenhang betrachten.

d) Didaktischer Umgang mit Abweichungen

Wahrnehmbare und gegenüber einer ursprünglichen Erwartungshaltung abweichende Aufmerksamkeitsrichtungen der von A angesprochenen Personen, werden als abweichend markiert, nicht jedoch negativ sanktioniert. Vielmehr wird der unterstellte Referenzpunkt der Abweichung in die Rede von A hineinkopiert und didaktisch-rhetorisch aufbereitet. Das ‚Relativ-Thema „Lampenfieber"' wird zum Hauptgegenstand erkoren – allerdings nicht als individuell-erfahrungsgebundenes Phänomen (wie etwa in einer Selbsthilfegruppe), sondern als Objekt, das es zu untersuchen und zu erläutern gilt. Dabei wird den Angesprochenen ein Defizit im Bereich Sprachverständnis zugewiesen.

Anschlussoptionen:

[1A1-A1]   A fährt fort, indem er selbst einige Ausführungen zum Thema Lampenfieber zum Besten gibt.
[1A1-A2]   Eine andere Person knüpft mit einem Redebeitrag an und präsentiert ihre ‚Untersuchungsergebnisse'.

7.2.1.2   Analyse weiterer Sequenzen

Um das Interpretationsverfahren an dieser Stelle nochmals zu beschleunigen und angemessen abzukürzen, werden weitere Kommunikationsbeiträge vor dem Hintergrund des sich bereits abzeichnenden inneren Kontextes, mittels interpretatorischem Direktzugriff analysiert (vgl. Wernet 2000, S. 80).

Sequenzanalyse [2A2]
3 Sekunden Pause

[2A2]:   Verstehen sie nicht? (unverständlicher Vorname) gucken sie doch mal, Lampenfieber.

Die Sprechpause befördert den Schluss, dass hier eine Antwort auf die zuvor von A gestellten Fragen erwartet wird – im Sinne der Anschlussoption [1A1-A2]. Bereits nach drei Sekunden ergreift jedoch A erneut das Wort, was die Fragestellung am Ende des vorigen Beitrags ([1A1]) und die kurze Unterbrechung eher als pädagogisches Stilmittel zur Einleitung eigener Rede (Selbstanschluss) statt als ein Erwarten von Antworten charakterisiert. Auf der Grundlage des Worttranskripts lässt sich nicht feststellen, ob sich möglicherweise verschiedene Personen antwortbereit zeigen oder wie sie sonst auf den Beitrag von A reagieren. Darüber verspricht das Bild Aufschluss zu geben.

An den nicht stattgefundenen Sprecherwechsel schließt A erneut mit einer Frage an: „Verstehen sie nicht?". Die Fragestellung setzt voraus, dass es etwas zu verstehen gibt – einen Sachverhalt, der zuvor erklärt wurde oder der als geteiltes Wissen vorausgesetzt wird – und A Zweifel hat, ob verstanden wurde. Den Adressaten von A's Rede wird ein Verstehensdefizit angelastet. Hieran angeschlossen wird nicht etwa durch die Formulierung einer Antwort angesprochener Personen (z. B.: „Nein, hab ich nicht verstanden" oder „Doch, hab ich verstanden"). Stattdessen schließt A selbst an und fordert eine bestimmte Person zur Aneignung von „Lampenfieber" durch „gucken" auf. Da nach der Frage keine Pause zur Markierung der Möglichkeit eines Sprecherwechsels gelassen wird, ist der Schluss nahe liegend, dass es sich hierbei („verstehen sie nicht?") um eine Feststellung von Nicht-Verstehen bzw. Defizitkonstruktion im Hinblick auf einen zu verstehenden Sachverhalt handelt. Die Anlastung eines Defizits wird dabei in Form einer Frage gehüllt und so gewissermaßen abgeschwächt.

Vor dem Hintergrund der bisherigen Kommunikationsgeschichte kann der Beitrag als Versicherung der Aneignung einer spezifischen Wortbedeutung bzw. eines bestimmten Sachverhalts interpretiert werden, der durch Referenz auf die unterstellte Aufmerksamkeitsrichtung der Anwesenden Einzug in die Kommunikation fand. Durch die Bindung des unterstellten Referenzpunkts der Aufmerksamkeit an die Strukturierungsleistung von A wird versucht, die Aufmerksamkeit der Anwesenden zu kanalisieren. Die Situation wird als Lehr-/Lernsituation charakterisiert, bei der ‚Verstehensasymmetrien' herrschen und kommunikativ bearbeitet werden. Der wahrnehmbaren Blickrichtung der Anwesenden wird dabei eine besondere Bedeutung zugemessen. So ist die Blickrichtung Anlass zur Unterbrechung des ursprünglichen Themas ([1A1]: „wie üblich machen wir") und Anlass zur situativen Behandlung von Nebenthemen als Voraussetzung zur Fortsetzung der üblichen Interaktionspraxis. Das Nebenthema wird didaktisch aufbereitet und zum Vermittlungsgegenstand erkoren. Bei der aktuellen Äußerung verweist A auf eine visuelle Objektivierung des anzueignenden Gegenstandes ([2A2]: „gucken sie doch mal"). Auf was der Protagonist verweist, ist auf Grundlage des Worttranskripts zunächst nicht feststellbar. Es könnte sich dabei um die bildliche Erscheinung von A selbst handeln, der „Lampenfieber" illustriert oder um ein anders Medium, das Aufschluss über „Lampenfieber" geben soll (z. B. ein Buch).

A spricht die Adressaten seiner Rede mit Vornamen und der dritten Person Plural an. Dies befördert den Schluss, dass es sich hier um einen Interaktionszusammenhang handelt, der in der protokollierten Situation eine Fortsetzung erfährt – die Teilnehmer also über einen längeren Zeitraum immer wieder zueinander gefunden und an einer gemeinsamen Handlungspraxis partizipiert haben bzw. miteinander vertraut sind aber keine intime Beziehung zueinander haben.

Anschlussoptionen:

[2A2-A1]   Konformität: Die angesprochene Person passt ihre Blickrichtung entsprechend A's Vorschlag an und/oder äußert etwas zu ihrem Untersuchungsergebnis.
[2A2-A2]   A erläutert das von ihm aktualisierte Thema.

Sequenzanalyse [3B1]

[3B1]   Hier ist es.

Die Äußerung von B verweist auf einen ‚Untersuchungskontext': Vorstellbar wäre, dass A zuvor auf ein Buch oder ähnliches verwiesen hat, in dem der Begriff zu suchen ist. Anstatt allerdings eine Antwort auf die von A in [1A1] gestellten Fragen zu geben („was ist Lampenfieber? Wer hat Lampenfieber?"), teilt B mit, etwas gefunden zu haben. Dies präsupponiert eine zuvor durchgeführte Suche nach etwas Bestimmtem. Die Sprecherin dokumentiert zugleich, dass sie ihre Aufmerksamkeitsrichtung gemäß den Anforderungen von A angepasst hat und die asymmetrische Rollenstruktur akzeptiert. A wird in seiner Rolle als Anleiter des Interaktionszusammenhangs bestätigt. Allerdings gibt die Äußerung von B keine Auskunft über einen verstehenden Nachvollzug. Es bleibt unklar, ob sie weiß, was Lampenfieber ist oder wer welches hat. Als Anschlussoption wäre vorzustellen, dass Sprecher A Sprecherin B auffordert, Auskunft über ihr Verständnis zu geben bzw. Verstehen kommunikationsintegriert überprüft. Dies würde die Situation als eine pädagogische kennzeichnen, in der es erwartbar und legitim ist, die Aneignungsleistung des Anderen zum Thema von Kommunikation zu machen.

Sequenzanalyse [4A3]

[4A3]:   Das wissen Sie?

Es erfolgt eine erwartungskonforme Anschlussselektion von A, insofern dieser die Wissensaneignung von B thematisiert. Der Interaktionszusammenhang wird als einer charakterisiert, bei dem es um die kommunikative Bearbeitung von Wissensdefiziten geht. Ausgangspunkt zur Bearbeitung von Wissensdefiziten ist dabei in erster Linie der Adressat der Rede von A und dessen Aufmerksamkeitsrichtung. Von untergeordneter Bedeutung scheint demgegenüber der spezifische Inhalt der Interaktionspraxis.

Die vormals ergangene Aufforderung von A ([2A2]: „gucken sie doch mal, Lampenfieber.") zielt nicht auf die Darstellung bestimmter Wissensbestände bezüglich der Eigenschaften und des Auftretens von Lampenfieber ([1A1]: „was ist Lampenfieber? Wer hat Lampenfieber?"), sondern auf Kompetenzdemonstration in Bezug auf Suchstrategien. Während B in ihrem Beitrag bereits Auskunft über ihre Recherchekompetenz gibt, wird dies von A an der aktuellen Sequenzposition nochmals in Frage gestellt (vgl. kontrastiv:

Ein Lehrer fordert seine Schüler dazu auf, nach einem bestimmten Wort im Fremdwörterbuch zu suchen. Ein flinker Schüler äußert: „Hier ist es." Darauf der Lehrer: „Das weißt Du?"). Einerseits wird ein gewisses Maß Recherchekompetenz vorausgesetzt, indem dazu aufgefordert wird zu suchen, andererseits wird die Demonstration von Recherchekompetenz in Frage gestellt. Dadurch wird diejenige Person, an die die Aufforderung gerichtet war, als eine charakterisiert, von der man nicht erwartet hat, dass sie über derartige Kompetenzen verfügt. Es ergeht somit eine doppelte Defizitkonstruktion: Der Adressat der Rede A's wird mit dem Defizit versehen, möglicherweise nicht zu verstehen, was „Lampenfieber" ist bzw. wer gewöhnlich welches hat. Zudem wird – vermutlich vor der Anwesenheit weiterer Personen – in Frage gestellt, die betreffende Person verfüge über die Kompetenz, sich Wissen durch Verwendung eines Vermittlungsmediums anzueignen. Vorstellbare Anschlussoptionen wären eine wiederholende Wissensbehauptung durch B und/oder ein explizites Zurückweisen der Defizitunterstellung.

Sequenzanalyse [5B2]

[5B2] Ja, ich seh <u>schon</u>

In ihrem Beitrag verweist B nochmals auf ihre erfolgreiche Suchbewegung, indem sie mitteilt, sie sehe bereits dasjenige, wonach gesucht werde. Dabei weist sie die infantilisierende Defizitkonstruktion von A zurück, indem sie deutlich macht, sie verfüge bereits „schon" über die Kompetenzen, die A in Frage stellt – und dass es hier nicht um inhaltlich-tiefgründiges, sondern prozedurales Wissen geht. Die Rückfrage von A wird dabei als legitim charakterisiert, da B diese nicht explizit zum Kommunikationsgegenstand erhebt. (vgl. kontrastiv: Der Schüler in dem oben angeführten Beispiel könnte entgegnen: „Was meinen Sie mit „das weiß ich?" Natürlich weiß ich, wie man in einem Wörterbuch nachschlägt."). A's Lizenz zur Anleitung und Strukturierung des Interaktionszusammenhangs sowie zur Konstruktion von Defiziten wird nicht explizit in Frage gestellt. Allerdings macht B deutlich, dass richtiges Verstehen stattgefunden hat und keine weiteren Instruktionen bzw. Überprüfungen von A nötig sind.

Sequenzanalyse [6A4]

[6A4] <u>Jaa.</u> a ha.

Die Kompetenzdarstellung von B wird durch einen Beitrag von A unterbrochen. Dies impliziert, dass: (a) A derjenige ist, der zur Anleitung und Strukturierung des Interaktionsgeschehens legitimiert ist und (b) ihm zu dieser Strukturierung die Verteilung von Rederecht zugemessen wird, er also Personen dazu auffordern kann, etwas zu sagen und zugleich das Ende eines Beitrages bestimmen kann, indem er das Rederecht wieder für sich beansprucht.

Es erfolgt eine Bestätigung des Beitrags von B. A signalisiert, dass er versteht, dass B die von ihm in Frage gestellte Such-/Recherchekompetenz besitzt bzw. dass B verstanden hat und bestätigt damit zugleich, dass es hier nicht um die Demonstration inhaltlich-profunden Wissens geht. Die partielle Überschneidung der beiden Interaktionsbeiträge deutet zudem darauf hin, dass er das Vorhandensein entsprechender Kompetenz bereits zuvor erwartet hat und dass Defizitkonstruktionen im hiesigen Interaktionskontext nicht überdehnt werden dürfen. Erwartbar wäre ein derartiges Muster in einem Kontext, bei dem es um die exemplarische Vorführung einer angestrebten Haltung vor einer Gruppe von Anwesenden geht. Kanalisierung von Aufmerksamkeit und Herstellung von Asymmetrie treten hier in den Vordergrund. Die Sequenzanalyse wird beendet, als B mitteilt, sie habe ihre Aufmerksamkeitsrichtung gemäß der von A geäußerten Erwartung angepasst und verfüge über das prozedurale Wissen, das A zuvor in Frage gestellt hat. A nimmt dies positiv-wertend zur Kenntnis.

Es wird zunächst nicht erklärt, was Lampenfieber ist bzw. wer welches hat. Vielmehr geht es darum, die Aufmerksamkeit der Anwesenden auf die Strukturierungsbemühungen von A hin zu konzentrieren. Dazu demonstriert A die Überprüfung prozeduralen Wissens, von dem er weiß bzw. erwartet, dass es bereits angeeignet wurde.

In einem nächsten Verfahrensschritt wird nun die innere Strukturierung des Falls, wie sie sich bisher objektiviert hat, in Form von Strukturhypothesen zusammenfassend beschrieben. Dabei werden die Strukturhypothesen, die nach der Rekonstruktion der ersten Äußerung expliziert wurden, wieder aufgenommen und entsprechend der Analyse weiterer Interaktionsbeiträge abgewandelt oder verworfen. Die innere Struktur soll an dieser Stelle noch nicht mit dem inneren äußeren sowie dem äußeren Kontext konfrontiert werden. Dies ist erst dann indiziert, wenn die Analyse der betreffenden Sequenz auch auf Bildebene erfolgt ist.

7.2.2 Explikation von Strukturhypothesen auf auditiver Ebene

a) Grenzziehung getarnt als Überprüfung von Wissensaneignung
Bei dem hier vorzufindenden Interaktionszusammenhang geht es um die Herstellung von Aufmerksamkeit anwesender Personen auf die kommunikationsintegrierten Anleitungs- bzw. Strukturierungsaktivitäten von A. Aufmerksamkeitsfokussierung wird nicht explizit eingefordert, sondern als Wissensvermittlungsaktivität bzw. kommunikative Überprüfung von Wissensaneignung ‚getarnt'. Um ein (lehr-lernbezogenes) Interaktionssystem zu etablieren, wird in der Kommunikation eine Grenze gezogen, die dazugehörig und nicht-dazugehörig diskriminiert. Dabei steht das Einzäunen des Geländes unter Bedingungen geringer Hierarchie und Steuerungsvollmachten und ist mit dem Problem abwesender Teilnehmer und anwesender Noch-Nicht-Teilnehmer konfrontiert: Einerseits gilt es ein Interaktionssystem zu etablie-

ren, bei dem manche Teilnehmer als noch nicht anwesend kommuniziert werden, von denen aber zu erwartet wird, dass sie in nächster Zeit erscheinen werden. Statt auf das Eintreffen dieses Ereignisses zu warten, beginnt A damit, die Interaktionspraxis zu eröffnen. Dabei stellt sich der Problemfall ‚anwesende Noch-Nicht-Teilnehmer' ein. Der Interaktionszusammenhang wird von A als einer charakterisiert, bei dem eine sichtbare Aufmerksamkeit anwesender Personen auf seine Strukturierungsaktivitäten notwendig ist – was beispielsweise für soziale Settings, bei denen es um Wissensaneignung bzw. die Weitergabe von wichtigen, künftig kommunikationsrelevanten Informationen geht, charakteristisch sein mag. A bezieht sich auf das Problem der ‚Aufmerksamkeitsfehlleitung', indem er den unterstellten Referenzgegenstand der Aufmerksamkeit entsprechender Personen („Lampenfieber") in die Kommunikation integriert – und zwar als Thema, das es pädagogisch-didaktisch zu bearbeiten gilt. Vordergründig geht es in der Kommunikation um die Überprüfung von (Wissens)Aneignung. Hintergründig jedoch ist das Thema ‚Aufmerksamkeitsfokussierung' auszuweisen. Zur Bearbeitung dieses Themas bedient sich A der Demonstration eines Exempels erwünschter Aufmerksamkeitsfokussierung, dem die übrigen Anwesenden nacheifern mögen.

b) Herstellung von Kontinuität

Ein weiteres, der Kommunikation inhärentes, latentes Thema, das mit dem Stichwort ‚Grenzziehung' einhergeht, kann als ‚Herstellung von Kontinuität' bezeichnet werden. Das Interaktionssystem wird in eine Serie vergangener, ähnlich ablaufender Interaktionszusammenhänge eingegliedert, die A und den Adressaten seiner Rede als bekannt unterstellt werden. Herstellung von Kontinuität in Richtung Zukunft erweist sich, indem sich A als Strukturierungsberechtigter einer zukünftigen Interaktionspraxis zu erkennen gibt und damit die Erwartung schürt, dass es weiter geht. Andererseits werden die Bedingungen dafür, dass es weiter geht, niederschwellig angesetzt. So scheitert eine Etablierung und Fortsetzung des von A angeleiteten Interaktionszusammenhangs weder an abwesenden Teilnehmern, noch an anwesenden Nicht-Teilnehmern. Zudem wird von A kommuniziert, dass divergierende Meinungen oder Vorschläge zur Gestaltung künftiger Interaktionspraxis kein Ausschlusskriterium darstellen, sondern Abweichungen kommunikativ bearbeitet werden können.

c) Strukturierungsbevollmächtigung und Asymmetrisierung

In seinen Äußerungen kennzeichnet sich A als bevollmächtigt zur Strukturierung der künftigen Interaktionspraxis. Die Lizenz dazu wird ihm von den Adressaten seiner Rede stillschweigend zugemessen. Die Adressaten seiner Rede – insbesondere B – werden von A als mit einem Wissens- bzw. Verstehensdefizit behaftet charakterisiert, das es kommunikativ zu bearbeiten gilt. Demgegenüber bestätigt zwar B das Selbstverständnis von A als lizenziert zur Anleitung des Interaktionszusammenhangs – wozu auch die Erteilung und der Entzug von Rederechten gehören – widerspricht aber der Defizitunterstellung A's, indem sich B als bereits kompetent charakterisiert.[168] Zugleich allerdings bestätigt B die Strukturierungsanheischungen von A, indem sie ihre Aufmerksamkeit entsprechend der von A geforderten Richtung anpasst.

7.2.3 Strukturrekonstruktion auf visueller Ebene

Während die auditive Ebene weitgehend auf die Wortebene reduziert wurde, indem kontextualisierende Aspekte, wie etwa prosodische Merkmale, bei der Analyse ausgeklammert wurden, ist dies auf der visuellen Ebene, aufgrund des geringeren Maßes an Eindeutigkeit kommunikationsrelevanter Phänomene und des weit höheren Maßes simultaner Ereignispräsenz nicht ohne weiteres möglich. Um eine Fallstrukturrekonstruktion leisten zu können ohne dafür mehrere Lebzeiten zu investieren, gilt es allerdings auch hier explizit Selektionen zu treffen und diese kenntlich zu machen. Zugleich ist die Ausdrucksmaterialität (das Videoprotokoll), auf dessen Grundlage die Selektionen getroffen wurden, weiterhin verfügbar zu halten. Die Rekonstruktion auf der Grundlage des Bildes richtet sich nach den Ausgangsselektionen, die in Kapitel 7.1 festgehalten wurden. Ergebnisse der Rekonstruktion der Ton- bzw. Wortebene sollen dabei zunächst nicht mit einbezogen werden.

Es gilt die Interaktikon zwischen Kursleiter und Kursteilnehmer eines spezifischen Kurses der Erwachsenenbildung zu rekonstruieren. Bei der Sequenzanalyse ist allerdings das Wissen darum, dass es sich bei den betreffenden Personen um die Rollenträger Kursleiter und Kursteilnehmer handelt, samt des sozialen Kontextes ‚Kurs der Erwachsenenbildung' auszublenden.

Zur Strukturrekonstruktion der Interaktion zwischen Kursleiter und Kursteilnehmer stehen zwei Videoprotokolle zur Verfügung, die jeweils eine unterschiedliche Perspektive auf das Interaktionsgeschehen werfen. Einerseits kommt die Interaktionssituation aus einer aggregierten Kursteilnehmerperspektive in den Blick, insofern eine Kamera hinter den Teilnehmenden positioniert und auf den Kursleiter gerichtet wurde. Eine andere Kamera wurde hinter der Kursleiterposition installiert, womit in den Blick kommt, was sich der Wahrnehmung des Kursleiters zeigen kann. Was ermöglicht die Dokumentation des Kursgeschehens aus den beiden unterschiedlichen Perspektiven? Das Videoprotokoll ‚Perspektive 1 (KL)' ermöglicht eine Beobachtung des Kursleiteragierens bzw. ein Registrieren der ‚Kursleiter-Reize', denen die Kursteilnehmer ausgesetzt sind. Es kann ausgelotet werden, welche Normalkontexte das Agieren der Person, die hier noch als Kursleiter bezeichnet wird, evoziert und welche Anschlussoptionen im Sinne von An-

---

168 Dabei wird jedoch nicht dem explizit pädagogischen Kommunikationsstil von A widersprochen – was möglicherweise bei einer Stammtischinteraktion der Fall wäre.

schlussreaktionen der jeweils adressierten Personen erwartbar sind. Durch die Protokollierung der Interaktionssituation mit Perspektive auf die Kursteilnehmer (‚Videoprotokoll-Perspektive 2 (TN)'), kommen die faktischen Anschlussselektionen in den Blick, die wiederum spezifische Normalkontexte evozieren und Anschlussoptionen für ein Kursleiteragieren generieren.

In einem ersten Schritt wird die doppelt kontingente Ausgangslage, von wo ab sich eine Interaktionsdynamik entfaltet und spezifische Selektionen getroffen werden, in den Blick genommen. Aus den jeweils unterschiedlichen Kameraperspektiven kann anhand eines Standbildes (Still) zu Beginn der zu analysierenden Sequenz untersucht werden, was sich der Wahrnehmung der Interaktanten aufzudrängen vermag. Dimensionen, die diesbezüglich angeführt werden können, sind: ‚Personen-Nahzone', ‚Kursraum' und ‚Außen' (vgl. Kap. 6.3.1). Es gilt gedankenexperimentell Erwartungen bzw. Normalkontexte für das, was aus den beiden verschiedenen Perspektiven wahrzunehmen ist, zu formulieren, um so den visuell verfassten *inneren äußeren Kontext* des Interaktionszusammenhangs darstellen zu können. Hierbei gründet die Analyse vorwiegend auf als nicht-transitorisch vermutete Phänomene. Transitorische Phänomene – Aspekte der ‚Personen-Nahzone' wie etwa Blick, Körperhaltung, Arm- und Beinstellung – geben demgegenüber Auskunft darüber, von welcher *Ausgangslage* her eine Interaktionsdynamik etabliert wird und ermöglichen die Konstruktion von Anschlussoptionen, die dann mit faktisch realisierten Anschlussselektionen, welche am Video beobachtet werden können, konfrontiert werden.[169] Konkret ist also folgendes Vorgehen indiziert:

---

169 Folgend soll und kann keine überaus extensive Rekonstruktion genannter Dimensionen erfolgen. In erster Linie soll aufgezeigt werden, wie eine derartige Rekonstruktion vonstatten gehen mag und welche Schritte dabei zu befolgen sind. Wenn gedankenexperimentelle Kontexte illustriert werden, so nur auf der Ebene von Worten und nicht – wie eigentlich notwendig – in Form von Bildern/Filmausschnitten.

Tab. 7: Vorgehen zur Rekonstruktion auf der visuellen Ebenen von Kursinteraktion

(1) Rekonstruktion des *inneren äußeren Kontextes* (nicht-transitorische Elemente) bzw. der *visuell verfassten Ausgangslage* (transitorische Elemente) einer sich etablierenden Interaktionsdynamik mit Perspektive auf Kursleiter und Kursteilnehmende anhand des ersten Stills der Sequenz aus den beiden Perspektiven (Rekonstruktionsdimensionen: Personen-Nahzone, Kursraum, Außen).
 (2) Rekonstruktion der *Interaktionsdynamik*
    (a) Was zeitigt sich aus Perspektive des Kursleiter-Videoprotokolls als Reiz (für die Kursteilnehmenden), für den gedankenexperimentelle Kontexte und Anschlussoptionen auszuloten sind?
    (b) Welches faktische Verhalten der Kursteilnehmenden ist mit Blick auf das Teilnehmenden-Videoprotokoll festzustellen? Welche Anschlussoptionen eröffnen sich für weitere Reaktionen (des Kursleiters und/oder anderer Teilnehmer)?
    (c) Welche Strukturmuster lassen sich somit durch die Beobachtung von Selektion und Anschlussselektion – vor dem Horizont alternativer Möglichkeiten – auf der Grundlage des körpersprachlichen Agierens der Akteure ausweisen?

An das oben geschilderte Vorgehen (Tab. 7) schließt die Relationierung visueller zu auditiver Ebene bzw. die Konfrontation der Strukturgestalten an, um das Ergebnis schließlich dem inneren äußeren und dem äußeren Kontext gegenüber zu stellen und die Fallstruktur zum Ausdruck zu bringen (Kap. 7.3).

7.2.3.1 Rekonstruktion der visuellen Ausgangslage und des inneren äußeren Kontextes

Ausgangspunkt zur Rekonstruktion der Bildebene ist das Standbild (Still), das sich zu Beginn der zu analysierenden Sequenz aus den beiden Kameraperspektiven zeigt. An ihm sind die jeweiligen Normalkontexte[170] von Phänomenen der Dimensionen ‚Personen-Nahzone', ‚Kursraum' und ‚Außen' zu eruieren. Diese Phänomene sind der visuellen Wahrnehmung der Interaktanten verfügbar. Einerseits mögen sie als Referenzpunkt visueller (und auch auditiver) Kommunikation gelten, andererseits betten sie die sich etablierende Interaktionsdynamik als inneren äußeren Kontext ein (vgl. Kap. 6.3.1). So macht es einen Unterschied, ob der Kursleiter einen Anzug trägt oder in Bermuda-Shorts und Hawaiihemd agiert. Ebenso bedeutsam mag sein, wie sich die Kursteilnehmer im Raum anordnen resp. welche Möglichkeiten zur Anordnung an einem Ort gegeben sind und welche davon gewählt werden. Einzelne Elemente, die hier beobachtet und analysiert werden, sind entsprechend

---

170 Zum Ausloten von Normalkontexten ist die Beantwortung der Frage, in welchen Situationen ein entsprechendes Phänomen erwartbar ist, maßgeblich. Dabei wird der faktische einbettende Kontext zunächst systematisch ausgeklammert.

der Ausdrucksmaterialität und der Fragestellung zu wählen. Wenn beispielsweise ein Wanderkurs als lehr-lernbezogener Interaktionszusammenhang untersucht werden soll, so mag bei einer Situation, bei der sich die Interaktanten versammeln und der Kursleiter etwas zu Fichtenbäumen erklärt, relevant sein zu erfassen, welchen Platz die Bäume den Interaktanten lassen, um sich zu positionieren und wie sich vor diesem Hintergrund die Interaktanten tatsächlich positionieren. Von minderer Bedeutung mag demgegenüber sein, welche Farbe die Fichtennadeln haben, die stellenweise auf dem Waldboden vorzufinden sind, auf dem die Interaktanten stehen. Bei der Rekonstruktion eines Wiedereingliederungskurses für Langzeitarbeitslose mag es zur Erfassung des inneren äußeren Kontextes dagegen relevant sein festzuhalten, dass die Kursinteraktion auf schwarzem Marmorboden stattfindet. Während das Aussehen bzw. die Kleidung einzelner Interaktanten in einem Kurs mit einer Kursteilnehmeranzahl von fünf Personen bedeutsam sein mag, ist das individuelle Aussehen der Personen bei einer Vorlesung mit 500 Anwesenden schwerlich zu erfassen und zudem vermutlich von anderer Bedeutung für das Prozessieren der Interaktion. Während eine Auswahl von zu beschreibenden Elementen ein Vorwissen um die soziale Situation und eine bestimmte Fragestellung voraussetzt, hat die Bedeutungsrekonstruktion selbst vorwissensabstinent zu erfolgen.

Bei dem hier angeführten Fallbeispiel zeigt sich folgende Ausgangslage zu Beginn der Sequenz:

Perspektive 1   Perspektive 2

Abb. 2: Zweiperspektivische visuell verfasste Ausgangssituation

Anhand dieser anonymisierten Stills[171] (Abb. 2) soll zweierlei gezeigt werden: die *Ausgangslage* der Sequenz, von der ausgehend sich eine Interaktionsdynamik etabliert bzw. fortsetzt und zugleich die visuell zugängliche Verfasstheit des nicht-transitorisch angelegten Kontextes, in dem die Interaktion Einbettung erfährt. Zur Rekonstruktion auf der Grundlage nicht-transitorischer Elemente – also Elemente, die für die Dauer der Interaktion als konstant unterstellt werden können und als *innerer äußerer Kontext* die Interaktion einbetten – ist es ebenso vorstellbar, nach geeigneten Stills im Videoprotokoll zu suchen. Eine Analyse der Stills macht es notwendig, die im Bild verdichteten Wahrnehmungseindrücke in schriftsprachlich verfasste Kommunikation zu überführen – was an sich bereits ein selektiver Akt ist, der in Bezug zur individuellen Person des Interpreten steht. Andere Forscher mögen anderes für relevant und bemerkenswert erachten und es mit anderen Worten beschreiben. Um Anschlussbeobachtungen bzw. die Möglichkeit zu divergierender Selektion zu gewährleisten, ist daher (mindestens) das Bild als Ausgangsmaterial mitzuliefern.

Analyse des Stills aus Perspektive 1

Die folgende Analyse bezieht sich auf das Still aus Perspektive 1. Das Still aus Perspektive 2 ist folglich auszublenden und wird erst später mit einbezogen. Im Mittelpunkt der Aufmerksamkeit steht zunächst die Dimension *Personen-Nahzone* der hier abgebildeten Person. Die übrigen Dimensionen (‚Kursraum', ‚Außen') werden sukzessive hinzugezogen.[172] Um eine größtmögliche Konzentration auf die Personen-Nahzone zu gewährleisten, bietet es sich an, diese Dimension zu dekontextualisieren.[173]

---

171 Die auch im Folgenden zur Illustration hinzugezogenen Stills wurden zur Anonymisierung der abgebildeten Personen nachbearbeitet, weshalb sich jeweils ein leicht künstlerisch anmutendes, schemenhaftes Abbild der Situation zeigt. Die Anonymisierung audiovisueller Daten stellt ein Problem dar, dem u. a. durch die Nutzung neuer Softwareentwicklungen begegnet werden kann.

172 Die Festlegung der Abfolge ist prinzipiell auch anders möglich, entspricht allerdings den von Englisch angeführten wahrnehmungspsychologischen Maximen des Figur/Grund-Kontrast (vgl. Englisch 1991).

173 Hierzu wurde ein einfaches Bildbearbeitungsprogramm verwendet.

| Ausgangsbild Perspektive 1 | Dekontextualisiertes Bild Perspektive 1 |

Abb. 3: Ausgangssituation Perspektive 1 (dekontextualisiert)

Welche ‚wohlgeformten' Kontexte sind für das Erscheinen der oben abgebildeten Person vorstellbar? Zunächst sei beschrieben, was ersichtlich ist: Die Statue des hier abgebildeten Menschen legt die Deutung nahe, dass es sich um ein männliches Exemplar handelt. Haut- und Haarfarbe lassen die Deutung zu, es handele sich dabei um einen Europäer, möglicherweise um einen Deutschen. Sein Alter beträgt etwa 50 Jahre. Sein Haupt ist mit braunem Haar bedeckt, das in keiner besonderen Art und Weise zurecht gemacht ist. Der Bauch, von der als A zu identifizierenden Person, ist hervortretend, aber nicht außergewöhnlich dick. Die sichtbare Kleidung A's stellt ein hellblaues kurzärmliges Hemd dar, das bis inkl. des zweiten Knopfloches aufgeknöpft ist. Darüber trägt er eine ockerfarbene Weste, versehen mit einer Vielzahl von Taschen, die ihm in der Länge bis über den Gürtel reicht. Das Hemd steckt in einer dunkelblauen Jeans-Hose, die mit einem dunklen (vermutlich schwarzen oder braunen) Gürtel mit silberfarbener, schlichter Schnalle versehen ist. Vorstellbar ist ein derartiges Outfit etwa in folgenden Kontexten:

- Bei dem hier zu sehenden Menschen handelt es sich um einen nordeuropäischen Touristen, der eine Stadt besichtigt.
- Bei dem hier Abgebildeten handelt es sich um einen Camper auf einem gepflegten Campingplatz (Wohnwagen statt Zelte).
- Der Abgebildete ist Teilnehmer einer Wandergesellschaft.

Weitere Aspekte der Personen-Nahzone sind die sich in unmittelbarer Nähe befindenden Utensilien der betreffenden Person. A hält ein (vermutlich beschriebenes) Blatt Papier und einen Faserschreiber in der rechten Hand, der allerdings nicht dazu geeignet scheint, sich Notizen zum Eigennutzen zu machen, sondern aufgrund der zu vermutenden Dicke der Schreibfläche des Stiftes für das Schreiben von Worten geeignet scheint, die auch aus der Entfernung von einigen Metern zu lesen sind. Sofern A also nicht unter einer Sehschwäche leidet (was aufgrund des Prinzips der Sparsamkeit auszuklammern ist, vgl. Kap. 2.1), präsupponiert das ‚In-der-Hand-Halten' eines derartigen Stiftes, gemeinsam mit einem Blatt Papier, dem Kopf und Blick zugewandt sind, einen Kontext, der sich dadurch auszeichnet, dass es etwas zu lesen und zu schreiben gibt. Dabei weisen die Körperposition der Person (stehend vor einem Tisch) und die Eigentümlichkeit des Stiftes auf einen Kontext hin, bei dem A etwas vor einem Publikum verlesen wird oder etwas für alle sichtbar (z. B. auf einem Flipchart) anschreibt. Als vorstellbarer Kontext kann beispielsweise ausgewiesen werden, bei A handele es sich um einen Ehrenvorsitzenden einer Pfadfinderorganisation bei einer Jahreshauptversammlung, wo er einen Bericht über vergangene und anstehende Aktivitäten o. ä. geben wird.

Auf dem Tisch sind noch weitere Gegenstände in unmittelbarer Reichweite von A positioniert: Zwei Hefte, Briefumschläge, einige beschriebene Papierblätter und ein Set verschiedenfarbiger Faserschreiber, von denen A einen in der rechten Hand hält. A ist mit seinem Körper, Kopf und Blickrichtung den Gegenständen, die auf der Tischoberfläche befindlich sind und dem Blatt Papier, das er parallel zur Tischoberfläche hält, zugewandt. Sein linker Arm ist parallel zum rechten positioniert. Möglicherweise hat A das Blatt Papier zuvor in dieser Hand gehalten oder wird es zukünftig in diese Hand legen. Die mannigfaltigen Materialien, die auf dem Tisch A's liegen, deuten darauf hin, dass die betreffende Person einen längeren Vortrag halten wird bzw. dass er die zukünftige Interaktionspraxis über einen längeren Zeitraum beabsichtigt zu gestalten und sich gerade mit der Planung weiterer Schritte befasst, indem er sich den hierzu benötigten Unterlagen zuwendet.[174] Die Beinstellung von A, bei der das linke Bein, das mit der Tischkante abschließt, durchgedrückt und das rechte Bein leicht angewinkelt ist, so dass die Schenkelinnenseite desselben in Richtung der auf dem Tisch liegenden Materialien weist, befördert samt Kopfhaltung und Blickrichtung den Schluss, es handle sich hierbei um eine Planungsphase im Vorfeld künftiger Äußerungsaktivitäten. Der vorstellbare Interaktionszusammenhang ist nicht etwa ein Meeting von Führungskräften in einem Großkonzern, sondern einer, bei dem praktische Freizeit- bzw. Reisekleidung[175] erwartbar ist – wie möglicherweise bei einer Jahreshauptversammlung einer Pfadfinderorganisation oder etwa der Vorbesprechung zu einer organisierten Gruppen-Reise (z. B. eine Safari-Tour). Die Adressaten einer zukünftigen Rede könnten in ähnlich

---

174 Was demgegenüber im Kopf von A vorgeht, lässt sich nicht feststellen. Es lassen sich lediglich Deutungen auf der Grundlage des Sichtbaren anbringen, die bestimmten Erwartungshaltungen entsprechen.
175 Einer anderen Lesart zufolge handelt es sich bei der Kleidung (Weste) um eine typische Rentnerbekleidung, die billig, praktisch und hemdschonend ist. Diese divergierende Lesart, die auf das Problem unterschiedlicher Erwartungsstrukturen, mit denen Interaktionszusammenhänge beobachtet und analysiert werden, hinweist, soll hier zunächst nicht weiter verfolgt werden. Festzuhalten bleibt an dieser Stelle die Wichtigkeit einer möglichst inhomogenen Interpretationsgemeinschaft, in deren Rahmen divergierende Lesarten untersucht und diskutiert werden können – insbesondere bei der Analyse visueller Daten, bei denen die Eindeutigkeit von Äußerungen in weitaus geringerem Maße gegeben ist resp. bewusst gemacht werden kann, als bei auditiven Daten.

legerer Kleidung erscheinen. Es ist zudem nicht zwingend vorausgesetzt, dass die Adressaten zu diesem Zeitpunkt bereits anwesend sind. Möglicherweise bereitet sich A auf seine ‚Auftritt' zu Hause oder bereits an dem entsprechenden Ort unter Abwesenheit von anderen Personen vor. Sollten bereits Personen anwesend sein, so ist nicht eindeutig zu bestimmen, wie sie sich zu diesem Zeitpunkt verhalten könnten – ebenso wenig sind Vermutungen über deren Geschlecht und Alter zu veräußern. Wenn davon ausgegangen wird, dass eine gemeinsame Interaktionspraxis noch nicht begonnen hat bzw. zu einer neuen Praxis übergeleitet wird, ist vorstellbar, dass anwesende Personen individuellen Gesprächen nachgehen. Das hier abgedruckte Still setzt allerdings nicht notwendigerweise voraus, dass ein gemeinsamer Interaktionsbezug noch nicht hergestellt wurde. Möglicherweise unterbricht A einen Vortrag kurz und unmerklich, indem er sich an seinen Materialien orientiert oder ein gerade verwendetes Materialstück beiseite legt.

Nachdem nun die ‚Personen-Nahzone' einer mikroskopischen Betrachtung unterzogen wurde, ist als nächstes die Dimension *Kursraum* bzw. der aus dieser Perspektive in den Blick kommende Interaktions-Ort zur Analyse hinzuzuziehen und auf der Folie obiger Sondierungen zu interpretieren. Um gedankenexperimentell Kontexte zu eruieren, soll auch hier zunächst in Worte gefasst werden, was sichtbar wird (vgl. Ausgangsbild, Abb. 3). A steht im Zentrum des Bildes. Um ihn herum sind verschiedene Gegenstände angeordnet. Am rechten unteren Bildrand sind zwei Personen ersichtlich. Der Raum, in dem sich A befindet, wird durch eine weiße Wand (zur rechten Seite von A) und eine Glaswand bzw. Fensterfront begrenzt. An der weißen Wand sind verschiedene Gegenstände aufgestellt: ein Klavier, das durch eine kaminrote, vermutlich glatt lederne Schutzhülle verdeckt ist und auf dem sich nebeneinander eine kleine Topfpflanze in einem pink-schwarzfarbenen Übertopf sowie ein offenbar geöffneter schwarzer Rucksack befinden. Scheinbar liegen neben dem Rucksack beschriebene Papierblätter. Zwischen Klavier und Fensterfront posiert ein hölzernes Stehpult mit blauer und naturfarbener Verkleidung. Dieses Pult, dessen Baujahr dem Anschein nach jüngeren Datums ist, steht mit der dem Publikum zugewandten Seite im Raum. Es ist nicht zu erwarten, dass das Pult in dieser Position (zwischen Fensterfront und Klavier) in nächster Zeit zum Einsatz kommen könnte. Hinter A befindet sich eine Fensterfront, vor der eine offenbar metallene, vermutlich frei positionierbare, die Glasfront zu Teilen verdeckende Tafel steht, die u. a. dafür geeignet scheint, sie reversibel mit Faserstiften zu beschreiben. Die weiße Tafel ist nicht zur Gänze ersichtlich. Ebenso wenig ersichtlich aus dieser Perspektive sind die Decke und der Boden des Raumes. Direkt vor A, der sich wenige Meter von Wand und Fensterfront entfernt positioniert hat, befindet sich der oben bereits vermerkte Tisch mit verschiedensten Schreib-Utensilien. Parallel zu diesem Tisch, zur rechten Seite A's, verläuft eine Tischreihe. Die Tischreihe schließt in der Höhe der hinteren Begrenzung von A's Körper ab.

A befindet sich also in einer Ecke, die aus der Querseite des vor ihm befindlichen Tisches und der ein Stück hervor ragenden Längsseite des neben ihm stehenden Tisches gebildet wird. Die Oberfläche der Tische ist weißfarbig und erweckt den Eindruck von Neuwertigkeit. Die Tischbeine sind metallen und reflektieren ihre Umwelt. An dem Tisch zur rechten Seite von A steht ein Stuhl heran geschoben. Ebenso befindet sich ein Stuhl hinter A in unmittelbarer Reichweite. Das Verhältnis der Position und Ausrichtung von A zu dem hinter ihm befindlichen Stuhl erweckt den Eindruck, dass A dort gesessen hat und/oder in Zukunft sitzen wird. Die Stuhllehnen sind aus hellem Holz (etwas heller gefasst als das Pult). Vermutlich sind die Stühle ebenso wie die Tische mit einem metallenen Gestell versehen. In der rechten unteren Ecke des Bildes bzw. links vor A sind zwei Personen von hinten zu sehen (für A potenziell von vorne). Sie sitzen an einer Tischreihe von mindestens zwei Tischen, die parallel zu der Tischreihe, an dessen oberen Ende A steht, verläuft. Eine der beiden Personen, die als Frauen identifiziert werden können, trägt blondes, lockiges Haar, das zusammengebunden ist und (mindestens) einen goldfarbenen, runden Ohrring. Die Hautfarbe der Frau ist im Vergleich zu der von A relativ hell. Kopf und Blickrichtung scheinen auf den Tisch vor ihr – möglicherweise auf dort befindliche Gegenstände – gerichtet. Die zweite Person im Bild trägt dunkelbraunes/schwarzes, dicht gewachsenes, langes Haar. Die Position des Kopfes scheint parallel zur Tischoberfläche, so als würde sie A anschauen. Die Oberkörper der beiden Personen sind nicht ersichtlich. Es ist jedoch zu vermuten, dass diese A zugewandt sind.

Es ist vorstellbar, jedes der hier erwähnten Objekte isoliert zu betrachten und extensiv Normalkontexte auszuweisen, um diese dann in einem zweiten Schritt zueinander in Bezug zu setzen. Ein derartig klein-schrittiges Vorgehen soll hier nicht realisiert werden. Gemäß der als relevant erachteten Dimensionen ‚Personen-Nahzone', ‚Kursraum' und ‚Außen' sollen stattdessen – ‚groß-schrittig' – gedankenexperimentelle Kontexte für das gesamte Ensemble vorfindbarer Gestaltungselemente des Kursraumes, die aus dieser Perspektive sichtbar werden, ausgewiesen werden. Dabei ist zu prüfen, inwieweit Lesarten, die auf der Grundlage der zuvor analysierten Beobachtungsdimension formuliert wurden (in diesem Fall der ‚Personen-Nahzone'), eine Fortsetzung erfahren.

Die Deutung, es handele sich bei Person A um jemanden, der beabsichtigt einen zukünftigen Interaktionsverlauf zu strukturieren, wird befördert durch mehrerlei Aspekte. Die Stifte, die zu A's Utensilien gehören und von denen er einen in der Hand hält, finden ihr Pendant in der Tafel. Die Tafel scheint prädestiniert für die Nutzung großfaseriger Filzmarker und der Verwendung in Situationen, bei denen es um Wissensvermittlung/-aneignung geht. Dabei ermöglicht die Tafel die schriftliche – und das heißt, den Moment des verbalen Ausdrucks überdauernde – Fixierung einer Rede und somit eine Steigerung der Wahrscheinlichkeit der Aneignung von Wissen. Ein weiteres Indiz dafür, dass es sich bei A um jemanden handelt, dem das Recht einer zukünftigen Strukturierung des Geschehens zugemessen wird, ist die exponierte Position im Raum, an der er sich befindet. Eine Person, die zur Anleitung einer Handlungs- bzw. Interaktionspraxis auserkoren wird, befindet sich zumeist an einer Position im Raum, bei der kein Anwesender außerhalb des Blickfeldes dieser Person positioniert ist (also etwa hinter A).[176]

Die Ausstattung des Raumes lässt darauf schließen, dass dieser auch für andere Zwecke genutzt wird, wie etwa das Halten einer (Fest-)Rede (Rednerpult) oder die Ertüchtigung am Tasteninstrument (abgedecktes Klavier). Die Deutung, es handele sich hierbei um einen Abstellraum für Gegenstände, die momentan nicht im Gebrauch sind, wird durch die Neuwertigkeit der Tische und Stühle konterkariert. Der Raum kommt in den Blick als Raum, der wenig spezifiziert und vielfältig verwendbar ist. Das Vorhandensein entsprechender randständiger Gegenstände wird offenbar nicht als störend für die Etablierung bzw. Fortsetzung des Interaktionszusammenhangs betrachtet.

Der Rucksack auf dem Klavier, parallel zur Position von A, deutet auf Reise und Unterwegssein hin. Es ist zu vermuten, dass es sich um den Rucksack von A handelt. Damit wird die Deutung, es handele sich hier um einen Vortrag bei einer Pfadfinderversammlung, deren Mitglieder gewöhnlich derartige Gepäckstücken verwenden, befördert (vgl. dagegen ein Meeting von Führungskräften). Die Gestaltung des Raumes (insb. das Rednerpult) weist demgegenüber nicht auf einen derartigen Kontext hin.

Die große Fensterfront verweist darauf, dass es sich bei der hier stattfindenden Praxis nicht um eine geschlossene Versammlung handelt, sondern dass der Außenwelt Einblick gewährt und der Innenwelt der Blick nach außen nicht verschlossen wird. Demgegenüber erscheint die Position der Tafel als blick-disziplinierend für Personen innerhalb des Raumes, die in die Richtung von A schauen, und blick-abweisend für Personen, die sich außerhalb des Raumes bewegen und nach innen schauen wollen.

Bevor nun dasjenige, was aus Perspektive 1 in den Blick kommt, Perspektive 2 gegenüber gestellt werden soll, ist noch die Dimension *Außen* der Analyse hinzuzuziehen. Versucht man hinter die Begrenzung des Raumes zu blicken, kommt ein hell asphaltierter, sonnen-beschienener, weitläufiger Platz in den Blick, an dessen Horizont ein Geländer abwärts führt und grüne Blätter eines Baumes sichtbar sind. Im Hintergrund befindet sich eine gläserne Häuserfront, die auf moderne, hohe Bürobauten schließen lässt. Unmittelbar vor der Fensterfront sind noch einige Meter durch das Gebäude, in dem sich der Raum befindet, überdacht. Die Sonne erhält von dieser Seite keinen direkten Einzug in den Innenraum. Dass vor dem Raum faktisch ein Platz angelegt ist, auf dem sich hin und wieder Menschen bewegen (darauf deutet z. B. die Markierung eines Zugangs durch eine Treppe hin), multipliziert die

---

176 Der Aspekt, dass die Körperhaltungen der übrigen abgebildeten Personen A zugewandt sind, soll an dieser Stelle analytisch ausgeklammert bleiben.

Wahrscheinlichkeit der Aufmerksamkeitsablenkung anwesender Personen von A's potenzieller Strukturierungsaktivität. Die umliegenden Bürogebäude deuten darauf hin, dass es sich der Raum in einer Stadt befindet. Vermutlich handelt es sich gar um einen Raum in einem ähnlich verfassten Gebäude wie gegenüber ersichtlich. Während die umliegenden Bürogebäude ein Meeting von Führungskräften oder zumindest ein Treffen von im Büro tätigen Personen als möglich erscheinen lassen, konterkariert dies mit dem Erscheinungsbild von A bzw. mit den dadurch evozierten Kontexten, die etwa eine Jahreshauptversammlung einer Pfadfinderorganisation nahe legen.

Rekapitulation und Lesartenbildung – Perspektive 1
Auf Grundlage der Analyse der Phänomene, die den drei verschiedenen Raumdimensionen zugeordnet wurden, kann insgesamt die Deutung angebracht werden, dass Wissensvermittlung ein große Rolle im hiesigen Interaktionszusammenhang spielt.[177] Dabei tritt A als Vermittler vor einem weitgehend unbestimmten Kreis anwesender Personen auf. Allerdings erweisen sich auch einige Spannungsverhältnisse, wenn man die dimensionsspezifischen Beobachtungen einander gegenüber stellt: Während mit Blick auf die Personen-Nahzone etwa der Vortrag eines Vorsitzenden einer Pfadfinderorganisation zur Jahreshauptversammlung oder ein Vortrag eines Reiseführers zu einer in einigen Wochen anstehenden Safari-Tour erwartbar ist, kann dies durch die Beobachtung der Dimension Kursraum nicht erhärtet werden. Zwar befördert der in der Nähe von A befindliche Rucksack die Deutung, es handele sich bei A um einen Reisegewohnten, jedoch weisen die im Raum vorzufindenden Gegenstände und deren Anordnung nicht auf ein spezielles Setting hin. Das inhaltliche Thema der Handlungspraxis wird nicht festgelegt. Der Raum ist unspezifiziert und verweist auf einen größeren organisatorischen Zusammenhang, in dem er für verschiedene Aktivitäten genutzt wird. Befördert werden kann hier allerdings die These, es handele sich um einen Interaktionszusammenhang, bei dem A eine Strukturierungsleistung bzw. die Anleitung zugesprochen wird und dass es sich bei dieser Strukturierungsleistung um (aneignungsbezogene) Wissensvermittlung handelt – darauf weisen z. B. das Vorhandensein der Tafel, A's Position im Raum und die Stifte in A's Hand hin. Die Raumbegrenzung ist relativ durchlässig. Es besteht die Möglichkeit, dass (visuelle) Reize von außerhalb das Interaktionssystem irritieren. Demgegenüber scheinen die Tafel sowie die Position von A als ‚Aufmerksamkeitsabsorptionszentren'. Zudem schützt der Vorbau des Gebäudes davor, dass Sonnenstrahlen in den Raum eindringen können. Er etabliert eine Art uneingezäunten Vorplatz des Raumes (kontrastiv wäre etwa vorstellbar, dass genau vor der Fensterfront ein Bürgersteig entlang führt). Während die umstehenden Bürogebäude eine Atmosphäre von Administration und Mana-

---

177 Zwar wird dies bei Betrachtung der Dimension Außen nicht unbedingt nahe gelegt aber auch nicht unerwartbar.

gement schaffen, spiegelt sich dies zwar möglicherweise in der Raumausstattung wider (neuwertige Tische, Stühle, mobile Tafel), kontrastiert aber mit dem Erscheinungsbild A's.

Die Analyse von Phänomenen, die sich aus der ersten Perspektive dem Blick des Forschers gezeigt haben, ermöglicht es nun, gedankenexperimentell Erwartungen in Bezug auf die zweite Perspektive zu formulieren. Was könnte sich also (potenziell) dem Blick des mutmaßlichen Protagonisten, dessen äußerer Kontext ihn als Kursleitenden deklariert, zeigen? Was für Möglichkeiten lassen sich auf der Grundlage bisheriger Analyse bezüglich der Innen- und Außenraumgestaltung sowie der Verfasstheit der Personen, deren äußerer Kontext sie als Kursteilnehmer ausweist, eruieren? Das Aussehen von A könnte eine ähnlich legere Kleidung der ihm gegenüber befindlichen Personen erwartbar machen. Personen in Anzügen würden demgegenüber irritieren. Vermutlich handelt es sich um erwachsene Personen (darauf deutet das Rednerpult in der Ecke des Raumes hin). Es ist vorstellbar, dass die Personen an parallel und orthogonal angeordneten Tischreihen sitzen – möglicherweise in Hufeisenform. Dies würde die zuvor aufgestellte Deutung ‚Lehr-Lernsituation' bekräftigen.[178] Auf was der Blick der Anwesenden gerichtet ist, lässt sich nicht eindeutig prognostizieren. Wenn davon ausgegangen wird, A bereite sich auf die Anleitung einer Handlungs- bzw. Interaktionspraxis vor, ist erwartbar, dass die übrigen Personen entweder in Gesprächen untereinander verstrickt sind oder nach vorne blicken und warten.[179]

Analyse des Stills aus Perspektive 2

Vor dem obig nur kursorisch skizzierten Horizont möglicher Verfasstheit von Wahrnehmungselementen und vor dem Hintergrund des Ertrags bisheriger Analyse, ist sich nun der tatsächlichen Verfassung visuell zugänglicher Phänomene auf Grundlage des entsprechenden Videoprotokolls (Perspektive auf die Kursteilnehmenden bzw. Perspektive 2) zuzuwenden. Für die dort in den Blick kommenden Phänomene sind ebenfalls dimensionsspezifisch Normalkontexte auszuweisen. Dies mündet schließlich in eine ganzheitliche Betrachtung des inneren äußeren Kontextes bzw. der visuell verfassten Ausgangssituation des Interaktionssystems auf der Grundlage beider Perspektiven.

Ausgangspunkt zur Analyse ist das Ausgangsbild aus Perspektive 2 (vgl. Abb. 4), das zeitgleich zum Still aus Perspektive 1 aufgenommen wurde (vgl. Abb. 2). Im Mittelpunkt der Analyse stehen die Personen und Objekte, die

---

178 So ist es als ein Spezifikum lehr-lernbezogener Interaktionssysteme anzusehen, dass die Adressaten von Wissensvermittlungsbemühungen der Person des Wissensvermittlers bzw. Kursleiters zumeist gegenüber sitzen bzw. die Möglichkeit eines wechselseitigen Blickkontaktes zwischen Lehrer und Schüler bzw. Kursleiter und Kursteilnehmer ohne große Umstände (z. B. drehen des Oberkörpers) möglich ist.

179 Vgl. z. B. derartiges Agieren von Dozenten an der Universität und das gleichzeitige Verhalten von Seminarteilnehmern.

vormals der Wahrnehmung des Forschers nicht zugänglich waren. Da manche der Anwesenden aufgrund des Bildausschnittes und der Position von Person A nicht in den Blick kommen, können weitere Stills zur Komplettierung hinzugezogen werden (vgl. Abb. 6 und 7) – bei denen allerdings zu berücksichtigen ist, dass sie nicht die visuelle Ausgangssituation des Interaktionszusammenhangs abbilden.[180] Wie bereits bei der Analyse des vorigen Stills werden auch hier die sichtbaren Personen bzw. Personengruppen dekontextualisiert, um den Beobachtungsfokus zunächst ganz auf die *Personen-Nahzone* zu justieren (vgl. Abb. 4 bis 7).

Die anwesenden Personen sind, ebenso wie A, eher leger gekleidet – erwecken jedoch nicht den Eindruck, sie gehörten einer Pfadfinderorganisation an. Ersichtlich sind neben A – unter Einbezug der Verlaufsbilder – zehn Personen. Davon scheinen neun dem weiblichen und eine dem männlichen Geschlecht zugehörig zu sein.[181] Die Kleidung der Personen (sowie die von A) ist als erwartbar bei Temperaturen über 15 Grad Celsius anzusehen: Es ist Früh- oder Spät-Sommer, oder zumindest sommerliches Wetter. Betrachtet man sich die dekontextualisierten Bilder im Vergleich, so fällt auf, dass es sich hier um Personen unterschiedlicher Nationalitäten handelt, worauf Kleidung und insb. Hautfarbe hinweisen.

Abb. 4: Ausgangssituation Perspektive 2 (dekontextualisiert: links vorne)

---

180 Es wurden weitere Stills hinzugezogen, um die Personengruppe, die von A potenziell wahrgenommen werden kann resp. die A potenziell wahrnimmt, zu komplettieren. Dabei sind die Stills dem Videoausschnitt zu entnehmen, auf den sich die Analyse stützt. Auf Grundlage dieser Stills können zwar Aussagen zum inneren äußeren Kontext gemacht werden, im Hinblick auf die visuelle Ausgangssituation dürfen sie allerdings nicht berücksichtigt werden. Gegenstand der Analyse sind dort also lediglich nicht-transitorische Elemente.

181 Der sichtbare Kameramann wird bei der Analyse zunächst ausgeblendet, da die Interaktionsachse Kursleiter-Kursteilnehmende im Mittelpunkt des Interesses steht. Sollte die Kurskommunikation sicht-/hörbar auf die Kameramänner referieren, ist deren Erscheinung und Reaktion natürlich mit einzubeziehen. Zudem gilt es, die Aufnahmesituation bei der Diskussion der Ergebnisse mitzureflektieren.

Abb. 5: Ausgangssituation Perspektive 2 (dekontextualisiert: mitte hinten)

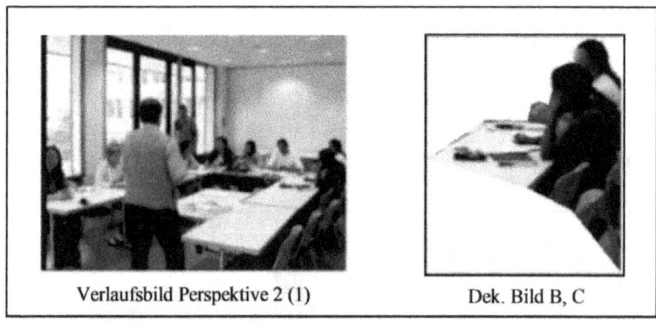

Abb. 6: Verlaufsbild Perspektive 2 (dekontextualisiert: rechts)

Abb. 7: Verlaufsbild Perspektive 2 (dekontextualisiert: links)

Vorig wurde A als anleitende Person und der Interaktionszusammenhang als (aneignungsbezogene) Wissensvermittlung charakterisiert. Die Lesart, es gehe hier um Wissensaneignung als komplementäre Operation zu Wissensvermittlung, kann durch das Erscheinungsbild der übrigen Personen im Raum bestätigt werden. Betrachtet man die dekontextualisierten Bilder der Ausgangssituation (Abb. 4 und 5), dann fällt auf, dass alle hier in den Blick kommende Personen an Tischen sitzen, auf denen Bücher, Hefte und Schreibunterlagen befindlich sind. Die Unterarme sind je auf den Tisch gestützt, der Oberkörper leicht über die Materialien geneigt. Der Kopf der Personen ist nach unten gerichtet, die Blickrichtung zielt anscheinend auf die Materialien, die den Tischen liegen. Die Personen scheinen mit Lesen oder Schreiben beschäftigt zu sein. Vergleicht man die Personen-Nahzonen von A mit den aus Perspektive 2 ersichtlichen Personen-Nahzonen, so erweist sich eine Übereinstimmung der Kopfhaltungen und Blickrichtungen in der Ausgangssituation (vgl. Abb. 3, 4 und 5). Alle anwesenden Personen wenden sich Papierblättern, Heften, Büchern zu, die vor ihnen liegen. Die Deutung, es handele sich hier um die Jahreshauptversammlung einer Pfadfindervereinigung erweist sich nun als ebenso fern liegend, wie die, dergemäß hier eine Auftaktveranstaltung zu einer Safari-Reise stattfindet. Die Lesart, es handele sich um eine Situation, bei der es um organisierte Wissensaneignung geht (als Strukturgemeinsamkeit eben benannter aber auch vieler anderer Situationen), kann jedoch aufrechterhalten und bestärkt werden.

Als auffällig erweist sich die Verschiedenheit der Nationalitäten bzw. Kulturkreise, aus denen die Personen zu entstammen scheinen. Das Vorhandensein von Personen verschiedener Nationalitäten im Rahmen eines Interaktionszusammenhangs unterstellt einen Migrationshintergrund (im weitesten Sinne): Die gleichzeitige Anwesenheit von Personen unterschiedlicher Nationalitäten setzt voraus, dass diese oder deren Vorfahren sich in der Vergangenheit auf eine Reise von ihrem Herkunftsland zu einem Ort, an dem sie gleichzeitig anwesend sein können, begeben haben. Während die Personen, die als Adressaten von A's Strukturierungsleistung in Frage kommen, durch ihre je differente Hautfarbe und Kleidung einen Migrationskontext evozieren, objektiviert der mitteleuropäisch aussehende A den Kontext ‚Reise' durch seine Weste, die mit ihren vielen Taschen für Wanderausflüge oder Safaritouren geeignet scheint. Demgegenüber sind Hemd und Hose A's für unterschiedlichste Kontexte jenseits von spezifischer beruflich-körperlicher Arbeit oder Tätigkeiten, die eine Uniformierung erforderlich machen, vorstellbar.[182] Während je spezifische Aspekte der Gestaltung der Personen-Nahzone aller Anwesenden z. T. auf Reise (in einem sehr allgemeinen Sinn) und nationale Differenz verweisen, deuten andere Aspekte auf einen gemeinsamen Situationsbezug hin: Es zeigt sich eine Kongruenz in der Kopf-/Blickrichtung der Anwesenden. Auf den Tischen aller Anwesenden befinden sich

---

182 So handelt es sich bei der Kleidung um keine anonymisierende Arbeitsschutzkleidung, wie sie in unterschiedlichsten Berufszweigen getragen wird, wo eine Begegnung von Körper bzw. Muskelkraft und Objekten stattfindet. Ebenso wenig scheint die Kleidung in Kontexten angemessen, bei denen eine bestimmte Rolle bzw. eine besondere soziale Position durch das Tragen spezifischer Kleidung zum Vorschein gebracht werden soll.

Schreib- und Leseutensilien, die sich jeweils im Fokus der Aufmerksamkeit zu befinden scheinen (Sachorientierung). Die Positionsgestaltung (sitzend/stehend) markiert demgegenüber eine Inkongruenz, die auf eine asymmetrische Rollenverteilung hindeutet (Sozialorientierung): Während A steht und sein Körper in Richtung der übrigen Personen weist, sitzen diese auf Stühlen an Tischen.

Wendet man sich der Dimension *Kursraum* zu, wird sichtbar, dass die Sitzposition der Anwesenden eine wechselseitige Wahrnehmung ermöglicht. Die Personen sitzen an einer hufeisenförmigen Tischformation mit der Öffnung in Richtung Person A bzw. Tafel und Fensterfront. Bezieht man die Verlaufsbilder in die Betrachtung mit ein, so zeigt sich folgendes Bild (siehe Abb. 8):

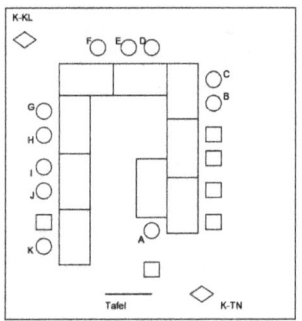

Abb. 8: Raumskizze mit Personenanordnung

Die Kreise samt Buchstaben markieren die Position von Personen im Raum. Die viereckigen Kästchen markieren freigelassene Sitzplätze. Zusätzlich sind noch die Positionen des Kamerateams eingetragen. Die Übersichtsdarstellung verdeutlicht, dass sich Person K knapp außerhalb des Wahrnehmungsfelds von A befindet. Die Mehrzahl der anwesenden Personen ist jedoch innerhalb des Wahrnehmungsfelds von A positioniert. Es ist gewährleistet, dass alle Anwesenden A wahrnehmen können, ohne die Normalposition ihres Oberkörpers abändern zu müssen. Personen, die an der Tischreihe gegenüber von A sitzen, können neben A auch die Anwesenden an den orthogonal zu ihrer Position angeordneten Tischreihen visuell wahrnehmen, ohne dabei die Haltung ihres Oberkörpers ändern zu müssen. Ihr visuelles Wahrnehmungsfeld ist ähnlich dem von A. Demgegenüber ist die Zuwendung von Personen an den beiden Parallelreihen zu Personen an der orthogonal angeordneten Tischreihe mit sichtbarem Entzug der Aufmerksamkeit gegenüber A verbunden. Für alle Personen (außer A) trifft zu, dass sie Personen der gleichen Sitzreihe nicht mit Blicken kontaktieren können, ohne sichtbar den Kopf bzw. die Haltung des Oberkörpers von A's Position abzuwenden. Direkt gegenüber von A sitzt der einzige männliche Anwesende (D) außer A. Die Sitzreihe zur rechten Seite von A ist nur am hinteren Ende besetzt (B, C). An den Tischen sind insgesamt noch fünf Plätze frei.[183] Betrachtet man lediglich die Positionierungsverteilung im Raum und die Stellung der Tische, so wird ein Kontext, bei dem es um Lehren und Lernen, um Vermitteln und Aneignen geht, nahe gelegt.

Die hufeisenförmige Tischgestalt weist eine Besonderheit auf. Der Tisch, vor dem A positioniert ist, ist an der Innenseite des Hufeisens angeschlossen und irritiert, insofern hier die geometrische Figur ‚Hufeisen' gebrochen wird.[184] Zudem sind alle Personen, außer A, sitzend an der Außenseite der Tischformation positioniert. A hingegen befindet sich stehend im Innenraum des Hufeisens, im Blickfeld der darum gruppierten Personen. Während die sitzenden Personen nicht ohne weiteres in den personalen Raum bzw. die Intimzone[185] der gegenübersitzenden Person eindringen können, ermöglicht die offene Hufeisenform Person A ohne weiteres einen derartigen ‚Blitzangriff'. A steht im Zentrum der durch die Körperhaltung der übrigen Personen vorgezeichneten Aufmerksamkeitsrichtung. Auf ihn sind potenziell alle Augen gerichtet. Von seiner Position aus kann er jeden Einzelnen mustern und zu jeder Person in nahen, persönlichen Kontakt treten, indem er das Hufeisen mit wenigen Schritten durchkreuzt.

Aus Perspektive 2 kommt zudem die ‚Grenzgestaltung' des übrigen Raumes in den Blick, die der Wahrnehmung auf der Grundlage von Perspektive 1 nicht zugänglich war. Der Boden scheint aus blau-grauem PVC zu bestehen. An der weißen Decke sind Leuchtstrahler eingelassen. Die Raumbegrenzung in der Blickrichtung von A stellt eine weiße, aus einzelnen gleichgroßen, parallel angeordneten Teilen aufgebaute Wand dar. Es wird der Eindruck erweckt, es handele sich hierbei um eine Trennwand, die beliebig entfernt werden kann, um den Raum zu vergrößern. Die Raumbegrenzung zur linken Seite A's wird durch eine Fensterfront gebildet. Während die Fensterfront hinter A vielmehr eine einzige durchsichtige Glaswand darstellt, sind hier einzelne, aneinandergereihte Fenster sichtbar. Die Lesart ‚Multifunktionaler Raum' kann durch das faktische Vorhandensein einer Trennwand erhärtet werden. Es handelt sich um einen Raum, der für verschiedene Dinge verwendet wird und in seiner Größe verändert werden kann. Vorzufinden

---

183 Es sei an dieser Stelle daran erinnert, dass sich die Übersicht zu anwesenden Personen im Raum lediglich auf die, der Analyse zu Grunde liegenden, 31-sekundigen Sequenz bezieht.
184 Zwar ist die Länge der beiden Parallelseiten des Hufeisens ebenso als Unregelmäßigkeit zu betrachten, irritiert das Bild aber weniger als der innen angedockte ‚Fremdkörper'.
185 Edward T. Hall (1968) unterscheidet – bezogen auf Nord-Amerikika – vier Zonen interpersonaler Distanz: der öffentliche Raum, der sozial-beratende Raum, der personale Raum und die Intimzone. Während der personale Raum sich bei einer Distanz von etwa 50 bis 120 cm bewegt und für Freunde und Verwandte reserviert sein mag, ist die Intimzone für sehr vertrauliche Kontaktpersonen resp. potenzielle Sexualpartner zugänglich. Ein unerwünschtes Eindringen in diese Zone kann als intensive Bedrohung bzw. Zumutung erlebt werden.

sind derartige Räume beispielsweise in Stadthallen, Gaststätten oder Tagungshäusern. Gemeinsam ist diesen Orten, dass sie ein öffentliches Zusammentreffen von Personen und den Austausch von Informationen, dem Begehen von Ritualen u. ä. dienlich sein können. Während in derartigen Räumen auch private Versammlungen, Feiern o. ä. vorstellbar sind, werden durch die Tafel, das Vortragspult in der Ecke und das abgedeckte Klavier halböffentliche Situationen vorstellbar, bei denen es etwas vorzutragen bzw. zu vermitteln gilt. Es besteht eine Abgrenzung zu Räumen, die eigens für inhaltlich sehr speziell ausgerichtete Handlungs- bzw. Interaktionszusammenhänge geschaffen wurden – wie etwa ein Chemieraum in der Schule oder eine Kfz-Werkstatt in einem Autohaus. Ebenso dokumentiert der Raum keine persönliche Bindung zu der in ihr versammelten Gruppe (vgl. dagegen die Gestaltung von Klassenzimmern in Grundschulen, Büros, Wohnzimmern, etc.). Die Fensterfront zur linken Seite von A potenziert nochmals die Möglichkeit von Umweltirritationen, da ein Abdriften des Blicks hinter die Raumbegrenzung für alle anwesenden Personen gewährt wird.

Der Blick aus den Fenstern (*Außen*) trifft auf ein orthogonal zur Fensterfront stehendes Hochhaus, das ein Bürogebäude, aber auch ein hohes Wohnhaus darstellen könnte. Während der Blick aus dem Fenster hinter A auf ein ebenerdig anschließendes Gelände fällt, zeichnet sich hier ein Gefälle ab. Die Fenster des Raumes scheinen mindestens ein Stockwerk über dem Erdboden zu liegen. Eine Laterne sowie grünende Laubbäume sind zu sehen. Letztere verstärken den Eindruck von Frühsommer.

Rekapitulation und Lesartenbildung auf der Grundlage beider Perspektiven: Ausgangssituation und innerer äußerer Kontext

Nachdem die visuelle Verfasstheit der Interaktionssituation auf Basis der beiden unterschiedlichen Perspektiven analysiert wurde, soll nun herausgestellt werden, was als Ergebnis der Betrachtung festgehalten werden kann, bzw. welche Lesarten sich aufrechterhalten lassen und so den inneren äußeren Kontext bzw. die Ausgangssituation des Interaktionszusammenhangs charakterisieren.

Wie kann das Verhältnis von Person A zur übrigen Gruppe anwesender Personen im (Kurs-)Raum auf Grundlage der Analyseergebnisse beschrieben werden? Die Lesart, bei A handele es sich um eine Person, die zur Strukturierung des künftigen Geschehens auserkoren ist und die die Rolle eines Anleiters bzw. Wissensvermittlers einnimmt, wird durch vielerlei Aspekte befördert: So z. B. die Verfügung über dickfaserige Stifte, die etwa zur Beschriftung von Flipchartpapier oder Tafeln – wie hinter A befindlich – dienlich sein können; die Utensilien, die um A herum gruppiert sind (beschriebene DIN-A4 Zettel, Bücher, etc.); die Position im Raum, stehend an der Innenseite am Ende der hufeisenförmigen Tischgruppierung, an der die übrigen Anwesenden sitzen und ohne den Oberkörper wenden zu müssen ihren Blick auf A und die Tafel richten können; die Möglichkeit von seiner Position aus alle Anwesenden mit Worten wie auch mit Blicken kontaktieren zu können und den Innenraum des Hufeisens zu durchqueren, etwa um in Einzeldialog mit bestimmten Personen treten zu können. A wird als Person mit der Lizenz zur Gestaltung des Interaktionszusammenhangs stilisiert, welcher entweder eine Fortsetzung erfährt oder neu etabliert wird. Die übrigen Anwesenden werden damit zu Adressaten der Strukturierungsleistungen A's, zu Mitspielern in dem von A gestalteten Spiel, die ihm die Rechte und Pflichten eines Spielführers zusprechen. Das Verhältnis von A zur Gruppe anwesender Personen scheint durch die komplementäre und zugleich asymmetrische Rollenstruktur Lehrer/Schüler gekennzeichnet, die Luhmann als auffälligste Eigenart des Interaktionssystems Schulunterricht bezeichnet (vgl. Luhmann 2002, S. 108). Die Lesart, dass die Interaktionspraxis einen Bezug zu Wissensvermittlung und -aneignung aufweist, sich also als pädagogisch inspirierte Praxis kennzeichnen lässt, wird durch das Vorhandensein von Wissensvermittlungsmedien, wie etwa die Tafel und die vor den Personen auf den Tischen liegenden Bücher und Hefte, bestärkt.

Durch den Vergleich des Aussehens und der Körperhaltung von A mit der übrigen Personengruppe, lässt sich eine Besonderheit im Situationsbezug aufweisen. Einerseits evoziert die Kleidung und das Aussehen der Protagonisten einen Bezug zum Thema Reise bzw. Wanderung. Während A eine Weste trägt, die für Wanderungen oder Safaritouren angemessen scheint, ist das äußere Erscheinungsbild der übrigen Personengruppe u. a. durch individuell verschiedene Haut- und Haarfarbe gekennzeichnet und weist auf nationale und kulturelle Differenzen der Zugehörigkeit hin. Die Anwesenheit der unterschiedlichen Personen in einem (Interaktions-)Raum unterstellt einen Migrationshintergrund. Vor diesem Kontext erscheint das Tragen einer Weste von A als Herstellung eines Bezugs zur gemeinsamen Vergangenheit anwesender Personen. Das untergründige Thema Reise bzw. Wanderung wird zu einem gemeinsamen Referenzpunkt, vor dessen Hintergrund sich der Interaktionszusammenhang entfaltet.[186] A bezieht sich auf die gemeinsam geteilte

---

186 Allerdings ist nicht davon auszugehen, dass Abgeordnete oder Migranten bei der Reise oder Flucht aus anderen Nationen gewöhnlich Safari-Westen tragen. Während Safari-Westen eher mit Wandern, Urlaub, Abenteuer und Vergnügen assoziiert werden, erscheinen derartige Assoziationen für Dienstreisen von Abgeordneten oder die Flucht aus dem Heimatland in einen fern gelegenen Kulturkreis als eher unangemessen. Identisch für alle hier aufgeführten Kontexte ist jedoch die Wanderung als ein Prozess des sich Bewegens zu einem weiter entfernt liegenden Ort, das Unterwegssein, wozu es der Mitnahme verschiedenster Utensilien bedarf (die von A getragene Weste bietet dazu eine Vielzahl von Taschen, in denen so manches verstaut werden kann – z. B. Kompass, Taschenmesser, Wasseraufbereitungstabletten o. ä.). Diese Deutung ist sehr weitreichend und wird fragwürdig, wenn man die von A getragene Weste etwa als typische Rentnerbekleidung interpretiert, demgegenüber der Rucksack eine eher jugendliche Tasche darstellt und so den durch die Weste hervorgerufenen Eindruck gehobenen Alters dementiert. Ich möchte jedoch an der oben explizierten Deutung festhalten, um beobachten zu können, zu welchen Ergebnissen dieser Interpretationsvorschlag führen mag.

Vergangenheit der Gruppe durch das Tragen eines Symbols (Weste) und macht das damit assoziierte Thema somit zu einem gemeinsamen, situativen Referenzpunkt.
Andererseits lässt sich ein gemeinsamer Situationsbezug durch Vergleich der Blickrichtung und Kopfhaltung der Anwesenden aufweisen. Interpretiert werden kann dies als Synchronität der Aufmerksamkeitsrichtung. Während A steht und die übrigen Personen sitzen (Differenz im Sozialbezug), weisen alle Anwesenden eine vergleichbare Kopfhaltung bzw. Blickrichtung auf. Bei der Analyse des Stills aus Perspektive 1 wurde konstatiert, dass A derzeit damit befasst ist, sich auf die Einführung einer spezifischen Interaktions- bzw. Handlungspraxis zu konzentrieren und somit eine Übergangsphase auszuweisen sei, bei der die übrigen Anwesenden vermutlich mit gegenseitiger Unterhaltung beschäftigt sind oder sichtbar auf den Beginn eines bestimmten Geschehens warten. Demgegenüber ist am Still aus Perspektive 2 ersichtlich, dass die Anwesenden mit Lesen oder Schreiben beschäftigt sind, was die Deutung befördert, dass eine, für alle verbindliche Praxis bereits eingeleitet wurde. Dabei könnte es sich etwa um die individuelle Bearbeitung einer zuvor gestellten Aufgabe handeln. Während die übrigen beschäftigt sind, könnte es A zukommen, seine Materialien zu ordnen um den ersten bzw. nächsten Programmpunkt einzuleiten.

Der Raum als Ort des Statthabens von Interaktion und Grenzmarkierung ist als unspezifisch und vielfältig verwendbar auszuweisen. Die im Raum befindlichen Gegenstände weisen zwar auf einen sozialen Kontext hin, bei dem es etwas zu vermitteln gilt, der Gegenstand der Vermittlung kann allerdings sehr unterschiedlich sein und wird durch die im Raum vorhandenen Personen nicht eindeutig spezifiziert – vorstellbar wäre, dass es um ein Thema geht, das mit Migration assoziiert ist. Es handelt sich nicht um einen Raum, den eine bestimmte Gemeinschaft als eigenen Raum gekennzeichnet hat, sondern um einen Raum, welcher der Nutzung unterschiedlichster Personen und Gruppen zur Verfügung steht. Die durchlässigen Grenzen des Raumes nach außen verstärken den Aspekt von Öffentlichkeit. Durch eine breite Fensterfront im Rücken von A ist es für Passanten möglich, ins Innere des Raumes zu schauen. Umgekehrt ist es für die im Raum anwesenden Personen möglich, nach draußen zu gucken und ihre Aufmerksamkeit vom Interaktionsgeschehen im Inneren des Raumes abzulenken. Die Bindung von Aufmerksamkeit der Anwesenden könnte als Problem virulent werden, mit dem die Anleitung und Gestaltung des Interaktionszusammenhangs konfrontiert ist. Die Umwelt des Raumes deutet auf eine städtische Umgebung hin und gibt Auskunft darüber, dass es vermutlich Frühsommer ist.

Zur sequentiellen Analyse des Interaktionszusammenhangs auf der Grundlage visueller Kommunikation ist es notwendig, die *Ausgangssituation* zu benennen, von wo ab die Beobachtung der Interaktionsdynamik – d. h. die Objektivierung von Anschlussselektionen – einsetzt, um damit die Aufmerksamkeit des Beobachters auf Bestimmtes zu konzentrieren. Die Charakterisierung der Ausgangssituation stützt sich vornehmlich auf visuelle, als transitorisch erachtete Elemente der Personen-Nahzone der Anwesenden (Kopf- und Körperhaltung, Blickrichtung, Haltung der Hände, Arme und Beine). Zusammenfassend kann die Ausgangssituation pointiert werden mit ‚Fortsetzung einer bereits etablierten Praxis (seitens der Gruppe) und Vorbereitung auf weitere Schritte (seitens A)'. Dabei zeigt sich ein synchroner Selbst- bzw. Objektbezug der Anwesenden in Gestalt von Konzentration auf die je eigenen Unterlagen.

Der *innere äußere Kontext*, dessen Analyse sich vornehmlich auf nicht-transitorische Elemente stützt, welche die Interaktion einbetten, kann charakterisiert werden als ‚lehr-lernbezogener Interaktionszusammenhang mit Bezug auf Migration bzw. Wanderung'. Durch die Positionsgestaltung im Raum wird ein asymmetrisches Rollenverhältnis zwischen A und den übrigen Anwesenden sichtbar. Zudem deuten die Anordnung der Personen im Raum und das Vorhandensein vielfältiger Wissensvermittlungsutensilien auf einen Lehr-Lern-Kontext hin. Als besonders erweist sich der durch Kleidung und Aussehen der Akteure hervorgerufene Verweis auf das Thema Migration bzw. Wanderung. Ein weiteres Charakteristikum des inneren äußeren Kontextes ist mit ‚Fragilität des Interaktionszusammenhangs' zu benennen. Dies wird etwa durch die Offenheit des Raumes für vielfältige Nutzung wie auch durch die Gestaltung der Raumgrenzen in Form großer Fenster evoziert. Bei der sequenzanalytischen Rekonstruktion visueller Kommunikation ist der soeben explizierte innere äußere Kontext nicht als Grundlage zur Bildung von Lesarten zu nutzen. Vielmehr soll das Strukturgebilde, das ausgehend von der (visuellen) Ausgangssituation rekonstruiert wird, nach Konfrontation mit der auditiven Ebene, dem inneren äußeren Kontext gegenübergestellt werden.[187]

7.2.3.2 Zweiperspektivische Strukturrekonstruktion auf visueller Ebene

Zur Rekonstruktion von Sinnstrukturen auf der Grundlage der visuellen Ebene von Kursinteraktion gilt es, die kommunikationsbezogene Bedeutung von Körperbewegungen[188] der Protagonisten anhand entsprechender Videoausschnitte sequenzanalytisch zu rekonstruieren. Dabei wird den ‚Hauptlinien'

---

187 Es sei nochmals angemerkt, dass eine Analyse, wie sie erfolgt ist, ein höheres Maß an Präzision durch Explikation gedankenexperimenteller Kontexte in Form von Bildern oder Transformation von Bildelementen in andere Kontexte erreichen mag. Ebenso bietet es sich bei der sequentiellen Rekonstruktion von Körperbewegungen an, auf vergleichbare Bilder oder Filmsequenzen zur Etablierung von Normalkontexten zu verweisen – was hier nicht realisiert werden konnte.
188 Wenn hier und im Folgenden von ‚Körperbewegung' die Rede ist, so impliziert dies – wie bereits in Kapitel 5 angemerkt – das gesamte Konglomerat von Bewegungen der Augen, des Kopfes, des Ober- und Unterkörpers wie auch der Hände, Arme und Beine.

gefolgt, die zur Beantwortung der eingangs formulierten Fragestellung von Interesse sind (vgl. Kap. 7.1). In dem hier angeführten Fallbeispiel heißt das: Fokussierung der Kursleiter-Kursteilnehmer-Interaktion. Um eine potenziell divergierende Strukturgestalt auf der Ebene visueller Kommunikation gegenüber auditiver Kommunikation herauszustellen und die Aufmerksamkeit des Interpreten auf die Bildebene zu konzentrieren, ist das Videomaterial ohne Ton zu betrachten.

Die Sequenzierung des Materials richtet sich nach Kriterien körpersprachlichen Agierens und ist different gegenüber der auf auditiver Ebene vollzogenen Unterteilung des Ausgangsmaterials in ‚interpretationsfreundliche Teilstücke'. Nach Albert E. Scheflen (1977) können drei hierarchisch angeordnete, kommunikative Einheiten unterschieden werden – Argument, Position und Präsentation (vgl. Kap. 6.3.3).[189] Bevor ich aber auf die Sequenzierung des Materials eingehe, möchte ich zunächst das Vorgehen bei der Interpretation kurz skizzieren: Die Person des Kursleiters (A) wird als Fixpunkt gewählt, von dem aus die Interaktion Kursleiter-Kursteilnehmende beobachtet wird. Dementsprechend richtet sich die ordnende Sequenzierung des Videomaterials nach dem körpersprachlichen Agieren des Kursleiters (A).[190] Nachdem das Agieren von Person A aus Perspektive 1 (Videoprotokoll, das den Kursleiter in den Mittelpunkt stellt) deskriptiv erfasst und ganzheitlich auf der Grundlage re-aktualisierter Erwartungshaltungen des Interpreten analysiert worden ist, können Erwartungen zum zeitgleichen Agieren übriger Personen der Kursgruppe, das aus Perspektive 2 (Videoprotokoll, das die Kursteilnehmer in den Mittelpunkt stellt) sichtbar wird, formuliert und mit deren faktischem Agieren verglichen werden. Daran anschließend sind Erwartungen bezüglich des folgenden Systemzustandes auszuweisen, die dann wiederum – perspektivenspezifisch – mit dem faktisch vorzufindenden Kommunikationsgeschehen konfrontiert werden können.[191] Sukzessive wird so die Selektivität des Interaktionszusammenhangs bzw. der sich herausbildende innere Kontext sichtbar, der zu einer Struktur bestimmter, einander an-

---

189 Wie bereits in Kapitel 6.3.3 erläutert, zeigt sich das ‚Argument' auf der Ebene visueller Kommunikation durch die Beibehaltung einer spezifischen Kopfhaltung und Blickrichtung, die ‚Position' durch die Beibehaltung einer spezifischen Körperhaltung und die ‚Präsentation' durch das Verweilen einer bestimmten Person an einem bestimmten Ort im Raum.

190 Natürlich könnte auch die Teilnehmergruppe oder je nach Fragestellung ein spezieller Teilnehmer als Fixpunkt gesetzt werden. Den Kursleiter als Fixpunkt zu setzen geht einher mit der anfänglich gewählten Fragestellung nach Interaktion zwischen Kursleiter und Kursteilnehmer, mit Hauptaugenmerk auf dem Kursleiteragieren.

191 Dem Problem der ‚Intersimultaneität', also der Gleichzeitigkeit körpersprachlichen Agierens verschiedener Personen der Kursgruppe, kann durch Konzentration auf eine Interaktionsachse im Kontext anderer, ebenso sequentiell und perspektivenspezifisch zu analysierender Interaktionsbeziehungen, begegnet werden. Vorgreifend sei angemerkt, dass bei dem hier angeführten Beispiel kein bedeutsamer ‚Nebenschauplatz' als längerfristige Kommunikation zwischen bestimmten Personen, zeitgleich zur Interaktion zwischen Kursleiter und Kursteilnehmer zu registrieren ist.

schließender Selektionen vor dem Hintergrund anderer Möglichkeiten kondensiert.
Praktisch umsetzen lässt sich ein derartiges Vorgehen, indem die zu analysierende Sequenz bzw. MPG-Datei in einzelne Segmente bzw. Dateien zergliedert und sukzessive einer Analyse unterzogen wird.[192] Die einzelnen Sequenzen sind dann unter Ausblendung des Vorwissens um die nächste Sequenz sowie ohne Ton zu interpretieren.
Von der oben analysierten Ausgangssituation ausgehend, kann der 31-sekundige Ausschnitt des Videoprotokolls, unter Orientierung am Agieren von A, in drei Sequenzen eingeteilt werden. Die Sequenzabfolge kann unter Hinzuziehung der Positionsgrafik wie folgt dargestellt werden (siehe Abb. 9):

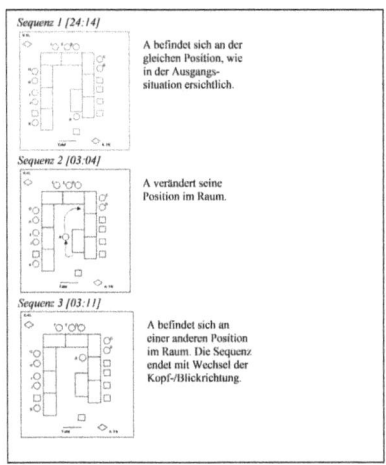

Abb. 9: Sequenzbeschreibung mit Fokus auf A (KL): visuelle Ebene[193]

---

192 Bestenfalls werden die Videodateien mitsamt der Ursprungsdatei der Analyse beigelegt, wozu insbesondere das Verbreitungsmedium Internet als geeignet erscheint. Jedoch zeigt sich spätestens dort das Problem der Anonymisierung von Daten, das bei einer Beschränkung der Analyse auf auditive Daten bzw. das Worttranskript leichter umgangen werden kann. Zwar ist es durch entsprechender Nachbearbeitung des Videomaterials möglich, das Erscheinungsbild von Personen unkenntlich zu machen; dies geht allerdings mit einer teilweisen Maskierung der Analysegrundlage einher, deren Ausmaß größer ist, als bei der Anonymisierung von Sprechern im Worttranskript. Zur Illustration wurden bei folgender Darstellung der Analyse charakteristische Stills bzw. Stillfolgen betreffender Sequenzen eingefügt, bei denen eine Anonymisierung ebenfalls vollzogen wurde. Wesentliche Aspekte, auf die sich bei der Analyse bezogen wird, sind erkennbar. Die Unerkennbarkeit von Details wird, wenn nötig, durch verbale Deskription des Bildes kompensiert.
193 Die in eckigen Klammern gefassten Angaben geben Auskunft über die jeweilige Dauer der Sequenz (Sekunden und Bilder bei 25 Einzelbildern pro Sekunde).

Nach Scheflen können hier zunächst zwei Präsentationen (Sequenz 1 und 3), verbunden durch einen Übergang (Sequenz 2) identifiziert werden. Die Einteilung in drei unterschiedliche Sequenzen, bei denen zwar wenig Positionswechsel, d. h. grundlegende Veränderung der Oberkörperhaltung, aber eine Vielzahl unterschiedlicher Argumente, d. h. Wechsel der Kopfhaltung und Blickrichtung mitsamt unterschiedlichster Hand-, Arm- und Beinbewegung, zu identifizieren sind, wurde aufgrund des ‚nonverbalen Sprachstils' des Kursleiters vorgenommen. Sequenzen als analysierbare Kommunikationseinheiten können unterschiedlich gesetzt werden. Inwiefern sich das Einteilungskriterium dabei an unterschiedlichen Argumenten, Positionen, Präsentationen ausrichtet, ist wesentlich durch das Ausgangsmaterial mitbestimmt. Bei manchen lehr-lernbezogenen Interaktionszusammenhängen sind lediglich zwei unterschiedliche Präsentationen, eine geringe Anzahl verschiedener Positionen und ein langsamer Wechsel von Argumenten vorzufinden. Dort beispielsweise bietet es sich an, sich bei der Sequenzierung an Argumenten auszurichten. Was jeweils als zu analysierende Kommunikationseinheit begriffen wird, kann nur durch Auseinandersetzung mit der Ausdrucksmaterialität je fallspezifisch festgelegt werden.[194] Ähnlich verhält sich dies übrigens auch auf auditiver Ebene. Zur Explikation des spezifischen Bedeutungsgehalts mancher Beiträge ist es teilweise notwendig, diese zu desequentialisieren – also in ‚interpretationsfreundliche' Teilsegmente zu zergliedern und später wieder zusammen zu fügen.

Analyse von Sequenz 1 aus Perspektive 1

Was hier zu sehen ist lässt sich wie folgt beschreiben: A steht vor einem Tisch und ist mit dem Ordnen von vor ihm auf dem Tisch befindlichen Materialien beschäftigt, wie u. a. Stillfolge illustriert.

---

194 Schließlich stellt die Festlegung der Kommunikationseinheiten Argument, Position und Präsentation ein Ergebnis der Auseinandersetzung Scheflens mit Psychotherapie-Settings dar, welche eine Differenz zu lehr-lernbezogenen Interaktionssystemen aufweisen. Letztere weisen ein erheblich größeres Maß an Pluralität interaktionsrelevanter Körperbewegungsarten auf. So ist es etwa möglich, dass in einem Kurs für das Vorbringen eines (Diskussions-) Standpunktes (Position) ein Ortswechsel im Raum (Präsentation) in Anspruch genommen wird. Demgegenüber mag bei anderen Kursen das Argument als Einheit von Kopf- und Blickrichtung diese kommunikative Funktion übernehmen. Das Setzen von Sequenzen muss also jeweils fallbezogen variiert werden und charakterisiert zugleich den Kurs gegenüber anderen Kursen.

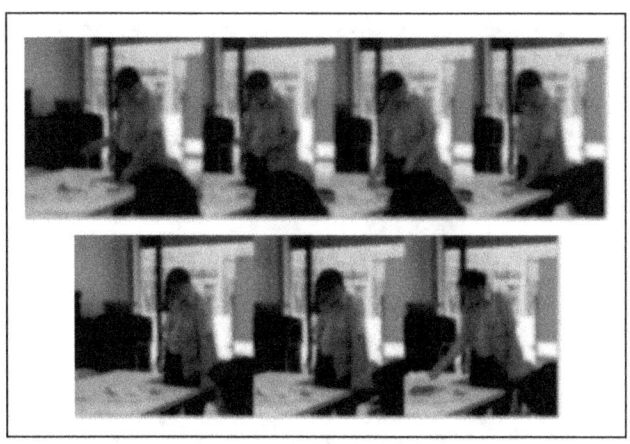

Abb. 10: Stillfolge A-1 (Sequenz 1, Perspektive 1)[195]

Ein Blatt, das er zu Beginn in der rechten Hand hält, lässt er auf den Tisch gleiten, auf dem verschiedene Materialien wie Blätter, Bücher, Stifte verstreut liegen. Alsdann verschließt er einen Fasermarker, den er nun in der linken Hand hält, legt diesen auch auf den Tisch, verschiebt eine Packung mit Fasermarkern und lässt seinen Blick über die Materialien schweifen. Noch während er die Materialien auf dem Tisch ordnet, bewegen sich seine Lippen, als würde er etwas erzählen – was sich im Folgenden fortsetzt.

Abb. 11: Stillfolge A-2 (Sequenz 1, Perspektive 1)

Er nimmt schließlich ein bestimmtes Buch auf und richtet Kopf und Augen in Richtung der ihn umgebenden Umwelt.

---

195 Abgebildete Stillfolgen sind Reihe für Reihe von links nach rechts zu ‚lesen'.

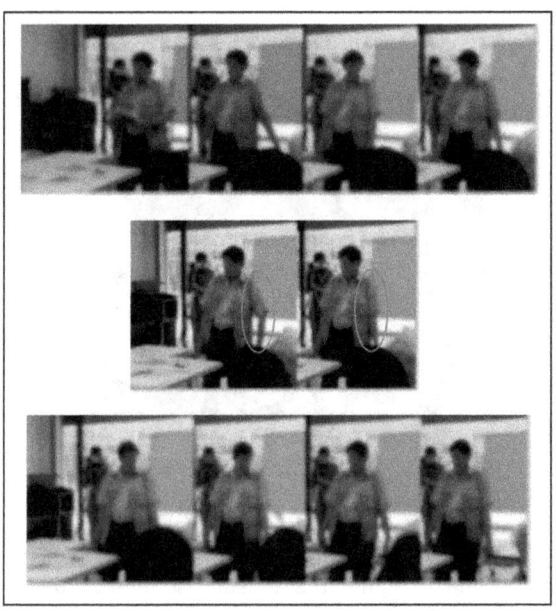

Abb. 12: Stillfolge A-3 (Sequenz 1, Perspektive 1)

Zu dem Zeitpunkt, da er den Blick von den auf dem Tisch befindlichen Materialien abwendet und zur Umwelt blickt, richtet er sich auf und verlagert sein Gewicht kurz vom linken aufs rechte und dann wieder aufs linke Bein. Er wendet seinen Oberkörper dem Tisch ab und nimmt eine aufrechte Haltung ein.

Während er aufrecht steht, hält er ein Buch oder Heft im A4 Format in der Hand des parallel zu seinem Oberkörper herab hängenden rechten Armes und schlägt dies beständig und in hoher Frequenz mit wippenden Bewegungen der Hand bzw. des Unterarmes gegen sein rechtes Bein, das er leicht angewinkelt hat. Der linke Arm baumelt an seinem Körper herab, so als wäre er lahm. Unregelmäßig wird dieser von einem Zucken durchfahren. Dabei wird der Ellenbogen abwechselnd leicht angewinkelt oder durchgedrückt – als sei er elektrisiert (vgl. Hervorhebung in Abb. 12).

Seinen Blick lässt er währenddessen durch den vor ihm befindlichen Raum wandern. Es scheint, als würde er einzelne Personen bzw. Personengruppen fixieren (vgl. Abb. 13). Dabei richtet sich sein Blick als erstes in Richtung [B, C], wird hin und wieder in Richtung [G, H, I, J] gelenkt und fixiert am Ende wieder in Richtung [B, C]. Die Richtung [D, E, F] wird nur einmal kurz fixiert und ansonsten nur kurz gestreift. [K] wird einmal kurz fixiert.

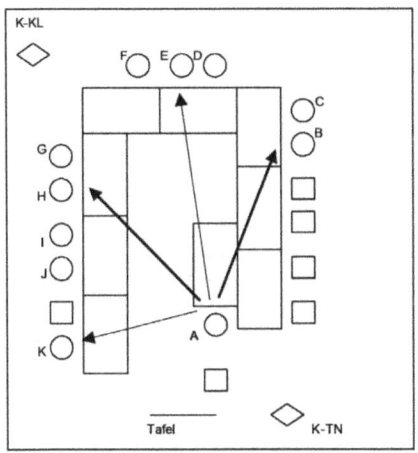

Abb. 13: Blickrichtungen im Raum (Person A)

Eine Sekunde nachdem A keine Mundbewegung mehr zeigt, kehrt Ruhe in seinen vibrierenden rechten Arm ein. Von nun ab bis zum Endpunkt der Sequenz lenkt er seinen Blick in Richtung [B, C]. Das Gesicht von A zeigt während der gesamten Sequenz keine starke emotionale Erregung. Es wird der Eindruck erweckt, A rede sachbezogen über ein bestimmtes Thema.

Abb. 14: Abschließendes Still (Sequenz 1, Perspektive 1)

Zum Ende der Sequenz lächelt A. Er bewegt erneut seine Lippen und hebt das Heft, das er in der rechten Hand hält, über die Tischkante – so als wolle er es zurück auf den Tisch legen.

Welche Lesarten können auf der Grundlage dieser Beobachtungen formuliert werden bzw. welche der bei Analyse der Ausgangssituation aufgestellten Lesarten setzen sich fort? Die Deutung, der entsprechend A mit individueller Vorbereitung zur Einführung oder Fortsetzung eines bestimmten Handlungs- bzw. Interaktionszusammenhangs, den er anleitet, befasst ist, kann durch die Beobachtung der ersten Sekunden dieser Sequenz bestätigt und dahingehend erweitert werden, dass diese bestimmte Praxis bereits eröffnet scheint, abgeschlossen und nun ein neuer Abschnitt eingeleitet wird. Das zeigt sich daran, dass A ein Blatt beiseite legt, einen Stift verschließt – was voraussetzt, dass dieser bereits in Gebrauch war – und suchend bzw. sich orientierend zu den vor ihm ausgebreiteten Materialien blickt (vgl. Abb. 10). Als besonders erweist sich, dass er bereits zu diesem Zeitpunkt einer verbalen Äußerungstätigkeit nachzugehen scheint, ohne jedoch eine bestimmte Person mit seinem Blick zu adressieren. Dass er schließlich ein Buch aufnimmt deutet darauf hin, er wolle etwas aus dem Buch vorlesen bzw. die inhaltliche Strukturierung zukünftigen Geschehens an diesem Gegenstand ausrichten (vgl. Abb. 11). Das Buch wird aber im Folgenden nicht zum Referenzpunkt körpersprachlichen Agierens, sondern als Mittel zur Selbststimulierung verwendet (vgl. Abb. 12) – die Gestik kommt in den Blick als Selbstadaptor (vgl. Ekman/Friesen 1979). Das Blicken in verschiedene Richtungen seines Umfeldes legt die Lesart nahe, er adressiere eine Gruppe von Personen mit seinen als lautsprachliche Mitteilung zu unterstellenden Lippenbewegungen. Seine Rede unterbricht A an zwei Punkten und schaut dabei in die Runde, so dass der Eindruck erweckt wird, er habe eine Frage an eine vor ihm sitzende Gruppe von Personen gestellt – worauf allerdings seine Mimik nicht notwendig verweist (vorstellbar wäre diesbezüglich etwa ein erwartungsvolles Hochziehen der Augenbrauen o. ä.). Zum Ende der Sequenz scheint A eine bestimmte Person zu fokussieren, was wiederum nahe legt, er würde von dieser eine Antwort auf eine von ihm gestellte Frage erwarten. Das übrige Agieren, die Selbststimulation durch das Buch oder das Zucken des Armes, erscheint nicht als sozialbezogene Körperbewegung – möglicherweise aber als sozial induzierte. Es wird der Eindruck von Nervosität erweckt und durch die z. T. hektisch anmutenden Blickrichtungswechsel befördert. Als möglicher Kontext ließe sich beispielsweise ‚Referendar bei einer Sichtstunde' anführen.

Die Analyse der Ausgangssituation anhand des Stills aus Perspektive 1 hat die Lesart evoziert, dass die vorzufindende Situation eine Übergangssituation darstellt, bei der sich A mit der Vorbereitung zur Vermittlung eines neuen Themas oder der Fortsetzung eines schon begonnenen Themas befasst. Währenddessen, so wurde konstatiert, sind die übrigen Anwesenden je individuell mit einer zuvor erteilten Aufgabe bzw. der Umsetzung einer erteilten Handlungsanweisung beschäftigt. Aufgrund der Analyse der ersten Videosequenz kann bestätigt werden, dass A faktisch so agiert, als wolle er mit der Anleitung bzw. Strukturierung eines Interaktionszusammenhangs fortfahren. Dazu adressiert er zunächst alle anwesenden Personen mit Worten bzw. Fragen und Blicken, um schließlich eine bestimmte Person zur Fortsetzung der von ihm begonnenen Kommunikation zu bringen und damit zugleich die Aufmerksamkeit aller an die von ihm vollzogenen Gestaltungspraktiken zu binden. Dass A mit einer verbalen Äußerungstätigkeit beginnt, bevor er jemanden mit seinem Blick adressiert hat, legt die Erwartung nahe, dass die Aufmerksamkeit der Angesprochenen bereits auf ihn gerichtet ist.

Was ist in synchroner Hinsicht bezüglich des Agierens anwesender Personen auszuweisen? Zu erwarten ist, dass die übrigen Anwesenden ihre Aufmerksamkeit auf das Agieren von A gerichtet haben. Da A vermutlich wiederholend eine Frage stellt und daraufhin nicht so agiert, als sei eine Antwort erfolgt, wäre es vorstellbar, dass die Angesprochenen nach Antworten in ihren Unterlagen suchen oder sich einer direkten Adressierung der Frage an ihre Person durch Abwendung des Blicks entziehen. Ebenso wäre es vorstellbar, dass sich manche Personen melden oder anderweitig eine Bereitschaft zur Beantwortung von Fragen signalisieren. Da sich zum Ende der Sequenz die Deutung aufdrängt, A würde eine bestimmte Person fokussieren, ist zu erwarten, dass diese Person sichtbar auf das Kommunikationsangebot von A eingeht – oder es ablehnt.

Analyse von Sequenz 1 aus Perspektive 2

Als nächstes wird die erste Sequenz aus Perspektive 2 vor dem Hintergrund der Frage betrachtet, was sich hier gegenüber den vorig formulierten Erwartungen resp. Anschlussoptionen faktisch dem Blick des Beobachters zeigt.

Das Agieren der von A adressierten Personengruppe weist ein großes Maß interindividueller Differenz auf. Einige scheinen noch einer zuvor maßgeblichen Handlungspraxis zu folgen, indem sie sich auf ihre Unterlagen konzentrieren, schreiben und punktuell ihren Blick auf A richten.[196]

---

[196] Person I wird vom Kursleiter verdeckt und kann somit aus dieser Perspektive nicht beobachtet werden. Zur Verortung dieser und der im Folgenden angeführten Personen vgl. Abb. 8.

Abb. 15: Stillfolge J-1 (Sequenz 1, Perspektive 2)

In der Phase, zu der A noch seine Materialien fixiert und bereits eine verbale Äußerung vollzieht, lässt J von ihrer Schreibtätigkeit ab, blickt kurz in Richtung der hinter A befindlichen Tafel, streckt sich und schaut währenddessen kurz in Richtung A und lenkt ihren Blick schließlich geradeaus in den Raum, in ‚rezeptionsfreudiger Haltung' – allerdings zunächst ohne erkennbaren Blickkontakt zu A (vgl. Abb. 15). Es lassen sich kein abrupter Wechsel der Aufmerksamkeitsrichtung anwesender Personen oder gar Anzeichen für verbale Äußerungen verzeichnen.

Abb. 16: Stillfolge K-1 (Sequenz 1, Perspektive 2)

K blickt zu Beginn der Sequenz in ein kleines Buch, lässt dann davon ab, blickt in Richtung der Tafel, in Richtung der übrigen im Raum befindlichen

Anwesenden, blickt wieder in Richtung Tafel und beginnt schließlich zu schreiben (vgl. Abb. 16).

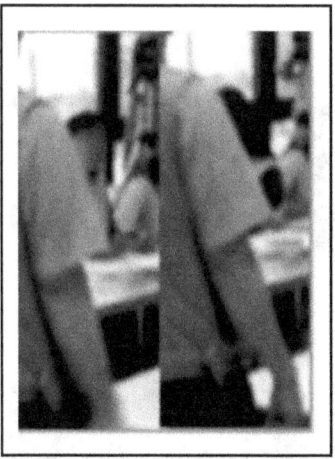

Abb. 17: Stillfolge H-1 (Sequenz 1, Perspektive 2)

H scheint ihre Aufmerksamkeit zunächst auf A zu konzentrieren. Am Ende der Sequenz wendet sie sich einem rechts hinter ihrem Stuhl oder an ihrer Stuhllehne befindlichen Gegenstand zu (vgl. Abb. 17).

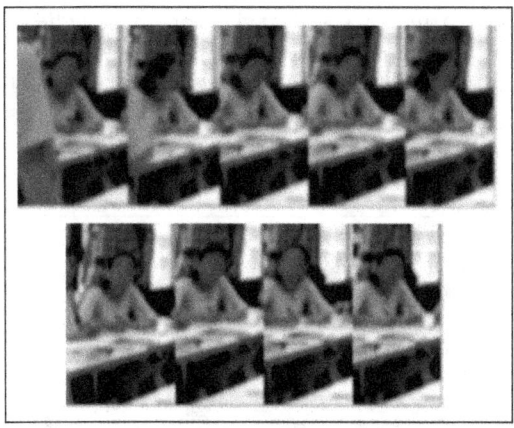

Abb. 18: Stillfolge G-1 (Sequenz 1, Perspektive 2)

G richtet ihren Blick abwechselnd auf die Tafel und auf ihre Unterlagen. Sie ist offenbar mit Abschreiben beschäftigt. Zweimal unterbricht sie kurz diese Tätigkeit, blickt in die Richtung D und fährt dann fort (vgl. Abb. 18).

Abb. 19: Stillfolge F-1 (Sequenz 1, Perspektive 2)

F ist ebenso wie G mit Abschreiben befasst und beendet dies, als A die Anwesenden auditiv und visuell adressiert. Alsdann stützt sie ihren Kopf auf die Hand ihres linken Armes und ordnet die vor ihr befindlichen Materialien, blickt kurz zu A, führt ihre linke Hand an ihr Kinn – als würde sie nachdenken –, blickt kurz zu der links neben ihr sitzenden Person E, um dann mit ihren Fingern an ihrem Haar zu nesteln und weiterhin ihre Materialien zu ordnen. Zum Ende der Sequenz blickt sie zu A. Dabei hat sie ihren linken Arm weiterhin aufgestützt (vgl. Abb. 19).

Abb. 20: Stillfolge C, D, E -1 (Sequenz 1, Perspektive 2)

C, D und E sind zu Beginn mit Abschreiben von der Tafel beschäftigt. Zu der Zeit, als A zu dem auf seinem Tisch liegenden Buch greift, um sich dann den Anwesenden mit Blicken zuzuwenden, greift D zu einem kleinen, auf seinem Tisch liegenden Buch und blättert bzw. liest darin, gefolgt von E und C (vgl. Hervorhebungen in Abb. 20).

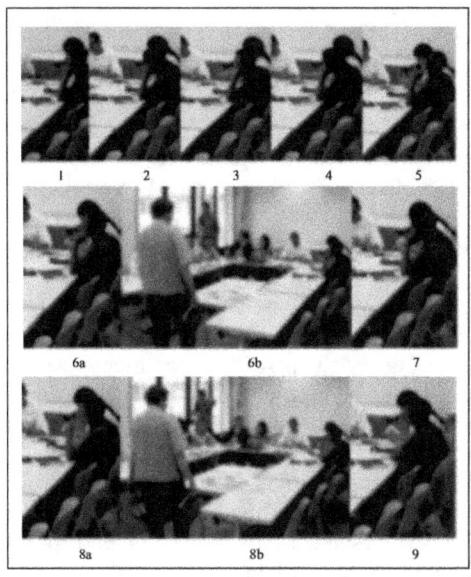

Abb. 21: Stillfolge B-1 (Sequenz 1, Perspektive 2)[197]

Die Anwesende B ist ebenso mit Abschreiben von der Tafel befasst. Dabei versperrt ihr A offenbar zuweilen den Blick zur Tafel. Das macht es notwendig, dass sie sich kurz nach hinten lehnt. Bevor sie sich wieder ihren Schreibunterlagen zuwendet, blicken sich Person A und B für etwa zwei Sekunden an (vgl. Abb. 21: Still 6a und 6b). Währenddessen hat B weiterhin ihren linken Arm aufgestützt. Etwa zwei Sekunden später wendet B ihren Kopf erneut in Richtung A (vgl. ebd., Still 8a und 8b). Die Protagonisten scheinen sich nun für etwa eine Sekunde anzublicken. Dabei grinst B und nimmt den aufgestützten Arm herunter, um diesen mit ihrem rechten Arm vor sich auf dem Tisch zu verschränken, sich leicht vor zu beugen und ihren Kopf samt Augen in die Richtung von H zu lenken.

---

197 Die Stills 6a und b sowie 8a und b sind zum gleichen Zeitpunkt entstanden.

| 10a | 10b | 10c |

Abb. 22: Abschließendes Still (Sequenz 1, Perspektive 2 + 1)[198]

Zum Ende der Sequenz nehmen A und B erneut Blickkontakt auf (vgl. Abb. 22).

In Konfrontation mit den zuvor ausgewiesenen Anschlussoptionen ergibt sich folgendes Bild: Eine einheitliche Aufmerksamkeitsfokussierung der Anwesenden auf das Agieren von A lässt sich nicht ausweisen. Während einige Personen noch einer vermutlich zuvor maßgeblichen Tätigkeit nachgehen (so kontinuierlich G), sind andere mit dem Ordnen ihrer Materialien beschäftigt (so F und H). Drei Anwesende (C, D, E) agieren synchron, indem sie ein Buch zur Hand nehmen und darin nach etwas Bestimmten zu suchen scheinen. Die Anwesende B hat Blickkontakt zu A – punktuell trifft dies auch für H zu. Alle Anwesenden haben ihren Oberkörper leicht nach vorne über den Tisch geneigt. Niemand lehnt sich zurück. Bei der Analyse der Sequenz aus Perspektive 1 wurde die Deutung formuliert, A habe eine Frage an die Gruppe gestellt. Vor diesem Hintergrund scheint es so, als würden C, D und E nach einer Antwort in ihren Büchern suchen. Es meldet sich allerdings niemand explizit, um auf eine Frage zu antworten. Der zweimal hintereinander stattfindende Blickkontakt samt dem Lächeln von B, das als Reaktion auf das Lächeln von A zu deuten ist, dokumentiert die wechselseitige Herstellung einer sozialen Beziehung. Immer wieder blicken sich die beiden kurz an und dementieren im nächsten Augenblick die Kontaktherstellung, indem sie wieder wegschauen. Ähnlich wie beim Flirt vollzieht sich schrittweise eine Kontaktherstellung zwischen zwei Personen im Raum (vgl. Gerhards/ Schmidt 1992, S. 96 ff.) – die keineswegs intime Kommunikation zum Fluchtpunkt haben muss.

Wenn davon ausgegangen wird, dass A eine Frage an die Gruppe gestellt hat, so ist auszuweisen, dass die Mehrheit der anwesenden Personen darauf keinen unmittelbaren Bezug nimmt, sondern vielmehr einer, vermutlich zu-

---

198 Alle drei Bilder sind zum gleichen Zeitpunkt entstanden.

vor maßgeblichen Tätigkeit verhaftet ist. Das Problem der Etablierung eines spezifischen Interaktionszusammenhangs und, damit einhergehend, die Herstellung einer auf A zentrierten Richtung der Aufmerksamkeit anwesender Personen, ist (noch) nicht gelöst.[199] Vielmehr wird deutlich, dass die einzelnen Akteure überwiegend einem ‚kollektiven Selbstbezug' nachgehen, indem sie alle, aber jeder für sich, etwas von der Tafel abschreiben. Lediglich B widmet dem Agieren von A Aufmerksamkeit und scheint seiner Kommunikationsofferte wohl gesonnen gegenüber zu stehen. Dennoch distanziert sie sich von einer potenziellen Einbindung in kommunikative Bezüge, indem sie den Blick immer wieder abwendet und somit die Ausdifferenzierung einer exklusiven Beziehung ‚veruneindeutigt'. Kontrastierend wäre vorstellbar, dass sie die Kontaktaufnahme zu A durch Zuwendung des Oberkörpers und/oder verbale Äußerungen in einem größeren Maße explizit macht.

Als *Anschlussoption* wäre vorstellbar, dass Person A die Reaktion von B als Mitteilung einer Bereitschaft zur Annahme seines Kommunikationsangebots begreift und sie nun seinerseits mit einem größeren Maß an Explizitheit anspricht, da hier die Chance zur Herstellung und Verstetigung einer Beziehung auf der Grundlage hergestellter Aufmerksamkeit am größten zu sein scheint – allerdings bestünde zugleich das Risiko der Ausdifferenzierung eines dyadischen Interaktionssystems, von dem aus die übrigen Anwesenden als Umwelt zu betrachten wären. Ebenso wäre es erwartbar, dass A eindeutige Signale setzt, um die Aufmerksamkeit aller Anwesenden zu erlangen – womit er allerdings eingestehen würde, dass sich diese Aufmerksamkeit noch nicht von selbst hergestellt hat, wie mit der von ihm begonnenen Rede zu Beginn von Sequenz 1, die ohne Blickkontakt ihren Anfang findet, unterstellt wird. Damit einhergehend bestünde zudem das Risiko, dass ‚Aufmerksamkeitsfehlleitung' explizit zum Thema von (auditiver) Kommunikation wird, was wiederum den Erfolgsdruck dieser Maßnahme potenzieren würde.[200] Eine dritte Anschlussoption visueller Kommunikation besteht darin, dass A mit der Strukturierung des Geschehens fort fährt, ungeachtet der unterschiedlichen Aufmerksamkeitsrichtungen seiner Adressaten. Dies wiederum hätte

---

199 Es sei angemerkt, dass mit der Herstellung von Aufmerksamkeit anwesender Personen ebenso wenig auf interne Prozesse des psychischen Systems zugegriffen wird, wie dies etwa bei Kontrolle der Aneignung bestimmter Sachverhalte der Fall ist. Ebenso wie richtige Aneignung kommuniziert wird, gibt es in der Kommunikation Zeichen, die als Aufmerksamkeit gedeutet und einzelnen Personen bzw. Personengruppen zugeschrieben werden können (z. B. keine Beschäftigung mit anderen Dingen, Herstellung von Blickkontakt, etc.). Ob kommunikationsintegrierte Aufmerksamkeit mit bewusstseinsintegrierter Aufmerksamkeit einhergeht, oder die Person an etwas ganz anderes denkt, lässt sich freilich nicht feststellen.

200 Angenommen, dass diese Maßnahme nicht zum gewünschten Resultat führt, wird die Rolle von A als Anleiter eines künftigen Interaktionsgeschehens zunehmend fragil. Eine allzu starke Forcierung von Aufmerksamkeitsfokussierung könnte angesichts der hier anwesenden autonomen Erwachsenen zu einer Destruktion des Interaktionszusammenhangs führen – es sei denn, derartige Repressionen entsprechen den Erwartungen der Anwesenden, wie dies möglicherweise im Kontext einer Haftanstalt der Fall sein mag.

möglicherweise zur Folge, dass A im weiteren Verlauf das Stattfinden einer Interaktion lediglich simuliert und faktisch Monologe vor einer Umwelt anwesender Personen führt. Allerdings wäre es auch möglich, dass sich dabei sukzessive eine Aufmerksamkeitsfokussierung der Anwesenden auf seine Person bzw. seine Strukturierungsleistung einstellt.

Analyse von Sequenz 2 aus Perspektive 1

Im Anschluss an die vorige Sequenz verändert A seine Position im Raum (vgl. Abb. 9). Er begibt sich von seiner Ausgangsposition vor seinem ‚Pult' in die Richtung, in die er zum Ende der letzten Sequenz seinen Blick gelenkt hat (B, C). Dabei blickt er beständig eine in dieser Richtung sitzende Person an – worauf auch seine leicht gesenkte Kopfhaltung hinweist.

Abb. 23: Still A-1 (Sequenz 2, Perspektive 1)

Zunächst legt A das A4-Heft, das er zuvor zur Selbststimulation gebraucht hat, mit einer schwungvollen Bewegung seiner rechten Hand auf den Tisch (vgl. Abb. 23). Dabei hält er das Heft zwischen seinen Fingern an nur einer äußeren Ecke, was es ermöglicht, die Elastizität des Heftes voll auszukosten bzw. das Heft in Schwingung zu versetzen.

Abb. 24: Still A-2 (Sequenz 2, Perspektive 1)

Direkt anschließend hebt A den leicht angewinkelten rechten Arm in Höhe seines Oberbauches bzw. Brustbeins, so dass sich der Unterarm etwa orthogonal zu seinen unteren Extremitäten befindet, und deutet dabei mit seinem ausgestreckten Zeigefinger in die Richtung der Personen B und C (vgl. Abb. 24). A deutet in Richtung eines bestimmten Objektes und/oder einer bestimmten Person, die er zugleich mit seinem Blick zu fokussieren scheint.

Vom gedanklich dekontextualisierten Bild ausgehend, könnte es sich bei A auch um einen Spaziergänger handeln, der seiner neben ihm her spazierenden Frau freudig eine, zwar in diesem Kontext nicht unerwartete aber durchaus bemerkenswerte Blume zeigt („Schau mal da! Eine Hyazinthe!").[201] Bei genauer Betrachtung der Videosequenz fällt auf, dass A eine kurze, nikkende Kopfbewegung, im Sinne einer Bestätigung oder Aufforderung, zur Zeigehandlung vollzieht. Da ausgewiesen werden konnte, dass A in der vorigen Sequenz Blickkontakt[202] mit der in dieser Richtung sitzenden Person B hatte, ist es erwartbar, dass er hier B adressiert.

---

201 Die Geste des Fingerzeigs könnte so als deiktische Geste, der die Funktion eines Illustrators zukommt, gedeutet werden (vgl. Ekman/Friesen 1979).
202 Ob tatsächlich ein Blickkontakt als wechselseitiges In-die-Augen-Blicken stattgefunden hat, oder ob sich Person A und B nur angeblickt haben, lässt sich hier nicht klären. Der Terminus ‚Blickkontakt' wird fortan – in gewisser Unschärfe – immer dann verwendet, wenn eine Kontaktaufnahme durch direkten Blickkontakt oder Anblicken suggeriert wird.

Abb. 25: Stillfolge A-3 (Sequenz 2, Perspektive 1)

Schnellen Schrittes und leicht tänzelnd bewegt er sich mit freundlicher Miene auf sie zu (vgl. Abb. 25). Der Fingerzeig in Kombination mit der Kopfbewegung wäre erwartbar, wenn er B öffentlich dazu auffordern wollte, etwas zu sagen bzw. ihr das Rederecht erteilt.[203] Dass er sich nach Aufführung der Geste flott auf die Person zu bewegt, konterkariert wiederum diese Lesart. Die Situation evoziert stattdessen die Deutung, dass in der Sequenz zuvor eine inhaltliche Erläuterung künftiger Handlungspraxis gegeben wurde, die nun umgesetzt werden soll. Um die Umsetzung sicher zu stellen, wendet sich A nun einzelnen Personen als Repräsentanten der Gruppe zu. Vorstellbar wäre z. B. eine Situation, bei der anwesende Personen dazu angeleitet werden sollen, Weihnachtssterne zu basteln. B hat schon ein paar schöne Exemplare zustande gebracht; andere mühen sich noch ab und wissen offensichtlich nicht so recht, wie das Produkt aussehen soll, wenn es fertig ist. Daraufhin stellt A Blickkontakt zu B her, deutet auf die auf ihrem Tisch befindlichen fertigen Exemplare, nickt bestätigend und wird sich nun zu B's Tisch begeben, um einige Sterne aufzuheben und den anderen zu präsentieren und/oder B öffentlich dazu befragen, wie sie die Probleme gemeistert hat, mit denen die anderen noch zu kämpfen haben. Es wäre also vorstellbar, dass A in der Sequenz zuvor gefragt hat, wer schon ein paar schöne Exemplare fertig gebastelt hat. Daraufhin meldet sich niemand, da alle noch in die Bastelarbeit vertieft sind – bis auf B, die bereits fertig ist und A kurz bescheiden anlächelt. Daraufhin begibt sich A zu B, um die von ihm geäußerte Frage nicht im Sande verlaufen zu lassen und den anderen Personen zu zeigen, wie die fertigen Exemplare aussehen könnten.[204]

---

203 Der Geste könnte also ebenso die Funktion eines Regulators zugesprochen werden (vgl. Ekman/Friesen 1979).
204 Der Zeigegeste käme somit eine doppelte Funktion zu: Einerseits handelt es sich um einen Illustrator, der eingesetzt wird, um auf ein bestimmtes Objekt hin zu weisen und evtl. gleichzeitig Gesagtes zu unterstützen („...diese Sterne dort zum Beispiel..."). Andererseits fungiert die Geste als Regulator, indem sie dazu dient, B aufzufordern, ihre Kompetenz zu

Was ist aus Perspektive 2 für das Agieren der Gruppe zu diesem Zeitpunkt als *Anschlussoption* zu erwarten? Entweder haben die Anwesenden ihre Aufmerksamkeit sichtbar auf das Agieren von A gerichtet oder sie sind weiterhin in je gleichartiger aber individuell differenter Weise auf die Situation bezogen. Von B ist erwartbar, dass sie den Blickkontakt erwidert und/oder auf den Gegenstand Bezug nimmt, auf den A möglicherweise zeigt.

Analyse von Sequenz 2 aus Perspektive 2

Abb. 26: Stillfolge Gesamt-1 (Sequenz 2, Perspektive 2)

Zunächst ist zu konstatieren, dass die Aufmerksamkeitsrichtung anwesender Personen nun ein größeres Maß an Homogenität aufweist. Es können drei Personengruppen unterschieden werden: G und K sind (noch) mit dem Abschreiben beschäftigt, während B, F, H, I, und J mit ihren Blicken auf das Agieren von A Bezug nehmen. C, D und E sind wie zuvor damit beschäftigt, ein Schriftstück zu durchforsten – wobei D zu Beginn dieser Sequenz kurz aufguckt. Der Fragestellung nachgehend, wie sich die Interaktion zwischen Kursleiter bzw. Person A und Kursteilnehmer bzw. der übrigen Gruppe anwesender Personen gestaltet, ist nun festzustellen, dass sich eine Interaktionsbeziehung zwischen A und B etabliert hat, auf die sich die übrigen Anwesenden in unterschiedlicher Weise beziehen. Die Interaktion zwischen A und B findet wahrnehmbar für die übrigen Anwesenden statt. Wie reagiert nun B auf das körpersprachliche Agieren von A?

---

präsentieren und die anderen dazu aufgefordert, ihre Aufmerksamkeit auf B zu richten und sich das kompetente Agieren von B zum Vorbild zu nehmen.

B erwidert den Blick von A. Ihre Mimik ist kaum zu erkennen. Zeigegestik und Blick von A sind auf Person B gerichtet (vgl. Hervorhebung in Abb. 26). B ändert die Haltung ihres Oberkörpers proportional zur räumlichen Annäherung von A. Je tiefer er in den Innenraum des hufeisenförmigen Tischgebildes eindringt bzw. je näher sein Körper an die Grenzen ihres personalen Raumes (vgl. Hall 1968) gelangt, desto mehr weicht sie zurück (vgl. Hervorhebung in Abb. 26). Es zeigt sich eine Bewegung, die als Distanzbewahrung im Kontext von Distanzverringerung gedeutet werden kann. Zum Ende der Sequenz steht A vor dem Tisch an dem B sitzt und blickt sie an. Es scheint, als wolle er auf ihre auf dem Tisch liegenden Unterlagen zugreifen.

Oben wurde die These aufgestellt, es gehe bei dieser Handlungspraxis um die Justierung des Aufmerksamkeitsfokus anwesender Personen auf A's Agieren, das als Einführung einer neuen Interaktions- bzw. Handlungspraxis charakterisiert wurde – konfrontiert mit dem Problem der Unterschiedlichkeit der Aufmerksamkeitsrichtung der Anwesenden bzw. der ‚Aufmerksamkeitsfehlleitung'. Was sich dann gezeigt hat, ist, dass A expliziten Bezug auf B nimmt, die zuvor zu erkennen gegeben hat, dass sie aufgeschlossen gegenüber A's Agieren ist. A reagiert körpersprachlich auf die Zugewandtheit von B, adressiert sie explizit und hebt die visuelle Kommunikationsbeziehung in den Raum wechselseitiger Wahrnehmbarkeit. Mit seiner Zeigegeste deutet A nicht auf einen Gegenstand, den es zu präsentieren gilt, sondern auf Person B.

Die o. a. Strukturhypothese kann wie folgt erweitert bzw. präzisiert werden: Das Problem der Herstellung einer homogenen Aufmerksamkeitsrichtung anwesender Personen als Bedingung zur Gestaltung eines spezifischen Interaktionszusammenhangs wird durch die Bezugnahme auf bereits angepasste Personen, die sich als Teilnehmer dieser Praxis zu erkennen geben, versucht zu lösen. Dadurch, dass sich A der visuellen (wie auch auditiven) Wahrnehmung der Anwesenden durch räumliche Annäherung aufdrängt, potenziert sich die Wahrscheinlichkeit der Aufmerksamkeitsrichtung selbiger auf seine Person. Der kurze Blickkontakt zwischen A und B gibt zu verstehen, dass B Aufgeschlossen gegenüber dem Kommunikationsangebot von A ist. Dies nimmt A zum Anlass, um inmitten des Innenraumes, der durch die hufeisenförmige Tischgestalt erzeugt wird an der die anwesenden Personen sitzen, auf das Agieren von B visuell-kommunikativ Bezug zu nehmen. Vor der potenziellen Wahrnehmung der Anwesenden wird so ein Exempel gelungener Anpassung der Aufmerksamkeitsrichtung demonstriert. Auf die Annäherung von A reagiert B mit einer leichten Veränderung der Haltung ihres Oberkörpers. Während dieser zuvor nach vorne über den Tisch geneigt war, weicht er mit dem Näherkommen A's etwas zurück. Auf die Zumutung physischer Nähe reagiert B mit Herstellung von Distanz. Dabei hält sie Blickkontakt zu A und markiert dadurch eine Verstetigung der Interaktionsbeziehung.

Was kann nun als wohlgeformte *Anschlussäußerung* ausgewiesen werden? A könnten einen Gegenstand, den er als bedeutsam für die Strukturierung zukünftigen Geschehens erachtet, aus den Unterlagen von B hervorheben und der Gruppe demonstrieren und/oder die vollzogene Anpassungsleistungen in irgendeiner Form positiv bewerten.

Analyse von Sequenz 3 aus Perspektive 1

Abb. 27: Stillfolge A, B-1 (Sequenz 3, Perspektive 1)

Aus Perspektive 1 sieht man A, wie er ein auf dem Tisch vor B befindliches Buch mit der rechten Hand aufnimmt, kurz vor den Körper hält und mit der linken Hand berührt, um es dann ruckartig wieder zurückzulegen (vgl. Abb. 27). Dabei steht er zunächst schräg zu B.[205] Diese richtet ihren Blick auf das Buch, das A aufzunehmen signalisiert, schaut dann auf ihre Schreibunterlagen, berührt mit der rechten Hand ihren darauf liegenden Stift und blickt schließlich A an. Ihr linker Arm liegt noch immer unverändert auf dem Tisch. In dem Moment, als A und B Blickkontakt haben, legt A ruckartig das Buch wieder zurück. B nickt bestätigend, als habe sie etwas wie erwünscht ausgeführt und blickt A an. Den Blickkontakt haltend weicht A zwei Schritte zurück, wendet dann seinen Oberkörper samt Kopf in Richtung D, E, F und

---

205 Die Vorderseite seines Brustbeins befindet sich zur Längsseite des betreffenden Tisches in einem Winkel von ca. 45°.

lenkt seinen Blick in diese Richtung. Während A den Blickkontakt zu B abbricht, lenkt B Kopf und Blick in Richtung D, E, F, G oder H. Währenddessen hat die neben B sitzende Person C ihren Kopf und Blick in Richtung von B bzw. den vor B auf dem Tisch liegenden Unterlagen zugewandt.

Es zeigt sich hier ein Wechselspiel der Herstellung von Nähe und Distanz. Das Kopfnicken von B entfaltet bei A eine Wirkung, gleich eines Stiches mit einer heißen Nadel. Als ob ihm ein Raubtier die Zähne gezeigt hätte, ändert er abrupt seine Bewegungsrichtung. Er legt das aufgenommene Buch ohne es aufzuschlagen zurück und läuft ein paar Schritte rückwärts, um dann Blick und Körperrichtung anderweitig zu orientieren. Die ruckartige Bewegungsrichtungsänderung von A geht einher mit einer kurzen, leicht angedeuteten Kopfbewegung, die man als leicht überraschtes Nicken oder Zustimmen deuten könnte.

Bereits zum zweiten Mal in der zu untersuchenden Sequenzfolge nimmt A ein Buch zur Hand. Es scheint, als wolle er B etwas in diesem Buch zeigen. Dies wird abrupt abgebrochen, als B, die zunächst auf ihre Unterlagen schaut, zu A lächelnd in Blickkontakt tritt und nickt, als wolle sie mitteilen, sie habe das, was ihr gezeigt werden soll bereits niedergeschrieben, angeeignet, verstanden.

In Relation zu den vorigen Sequenzen ergibt sich für die Interaktion zwischen A und B folgendes Bild: Die visuelle Kommunikation – die vermutlich durch auditive Kommunikation begleitet wird – formt sich im Medium von Blicken, Gesten und wechselseitig bezogenen Körperhaltungen. A adressiert B durch Blicke und Gestik und nähert sich ihr körperlich, indem er seine Position am Ende des Raumes verlässt und sich zielstrebig ins Zentrum des Raumes begibt. Es scheint so, als würde er vor der Wahrnehmung aller Anwesenden etwas Demonstrieren. Dies kann gedeutet werden als Präsentation der Aufmerksamkeitsrichtung von B als gewünschte Anpassung an die von A zu strukturierende Interaktions- bzw. Handlungspraxis und Vorbild für die übrigen Anwesenden. In der dritten Sequenz jedoch agiert A in einer Weise, die die Deutung nahe legt, er wolle B etwas zeigen, etwas vorführen oder etwas beibringen. Dazu nähert sich A der Sitzposition von B und ergreift ihr Buch. Doch noch bevor er es aufschlägt, legt er es rasch zurück. Dieser unerwartete Bruch kann als eine Reaktion auf B's (visuelles) Argument betrachtet werden, das etwa paraphrasiert werden kann mit: „Ich habe schon verstanden und mein Agieren entsprechend deines Wunsches angepasst. Ich brauche keine weitere Belehrung, begleitet von physischer Nähe." Daraufhin wendet sich A von B ab und richtet seine Wahrnehmung und Adressierung durch Blicke auf andere Anwesende in der näheren Umgebung.

Wie gestaltet sich die Reaktion der Gruppe auf die Interaktion zwischen A und B? Es kann unterstellt werden, dass die übrigen Anwesenden sich A bzw. dem Interaktionsgeschehen zwischen A und B visuell wahrnehmbar zuwenden.

Analyse von Sequenz 3 aus Perspektive 2[206]

Abb. 28: Stillfolge Gesamt-1 (Sequenz 3, Perspektive 2)

In den Blick aus Perspektive 2 kommen wiederum drei Gruppen von Bezügen auf die Interaktionssituation. Während G und K (auf Abb. 28 nicht sichtbar) noch immer mit dem Abschreiben von der Tafel beschäftigt scheinen, richten H, I und J ihre Aufmerksamkeit auf die Interaktion zwischen A und B. D und E scheinen noch damit beschäftigt, in ihren Büchern zu suchen bzw. zu lesen. C^{207} stellt einen Sonderfall dar, da sie zunächst die Unterlagen ihrer Nachbarinnen B und F betrachtet, die Interaktion zwischen A und B beobachtet und schließlich ein Buch aufnimmt und darin blättert.

7.2.4 Explikation von Strukturhypothesen auf visueller Ebene

Im Folgenden soll der Ertrag obiger Beobachtungen pointierend zusammengefasst werden, um die Fallstrukturierung auf der visuellen Ebene von Kursinteraktion nachzuzeichnen. Gegenüber auditiver Kommunikation weist visuelle Kommunikation einen höheren Grad an Mehrdeutigkeit und ein geringeres Maß an Explizitheit auf. Strukturhypothesen nehmen hier eher die Form einer Charakterisierung der Fallgestalt an und können weniger stark zugespitzt werden als dies bei auditiver Kommunikation möglich ist.[208]

Während zu Beginn der hier interpretierten Sequenzfolge unterschiedlichste Bezüge der Anwesenden auf die Strukturierungsbemühungen von A auszuweisen sind, zeigt sich gegen Ende des analysierten Abschnitts eine

---

206 Die Betrachtung der Interaktionssituation aus dieser Perspektive kann etwas knapper ausfallen, da der Großteil interaktionsrelevanter Phänomene bereits aus Perspektive 1 zugänglich war.
207 Das Agieren von C wurde auf Grundlage von Perspektive 1 erschlossen.
208 Eine detailreichere Analyse könnte durch eine kleinschrittigere Sequenzierung resp. die Konzentration auf einzelne Aspekte visueller Kommunikation (z. B. Blickrichtung oder Gestik) realisiert werden. Zudem erscheint es, wie bereits angemerkt, gewinnversprechend, Bilder oder Filmsequenzen zum Ausloten möglicher Kontexte körpersprachlicher Aspekte hinzu zu ziehen.

größere Homogenität im Verhalten und in der Bezogenheit der Anwesenden. Durch sein Agieren wird A als Anleiter einer zukünftigen gemeinsamen Praxis charakterisiert, bei der es um organisierte Wissensvermittlung bzw. -aneignung geht. Seine körpersprachlichen Aktivitäten deuten darauf hin, dass er einen neuen, für alle Anwesenden geltenden, inhaltlich und rollenförmig spezifizierten Interaktionszusammenhang einleiten will. Dabei ist er zunächst mit einer je individuellen Nicht-Bezogenheit anwesender Personen auf sein Kommunikationsangebot konfrontiert. Anstatt sichtbar auf das körpersprachliche Agieren von A Bezug zunehmen, scheinen die Anwesenden individuellen Bezügen nachzugehen, indem sie etwa von der Tafel abschreiben oder in Büchern blättern. Ersichtlich wird hier, wie A auf die visuell wahrnehmbare soziale Situation visuell wahrnehmbar Bezug nimmt und wie in Folge dessen die Adressaten seiner Kommunikationsofferten reagieren und A wiederum sein Agieren anpasst. Mit dem Beginn seiner Äußerungstätigkeit zerteilt sich die Aufmerksamkeitsrichtung der Anwesenden. Während einige noch einer vorigen Handlungspraxis im Selbstbezug nachhängen, richten andere ihre Aufmerksamkeit auf verschiedenes. Dabei kristallisieren sich drei unterschiedliche Gruppen heraus. Solche, die wechselseitig die Tafel fixieren und in ihren Unterlagen schreiben, solche, die ihre Aufmerksamkeit auf A richten und solche, die sich dem Suchen bzw. Lesen in einem Buch ihrer Unterlagen widmen. Es scheint, als gelte es, zur Einführung eines neuen Programmpunktes, neue Aufmerksamkeitszentren zu etablieren. Diese Zentren werden einerseits durch Person A und andererseits durch ein spezifisches, für alle verfügbares Buch gebildet. Zur Etablierung einer gleichgerichteten Aufmerksamkeit scheint es, als würde A Fragen an die Gruppe stellen, um dann eine Kommunikationsbeziehung zu einer Person herzustellen, die diese Fragen schon für sich beantwortet hat bzw. eine Anpassung an die von A geforderte Aufmerksamkeitsrichtung vollzogen hat. Die betreffende weibliche Person B wird von A explizit visuell-kommunikativ adressiert. Es scheint, als wolle A demonstrieren, wie man das Problem löst, welches er den anderen (bzw. sich selbst) gestellt hat. Die Gestalt der kommunikativen Äußerungen A's erwecken den Anschein, als wolle er B belehren, womit er zugleich dementiert, dass es hier vordergründig um die Herstellung von Aufmerksamkeit geht. Dies wird jedoch sofort abgebrochen, als die Angesprochene ihm freundlich zuzusichern scheint, dass sie eine derartige Belehrung nicht (mehr) benötige. Das Geschehen ist für die übrigen Anwesenden wahrnehmbar. A begibt sich hier gar ins Zentrum, das durch die hufeisenförmige Sitzordnung der Anwesenden gebildet wird und nähert sich ihnen räumlich. Er dokumentiert damit zugleich, dass es für ihn legitim ist, in die Nahzone der Anwesenden einzudringen, um so die Wahrscheinlichkeit der Herstellung von Aufmerksamkeit anwesender Personen auf seine kommunikativen Gestaltungsaktivitäten zur Etablierung und Verstetigung eines spezifizierten Interaktionszusammenhangs zu steigern.

Als den Interaktionszusammenhang charakterisierende Struktur, die sich auf Grundlage der Analyse der visuellen Ebene abgezeichnet hat, kann festgehalten werden: *Herstellung und Verstetigung eines themen- und rollenförmig spezifizierten Interaktionszusammenhangs durch die Erzeugung einer homogenen Aufmerksamkeitsrichtung anwesender Personen auf die Vermittlungsaktivitäten eines Anleiters (A).* Als zweite, dem unterzuordnende Strukturhypothese kann gelten: *Bindungsherstellung qua Demonstration gelungener Anpassungsleistung.*

7.3 Konfrontation und Relationierung: Abschließende Explikation von Strukturhypothesen

Nachdem Wort und Bild in dekontextualisierter Einstellung, je unabhängig voneinander analysiert wurden,[209] wird nun die auditive auf die visuelle Ebene rückbezogen, indem zunächst die unterschiedlichen Sequenzierungslogiken aufeinander bezogen und charakteristische Stills mit Worten unterlegt werden. Die drei unterschiedenen Sequenzen bzw. Analysesegmente visueller Kommunikation gehen mit folgenden Sequenzen des Worttranskripts einher:

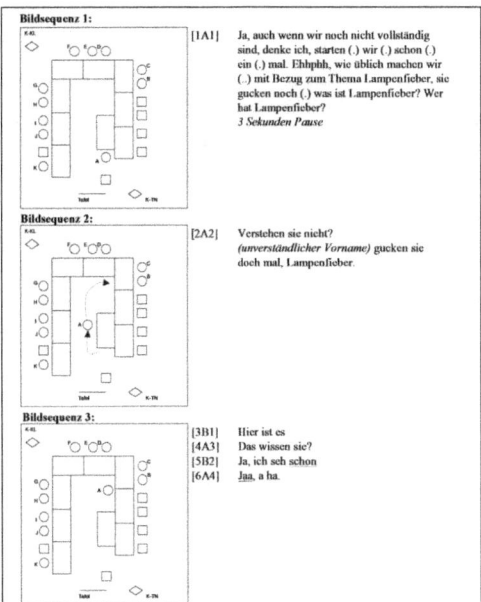

Abb. 29: Grobgliederung zum Verhältnis der Sequenzierungen auf Bild- und Wortebene

---

209 Eine derartige analytische Trennung wird teilweise problematisch, wenn der Interpret sich schon längere Zeit mit dem Videoprotokoll befasst und selbst die Daten erhoben hat. Das Vorhandensein einer unbefangenen Interpretationsgemeinschaft von Personen mit je unterschiedlichen Biografien und möglichst wenig Vorwissen bezüglich des faktisch aufgenommenen Kurses wird nicht zuletzt aus diesem Grund als gewinnbringend erachtet.

Berücksichtigt man den Wechsel visuell-kommunikativer Adressierung durch A, dann ergibt sich für die drei Sequenzen unter Hinzuziehung des Worttranskripts ein Bild, das sich auf Grundlage bisheriger Analysen wie folgt typisieren lässt: [210]

Abb. 30: Individuelle Beschäftigung und verzögerter Start (Bildsequenz 1, Tonsequenz 1)

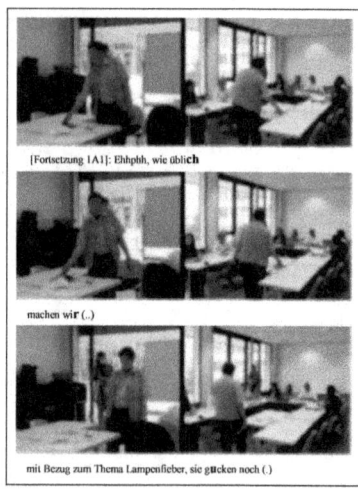

Abb. 31: Erste (visuelle) Kontaktherstellung (Bildsequenz 1, Tonsequenz 1)

---

210 Die fett und groß hervorgehobenen Wort-Transkriptstellen markieren jeweils den Zeitpunkt, zu dem die entsprechenden Bilder (zeitgleich) aus beiden Perspektiven erstellt wurden.

Abb. 32: Kontaktspezifizierung
(Bildsequenz 1, Tonsequenz 1 - 2)

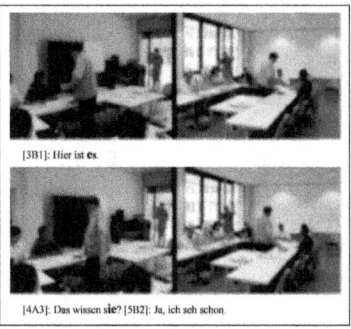

Abb. 33: Überprüfung von Wissen
(Bildsequenz 3, Tonsequenz 3 - 5)

Abb. 34: Kontaktwechsel (Bildsequenz 3, Tonsequenz 6)

Als nächstes werden die sich auf auditiver und visueller Ebene abzeichnenden Strukturmuster einander gegenübergestellt. Leitende Fragestellung dabei ist, inwiefern Strukturhypothesen, die auf der Grundlage der Wortebene aufgestellt wurden, durch die Analyse der Bildebene eine Verstärkung erfahren, ergänzt werden können oder revidiert werden müssen (Kap. 7.3.1). Der sich somit abzeichnende innere Kontext als spezifische Strukturgestalt des audiovisuell verfassten Interaktionszusammenhangs wird dann mit dem inneren äußeren Kontext konfrontiert, der durch die Analyse visuell zugänglicher, nicht-transitorischer Elemente erschlossen wurde (Kap. 7.3.2). In dritter Instanz wird das Ergebnis dem äußeren Kontext gegenüber gestellt – mündend in die Explikation objektiv-latenter Sinnstrukturen, welche den Fall als Fall von Kursinteraktion (in der Anfangsphase) charakterisieren (Kap. 7.3.3).

7.3.1 Konfrontation auditiver mit visueller Strukturierungsebene

a) Grenzziehung getarnt als Überprüfung von Wissensaneignung

Eine erste These, die ausgehend von der auditiven Verfasstheit der Interaktion aufgestellt wurde, lautet Grenzziehung getarnt als Überprüfung von Wissensaneignung (vgl. Kap. 7.2.2). Als zentral für den hiesigen Interaktionszusammenhang wurde die Kanalisierung der Aufmerksamkeitsrichtung anwesender Personen auf die Gestaltungsaktivitäten von A ausgewiesen. Fluchtpunkt dieser Kanalisierung ist die Überführung von Anwesenden zu Teilnehmern eines lehr-lernbezogenen Interaktionssystems, bei dem A die Rolle des Anleiters zugewiesen wird. Auf Grundlage der Beobachtung visueller Kommunikation erhärtet sich diese These. Das körpersprachliche Agieren von A kann als Einleitung eines neuen Abschnitts bzw. Programmpunkts im Interaktionszusammenhang gedeutet werden, wozu er nach sichtbarer Aufmerksamkeit der Anwesenden bzw. einer Signalisierung der Annahme seiner Kommunikationsofferte sucht und versucht selbige durch sein körpersprachliches Agieren durchzusetzen.

Das Problem abwesender Teilnehmer, die als später hinzu stoßend betrachtet werden, drängt sich visuell-kommunikativ nicht auf.[211] Dagegen zeigt sich das Problem anwesender Noch-Nicht-Teilnehmer in der visuellen Kommunikation wie folgt: Mit Einsetzen der Äußerungsaktivität von A geht eine Zerteilung der Aufmerksamkeitsrichtung anwesender Personen einher. Vor dem Einsetzen kommunikativer Äußerungen A's herrscht demgegenüber eine gerichtete Aufmerksamkeit der Personen auf die je eigenen Schreibunterlagen und die Tafel. Ersichtlich wird, dass A die Gruppe verbal anspricht und nonverbal mit Blicken adressiert. Zunächst aber zeigt sich niemand auf die Kommunikationsofferte A's bezogen. Wie aus dem Worttranskript geschlossen werden kann, stellt A Fragen, auf die er keine direkte Antwort erwartet – sogenannte rhetorische Fragen. Dies kann insofern durch das Bild bestätigt werden, als zwar ein Absetzen verbalen Agierens zu beobachten ist und ein Rundblick in die Gruppe erfolgt (als hätte A eine Frage gestellt) aber zunächst keine spezifische Person adressiert oder gar ein antwortwilliges Ver-

---

211 Allerdings fällt bei Betrachtung des visuell verfassten inneren äußeren Kontextes auf, dass einige Sitzplätze der Tischanordnung nicht besetzt sind. Dies kann als Bestätigung des Problems abwesender Teilnehmer gedeutet werden kann.

halten sichtbar wird. Die Mimik von A weist nicht eindeutig darauf hin, dass er eine Frage gestellt hat.

Bei der Analyse auf der Wortebene hat sich die Frage gestellt, ob die Pausen zu Beginn der Rede von A („starten (.) wir (.) schon (.) ein (.) mal") einem nicht vorhandenen Blickkontakt bzw. einer fehlenden Aufmerksamkeitsfokussierung der Angesprochenen geschuldet ist. Zwar kann ausgewiesen werden, dass mit dem Einsetzen der Rede A's die Aufmerksamkeit der Gruppe zerteilt wird und fehlende Aufmerksamkeitsfokussierung das Agieren von A bestimmen mag, zu entsprechender Stelle des Worttranskripts nimmt A dies allerdings nicht sichtbar wahr. Es liegt daher die Lesart nahe, dass die stockende Sprechweise der Strukturierung eigener Gedanken geschuldet ist – im Sinne eines für alle wahrnehmbaren Planungshandelns. Eine andere Frage, die sich bei Rekonstruktion der Wortebene aufgedrängt hat, ist, ob ersichtlich ist, dass die Rede von A („sie gucken noch") einem wahrnehmbaren Nichtbezug des bzw. der Angesprochenen geschuldet ist. Dies kann am Bild bestätigt werden.

Durch das Bild wird weiterhin sichtbar, dass A Kontakt zu einer Anwesenden (B) aufnimmt, bei der es so scheint, als widme sie seinen Gestaltungsbemühungen Aufmerksamkeit und stehe der Kommunikationsofferte wohlwollend gegenüber. Nach einer schrittweisen, uneindeutigen Kontaktetablierung durch beidseitiges An- und Wegschauen, fixiert A die Person mit seinem Blick und zeigt mit dem Finger auf sie. Es macht zunächst den Anschein, als wolle A an einer besonders begabten Person der Gruppe gegenüber demonstrieren, ‚wie man's richtig macht'. Während bei Rekonstruktion der Wortebene unklar bleibt, worauf sich A mit seiner Rede „(unverständlicher Vorname) gucken sie doch mal" bezieht, kann am Bild ausgewiesen werden, dass A mit dem Finger auf Person B verweist. Zwar spricht er B an, indem er sagt „gucken sie doch mal", expliziert aber nicht, worauf B gucken soll und zeigt stattdessen, für alle Anwesenden (potenziell) sichtbar, auf Person B. Es drängt sich die These auf, dass nicht nur B kommunikativ adressiert wird, sondern alle Anwesenden angesprochen werden. Während B schon als Teilnehmer des zu etablierenden Interaktionssystems betrachtet wird, sollen die anwesenden Noch-Nicht-Teilnehmer ihre Aufmerksamkeit auf B bzw. die Interaktion zwischen A und B richten und so dazu gebracht werden, ihre Aufmerksamkeit von anderen, zuvor maßgeblichen Dingen abzuziehen und sich in den Interaktionszusammenhang einzufügen. Deutlich wird dies auch, wenn man das Segment „sie gucken noch" dem wenig später auftretenden Segment „gucken sie doch mal" gegenüber stellt.

Während der Interaktion zwischen A und B stellt sich eine größere Homogenität in der Aufmerksamkeitsrichtung anwesender Personen ein. Die Interaktion erscheint auf der Bildebene so, als wolle Person A Person B belehren. Dies steht zunächst im Widerspruch zur Deutung der vorigen Sequenz auf der Bildebene, der entsprechend es um die Demonstration gelungener

Aneignung geht. Die Belehrungszumutung wird allerdings abrupt abgebrochen, als B körpersprachlich zum Ausdruck bringt, sie habe bereits verstanden worüber A sie belehren will. A wendet sich darauf hin von ihr ab und adressiert andere Personen mit seinem Blick. Aufgrund der Tatsache, dass sich dieses Geschehen im räumlichen Zentrum der Aufmerksamkeit der übrigen Anwesenden abspielt, kann die auf der Wortebene gebildete These, es handele sich hier um die Demonstration eines Exempels erwünschter Aufmerksamkeitsfokussierung, bestätigt und durch das Bild präzisiert werden.

Bei dem hier vorzufindenden Interaktionszusammenhang geht es vordergründig nicht um eine Diskussion zum Thema „Lampenfieber", sondern um die Vermittlung von prozeduralem Wissen am Beispiel von „Lampenfieber". Es soll Wissen darüber vermittelt werden, wie man sich Wissen unter Zuhilfenahme von Büchern aneignet. Das hintergründig bestimmende Thema der beobachteten Interaktion scheint demgegenüber die Herstellung einer homogenen Aufmerksamkeitsrichtung zur Etablierung bzw. Kontinuierung eines spezifischen Interaktionszusammenhangs zu sein, bei dem aneignungsbezogene Wissensvermittlung im Zentrum steht. Hierzu bezieht sich A auf eine Person (B), bei der das Problem der Herstellung von Aufmerksamkeit schon gelöst worden ist – eine Person, die den Strukturierungsbemühungen A's wohlwollend gegenüber zu stehen scheint. Wie durch die Analyse der Wortebene nahe gelegt wird, scheint A bereits zu vermuten, dass B auf die von ihm gestellten ‚Fragen' eine Antwort weiß. Er führt nun dreierlei vor: Erstens, dass es sich hier um eine pädagogische Situation handelt, bei der es um Wissensaneignung und Überprüfung bzw. Bewertung geht (die A als Anleiter vornimmt). Zweitens, dass zur Erfüllung der von ihm manifest gestellten Aufgabe (Herausfinden was Lampenfieber bedeutet) ein bestimmtes Medium (Buch) in bestimmter Weise gebraucht werden kann und drittens, dass zur Erfüllung der latent gestellten Aufgabe (Teilnahme am lehr-lernbezogenen Interaktionssystem) eine Herstellung von sichtbarer Aufmerksamkeit auf die von ihm gewählten Referenzpunkte (seine Person und das Buch) als notwendig erachtet wird. Bei dem Thema „Lampenfieber" handelt es sich, wie bei Analyse der Wortebene herausgestellt werden konnte, nicht um das zentrale Thema zukünftiger Beschäftigung, sondern um den von A unterstellten Referenzpunkt der Aufmerksamkeit anwesender Personen. Dieser wird in die Kommunikation hineinkopiert und zum Gegenstand einer Pseudoüberprüfung von Wissensaneignung – wodurch das Problem der Herstellung von Aufmerksamkeitsfokussierung anwesender Personen zur Teilnahme an einem, durch A angeleiteten, lehr-lernbezogenen Interaktionszusammenhang bearbeitet wird. Es wird eine Grenze in der Kommunikation gezogen, die deutlich macht, wer sich innerhalb (aufmerksame Teilnehmer) und wer außerhalb (unaufmerksame Anwesende) befindet, und mit welcher Art von Visum (Demonstration von Aufmerksamkeit) das eingezäunte Gelände, das hier die Gestalt eines lehr-lernbezogenen Interaktionssystems annimmt, zu betreten ist.

b) Herstellung von Kontinuität

Für die These, dass es in der Kommunikation auch darum geht, Bedingungen zu schaffen, die das Interaktionssystem auf Dauer stellen, sprechen bereits o. a. Befunde. Für die Eingliederung des Interaktionszusammenhangs in eine Serie ähnlich ablaufender Treffen spricht das Indiz, dass die Akteure bereits miteinander bekannt scheinen, da das sichtbare Eindringen von A in den Nahbereich von B auf keine großen Irritationen stößt. Als ein Argument dafür, dass das Interaktionssystem innerhalb der Grenzen raum-zeitlichen Beisammenseins auf Dauer gestellt wird, wurde bei der Analyse der auditiven Ebene angeführt, dass divergierende Meinungen bezüglich der Gestaltung künftigen Geschehens von A als kommunikativ zu bearbeitend charakterisiert werden, statt als Ausschlusskriterium zu fungieren. Ebenso wird das Problem anwesender Nicht-Teilnehmer in der Kommunikation bearbeitet. Auf der Bildebene zeigt sich, dass divergierende Aufmerksamkeitsrichtungen nicht zum Ausschluss anwesender Personen führen, sondern unter dem Deckmantel pädagogischer Kommunikation bearbeitet werden. Anstatt Unaufmerksamkeit abzustrafen, werden diejenigen, die ihre Aufmerksamkeit in die gewünschte Richtung lenken, zum Vorbild stilisiert, um Kontinuität und Verstetigung durch die Überführung von Anwesenden zu Teilnehmern zu ermöglichen.

c) Asymmetrische Rollenverteilung

Dass A sich in seinen Äußerungen als eine Person darstellt, der das Recht zur Strukturierung zukünftigen Geschehens zukommt und die übrigen Anwesenden als erwünschte Teilnehmer charakterisiert, denen er Rederecht wie auch Kompetenzen bzw. Defizite zuweisen und absprechen kann, ist durch das Bild zu bestätigen. Dass A gegenüber dem Rest der Gruppe steht und sich frei im Raum bewegen kann (während die übrigen Personen auf Stühlen an Tischen sitzen), auf Anwesende mit dem Finger zeigen und ihnen körperlich nahekommen kann, befördert die These, dass es sich bei A um denjenigen handelt, dem das Recht zur Strukturierung des Interaktionsgeschehens bzw. zur Anleitung des Interaktionszusammenhangs zugesprochen wird. Die Rollenasymmetrie, bei der A die Rolle des Gruppenleiters bzw. Lehrers zugesprochen wird und die übrigen Anwesenden als zu Belehrende charakterisiert werden, wird ebenso durch das Bild – exemplarisch an der Interaktion zwischen A und B aber auch bereits durch das Hantieren mit einem dickfaserigen Stift zu Beginn der Sequenz – nahe gelegt. Dabei scheint es allerdings Grenzen zu geben, die A dazu veranlassen, von einer Belehrung und dem Eindringen in den Nahbereich anderer Personen abzulassen. Die Interaktion zwischen A und B bzw. die Belehrung von B durch A wird, wie am Bild ersichtlich ist, zu dem Zeitpunkt abrupt beendet, als B deutlich macht, sie wisse schon bescheid – dies findet auf der Wortebene eine Entsprechung. Ebenso weicht B mit dem Näherkommen A's ein Stück zurück und markiert damit Distanzbewahrung.

7.3.2 Relationierung der Struktur zum inneren äußeren Kontext

Bevor die oben dargestellte innere Strukturierung mit dem äußeren Kontext konfrontiert wird, ist diese den Erwartungen, die der visuell verfasste innere äußere Kontext (vgl. Kap. 6.3.1) evoziert hat, gegenüberzustellen.

Die These, dass es sich hier um eine Situation handelt, bei der A das Recht zur Anleitung und Strukturierung des Interaktionszusammenhangs zugesprochen und ein asymmetrisches Lehrer-Schüler-Verhältnis etabliert wird, findet Einbettung in einen räumlichen Kontext, der durch die Anwesenheit verschiedenster Utensilien zur organisierten Wissensvermittlung gekennzeichnet ist. Hinzu kommt eine Sitzordnung, die A als handlungsstrukturierenden Lehrer und die übrigen Anwesenden als Schüler kennzeichnet. Die Rollenverteilung, die durch den Raum bereits angelegt ist, spiegelt sich in der Interaktion zwischen A und den übrigen Anwesenden wider.

Als Besonderheit der visuellen Verfasstheit räumlicher Elemente, in der die Interaktion eingebettet ist, lässt sich die Personen-Nahzone von A und den übrigen Personen anführen. Durch die Gestaltung der Personen-Nahzone von A – das Tragen einer Weste – und die Hautfarbe bzw. Kleidung der übrigen Anwesenden wird eine Gemeinsamkeit erzeugt, die im Thema ‚Wanderung' bzw. ‚Migration' ihren semantischen Fluchtpunkt hat. Dieses Thema findet keinen direkten Einzug in die Kommunikation. Allerdings unterstellt die spezifische Behandlung des Wortes „Lampenfieber" sprachliche Differenzen anwesender Personen, die auf sprachliche Sozialisation in unterschiedlichen Herkunftsländern rückbezogen werden können. Das Thema Wanderung bzw. Migration, das durch die Kleidung und Hautfarbe der zu belehrenden Personen hervorgerufen wird, stiftet einen Bedingungszusammenhang für das Stattfinden eines Lehr-Lernzusammenhangs, bei dem die Folgen des Wechsels eines kulturellen Kontextes durch das Erlernen einer gemeinsamen Sprache bearbeitet werden. Die Besonderheit liegt nun darin, dass A durch das Tragen einer Weste ebenso das Thema Wanderung (im weitesten Sinne) evoziert. Möglicherweise tritt er den Anwesenden gar als vertraute Person gegenüber, als Tourist, dessen Erscheinungsbild den Personen aus ihrem Heimatland bekannt ist. Jedenfalls wird durch diesen latenten Akt der Vergemeinschaftung eine Nähe hergestellt, die die Rollenasymmetrie Lehrer-Schüler partiell resymmetrisiert und auf Vergemeinschaftung statt

Forcierung von Differenzen setzt – was auch an der auditiven wie visuellen Kommunikation beobachtet werden kann.[212]

Dass es in der Kommunikation um Grenzziehung bzw. die Überführung von Anwesenden zu Teilnehmern als Abschließung unter der Bedingung der Offenhaltung für später hinzu stoßende Teilnehmer geht, findet Einbettung in einen Raum, der eine große Offenheit für Umweltreize zulässt. Die Bindung der Aufmerksamkeit der Anwesenden wird ‚bedroht' durch mögliche Ablenkung von Außen. Dass die Interaktion trotz des hohen Maßes an möglicher Irritation in ebendiesem, relativ unspezifischen Raum stattfindet, weist darauf hin, dass es der Kommunikation überlassen und zugemutet wird, die Aufmerksamkeit der Teilnehmer an sich zu binden. Zugleich wird demonstriert, dass ein gewisses Maß an Offenheit für Umweltreize möglicherweise als konstitutiv für die Etablierung und Verstetigung des Interaktionssystems angesehen wird. Während hier eine fragile räumlich-wahrnehmbare Grenze in den Blick kommt, lässt sich in der Kommunikation der Bezug auf Abgrenzung in der Zeit als zentrales Thema ausweisen – insofern als eine neue Interaktionspraxis etabliert werden soll, zu diesem Zeitpunkt aber erstens noch nicht alle erwarteten Teilnehmer anwesend und zweitens nicht alle Anwesenden Teilnehmer sind.

Die kommunikationsinterne Herstellung von Kontinuität bzw. Einbettung des Interaktionszusammenhangs in eine Reihe ähnlich ablaufender Veranstaltungen ist umgeben von einem Raum, in dem Verschiedenes stattfinden kann. Durch die Gestaltung räumlicher Elemente wird zwar auch das Stattfinden eines lehr-lernbezogenes Geschehens erwartbar, jedoch weder auf ein bestimmten Inhalt ausgerichtet (wie dies bei einem Chemieraum oder einer Turnhalle der Fall ist), noch auf eine bestimmte Personengruppe hin spezifiziert (wie etwa bei Klassenzimmern in einer Grundschule erwartbar).

7.3.3 Konfrontation der Struktur mit dem äußeren Kontext

Im letzten Analyseschritt wird die oben herausgeschälte Fallstrukturierung aufgegriffen und mit Erwartungshaltungen, die auf dem einbettenden äußeren Kontext gründen, konfrontiert – beim hiesigen Fallbeispiel: ‚Kurs der Erwachsenenbildung' im Allgemeinen und ‚Deutsch als Fremdsprache' an einer großstädtischen Volkshochschule im Besonderen.[213] Zudem seien hier die Bedingungen mitreflektiert, dass es sich (a) um eine Situation in der An-

---

212 Die Lesart, es handele sich um eine typische Rentnerbekleidung findet demgegenüber eher ein Pendant in der (für Personen in diesem Lebensabschnitt oftmals behaupteten) Freundlichkeit und Gelassenheit des Agierens von A.
213 Zum Begriff des äußeren Kontextes vgl. Kapitel 6.3.2 sowie auch Kapitel 2.1. Im Folgenden steht die Diskussion der Fallstruktur im Lichte von allgemeinen Aussagen zu Kursen der Erwachsenenbildung im Vordergrund (vgl. Kap. 1.2). Inwiefern der Kurs sich als Deutschkurs gegenüber anderen Kursen abgrenzt und Besonderheiten aufweist, kann und soll an dieser Stelle nicht ausgelotet werden.

fangsphase des Kurses handelt, die (b) unter der Anwesenheit von zwei filmenden Kameramännern[214] stattfand.

Die kommunikativ erzeugte und durch den Kursraum prätendierte *asymmetrische Rollenverteilung* erscheint als normal und erwartbar im Kontext institutionalisierter Lehr-Lernarrangements. Zugleich jedoch besteht im Bereich der Erwachsenenbildung/Weiterbildung die Erwartung, dass es sich bei Kursteilnehmern nicht um zu erziehende, ‚unmündige' Kinder handelt, sondern dass der Kursleiter es hier mit prinzipiell autonomen und freiwillig anwesenden Erwachsenen zu tun hat – die Etablierung einer asymmetrischen Rollenstruktur sich also im Spannungsfeld von Kompetenzanerkennung und wissensbezogener Defizitkonstruktion bewegt. So ist z. B. die Reaktion der Kursteilnehmerin B auf das von Kursleiter A unterstellte Wissensdefizit im Kontext von ‚Kurs der Erwachsenenbildung' als Wiederherstellung von Kompetenzunterstellung und Zurückweisung einer, A's Belehrung begleitenden, infantilisierenden Defizitkonstruktion zu lesen – bei gleichzeitiger Anerkennung des asymmetrischen Rollenverhältnisses. Dem Kursleiter wird nicht abgesprochen, Wissensaneignung zu überprüfen und zu bewerten. Zurückgewiesen in dieser Situation werden allerdings die Defizitunterstellung und das damit einhergehende ‚Belehren-Wollen' des Kursleiters. Der Kursleiter reagiert darauf, wie gezeigt werden konnte, mit einem abrupten Rückzug, positiver Bewertung der Aneignungsleistungen und Beendigung direkter kommunikativer Adressierung.

Der Strukturaspekt *Herstellung von Kontinuität* gewinnt Bedeutung im Kontext der Zeitordnung von Kursen. So findet der Kurs über einige Monate mehrmals in der Woche für, in unserem Falle, etwa drei Stunden statt. Um an die vergangenen Sitzungen anzuschließen und die anwesenden Personen als Teilnehmer des Interaktionszusammenhangs anzusprechen, gilt es, die Kommunikation gegenüber alltags-/lebensweltlicher Themen abzugrenzen und auf ein thematisch und rollenförmig spezifiziertes Lehr-Lerngeschehen mit bestimmter Zeitordnung hin zu öffnen. Dazu wird in der Kommunikation Bezug auf eine, als gemeinsam präsent unterstellte Interaktionsgeschichte bzw. auf Erfahrungsbestände genommen, die re-aktualisiert werden sollen. Eine derart explizite Markierung von Kontinuität („wie üblich machen wir") gewinnt Bedeutung in einem Kontext, bei dem etwas anders ist als sonst, dies jedoch nicht explizit thematisiert werden soll.[215] Als relevanter Umstand des

---

214 Der Kurs fand also unter der Prämisse statt, dass zwei männliche Mitarbeiter der Universität (zu denen auch der Autor zählt) diesen zu Forschungs- und Ausbildungszwecken filmen. Dem Blick des Beobachters zugänglich ist also keine ungestörte und vollkommen ‚naturgetreue' Alltagssituation, sondern eine Situation, welche die Anwesenden – insbesondere den Kursleitenden – dazu stimulieren vermag, seine Idealvorstellungen von gelungener Kursführung aufzuführen.

215 So konnte bei der Rekonstruktion der Wortebene ausgewiesen werden, dass A seine Rede einerseits auf ‚altbekannte Teilnehmer' und andererseits auf ‚Novizen' bezieht, die zum Lernen durch Zuschauen aufgefordert werden.

äußeren Kontextes kommt hier die Aufnahmesituation in den Blick. Diese gilt es vom Kursleiter nicht explizit zu thematisieren, um die Interaktion nicht zu irritieren. Trotzdem wissen alle, dass sie aufgenommen werden. Die Kameras sind für alle anwesenden Personen wahrnehmbar und könnten Irritationen befördern. In der Kommunikation wird präventiv auf mögliche Irritationen Bezug genommen, indem Kontinuität als ‚weitermachen wie üblich' unterstrichen wird – die besondere Handlungspraxis also als alltägliche charakterisiert wird.[216]

Während als Thema der Sitzung ‚Adjektivdeklination mit unbestimmten Artikel' im Mittelpunkt steht, ist die Exkursion zur Vermittlung prozeduralen Wissens (hier: wissen wie man sich Wissen um die Bedeutung von Wörtern aneignet), bei der auf das Thema ‚Lampenfieber' Bezug genommen wird, ebenso dem äußeren Kontext ‚Aufnahmesituation' zuzuschreiben. Dabei erweist sich ein eigentümlicher Situationsbezug zur *Grenzziehung bzw. Etablierung des Interaktionssystems als lehr-/lernbezogenes Geschehen*: Von inhomogener Aufmerksamkeitsrichtung anwesender Personen ausgehend, wird eine Aufmerksamkeitsfokussierung der Anwesenden auf die Strukturierungsaktivitäten des Kursleiters bzw. eine Überführung von Anwesenden zu Teilnehmern eines lehr-/ lernbezogenen Interaktionszusammenhangs durch die Integration eines, als Ablenkung potenziell virulent werdenden Themas vollzogen. Das Thema ‚Lampenfieber' ist bedeutsam für Akteure, die im Rampenlicht stehen. In der Kurssituation steht der Kursleiter ‚im Rampenlicht' sowohl einer der beiden Kameras als auch der (potenziellen) Aufmerksamkeit der Kursteilnehmenden. Das visuell zugängliche und als nervös zu bezeichnende Agieren des Kursleiters (so z. B. die Selbststimulation durch Wippen eines Heftes an seinem Bein) erweist sich als erwartbar bei Situationen, zu denen Lampenfieber als Nervosität vor einem bzw. bei einem Auftritt in Erscheinung tritt. Somit ist auszuweisen, dass der Kursleiter ein für ihn in dieser Situation bedeutsames Thema, das er für die übrigen anwesenden Personen als ebenso bedeutsam unterstellt, in bestimmter Weise zum Gegenstand von Kurskommunikation macht. Paraphrasiert werden kann dieses Thema mit ‚Drohender Angriff der Grenzen des Interaktionssystems durch die sich aufdrängende Anwesenheit von Umwelt in Gestalt von Kameramännern im Kursraum'. Dadurch, dass der Kursleiter auf Lampenfieber rekurriert, stiftet er Vergemeinschaftung durch gemeinsamen Situations- bzw. Themenbezug.[217] Der Übergang von Nicht-Kurs zu Kurs bzw. die Fokussierung der Aufmerksamkeit anwesender Personen und damit die Überleitung von Anwesenden zu Teilnehmern wird durch Nutzung der Situation als Themenlieferant bewerkstelligt. Das gegenüber den Vermittlungsambitionen

---

216 Allerdings zeigen die Kursteilnehmer zunächst kein Verhalten, das die Lesart ‚Aufregung/Irritation' zuließe. Vielmehr scheint es so, als sei der Kursleiter selbst durch die Aufnahmesituation irritiert, was sich in seinem nervösen Agieren zeigt.
217 Paraphrase: „Wir alle werden gefilmt und ihr habt bestimmt (auch) Lampenfieber".

des Kursleiters möglicherweise konkurrierende Aufmerksamkeitszentrum ‚Aufnahmesituation' wird nicht ignoriert oder übergangen, sondern findet Einzug in Kurskommunikation[218] – Lampenfieber als Thema, das didaktisch aufbereitet einer situativen Wortschatzerweiterung und der Vermittlung prozeduralen Wissens dient. Latent allerdings geht es hier um die Herstellung einer homogenen Aufmerksamkeitsrichtung auf die Gestaltungspraktiken A's unter dem Deckmantel ‚Überprüfung von Wissensaneignung': Bei einem ersten ‚Fischen nach Zugewandtheit' stellt sich heraus, dass die Kursteilnehmerin B der Kommunikationsofferte von A aufmerksam und nicht abgeneigt gegenüber ist. Darauf hin intensiviert A den Kontakt zu B, indem er sie explizit anspricht und sie auffordert, sich im Modus der Wissensaneignung auf das Abweichungsthema zu beziehen (nachschlagen, was das Wort Lampenfieber bedeutet). Er zeigt demonstrativ auf B und nähert sich ihr, wie auch den übrigen Personen, indem er sich ins Innere der hufeisenförmigen Tischanordnung begibt. Währenddessen stellt sich sukzessive eine größere, interindividuelle Einheitlichkeit in der Aufmerksamkeitsrichtung anwesender Personen ein. Der Kontakt zur Kursteilnehmerin B wird abrupt beendet, als sie deutlich macht, dass sie keiner weiteren Belehrung bedürfe, da sie einerseits bereits wisse, was Lampenfieber bedeutet und andererseits ihre Aufmerksamkeitsrichtung entsprechend angepasst habe. Der Übergang von ‚Anwesende' zu ‚Teilnehmerin', der bei B bereits vollzogen wurde, ist nun für die übrigen Anwesenden angebahnt, die zu Zeugen einer Präsentation gewünschter Aufmerksamkeitsfokussierung und Teilnahmeorientierung gemacht werden. Die Wahrscheinlichkeit einer homogenen Richtung der Aufmerksamkeit als Bedingung zur Teilnahme an aneignungsbezogener Wissensvermittlung wurde gesteigert; die Herstellung und Verstetigung lehr-lernbezogener Interaktion ist nicht mehr zur Gänze unwahrscheinlich.

Das Interaktionssystem kommt als Fall einer Anfangssituation von Kursinteraktion in den Blick. Charakteristisch erweist sich hier das Problem bzw. Strukturmerkmal der Herstellung einer einheitlichen (sichtbaren) Fokussierung der Aufmerksamkeit anwesender Personen auf die lehr-lernbezogene Kommunikationsofferte des Kursleiters. Aufmerksamkeitsfokussierung fungiert dabei zugleich als Kriterium zur Etablierung und Verstetigung lehr-lernbezogener Interaktion. Das Problem der Fokussierung von Aufmerksamkeit zur Herstellung eines Kursanfangs kann als allgemeines Problem von Kursinteraktion betrachtet und anhand kontrastierender Fälle vergleichend untersucht werden – der Frage nachgehend, ob und wenn, wie sich das Problem dort zeigt und welche Lösungsmuster sich in der Kurs-

---

218 Es sei allerdings angemerkt, dass die abweichende Aufmerksamkeitsrichtung anwesender Personen nicht der Anwesenheit des Kamerateams, sondern vielmehr dem Nachgehen einer zuvor maßgeblichen Handlungspraxis (Abschreiben) geschuldet scheint.

kommunikation identifizieren lassen.[219] Das hier vorgefundene Lösungsmuster, das den Fall als besonderen Typ des Umgangs mit diesem, vermutlich allgemeinen Problem kennzeichnet, kann folgendermaßen beschrieben werden: Durch die Einführung von Umweltbezügen in lehr-lernbezogene Kommunikationsmuster wird versucht, die Aufmerksamkeit anwesender Personen an ein zu etablierendes Lehr-Lerngeschehen bzw. an die Strukturierungsleistungen des Kursleiters zu binden. Die Situation des Gefilmt-Werdens, welche das Risiko fehlgeleiteter Aufmerksamkeit der Anwesenden in sich trägt, wird als Themenlieferant aufgegriffen und dient – manifest – der Vermittlung prozeduralen Wissens bzw. der situativen Wortschatzerweiterung und – latent – der Herstellung von Aufmerksamkeitsfokussierung.[220] Die objektiv-latente Sinnstruktur kann pointiert werden mit: *Etablierung eines lehrlernbezogenen Interaktionszusammenhangs durch Bindung der Aufmerksamkeit der Anwesenden an einen gemeinsamen Referenzpunkt.* Durch Rekurs auf das unterstellte Thema der Aufmerksamkeitsrichtung der Adressaten (Lampenfieber), das einerseits einer vorgängigen Handlungspraxis, letztlich aber der Aufnahmesituation bzw. dem Kamerateam als personifizierte Umwelt geschuldet scheint, und Transformation dieses Themas zu einem Gegenstand, an dem prozedurales Wissen angeeignet bzw. situative Wortschatzerweiterung vollzogen werden soll, bindet der Kursleiter die Aufmerksamkeit der Anwesenden an ein bestimmtes Thema und sein Strukturierungshandeln. Dies forciert er gewissermaßen, indem er den Anwesenden ein Exempel gelungener Aufmerksamkeitsfokussierung und Aneignungshaltung demonstriert.

Die These ist in ihrer Gültigkeit auf die Anfangssituation des Kurses zu reduzieren. Fallintern wäre zu prüfen, inwiefern andere Stellen der Anfangsphase bzw. andere Übergangssituationen, bei denen ein neues Thema bzw. ein neuer Programmpunkt eingeleitet wird, einer ähnlichen Struktur folgen, um die These somit zu erweitern, einzuschränken oder zu verwerfen. Sollte eine Fallstrukturhypothese für die gesamte Kursinteraktion entworfen werden, wäre zu prüfen, inwiefern ähnliche oder konfligierende Strukturierungsprinzipien an anderen Stellen der Kursinteraktion auszuweisen sind, um die Fallstruktur ggf. entsprechend zu modifizieren. Durch eine Analyse von An-

---

219 Zur Untersuchung von Kursanfängen auf der Ebene auditiver Kommunikation vgl. auch Nolda 1996, S. 224-248.
220 Ein weiterer Aspekt zur Herstellung eines gemeinsamen Situationsbezugs objektiviert möglicherweise das äußere Erscheinungsbild des Kursleiters bzw. die Gestaltung seiner Personen-Nahzone in Form einer Safari-Weste. Durch das Tragen dieser Weste – so könnte man geneigt sein zu interpretieren – bezieht er sich auf die Bewältigung einer Lernanstrengung, die zu strukturieren und anzuleiten seine Aufgabe ist und für die ein Thema in der Vergangenheit der Kursteilnehmenden (Migration) ein Anlass sein mag. Zur Erreichung eines zukünftigen Zustandes (Anpassung an eine spezifische Gesellschaft/kulturellen Kontext durch das Erlernen einer Sprache) bezieht sich der Kursleiter angleichend auf das in der Vergangenheit der Kursteilnehmer zu jenem Lernprozess führende Ereignis (Wanderung) und stiftet eine Art von Vergemeinschaftung.

fangssituationen weiterer Kurstypen könnte sukzessive ein erziehungswissenschaftliches Wissen über Form und Formen von Kursinteraktion in der Etablierungsphase aufgebaut werden (vgl. hierzu auch die Annahmen in Kap. 8.4).

An dieser Stelle soll die exemplarische Fallstrukturrekonstruktion beendet werden. Aufgabe war es, zu zeigen, wie eine methodische Umsetzung des auf einer systemtheoretisch informierten objektiven Hermeneutik beruhenden Konzepts selektiver Kontextvariation aussehen kann. Dazu sei nochmals angemerkt, dass das hier z. T. etwas kursorische Vorgehen entsprechend den Anmerkungen im obigen Text präzisiert und ausgeweitet werden könnte, um die Prämisse der Extensivität weiter auszubauen. Abgekürzt werden könnte das Verfahren durch Bezug der Analyse auf ein ‚Konglomerat' von audiovisuellen Daten. Diesbezüglich wäre es notwendig, Stills in das Worttranskript aufzunehmen – ähnlich etwa der o. a. Zusammenführung von Wort und Bild.[221] Dabei könnte als Selektionskriterium beispielsweise eine Unterscheidung von Körperbewegungssequenzen dienen (vgl. Scheflen 1977). Allerdings scheint es lohnenswert, zumindest den Anfang einer Sequenz ebenenspezifisch zu analysieren und den visuell verfassten inneren äußeren Kontext zu berücksichtigen, um die Besonderheit der jeweiligen Strukturierungslogik in den Blick zu bekommen.

---

221 Bezogen auf Gesten vgl. auch Sager 2005.

IV. Schlussbetrachtungen

8. Selektionen, Variation und Kontext: Ein Konzept zur Rekonstruktion von Kursinteraktion

Mit dem Substantiv „Schluss" wird einerseits ein „Zeitpunkt, an dem etwas aufhört" (Wermke/Kunkel-Razum/Scholze-Stubenrecht 2002, S. 779) bzw. ein „letzter Abschnitt" von etwas und andererseits eine „Folgerung als Ergebnis einer Überlegung" bezeichnet. Das Substantiv „Betrachten" verweist auf das Besichtigen spezifischer Objekte wie auch auf die schriftliche Formulierung von Gedanken zu einem bestimmten Thema (vgl. ebd., S. 209). Die Substantivkombination „Schlussbetrachtungen" evoziert indessen die Lesart, dass am Zu-Ende-Gehen eines Kommunikationsprozesses, etwa einer Tagung oder eines Schriftstücks, wo etwas Neues geschaffen oder Altes neu geordnet wurde, ein Rückblick auf Selektionen, die vor einem Horizont alternativer Möglichkeiten getroffen wurden, gegeben werden soll, um den Zusammenhang der einzelnen Fragmente zu verdeutlichen und damit zugleich einen Übergang zu markieren. Im Rahmen dieses achten Kapitels, das dem Abschnitt „Schlussbetrachtungen" zugeordnet ist, wird zunächst ein Rückblick auf die Ordnung, die sich in der sequentiellen Abfolge einzelner Abschnitte und Kapitel dieser Arbeit herausgeschält hat, gegeben. Durch das Aufzeigen zentraler Fragestellungen bzw. Probleme, die sich gestellt haben, und von Lösungswegen, die als Anschlussoptionen gewählt wurden, soll die Struktur der hier vorliegenden Kommunikationsgeschichte retrospektiv verdeutlicht werden (Kap. 8.1). In einem zweiten Teilkapitel wird auf die noch ungeklärte Frage der Gültigkeit bzw. des ‚Wahrheitsgehalts' von Fallanalysen auf der Grundlage eines Ansatzes systemtheoretisch informierter objektiver Hermeneutik eingegangen (Kap. 8.2). Schließlich wird das Erkenntnispotenzial des hier entworfenen Gerüsts zur Erforschung von Kursinteraktion für die Erwachsenenbildung (Kap. 8.3) bzw. erwachsenenbildungswissenschaftliche Grundlagenforschung (Kap. 8.4) skizziert.

8.1 Retrospektivische Strukturierung

Getragen von der Idee, ein Konzept zur Rekonstruktion von Kursinteraktion auf der Basis audiovisueller Daten zu entwickeln, erschien es zunächst notwendig, Begriffsimplikationen bzw. theoretische Konstrukte, die hinter dem stehen, was ich mit Kurs, Interaktion und audiovisuellen Daten bezeichne, transparent zu machen. Das erste Kapitel des mit ‚Ausgangsselektionen' betitelten, einführenden Abschnitts (Teil I) ist diesem Vorhaben gewidmet. Durch eine systemtheoretisch inspirierte Gegenstandsbestimmung wurde dort eine für weiteres Vorgehen maßgebliche Selektion getroffen. Als ebenso bedeutsam erweist sich die zweite Ausgangsselektion, bei der ein methodologischer bzw. methodischer Ankerpunkt für die Analyse von Interaktionszusammenhängen gewählt wurde (Kap. 2). Die Oevermann'sche objektive Hermeneutik stellt neben der Konversationsanalyse (vgl. Bergmann 1981; ders. 2000; Deppermann 2001) und der dokumentarischen Methode (vgl. Bohnsack 2001 sowie in Bezug auf visuelle Daten ders. 2003) ein prominentes Beispiel rekonstruktiver Sozialforschung dar und besticht durch ein, insbesondere von Hansjörg Sutter (1997) und Hans-Josef Wagner (2001) in theoretischer, methodologischer und methodischer Hinsicht expliziertes Konzept. Neben einer berufsbiografisch aufgebauten Zugewandtheit zu Verfahrensweisen der objektiven Hermeneutik war insbesondere das hohe Maß an Explikation von Begründungszusammenhängen, die das methodische Vorgehen bedingen, ausschlaggebend dafür, die objektive Hermeneutik auf ihre Kompatibilität mit audiovisuellen Daten und systemtheoretischem Gedankengut hin zu untersuchen – hinauslaufend auf die Entwicklung und Anwendung eines kohärenten Konzepts zur Analyse audiovisueller Daten mit Methoden rekonstruktiver Sozialforschung vor dem Hintergrund eines systemtheoretischen Referenzrahmens. Im zweiten Kapitel des ersten Abschnitts wurde also die objektive Hermeneutik in methodologischer bzw. methodischer Hinsicht eingeführt und Ansätze zur Anwendung der objektiven Hermeneutik auf audiovisuelle Daten einer näheren Betrachtung unterzogen. Bis auf wenige Ausnahmen (z. B. Loer 1994) zeigt sich dort eine fehlende Reflexion des Aspekts der Anwendbarkeit. Zumeist findet keine angemessene theoretische bzw. methodologische Auseinandersetzung mit der Frage, ob und wie die vormals hauptsächlich mit auditiven Daten hantierende objektive Hermeneutik auf visuelle bzw. audiovisuelle Daten angewendet werden kann und dementsprechend anzuwenden ist, statt. Weiterhin konnte festgestellt werden, dass mit der in Kapitel 1 vorgestellten Ausdrucksmaterialität ‚Videoprotokoll' eine andere Fragestellung verknüpft ist, als bei der Analyse von Videoclips oder Kunstwerken aufzufinden ist. Während dort i. d. R. die Interaktion zwischen potenziellen Rezipienten und dem Gegenstand im Vordergrund steht, zielt die Erstellung mehrperspektivischer Videoaufnahmen auf die Analyse von Interaktionszusammenhängen, die durch das Videoprotokoll konserviert und so einer Beobachtung zugänglich werden. Zur Entwicklung eines Konzepts für die Analyse von Kursinteraktion erschien es mir notwendig, die Anwendbarkeit eines objektiv-hermeneutischen Ansatzes auf audiovisuell verfasste Kursinteraktion zu begründen. Zudem galt es Übereinstimmungen von und Unterschiede zwischen dem systemtheoretischen Referenzrahmen und der objektiven Hermeneutik zu explizieren, hinführend zu einem symbiotisch verbundenen und erweiterten Konzept systemtheoretisch informierter objektiver Hermeneutik (Teil II).

Ein erster Schritt zur Darlegung theoretischer Grundlagen bestand darin, zu prüfen, von welchen theoretischen Annahmen die objektive Hermeneutik ausgeht – der Frage nachgehend, wie (Fremd-)Verstehen als Basisoperation zur Rekonstruktion von Sinnstrukturen in Interaktionszusammenhängen gedeutet wird. Dabei habe ich mich auf die Betrachtung der Adaption des sozialpsychologischen Ansatzes von George H. Mead als ‚Theoriebasispfeiler' der objektiven Hermeneutik beschränkt (Kap. 3). Ein zentrales Problem, das Meads Ansatz aufweist, ist die unzureichende Erklärung der Herstellung von Intersubjektivität als Möglichkeit konsensuellen Verstehens, worauf die objektive Hermeneutik insistiert. Abhilfe schafft dort die Bindung der Möglichkeit von (Fremd-)Verstehen an präexistente Regeln und Strukturen. Während jener Determinismus die objektive Hermeneutik unter erkenntnistheoretischen Gesichtspunkten einer Zirkularität unterwirft, wird damit zugleich der Sinnbegriff auf auditive Kommunikation fixiert. Sozialbezogener Körperbewegung wird keine eigene Sinnsphäre jenseits verbaler Sprache zugemessen – zumal dort nicht von einer genetisch präformierten und somit universal verstehenssichernden Körperbewegungsgrammatik ausgegangen werden kann.

Mead bezieht sich zur Darlegung seiner Intersubjektivitätstheorie auf Bedingungen humanspezifischer Wahrnehmung, die von Naturwissenschaften, wie etwa der Neurobiologie, untersucht werden. Betrachtet man heute maßgebliche neurobiologische Ansätze, so erscheint *Differenz* als Normalfall und *Konsens* eher als Unwahrscheinlichkeit. Um das Problem der Erklärung der Möglichkeit von Fremdverstehen jenseits eines insuffizienten Konsensmodells zu lösen, wurde – auch mit Blick auf die als maßgeblich gewählte gegenstandskonstituierende Theorie – eine differenztheoretische Ausgangsbasis Luhmann'scher Provenienz gewählt. Dies erschien in mehrerlei Hinsicht als gewinnbringend: Erstens war so eine Anschließbarkeit zu den in Kapitel 1 als maßgeblich selegierten Definitionen von Interaktion und Kurs gewährleistet. Zweitens konnte der Sinnbegriff funktional und somit nicht einzig an Lautsprache gebunden betrachtet werden, womit sozialbezogener Körperbewegung bzw. visueller Kommunikation eine eigene Sinnsphäre zugemessen werden konnte, die auf auditive Kommunikation bezogen ist und sich mit ihr verschränkt. Drittens wurde die Möglichkeit einer größeren ‚theoretischen Konsistenz' durch das Absehen von einer regelontologischen Ausgangslage wahrscheinlicher und viertens zeichneten sich schon im Vorfeld in methodologischer bzw. methodischer Hinsicht Möglichkeiten der Vereinbarung zwischen objektiver Hermeneutik und Systemtheorie ab.

Durch die Setzung einer differenztheoretischen Ausgangslage wurde allerdings das Problem der Erklärung interpretationsleitender Konstitutionsprinzipien zur Begründung methodisch kontrollierten Fremdverstehens neu gestellt – wie ist Verstehen jenseits von Konsens und Bedeutungsidentität zu fassen, wie ist das Verhältnis zwischen Bewusstsein und Kommunikation zu konzeptualisieren und von welcher wie gebildeten Ausgangsbasis im Interpreten kann eine Sinnrekonstruktion stattfinden? Um diese Fragen zu beantworten, wurde sich im vierten Kapitel auf Tilmann Sutters Arbeit zum interaktionistischen Konstruktivismus (ders., 1999a) sowie auch z. T. auf Wolfgang L. Schneiders Diskussion der Ansätze Niklas Luhmanns und Ulrich Oevermanns bezogen (vgl. Schneider 2004). Aus einer entwicklungs- bzw. sozialisationstheoretischen Perspektive wurde die Bezugnahme des psychischen Systems eines potenziellen Interpreten resp. Interaktanten zur sozialen Welt, die sich durch Kommunikation reproduziert und ausdifferenziert, erläutert. Von der Darstellung ausgehend, wie eine systeminterne Differenzierung zwischen Subjekt und Objekt entwicklungstheoretisch zu fassen ist, wurde ein differenztheoretischer Sozialisationsbegriff skizziert, um interpretationsleitende Konstitutionsprinzipien zu benennen – Erwartungsstrukturen, Intersubjektivität als Beobachtung erster Ordnung (auf der Ebene von Kommunikation) und soziale Kognition als Beobachtung zweiter Ordnung (auf der Ebene von Bewusstsein).

Mit dem fünften Kapitel wurde der Besonderheit Rechnung getragen, dass sich eine Rekonstruktion von Sinnstrukturen auf der Basis audiovisueller Daten mit visueller Kommunikation in Gestalt sozialbezogener Körperbewegung konfrontiert sieht. Dementsprechend galt es unter der Überschrift „Interpretationsleitende Konstitutionsprinzipien II" der sozialisationstheoretischen Frage nach der Aneignung sozialbezogener Körperbewegungen nachzugehen. Dabei wurde das Mimesis-Konzept von Gebauer/Wulf (1998), bei dem die wechselseitige Bezogenheit der körperlich-sinnlichen Verfassung des Menschen zu seiner sozialen Umwelt thematisiert wird, wie auch das Ritual auf Basis der differenztheoretisch konzeptualisierten Ausgangslage beleuchtet und interpretiert. In synoptischer Einstellung habe ich mich schließlich mit der Frage befasst, inwiefern Körperbewegung als (visuelle) Kommunikation gelten kann, um damit zugleich von der Ebene der Konstitutionstheorie hin zu methodologischen Erwägungen überzuleiten.

Auf dem Fundament einer systemtheoretisch informierten und um den Aspekt der visuellen Kommunikation erweiterten objektiven Hermeneutik galt es in einem zweiten Hauptteil (Teil III), sich der durch Videoprotokolle zugänglichen Kursinteraktion zuzuwenden, um zunächst auf methodologischer Ebene ein Gerüst zur Sinnrekonstruktion von Kursinteraktion zu entwerfen (Kap. 6) und dies in einem zweiten Schritt methodisch auszubuchstabieren (Kap. 7). Die Frage, wie sich Sinnstrukturen in Kursinteraktion bilden und dem entsprechend zu rekonstruieren sind und welche Rolle dabei die unterschiedlichen Phänomene spielen, die durch das Videoprotokoll einer Beobachtung zugänglich werden, stand im Mittelpunkt des sechsten Kapitels. Während sich Sinn in Interaktionsverhältnissen sequentiell, im Übergang von Ereignis zu Folgeereignis konstituiert, drängt sich der Wahrnehmung des

Beobachters ein komplexes Konglomerat simultan prozessierender Körperbewegungen und Lautäußerungen auf. Dementsprechend galt es, die für Sinnrekonstruktion zentrale Vorgehensweise der Sequenzanalyse zu relationieren. Unter dem Titel ‚Selektive Kontextvariation' wurde angesichts von Polykontextualität ein methodologisches Konzept entworfen, das eine ebenen- und dimensionsspezifische Einordnung audiovisueller Phänomene zulässt und es erlaubt, Sinnstrukturen auf der Basis audiovisueller Daten zu rekonstruieren. Dabei wird die in den Blick kommende Vielzahl unterschiedlicher Text-Kontext-Relationen selektiv variiert: So kann etwa auf der Ebene auditiver Kommunikation beobachtet werden, wie sich sequentiell Selektion und Anschlussselektionen vor dem Horizont alternativer Selektionsmöglichkeiten aneinander reihen und sich dadurch eine spezifische (objektiv-latente) Sinnstruktur bildet. Das gedankenexperimentelle Ausweisen von Normalkontexten als Selektionshorizont, auf dessen Folie die nächste Sequenzposition als spezifische Auswahl betrachtet werden kann, ist an die Erwartungshaltung des Interpreten gebunden, die im Rahmen von Sozialisationsprozessen generiert wird – und insofern stellen die innerpsychischen Erwartungsstrukturen des Interpreten einen (variierbaren) Kontext dar, vor dem Kommunikation beobachtet wird. Da Kommunikation in Interaktionszusammenhängen nicht lediglich auditiv, sondern auch visuell verfasst ist, stehen die beiden Ebenen in einem wechselseitigen Text-Kontext-Verhältnis, das bei der Analyse zu berücksichtigen ist. Ebenso ist dem Umstand Rechnung zu tragen, dass Kommunikation in Interaktionsverhältnissen räumlich situiert stattfindet. So kann der audiovisuell verfasste Wahrnehmungsraum als potenzieller Referenzpunkt und einbettender innerer äußerer Kontext, auf dessen Grundlage bestimmte Erwartungen an die Gestalt der Kommunikation herangetragen werden, geltend gemacht werden. Dort aufzufindende nicht-transitorisch verfasste Phänomene können den für das Interaktionssystem Kurs maßgeblichen drei Dimensionen (Personen-Nahzone, Kursraum, Außen) ebenenspezifisch (Bild, Ton) zugeordnet werden. Vom inneren äußeren Kontext ist der äußere Kontext als Summe von Erwartungshaltungen, die auf den Kurs im Besonderen und den Kurs als lehr-lernbezogenem Interaktionssystem im Allgemeinen bezogen sind, zu unterscheiden. Basisoperation zur Sinnrekonstruktion von Kursinteraktion ist also die selektive Variation dessen, was als den Text einbettender Kontext betrachtet wird, womit Gleichzeitigkeit in ein Nacheinander überführt und damit dekontextualisiert wird, um nach einer kontextsensiblen Analyse das audiovisuelle Konglomerat wieder zusammenzusetzen und im Zuge dieser Rekontextualisierung auf die Fallstruktur zu schließen. Insofern stellt das Konzept selektiver Kontextvariation eine Lösung des mit audiovisuellen Daten einhergehenden Problems der Inter- und Intrasimultaneität[222] dar und gewährleistet ein sequentielles und kontextsen-

---

222 Während Intersimultaneität die potenzielle Gleichzeitigkeit des Prozessierens unterschiedlicher Gesprächszusammenhänge bezeichnet, fasst der Begriff Intrasimultaneität die Gleich-

sibles Vorgehen zur Rekonstruktion objektiv-latenter Sinnstrukturen. Die von der Fragestellung abhängige, selektive Aufmerksamkeitsrichtung des Forschers und die Selektion einzubeziehender Kontexte bekommt hier ein neues, das Ergebnis ‚kontextuierendes' Gewicht. Kompensiert wird dies durch die prinzipiell unendliche Zahl potenzieller Revisionen des Ausgangsmaterials im Medium von Forschungskommunikation (vgl. hierzu auch Kap. 8.2).

Im Rahmen des siebten Kapitels wurde das methodologische Konzept auf methodischer Ebene an einer exemplarischen Fallrekonstruktion ausformuliert. Das Vorgehen lässt sich in drei Schritte unterteilen: erstens, das Treffen von Selektionen im Vorfeld der Analyse, die den Aufmerksamkeitsfokus justieren; zweitens, die Rekonstruktion des inneren äußeren Kontextes und der visuellen Ausgangssituation sowie die sequentielle Analyse auf auditiver und visueller Ebene; drittens, die Relationierung und Gegenüberstellung von Struktur(en) und Kontext(en) zur abschließenden Explikation von Sinnstrukturen.

Nach diesem Rückblick auf die Ordnung, die in der Abfolge einzelner Abschnitte, Kapitel und Unterkapitel dieser Arbeit besteht sowie der Hervorhebung von als besonders relevant erachteten Resultaten, möchte ich mich nun den noch unbeantworteten Fragen nach dem Status von Ergebnissen einer Fallrekonstruktion im Modus systemtheoretisch informierter objektiver Hermeneutik stellen. Stichworte diesbezüglich sind ‚Gültigkeit' und ‚Nachvollziehbarkeit' (Kap. 8.2). An- und zugleich abschließend wird das hier entwickelte Konzept mit Blick auf dessen Verwertbarkeit zur Aus-/Weiterbildung professioneller Erwachsenenbildner (Kap. 8.3) sowie mit Perspektive auf das Erkenntnisinteresse von Kursforschung als erwachsenenbildungswissenschaftliche Grundlagenforschung (Kap. 8.4) kommentiert.

8.2 Zur Gültigkeit von Ergebnissen

Die Anreicherung theoretischer Grundlagen der objektiven Hermeneutik mit systemtheoretischem Gedankengut hat zur Folge, dass ein zentrales Paradigma der objektiven Hermeneutik – Intersubjektivität beruhend auf Konsens – durch ein konkurrierendes Paradigma – Intersubjektivität und soziale Kognition bzw. Beobachtung erster und zweiter Ordnung beruhend auf Differenz – verdrängt wird. Während im Theoriemodell der objektiven Hermeneutik die epistemologische Annahme universaler Regeln und Strukturen und die Herstellbarkeit von Konsens als Bedeutungsidentität der an Kommunikation beteiligten Subjekte in der Verlängerung ein valides Fremdverstehen gewährleisten soll, scheint dies durch die Annahme operativer Geschlossenheit und

---

zeitigkeit körper- und lautsprachlichen Agierens einer Person.

Differenz von Kommunikations- und Bewusstseinssystemen in Frage gestellt. Validität wird mithin an Forschungskommunikation gebunden und somit zugleich relativiert. Was das heißen mag, wird in den folgenden Absätzen erläutert.

Entsprechend der ihr eigenen theoretischen Grundlegung ist die objektive Hermeneutik auf die Erschließung von Strukturen gerichtet, die Interaktionszusammenhängen zugrunde liegen und über den Einzelfall hinaus auf allgemeingültige Regeln und Strukturen verweisen (vgl. Oevermann 1991, S. 272).[223] Dabei wird die prinzipielle Möglichkeit einer validen Rekonstruktion durch die Teilhabe des forschenden Individuums an den z. T. milieuspezifischen, z. T. universalen Regeln und Strukturen qua Sozialisation als gegeben betrachtet. Auf der Grundlage einer differenztheoretisch argumentierenden, konstruktivistischen Konzeptualisierung ändert sich der Status dessen, was bei einer Fallrekonstruktion erschlossen werden kann. Die durch das Videoprotokoll zugängliche Interaktion kommt in den Blick als ein sich selbst sequentiell konstituierender Zusammenhang, der durch Beobachtung zweiter Ordnung (re-)konstruiert werden kann. Eine Interpretation produziert „Konstruktionen über Konstruktionen (erster Ordnung)" (Steinke 1999, S. 114).

„Wer also [...] eine Interaktion interpretierend beobachtet, arbeitet heraus, wie die für das kommunikative Geschehen zunächst blinde Dynamik je ereignishaft zu neuen Strukturformen, Thematisierungsebenen und Brüchen, zu logischen Verkettungen, Aus- und Einblendungen, zu parallel laufenden Geschichten und je aktuell werdenden Erwartungserwartungen des kommunikativen Geschehens kommt" (Nassehi 1997, S. 155).[224]

Die Handhabung der Selbstreferenz von Interaktionssystemen kann nur systemrelativ erschlossen werden (vgl. ebd., S. 142). Das Ergebnis einer Interpretation ist von der Anwendung beobachtungsleitender Unterscheidungen abhängig. Als wissenschaftliche Operation ist Verstehen „in erster Linie durch den Beobachter Wissenschaft [im Original kursiv] determiniert [...] und nicht durch die Struktur des Gegenstandes selbst" (Nassehi 1997, S. 156; vgl. auch Bora 1993, S. 323). Wie in Kapitel 4.3 bereits angeführt wurde, steht das Ergebnis einer Fallstrukturrekonstruktion dabei zunächst in Relation zur kontingenten Erwartungsstruktur des psychischen Systems des Interpreten bzw. der je spezifischen Anwendung beobachtungsleitender Unterscheidungen. Die Erkenntnis eines Gegenstandes ist nicht von der erkennenden Person zu trennen.[225] Durch das Kommunizieren von Analyseschritten

---

223 Zu Grundprinzipien der Strukturgeneralisierung im Forschungsprozess vgl. Sutter 1997, S. 201 ff.
224 Bei dem was dort rekonstruiert werden kann handelt es sich insofern um eine objektivlatente Strukturiertheit, als innerhalb des *beobachtbaren* Interaktionszusammenhangs Selektionen getroffen wurden, deren Verkettung zu diesem Zeitpunkt *nicht* als *bewusstintentional* unterstellt werden können.
225 So betrachtet auch Ines Steinke das gesamte Forschungshandeln und die Perspektive des Forschers als von individuellen Eigenheiten und Eingebundenheiten mitbestimmt. Zu nennen sind hier etwa die Berufsbiografie des Forschers und seine Position in einer bestimmten

und -ergebnissen wird diesen ihre Flüchtigkeit und lokale Gebundenheit genommen. Nassehi spricht in diesem Zusammenhang davon, „die eigenen beobachtungsleitenden Unterscheidungen transparent zu machen" (a. a. O.). Indem diese Unterscheidungen einer allgemeinen Beobachtung zugänglich werden,[226] ist es möglich nachzuvollziehen, aufgrund welcher Selektionen welche Ergebnisse erzielt wurden, was ein Reflexivwerden blinder Flecken befördert (vgl. auch Steinke 1999, S. 123 f.).

Das Problem der Selektivität von Beobachtungshaltungen und Kontingenz der Erwartungsstrukturen potenzieller Interpreten tritt hier als Problem der Gültigkeit im Sinne von Angemessenheit, Nachvollziehbarkeit und Überprüfbarkeit der Ergebnisse zu Tage und kann durch die Ermöglichung von Anschlussbeobachtung bzw. -kommunikation bearbeitet werden.[227] Inwiefern eine Analyse im Modell einer systemtheoretisch informierten objektiven Hermeneutik als ‚wahr' gelten kann ist nicht an eine Entsprechung von Beobachtung und Realität, sondern an eine erfolgreiche Codierung der Beobachtung im beobachtenden System gebunden (vgl. Bora 1993, S. 326). Dabei lässt sich richtiges Verstehen letztlich nur evolutionär beurteilen: „Richtig verstanden ist etwas dann, wenn sich das Verstehen im entsprechenden Kontext bewährt" (Nassehi 1997, S. 142). Eine Beobachtung im Kontext des Wissenschaftssystems, die auf die Erzeugung von ‚wahren' Aussagen über einen bestimmten Gegenstand gerichtet ist, ist demnach so lange als gültig zu betrachten, bis sich eine sachhaltigere Beobachtung der entsprechenden Ausdrucksmaterialität (hier: dem Videoprotokoll) durchsetzt. „Beobachtungen – so das funktionalistische Argument – konkurrieren immer; als erfolgreicher gilt diejenige, die im beobachtenden System [in unserem Falle: dem Wissenschaftssystem; M. H.] anschlußfähiger ist" (Bora 1993, S. 326).

Im Konzept der objektiven Hermeneutik wird die Gültigkeit bzw. die Geltungsreichweite rekonstruierter Strukturierungsprinzipien nach Maßgabe

---

Organisationen, spezifische Forschungsinteressen, die individuelle Biografie einhergehend mit einem bestimmten Kommunikationsstil wie auch das aus alltags- und wissenschaftlichem Wissen kumulierende Wissen über das Untersuchungsphänomen (vgl. Steinke 1999, S. 117, siehe auch Abb. 1 in Kap. 7). Um dies zu kompensieren, setzt die objektive Hermeneutik auf Interpretationsgruppen. In Fällen strittiger Interpretationen wird eine Explikation der Regeln und Normen, die den Urteilen der Regelangemessenheit hinsichtlich bestimmter Textteile zugrunde liegen, bis zu deren konsensuellen Klärung gefordert (vgl. Sutter 1997, S. 208 ff.). Während allerdings das Aufstellen von Lesarten in Relation zu biografisch aufgebauten Erwartungsstrukturen anwesender Teilnehmer des Interaktionssystems ‚Interpretationsgruppe' steht, ist deren Aufrechterhaltung oder Anfechtung nicht lediglich an „den Erfordernissen des materialen Interpretationsproblems" (Sutter 1997, S. 210) gebunden zu betrachten. Als mindestens ebenso bestimmend mögen sich sukzessiv aufgebaute Kommunikationsroutinen, das soziale Verhältnis der Teilnehmenden untereinander, etwaige Rollendifferenzierung sowie zeitliche Restriktionen, denen Forschungsprojekte unterworfen sind, erweisen.

226 Im Sinne von Beobachtung erster Ordnung
227 Zu Gütekriterien qualitativer Forschung vgl. auch Steinke 2000 sowie Bezug nehmend zu konstruktivistisch ausgerichteten Erkenntnisgrundlagen dies. 1999, S. 129.

der Methode des maximalen und minimalen Kontrasts überprüft (vgl. Sutter 1997, S. 203). Allerdings impliziert dort ‚Sachhaltigkeit' die Übereinstimmung der Fallstrukturierung mit präexistenten Regeln und Strukturen. Demgegenüber sucht eine systemtheoretisch informierte Hermeneutik „nicht nach den gewissermaßen außerhalb des Geschehens verankerten Regeln des Geschehens, sondern beobachtet kommunikative Verläufe gemäß ihren internen Regulierungsroutinen und prozessierenden Strukturen und strukturierenden Prozessen" (Nassehi 1997, S. 149).[228] Zu deren Rekonstruktion ist sie allerdings auf die Erwartungshaltung des Interpreten verwiesen. Der Unterschied besteht letztlich darin, dass im Falle einer systemtheoretisch informierten objektiven Hermeneutik die Teilhabe des ‚Subjekts' an universell gültigen Regeln und Strukturen auf theoretischer Ebene nicht vorausgesetzt wird. Im Laufe ihrer Existenz beobachten psychische Systeme intern regulierte Kommunikationssysteme und bilden Erwartungserwartungen im Sinne beobachtungsleitender Unterscheidungen nach Maßgabe dessen, was sich bewährt. Auf der Grundlage jener Erwartungsstrukturen können nun Interaktionssysteme dahingehend beobachtet werden, welche Strukturen sequentiell durch das Treffen von Selektionen vor einem Horizont anderer (erwartbarer) Möglichkeiten kondensieren. Aufgrund der text- bzw. bildförmigen Dokumentation des Analyseprozesses ist es möglich, die getroffenen Unterscheidungen transparent zu machen. Daran anschießende Forschungskommunikation tritt als Korrektiv auf.

Durch die Beobachtbarkeit des Videoprotokolls, das als Datenbasis der Analyse von Kursinteraktion dient, erfolgt eine Öffnung des Ausdrucksmaterials gegenüber potenziell differierenden beobachtungsleitenden Unterscheidungen und Überführung selbiger in Forschungskommunikation.[229] Die Selbstbeobachtung von Forschungskommunikation – sei es im interaktiv verfassten Projektzusammenhang, sei es im Medium von Publikationen –, wobei aufgestellte Thesen bestärkt, ergänzt, korrigiert oder ganz andere Beobachtungen expliziert werden, lässt nach Maßgabe des Codes wahr/falsch ‚sachhaltige' Resultate kondensieren. Während die Selbstbeobachtung von Projektkommunikation nach Kade/Seitter als internes Gütekriterium geltend gemacht werden kann, verhält sich die Rezeption der Beobachtungsergebnisse (die z. B. in Zeitschriften, Büchern oder im Internet veröffentlicht werden) durch das Wissenschaftssystem – demgegenüber Forschungsprojekte ausdifferenzierte Teilsysteme darstellen – als quasi externes Gütekriterium komplementär dazu. Die Qualität wissenschaftlicher Resultate bemisst sich dabei nicht zuletzt am Irritationspotential, das sie im Wissenschaftssystem durch

---

228 Inwiefern eine systemtheoretisch informierte objektive Hermeneutik damit in die Nähe eines Konzepts konversationsanalytischen Zuschnitts gerät, wird in Kap 8.4 dargestellt.
229 Zur imaginären und realen Interpretationswerkstatt als Vollzug von Forschungskommunikation vgl. Kade/ Nolda 1998.

die Erzeugung neuen (Nicht-)Wissens zu entfalten vermögen (vgl. Kade/Seitter 2004, S. 77).[230]

Die Offenheit und Überkomplexität des Videoprotokolls erfährt eine Reduktion und Schließung durch Selektion – dadurch, dass Bestimmtes beobachtet und nach Maßgabe spezifischer Selektionen analysiert wird. Gleichzeitig erfolgt eine Öffnung und Ermöglichung von Verifikation/Falsifikation entsprechender Ergebnisse durch die Dokumentation des Verhältnisses von Möglichkeitshorizont und Selektion: durch die schriftliche Fixierung entsprechender Analyseschritte, Beobachtungen und Interpretationen und das Verfügbarmachen entsprechender Bilder und des Videoprotokolls.[231] Dies soll hier als erweitertes Verständnis von Forschungskommunikation zur Lösung des Problems der Gültigkeit von Analyseergebnissen, das aufgrund der differenztheoretischen Umformulierung der identitätslogischen Theoriebasis der objektiven Hermeneutik und deren Anwendung auf audiovisuelle Daten resultiert, gelten.

8.3 Selektive Kontextvariation und Erwachsenenbildung

Was bei der Beobachtung des Feldes Lernen Erwachsener in den Blick kommt, ist von der jeweiligen Beobachtungsperspektive abhängig. So macht es bereits einen Unterschied, vom Lernen Erwachsener statt von Erwachsenenbildung/Weiterbildung zu sprechen. Während aus der ersten Perspektive unterschiedlichste sozial, inhaltlich und raum-zeitlich zu bestimmende Kontexte der Wissensaneignung Erwachsener in den Blick kommen – sei es zu Hause vor dem PC, beim Besuch eines Museums, in der Kirche, sei es im Rahmen von Bildungsreisen, Theaterproben, Teamsitzungen, Volkshochschulkursen oder berufsbezogenen Weiterbildungsveranstaltungen –, ist die Institutionalisierung des Lernens Erwachsener als Teil des öffentlichen Bildungswesens im Kontext der 1960er und 1970er Jahre zunächst mit der Volkshochschule als institutionellem Kern zur Umsetzung gesellschaftlicher Ansprüche, wie etwa „Recht auf Bildung, Aufhebung struktureller Benachteiligungen oder Ausschöpfung von Begabungsreserven" (Kade/Nittel/Seitter 1999, S. 53), verknüpft. Kennzeichnend für die Entwicklung der deutschen Erwachsenenbildung ist einerseits der Verlust der institutionellen Monopolstellung der Volkshochschule und andererseits die „Trivialisierung der Bildungsidee" (vgl. Kade/Nittel 2006, S. 211). Moderne Gesellschaften weisen eine „extreme Pluralität von Bildungs- und Lernrealitäten" (a. a. O.) auf. Dementsprechend ist der konkrete Gegenstand wissenschaftlicher Betrach-

---

230 Vgl. auch Kade 2007; zu Publikationen und Tagungen als Formen erziehungswissenschaftlicher Kommunikation vgl. Kade/Seitter 2005.
231 Dabei ist das Verfügbarmachen audiovisueller Dokumente allerdings mit dem bereits angemerkten Problem der Wahrung von Anonymität abgebildeter Personen konfrontiert.

tung von der Perspektive abhängig, die auf das Feld geworfen wird. Jochen Kade und Dieter Nittel (2006) unterscheiden in ihrem einführenden Artikel zur Erwachsenenbildung/Weiterbildung drei verschiedene Dimensionen: Einrichtungen, Orte und Räume. Richtet man den Blick auf Weiterbildungsinstitutionen, so können eine Vielzahl unterschiedlicher Träger und Einrichtungen auf Bundes- und Landesebene betrachtet werden, in deren Kontext Lernen Erwachsener stattfinden mag (vgl. Kade/Nittel 2006, S. 214 ff.). Die Verortung des Lernens Erwachsener in lebensweltlichen sowie öffentlichen Kontexten erschwert es allerdings zunehmend, das Feld der Erwachsenenbildung in seinem Zusammenhang aus dieser Perspektive systematisch zu beschreiben (vgl. ebd., S. 212). Eine zweite Perspektive fokussiert den Ort des Lernens Erwachsener und ermöglicht, „Erwachsenenbildung jenseits und unterhalb der Institutionsebene zu beschreiben" (a. a. O.). Unterschieden werden können Lernorte, die an große Institutionen gebunden sind, von denen, die an soziale Welten, politische Bewegungen und kulturelle Milieus gekoppelt werden (vgl. ebd., S. 216 ff.). Dies ermöglicht eine Berücksichtigung von Aneignungsprozessen, die sich außerhalb gewerkschaftlicher Bildungswerke und Volkshochschulen vollziehen (z. B. im Kontext von Betrieben, Bibliotheken, Selbsthilfegruppen, Tanzschulen). Eine dritte Dimension, die als maßgeblich zur Betrachtung des Lernens Erwachsener auszuweisen ist, rückt das konkrete Interaktionsgeschehen ins Blickfeld. In mikroskopischer Einstellung wird sichtbar, wie in Interaktionssystemen ein Lehr-Lernbezug hergestellt und aufrechterhalten wird. Der Interaktions- bzw. Bildungsraum stellt ein „Geflecht von beweglichen Elementen" (ebd., S. 213) dar; „er ist gewissermaßen von der Gesamtheit der Bewegungen erfüllt, die sich in ihm entfalten [...]. Der Raum ist der Topos, der von beiden Seiten, d. h. vom Kursleiter und Teilnehmer, ausgefüllt, definiert und verändert wird" (a. a. O.; siehe auch S. 218 ff.). Stabilität und Statik, die suggeriert werden, wenn man das Lernen Erwachsener mit Bezug auf Einrichtungen und Orte beschreibt, weichen einer Kontingenz und Aushandlungsdynamik, die nicht notwendigerweise auf der Anwesenheit[232] professioneller Pädagogen beruht. Je nachdem, unter welcher Perspektive das Feld der Erwachsenenbildung bzw. Lernen Erwachsener betrachtet wird, sind unterschiedliche Analyseinstrumente indiziert (vgl. ebd., S. 214). So eignen sich nach Kade/Nittel deskriptiv angelegte bildungs- und organisationssoziologische Herangehensweisen zur Untersuchung von Einrichtungen und Trägern, ethnographisch und ökologische Herangehensweisen zur Fokussierung von Lernorten und aneignungs-/kul-

---

232 Während hier die zeitgleiche Anwesenheit von miteinander kommunizierenden Personen unterstellt wird, unterwandern Medien wie etwa Fernsehsendungen oder Internetplattformen diese raum-zeitliche Gebundenheit und bieten Gelegenheit dazu, Lernen dezentral stattfinden zu lassen (vgl. Kade/Nittel 2006, S. 221 Zu Pädagogik und Medien vgl. Nolda 2002).

turpädagogische Theorie- und Methodenansätze zur Untersuchung von Lernräumen.

Bei der Analyse von Kursinteraktionen wird der Blick auf die kommunikationsinterne Konstitution von Lernräumen gelenkt. Interaktionsanalysen in der Erwachsenenbildung sind ein neuer, wenngleich nicht unerschlossener Bereich erziehungswissenschaftlicher Forschung (vgl. Nolda 2003) bzw. erwachsenenbildnerischer Lehr-Lernforschung (vgl. Kade/ Nittel/Seitter 1999, S. 94-101 sowie Wittpoth 2003, S. 72 ff. und Schrader/Berzbach 2005). Sein Aufkommen ist mit einer Veränderung der Vorstellung des Wissenserwerbs Erwachsener verbunden. Während vormals von einem linearen Modell der Wissensvermittlung ausgegangen wurde, gelten nun Kontingenz und Okkasionalität als Stichpunkte, von denen ausgehend Praktiken der Herstellung, Aufrechterhaltung, Abgrenzung und Beendigung lehr-lernbezogener Interaktion untersucht werden können.

Die Erforschung von Kursinteraktion zielt auf die Generierung von Grundlagenwissen der Erwachsenenbildungswissenschaft und formuliert keine direkt praktisch umsetzbaren Handlungsanweisungen in Form eines Ratgebers zur Gestaltung einer für Lernzwecke optimalen Interaktion – was angesichts der ungewissheitsgenerierenden Zufälligkeiten, denen das Agieren des professionellen Pädagogen in Unterrichtssituationen unterworfen ist, auch kaum möglich scheint (vgl. Helsper 2003; Herzog 2002, S. 433 ff.). Dennoch oder gerade deshalb vermag die Rekonstruktion von Kursinteraktion einen nicht unerheblichen Beitrag zur Aus- und Weiterbildung professioneller Pädagogen als Kursleiter – in der betrieblichen Weiterbildung oftmals als ‚Trainer' bezeichnet (vgl. etwa Birkenbihl 2005) – zu leisten. Während die Beschäftigung mit erziehungswissenschaftlichen Methoden und die Rezeption von Forschungsarbeiten zum Aufbau von Forschungskompetenz beitragen und dadurch eine „Distanz gegenüber dem wissenschaftlichen Bluff" (Tenorth/Lüders 2000, S. 520) schaffen und helfen, einen differenzierteren Blick auf die eigene Praxis zu richten, trägt die Auseinandersetzung mit verschiedenen Formen von Kursinteraktion bzw. Kursleiteragieren zum Aufbau eines Horizonts von Handlungsalternativen, zur Sensibilisierung für strukturelle Probleme von Kursinteraktion sowie zur Einnahme einer reflexiven Haltung gegenüber dem eigenen Agieren als Kursleiter bei. Im Sinne eines mikropädagogischen Ansatzes, der im Rahmen unseres Projekts zur Kurs- und Bildungsforschung[233] unter dem Titel ‚didaktisches Labor' zur Anwendung kommt und ein Pendant zur fallorientierten Lehrerbildung darstellen mag (vgl. Helsper 2003, S. 150 ff.), lassen sich auf der Grundlage von Videoprotokollen durch die Analyse von Ausgangssituationen, dem gedankenexperimentellen Entwerfen und Bewerten von Handlungsmöglichkeiten und der Beobachtung faktischer Kursverläufe, strukturelle Probleme und Lösungsmuster unterscheiden, die sich als charakteristisch für lehr-lern-

---

233 Vgl.: http://www.uni-frankfurt.de/fb/fb04/forschung/biwo.html

bezogene Interaktionszusammenhänge im Bereich des Lernens Erwachsener erweisen. Im handlungsentlastenden ‚Als-Ob-Modus' können unter Rückgriff auf die Erfahrungen der Teilnehmer Handlungsalternativen diskutiert und bewertet werden und der realen Verkettung von Selektionen, die aufgrund des Videomaterials sichtbar werden, gegenüber gestellt werden. Durch den Vergleich mehrerer Kurse wird eine Sensibilität für charakteristische Problemlagen und Erfordernisse jener Interaktionszusammenhänge geschaffen. Ein derartiges Vorgehen[234] stiftet Gelegenheit zur „reflexiven Ungewissheitsbewältigung" (Helsper 2003, S. 150 f.). So wird ein Wissen um die Verkettung von Selektionen in Kurszusammenhängen erzeugt und eine Erweiterung des Horizonts möglicher Handlungsalternativen stimuliert.

8.4 Selektive Kontextvariation und Grundlagenforschung

Abschließend stellt sich die Frage, inwiefern das in der vorliegenden Studie skizzierte Konzept ‚selektive Kontextvariation' zur Generierung von erwachsenenbildungswissenschaftlichem Grundlagenwissen geeignet ist. Bei der selektiven Kontextvariation handelt es sich nicht um einen schlicht objektivhermeneutischen Zugang zum Interaktionsgeschehen. Vielmehr wurde dieser durch eine systemtheoretische Ausgangsbasis irritiert und im Hinblick auf eine audiovisuell verfasste Datenbasis erweitert. Für dieses ‚Patchwork' ist nun das Erkenntnisinteresse zu pointieren, um herauszustellen, inwiefern der hier etablierte Ansatz einen Betrag zur erziehungswissenschaftlichen Grundlagenforschung leisten kann.

Zum Abschluss einer Fallrekonstruktion auf Grundlage der objektiven Hermeneutik gilt es vorgefundene Strukturierungsprinzipien durch Kontrastierung zu generalisieren – im Sinne einer Strukturgeneralisierung (vgl. Sutter 1997, S. 201 ff.). Das Ziel dabei ist „die Entdeckung und Beschreibung allgemeiner und einzelfallspezifischer Strukturgesetzlichkeiten zugleich, sogenannte generative Regeln, die einen Naturgesetzen und Naturtatsachen vergleichbaren Status haben" (Reichertz 2000, S. 518). Fragestellungen, die zu beantworten die objektive Hermeneutik sich bemüht, sind etwa: Was ist der Fall? Was kennzeichnet die hier vorzufindende Handlungspraxis als besondere und allgemeine zugleich? Grundlegende Annahme, die dem vorausgeht, ist, dass es historische und universale, untergründig wirksame Regeln und Strukturen gibt, denen Interaktionszusammenhänge folgen und die dementsprechend aufgedeckt werden können.

Die Systemtheorie, die in unserem Fall als theoretische Grundlage objektiv-hermeneutischer Rekonstruktionslogik fungiert, verfügt über keine ihr ei-

---

234 Ein prinzipiell ähnlicher Ansatz lässt sich auch bei der ‚Interpretationswerkstatt' aufweisen (vgl. Kade/Nolda 1998; Nolda 2000, S. 81 ff.).

gene empirische Forschungsmethode,[235] erweist sich aber unter vielen Gesichtspunkten als anschließbar an bereits existierende Konzepte zur Sinnrekonstruktion – wie etwa an die objektive Hermeneutik. Der Fluchtpunkt ist allerdings ein unterschiedlicher: Während im Rahmen eines systemtheoretischen Konstruktivismus die Analyse von Interaktionszusammenhängen als systeminterne Konstruktion über Konstruktionen sozialer Zusammenhänge zu betrachten ist, zielt die objektive Hermeneutik auf die Rekonstruktion der Konstruiertheit sozialer Interaktion. So konstatiert Ines Steinke in ihrer Abhandlung zu methodologischen Konsequenzen des Konstruktivismus für qualitative Forschung und Bewertungskriterien:

„Unter konstruktivistischer Perspektive verändert sich der Charakter der Fragestellung. Untersucht werden nicht ontologische Fragen im Sinne von: *Was* ist ein Untersuchungsgegenstand [...]? Fragestellungen sind statt dessen auf das Wie gerichtet: *Wie* entsteht ein Untersuchungsgegenstand [...], wie wird er konstruiert, in welchen sozialen Kontexten?" (Steinke 1999, S. 111).

Steinkes Auffassung anschauend sind Forschungsziele der objektiven Hermeneutik als nicht-konstruktivistisch zu bezeichnen, da sie auf die Herausarbeitung handlungsgrundlegender universeller Strukturen gerichtet sind (vgl. a. a. O.). Auf konstruktivistischen Grundlagen richte sich das Erkenntnisinteresse auf die Differenzierung von Wissen bzw. die Pluralisierung von Weltdeutungen oder aber auf die genaue, irritationsförderliche Beschreibung von Konstruktionsprozessen (vgl. Steinke 1999, S. 116). In den methodologischen Vorbemerkungen seines Hauptwerks beschreibt Luhmann die Funktion von Forschungsmethoden, die darin bestehe, Irritationspotential durch die systeminterne Generierung neuer Informationen zu schaffen:

„Von einer konstruktivistischen Position aus gesehen kann die Funktion der Methodik nicht allein darin liegen, sicherzustellen, daß man die Realität richtig (und nicht irrig) beschreibt. Eher dürfte es um raffinierte Formen der systeminternen Erzeugung und Bearbeitung von Information gehen. Das heißt: Methoden ermöglichen es der wissenschaftlichen Forschung, sich selbst zu überraschen. Dazu bedarf es einer Unterbrechung des unmittelbaren Kontinuums von Realität und Kenntnis, von dem die Gesellschaft zunächst ausgeht" (Luhmann 1998, S. 37).

Das hier vorgeschlagene Konzept zur Untersuchung von Kursinteraktion zielt auf die Rekonstruktion von Sinnstrukturen, die sich in Interaktionszusammenhängen bilden – ohne jedoch auf theoretischer Ebene von präexistenten universalen Regeln und Strukturen auszugehen. Gefragt wird zunächst danach, was den vorliegenden Fall in seiner Besonderheit kennzeichnet. Durch die kontextabstinente Interpretation wird der Fall nicht bereits vorab als Kursinteraktion verstanden und nach allgemeinen Praktiken der Herstellung jenes typisierbaren Interaktionszusammenhanges gefragt, sondern es

---

235 Dennoch können Methoden angeführt werden, die explizit auf die Luhmann'sche Systemtheorie Bezug nehmen – z. B. die differenztheoretische Textanalyse (vgl. Titscher u. a. 1998, S. 234 ff.).

wird beobachtet, welche Selektionen vor dem Horizont anderer Möglichkeiten zur Struktur kondensieren. Danach erst wird die Frage gestellt, was diese innere Strukturiertheit in Konfrontation mit Erwartungshaltungen, die auf dem äußeren Kontext gründen, für den besonderen Fall, wie auch für den Kontext (in unserem Falle also Kurse der Erwachsenenbildung, vgl. Kap. 1.2) bedeutet.

Betrachtet man sich das Ergebnis der exemplarischen Fallrekonstruktion (vgl. Kap. 7.3.3), so wird ersichtlich, dass mit der Fallstrukturhypothese (‚Etablierung eines lehr-lernbezogenen Interaktionszusammenhangs durch Bindung der Aufmerksamkeit der Anwesenden an einen gemeinsamen Referenzpunkt') eine These bezüglich eines latenten, die Interaktion bestimmenden Themas aufgestellt wird – nämlich (Herstellung von) Aufmerksamkeitsfokussierung. Vor dem (äußeren) Kontext ‚Anfangssituation eines Kurses der Erwachsenenbildung' betrachtet, erscheint dies als ein fallspezifisches Lösungsmuster des allgemeinen Problems der Herstellung von Kurskommunikation. Um den Übergang von Nicht-Kurs zu Kurs zu gestalten, wird versucht, die Aufmerksamkeit der anwesenden Personen an einen gemeinsamen Referenzpunkt zu binden. Fragt man danach, wie dies geschieht, so wird man wiederum auf bestimmte Muster stoßen, die im obigen Fallbeispiel fragmentarisch herausgearbeitet werden konnten.

Die obige Interpretation des Analyseergebnisses erinnert an Konzepte konversationsanalytischen Zuschnitts, deren erklärtes Analyseziel im Ausweisen eines systematischen Zusammenhangs zwischen pragmatischen Aufgaben (‚wozu') und konstitutiven Ressourcen (‚wie') besteht (vgl. Deppermann 2001, S. 79 ff.).[236] Nach Schneider besteht eine markante Differenz zwischen objektiver Hermeneutik und Konversationsanalyse vor allem im Einbezug von Deutungsmustern in die Analyse und im Umgang mit der Differenz der Perspektiven von Kommunikationsteilnehmer und wissenschaftlichem Beobachter:

„Die Rekonstruktion fallspezifischer Verknüpfungsregeln und Deutungsprämissen, die den generativen Hintergrund für die Abfolge und den Inhalt der Kommunikationsbeiträge bilden, steht im Zentrum objektiv-hermeneutischer Interpretation. Vor allem gegenüber der Einbeziehung von Deutungsprämissen verhält sich die Konversationsanalyse, zumindest in ihrer 'orthodoxen' Ausprägung, eher abstinent. Sie versucht zu zeigen, wie, d. h. mit Hilfe welcher Praktiken ("Ethnomethoden") – und auf welche Weise die Beteiligten einander verstehen. Interpretationen des wissenschaftlichen Beobachters stehen dabei solange unter Verdacht, bloße Beobachtungsartefakte zu sein, wie sie keine Bestätigung durch übereinstimmende Interpretationen eines Gesprächsteilnehmers erfahren" (Schneider 2004, S. 368 f.; im Original kursiv).

---

[236] Nach Bergmann erweist sich die Konversationsanalyse als höchst anschlussfähig an die Methode der objektiven Hermeneutik sowie an abstrakte Theoriebildungen nach Maßgabe der Systemtheorie (vgl. Bergmann 2000, S. 537). Ebenso anwendbar scheinen konversationsanalytisch ausgerichtete Konzepte für die Analyse von Interaktionszusammenhängen auf der Grundlage audiovisueller Daten (vgl. z. B. Knoblauch 2004).

Die objektive Hermeneutik akzentuiert die Relation des mit Erwartungsstrukturen behafteten Beobachters zum Untersuchungsgegenstand. Demgegenüber legt die Konversationsanalyse den Akzent „auf die Analyse der Äußerungsmerkmale, durch die die Beteiligten einander mitanzeigen, in welches übergreifende kommunikative Strukturmuster sich ihre Einzelbeiträge als Teilelemente jeweils einfügen sollen" (Schneider 2004, S. 366; im Original kursiv). Beide Ansätze verschreiben sich dem Sequentialitätsprinzip zur Rekonstruktion von Sinnstrukturen. Gegenüber der Konversationsanalyse betont jedoch die objektive Hermeneutik die Leistungsfähigkeit der Beobachtung zweiter Ordnung – die Erwartungen, die vom (sozialisierten) Interpreten in Gestalt objektiver Möglichkeiten an die Ausdrucksmaterialität herangetragen werden. So kann registriert werden, mit welchen Unterscheidungen Interaktionssysteme operieren. Die fallspezifischen Unterscheidungen können in Differenz zu alternativen Unterscheidungen bzw. Möglichkeiten gesetzt werden. Dadurch tritt die fallinterne Selektivität des Unterscheidungsgebrauchs zu Tage (vgl. ebd., S. 370).[237]

Mit der Analyse von Einzelfällen wird der interpretationsgrundlegende Selektionshorizont, der dem wissenschaftlichen Beobachter zur Verfügung steht, stets expandiert.[238] Form und Formen von Kursinteraktion können so sukzessive differenzierter gefasst werden. Wenn auf der Grundlage empirischer Untersuchungen und theoretischer Annahmen (als äußerer Kontext) davon ausgegangen wird, dass ein allgemeines Problem für Kurse der Erwachsenenbildung etwa darin besteht, einen Übergang von Alltagsinteraktion zu lehr-lernbezogener Interaktion herzustellen, dann stellt sich die Frage für empirische Untersuchungen danach, *wie* dieser Übergang vollzogen wird. ‚Bindung von Aufmerksamkeit' konnte im obigen Fallbeispiel als strukturelle Variante herausgestellt werden, die auf das allgemeine Problem der Herstellung und Verstetigung lehr-lernbezogener Interaktion bezogen ist.[239] Weiterführende Untersuchungen könnten nun darauf gerichtet sein, das oben ausgewiesene Strukturmuster anhand kontrastierender Fälle zu falsifizieren, zu bestätigen und/oder ganz andere, den Kurs konstituierende Strukturmuster zu entdecken. Sukzessive, so die These, wird dadurch ein Wissen über zentrale Konstitutionsbedingungen und unterschiedliche Varianten von Kursinteraktion aufgebaut. Ein Wissen, das einen Aufschluss über Strukturmuster

---

237 Auf das Verhältnis von Konversationsanalyse zu objektiver Hermeneutik und Systemtheorie kann an dieser Stelle nicht näher eingegangen werden (vgl. hierzu etwa Schneider 2004). Ebenso wenig ist es hier möglich, weitere Ansätze qualitativer Sozialforschung, die sich an systemtheoretisches Gedankengut anschmiegen mögen, zu diskutieren (für die dokumentarische Methode vgl. etwa Vogd 2005).
238 Siehe die systematische Einordnung bisheriger Erkenntnisse zum Untersuchungsgegenstand in der Rubrik ‚Ausgangssituation' in Abb. 1, Kapitel 7.
239 Die Bindung von Aufmerksamkeit der Anwesenden stellt, wie bereits konstatiert, ebenso ein Problem dar, auf das, wie ausgewiesen werden konnte, unterschiedliche kommunikative Praktiken als Lösungsmuster Bezug nehmen.

der Herstellung, Verstetigung und Auflösung von Kursen als lehrlernbezogene Interaktionssysteme verspricht. Ein Wissen, das wiederum als Folie zur Konstruktion gedankenexperimenteller Kontexte bei künftigen Analyseprozessen hinzugezogen werden kann. Insofern ist das Konzept der selektiven Kontextvariation wörtlich zu nehmen: Die Folge einer Rekonstruktion von Strukturmustern qua selektiver Kontextvariation ist die Variation des Kontextes künftiger Analysen, von dem ausgehend Fragen an das Untersuchungsmaterial gestellt werden können; ein Kontext, der die Beobachtung des Prozessierens von Selektion und Anschlussselektion einbettet.

Das Konzept, das in dieser Studie entwickelt wurde, versteht sich nicht als abgeschlossenes und fixes Programm zur Rekonstruktion von Sinnstrukturen in Interaktionszusammenhängen. Vielmehr wurde unter dem Titel ‚selektive Kontextvariation' ein Reflexionsrahmen qualitativer erziehungswissenschaftlicher Kursforschung skizziert, der weiter auszubauen ist – ein Kontext, vor dessen Hintergrund neue Selektionen getroffen und weitere Variationen eingeführt werden mögen.

Transkriptionskonventionen

(.)	1 Sekunde Pause
(..)	2 Sekunden Pause
(...)	3 Sekunden Pause
[1A1]	Erste verbale Äußerung im Transkript und zugleich erste Äußerung von Person A
kursiv; (xy)	Anmerkungen
—	Überschneidung von Äußerungen
A:	Kursleiter (als spezifischer Rollenträger bei der Sequenzanalyse zunächst auszuklammern)
B:	Kursteilnehmerin (als spezifische Rollenträgerin bei der Sequenzanalyse zunächst auszuklammern)

Tabellen- und Abbildungsverzeichnis

Tabellen:

Tab. 1: Erste Systematisierung von Wahrnehmbarem in Kursinteraktionszusammenhängen 29

Tab. 2: Systematisierung von objektiv-hermeneutischen Ansätzen zur Analyse (audio-)visueller Daten 45-46

Tab. 3: Audiovisuelle Multidimensionalität von Interaktion 129

Tab. 4: Der Wahrnehmungsraum als potenzieller Referenzpunkt und einbettender Kontext von Kommunikation unter Anwesenden 131

Tab. 5: Das Videoprotokoll im thematischen Überblick 146

Tab. 6: Transkriptauszug auditive Ebene 152

Tab. 7: Vorgehen zur Rekonstruktion auf der visuellen Ebenen von Kursinteraktion 177

Abbildungen:

Abb. 1: Methodisches Gerüst selektiver Kontextvariation 144

Abb. 2: Zweiperspektivische visuell verfasste Ausgangssituation 178

Abb. 3: Ausgangssituation Perspektive 1 (dekontextualisiert) 180

Abb. 4: Ausgangssituation Perspektive 2 (dekontextualisiert: links vorne) 187

Abb. 5: Ausgangssituation Perspektive 2 (dekontextualisiert: mitte hinten) 188

Abb. 6: Verlaufsbild Perspektive 2 (dekontextualisiert: rechts) 188

Abb. 7: Verlaufsbild Perspektive 2 (dekontextualisiert: links) 188

Abb. 8: Raumskizze mit Personenanordnung 190

Abb. 9: Sequenzbeschreibung mit Fokus auf A (KL): visuelle Ebene 197

Abb. 10: Stillfolge A-1 (Sequenz 1, Perspektive 1) 199

Abb. 11: Stillfolge A-2 (Sequenz 1, Perspektive 1) 199

Abb. 12: Stillfolge A-3 (Sequenz 1, Perspektive 1) 200

Abb. 13: Blickrichtungen im Raum (Person A) 201

Abb. 14:	Abschließendes Still (Sequenz 1, Perspektive 1)................201
Abb. 15:	Stillfolge J-1 (Sequenz 1, Perspektive 2)..........................204
Abb. 16:	Stillfolge K-1 (Sequenz 1, Perspektive 2).........................204
Abb. 17:	Stillfolge H-1 (Sequenz 1, Perspektive 2).........................205
Abb. 18:	Stillfolge G-1 (Sequenz 1, Perspektive 2).........................205
Abb. 19:	Stillfolge F-1 (Sequenz 1, Perspektive 2).........................206
Abb. 20:	Stillfolge C, D, E -1 (Sequenz 1, Perspektive 2).................206
Abb. 21:	Stillfolge B-1 (Sequenz 1, Perspektive 2).........................207
Abb. 22:	Abschließendes Still (Sequenz 1, Perspektive 2 + 1)...........208
Abb. 23:	Still A-1 (Sequenz 2, Perspektive 1)...............................210
Abb. 24:	Still A-2 (Sequenz 2, Perspektive 1)...............................211
Abb. 25:	Stillfolge A-3 (Sequenz 2, Perspektive 1).........................212
Abb. 26:	Stillfolge Gesamt-1 (Sequenz 2, Perspektive 2) 213
Abb. 27:	Stillfolge A, B-1 (Sequenz 3, Perspektive 1).....................215
Abb. 28:	Stillfolge Gesamt-1 (Sequenz 3, Perspektive 2) 217
Abb. 29:	Grobgliederung zum Verhältnis der Sequenzierungen auf Bild- und Wortebene...219
Abb. 30:	Individuelle Beschäftigung und verzögerter Start (Bildsequenz 1, Tonsequenz 1)......................................220
Abb. 31:	Erste (visuelle) Kontaktherstellung (Bildsequenz 1, Tonsequenz 1)......................................220
Abb. 32:	Kontaktspezifizierung (Bildsequenz 1, Tonsequenz 1 - 2) 221
Abb. 33:	Überprüfung von Wissen (Bildsequenz 3, Tonsequenz 3 - 5) 221
Abb. 34:	Kontaktwechsel (Bildsequenz 3, Tonsequenz 6) 221

Literaturverzeichnis

Ackermann, F. (1994): Die Modellierung des Grauens. Exemplarische Interpretation eines Werbeplakates zum Film „Schlafwandler" unter Anwendung der „objektiven Hermeneutik" und Begründung einer kultursoziologischen Bildhermeneutik. In: Garz, D./Kraimer, K. (Hrsg.): Die Welt als Text. Theorie, Kritik und Praxis der objektiven Hermeneutik. Frankfurt/M., S. 195-225.
Argyl, M. (2005): Körpersprache & Kommunikation. Das Handbuch zur nonverbalen Kommunikation. 9. Auflage. Paderborn.
Baltes, P. B. (1990): Entwicklungspsychologie der Lebensspanne: Theoretische Leitsätze. In: Psychologische Rundschau 41, H. 1, S. 1-24.
Baraldi, C./Corsi, G./Esposito, E. (1999): GLU. Glossar zu Niklas Luhmanns Theorie sozialer Systeme. 3. Auflage. Frankfurt/M.
Becker-Mrotzek, M./Vogt, R. (2001): Unterrichtskommunikation. Linguistische Analysemethoden und Forschungsergebnisse. Tübingen.
Beilin, H. (1993): Konstruktivismus und Funktionalismus in der Theorie Jean Piagets. In: Edelstein, W./Hoppe-Graf, S. (Hrsg.): Die Konstruktion kognitiver Strukturen. Perspektiven einer konstruktivistischen Entwicklungspsychologie. Bern, S. 28-67.
Berghaus, M. (2004): Luhmann leicht gemacht. Eine Einführung in die Systemtheorie. 2. Auflage. Köln.
Bergmann, J. R. (1981): Ethnomethodologische Konversationsanalyse. In: Schröder, P./ Steger, H. (Hrsg.): Dialogforschung. Düsseldorf, S. 9-51.
Bergmann, J. R. (2000): Konversationsanalyse. In: Flick, U./Kardoff, E. v./Steinke, I. (Hrsg.): Qualitative Forschung. Ein Handbuch. Reinbek, S. 524-537.
Birdwhistell, R. L. (1970): Kinesics and Context. Essays on Body Motion Communication. Philadelphia.
Birdwhistell, R. L. (1979): Kinesik. In: Scherer, K. R./Wallbott, H. G. (Hrsg.): Nonverbale Kommunikation: Forschungsberichte zum Interaktionsverhalten. Weinheim, S. 192-202.
Birkenbihl, M. (2005): Train the Trainer. Arbeitshandbuch für Ausbilder und Dozenten mit 21 Rollenspielen und Fallstudien. 18. Auflage. Frankfurt/M.
Bohnsack, R. (2001): Dokumentarische Methode: Theorie und Praxis wissenssoziologischer Interpretation. In: Hug, T. (Hrsg.): Wie kommt Wissenschaft zum Wissen? Band 3: Einführung in die Methodologie der Sozial- und Kulturwissenschaften. Baltmannsweiler, S. 326-345.
Bohnsack, R. (2003): Die dokumentarische Methode in der Film- und Fotointerpretation. In: Ehrenspeck, Y./Schäffer, B. (Hrsg.): Film- und Fotoanalyse in der Erziehungswissenschaft. Ein Handbuch. Opladen, S. 87-107.

Bora, A. (1993): Konstruktion und Rekonstruktion. Zum Verhältnis von Systemtheorie und objektiver Hermeneutik. In: Rusch, G./Schmidt, S. J. (Hrsg.): Konstruktivismus und Sozialtheorie. Frankfurt/M., S. 282-330.
Bührig, K./Sager, S. F. (Hrsg.) (2005): Nonverbale Kommunikation im Gespräch. Osnabrücker Beiträge zur Sprachtheorie 70.
Deppermann, A. (2001): Gespräche analysieren. Eine Einführung. 2. Auflage. Opladen.
Dinkelaker, J. (2007): Lernen Erwachsener in hybriden Settings. Eine empirische Studie über Muster der Zuschreibung von (Nicht-)Wissen in der Interaktion mit Klienten in einer Hilfeeinrichtung und mit Führungskräften in einem Unternehmen. Dissertationsschrift. Frankfurt/M.
Dittmar, N. (2004): Transkription. Ein Leitfaden mit Aufgaben für Studenten, Forscher und Laien. 2. Auflage. Wiesbaden.
Drosdowski, G./Scholze-Stubenrecht, W./Wermke, M. (Hrsg.) (1997): Duden: Das Fremdwörterbuch. 6. Auflage. Mannheim.
Edelstein, W. (1993): Soziale Konstruktion und die Äquilibration kognitiver Strukturen: Zur Entstehung individueller Unterschiede in der Entwicklung. In: Edelstein, W./Hoppe-Graf, S. (Hrsg.): Die Konstruktion kognitiver Strukturen. Perspektiven einer konstruktivistischen Entwicklungspsychologie. Bern, S. 92-106.
Edelstein, W./Keller, M. (1982): Perspektivität und Interpretation. Zur Entwicklung des sozialen Verstehens. In: dies. (Hrsg.): Perspektivität und Interpretation. Beiträge zur Entwicklung des sozialen Verstehens. Frankfurt/M., S. 9-43.
Ehrenspeck, Y./Schäffer, B. (Hrsg.) (2003): Film- und Fotoanalyse in der Erziehungswissenschaft. Ein Handbuch. Opladen.
Ekman, P./Friesen, W. V. (1969): The Repertoire of Nonverbal Behavior: Categories, Origins, Usage, and Coding. In: Semiotica. Journal of the International Association for Semiotic Studies 1, No. 1, S. 49-98.
Ekman, P./Friesen, W. V. (1979): Handbewegungen. In: Scherer, K. R./Wallbott, H. G. (Hrsg.): Nonverbale Kommunikation: Forschungsberichte zum Interaktionsverhalten. Weinheim, S. 109-123.
Ellgring, H. (2004): Nonverbale Kommunikation. Einführung und Überblick. In: Rosenbusch, H. S./Schober, O. (Hrsg.): Körpersprache und Pädagogik. Das Handbuch. 4. Auflage. Baltmannsweiler, S. 7-67.
Englisch, F. (1991): Bildanalyse in strukturalhermeneutischer Einstellung. Methodische Überlegungen und Analysebeispiele. In: Garz, D./Kraimer, K. (Hrsg.): Qualitativ-empirische Sozialforschung: Konzepte, Methoden, Analysen. Opladen, S. 133-176.
Erikson, E. H. (1998): Der vollständige Lebenszyklus. 4. Auflage. Frankfurt/M.
Fischer, W. (2003): Körper und Zwischenleiblichkeit als Quelle und Produkt von Sozialität. In: Zeitschrift für qualitative Bildungs-, Beratungs-, und Sozialforschung 4, H. 1, S. 9-31.
Flammer, A. (1996): Entwicklungstheorien. Psychologische Theorien der menschlichen Entwicklung. 2. Auflage. Bern.

Flick, U./Kardorff, E. v./Steinke, I. (2000): Was ist qualitative Forschung? Einleitung und Überblick. In: dies. (Hrsg.): Qualitative Forschung. Ein Handbuch. Reinbek, S. 13-29.
Friebertshäuser, B./Felden, H. v./Schäffer, B. (Hrsg.) (2007 im Druck): Bild und Text – Methoden und Methodologien visueller Sozialforschung in der Erziehungswissenschaft. Leverkusen.
Gebauer, G./Wulf, C. (1998): Spiel – Ritual – Geste. Mimetisches Handeln in der sozialen Welt. Reinbek.
Geißler, K. A. (1995): Lernprozesse steuern. Übergänge: Zwischen Willkommen und Abschied. Weinheim.
Geißler, K. A. (2005): Anfangssituationen. Was man tun und besser lassen sollte. 10. Auflage. Weinheim
Gerhards, J./Schmidt, B. (1992): Intime Kommunikation. Eine empirischer Studie über Wege der Annäherung und Hindernisse für „safer sex". Schriftenreihe des Bundesministeriums für Gesundheit. Band 11. Baden-Baden.
Gilgenmann, K. (1986): Autopoiesis und Selbstsozialisation. Zur systemtheoretischen Rekonstruktion von Sozialisationstheorie. In: Zeitschrift für Soziologie der Erziehung und Sozialisation 6, H. 1, S. 71-90.
Glasersfeld, E. v. (1994): Piagets konstruktivistisches Modell: Wissen und Lernen. In: Rusch, G./Schmidt, S. J. (Hrsg.): Piaget und der Radikale Konstruktivismus. Frankfurt/M., S. 16-42.
Goodwin, C. (1979): The Interactive Construction of a Sentence in Natural Conversation. In: Psathas, G. (Hrsg.): Everyday Language: Studies in Ethnomethodology. New York, S. 97-121.
Grimm, H./Weinert, S. (2002): Sprachentwicklung. In: Oerter, R./Montada, L. (Hrsg.): Entwicklungspsychologie. 5. Auflage. Weinheim, S. 517-550.
Grimm, H./Wilde, S. (1998): Im Zentrum steht das Wort. In: Keller, H. (Hrsg.): Lehrbuch Entwicklungspsychologie. Bern, S. 445-473.
Grundmann, M./Fuss, D./Suckow, J. (2000): Sozialökologische Sozialisationsforschung: Entwicklung, Gegenstand und Anwendungsbereiche. In: Grundmann, M./Lüscher, K. (Hrsg.): Sozialökologische Sozialisationsforschung: Ein anwendungsorientiertes Lehr- und Studienbuch. Konstanz, S. 17-76.
Hall, E. T. (1968): Proxemics. In: Current Anthropology 9, No. 2/3, S. 83-108.
Haupert, B. (1994): Objektiv-hermeneutische Fotoanalyse am Beispiel von Soldatenfotos aus dem zweiten Weltkrieg. In: Garz, D./Kraimer, K. (Hrsg.): Die Welt als Text. Theorie, Kritik und Praxis der objektiven Hermeneutik. Frankfurt/M., S. 281-314.
Heilmann, C. M. (2005): Der gestische Raum. In: Bührig, K./Sager, S. F. (Hrsg.): Nonverbale Kommunikation im Gespräch. Osnabrücker Beiträge zur Sprachtheorie 70, S. 117-136.
Heinze-Prause, R./Heinze, T. (1996): Kulturwissenschaftliche Hermeneutik: Fallrekonstruktionen der Kunst-, Medien- und Massenkultur. Opladen.
Helsper, W. (2003): Ungewissheit im Lehrerhandeln als Aufgabe der Lehrerbildung. In: ders./ Hörster, R./Kade, J. (Hrsg.): Ungewissheit. Pädagogische Felder im Modernisierungsprozess. Weilerswist. S. 142-161.

Herrle, M. (2007 im Druck): Zwischen Asymmetrie und Resymmetrisierung: Fallrekonstruktion einer Mitarbeitereinführung. In: Kade, J./Seitter, W. (Hrsg.): Umgang mit Wissen. Recherchen zur Empirie des Pädagogischen. Band 1: Pädagogische Kommunikation. Opladen, S. 269-303.
Herzberg, H. (2004): Lernhabitus und Milieu als zentrale Dimensionen bei der Untersuchung lebenslanger Lernprozesse. In: Report. Literatur- und Forschungsreport Weiterbildung 27, H. 1, S. 38-44.
Herzog (2002): Zeitgemäße Erziehung. Die Konstruktion pädagogischer Wirklichkeit. Weilerswist.
Hillmann (1994): Wörterbuch der Soziologie. 4. Auflage. Stuttgart.
Hitzler, R. (2002): Sinnrekonstruktion. Zum Stand der Diskussion (in) der deutschsprachigen interpretativen Soziologie. In: Forum Qualitative Sozialforschung / Forum: Qualitative Social Research [On-line Journal], 3(2) 2002. Aus: http://www.qualitative-research.net/fqs-texte/2-02/2-02hitzler-d.htm. 35 Absätze. [Datum des Zugriffs: 30. Juni 2005].
Joas, H. (1980): Praktische Intersubjektivität. Die Entwicklung des Werkes von George Herbert Mead. Frankfurt/M.
Joas, H. (1991): Rollen- und Interaktionstheorien in der Sozialisationsforschung. In: Hurrelmann, K./Ulich, D. (Hrsg.): Neues Handbuch der Sozialisationsforschung. 4. Auflage. Weinheim, S. 137-152.
Jörissen, B. (2001): Aufführung der Sozialität. Aspekte des Performativen in der Sozialphilosophie George Herbert Meads. In: Wulf, C./Göhlich, M./Zirfas, J. (Hrsg.): Grundlagen des Performativen. Eine Einführung in die Zusammenhänge von Sprache, Macht und Handeln. Weinheim, S. 181-201.
Jürgens, U./Ploog, D. (1982): Zur Evolution der Stimme. In: Scherer, K. R. (Hrsg.): Vokale Kommunikation. Nonverbale Aspekte des Sprachverhaltens. Weinheim, S. 20-38.
Kade, J. (1991): Diffuse Zielgerichtetheit. Rekonstruktion einer unabgeschlossenen Bildungsbiographie. In: Tietgens, H. (Hrsg.): Kommunikation in Lehr-Lern-Prozessen mit Erwachsenen. Studienbibliothek für Erwachsenenbildung, Bd. 3. Frankfurt/M., S. 94-111.
Kade, J. (1992): Innen und Außen. Zur Eröffnung von Lernräumen in der Erwachsenenbildung. In: Report. Literatur- und Forschungsreport Weiterbildung 30, H. 2, S. 34-39.
Kade, J. (1993): Aneignungsverhältnisse diesseits und jenseits der Erwachsenenbildung. In: Zeitschrift für Pädagogik 39, H. 3, S. 391-408.
Kade, J. (1997): Vermittelbar/nicht-vermittelbar: Vermitteln: Aneignen. Im Prozeß der Systembildung des Pädagogischen. In: Lenzen, D./Luhmann, N.: Bildung und Weiterbildung im Erziehungssystem. Lebenslauf und Humanontogenese als Medium und Form. Frankfurt/M., S. 30-70.
Kade, J. (2004): Erziehung als pädagogische Kommunikation. In: Lenzen, D. (Hrsg.): Irritationen des Erziehungssystems. Pädagogische Resonanzen auf Niklas Luhmann. Frankfurt/M., S. 199-232.
Kade, J. (2005): Was ist ein Kurs? Einige Notizen. Unveröffentlichtes Manuskript. Frankfurt/M.

Kade, J. (2007 im Druck): Der Umgang mit der Unwahrscheinlichkeit des Wissens: (Selbst-)Beobachtung in der Forschungskommunikation. In: ders./Seitter, W. (Hrsg.): Umgang mit Wissen. Recherchen zur Empirie des Pädagogischen. Band 2: Pädagogisches Wissen. Opladen, S. 329-345.
Kade, J./Nittel, D. (2006): Erwachsenenbildung/Weiterbildung. In: Krüger, H.-H./Helsper, W. (Hrsg.): Einführung in Grundbegriffe und Grundfragen der Erziehungswissenschaft. 4. Auflage. Opladen, S. 211-222.
Kade, J./Nolda, S. (1998): Schlußbemerkung: Imaginäre und reale Interpretationswerkstatt. In: Arnold, R. u. a. (Hrsg.): Lehren und Lernen im Modus der Auslegung. Erwachsenenbildung zwischen Wissensvermittlung, Deutungslernen und Aneignung. Baltmannsweiler, S. 222-233.
Kade, J./Nolda, S. (2007 im Druck): Das Bild als Kommentar und Irritation. Zur Analyse von Kursen der Erwachsenenbildung/Weiterbildung auf der Basis von Videodokumentationen. In: Friebertshäuser, B./Felden, H. v./Schäffer, B. (Hrsg.): Bild und Text – Methoden und Methodologien visueller Sozialforschung in der Erziehungswissenschaft. Leverkusen.
Kade, J./Seitter, W. (1996): Vom Leistungsnachweis zum Symbolwert. Die Bedeutungsvielfalt von Zertifikaten in der Erwachsenenbildung am Beispiel des Funkkollegs. In: Hessische Blätter für Volksbildung 46, H. 3, S. 256-260.
Kade, J./Seitter, W. (1998): Bildung – Risiko – Genuß: Dimensionen und Ambivalenzen lebenslangen Lernens in der Moderne. In: Brödel, R. (Hrsg.): Lebenslanges Lernen – lebensbegleitende Bildung. Neuwied, S. 51-59.
Kade, J./Seitter, W. (2004): Wissensgesellschaft. Umgang mit Wissen im Kontext zweier sozialer Welten vor dem Hintergrund der universellen Institutionalisierung des Pädagogischen. Unveröffentlichter Ergebnis-/Arbeitsbericht an die DFG. Frankfurt/M.
Kade, J./Seitter, W. (2005): Artikel und Diskussion. Formen erziehungswissenschaftlicher Kommunikation. In: dies. (Hrsg.): Pädagogische Kommunikation im Strukturwandel. Beiträge zum Lernen Erwachsener. Bielefeld, S. 113-121.
Kade J./Seitter, W. (Hrsg.) (2007 im Druck): Umgang mit Wissen. Recherchen zur Empirie des Pädagogischen. Opladen.
Kade, J./Nittel, D./Seitter, W. (1999): Einführung in die Erwachsenenbildung/Weiterbildung. Stuttgart.
Keller, M. (1982): Die soziale Konstitution sozialen Verstehens: Universelle und differentielle Aspekte. In: Edelstein, W./Keller, M. (Hrsg.): Perspektivität und Interpretation. Beiträge zur Entwicklung des sozialen Verstehens. Frankfurt/M., S. 266-285.
Kieserling, A. (1999): Kommunikation unter Anwesenden: Studien über Interaktionssysteme. Frankfurt/M.
Kneer, G./Nassehi, A. (1993): Niklas Luhmanns Theorie sozialer Systeme. München.
Knoblauch, H. (2004): Die Video-Interaktions-Analyse. In: sozialersinn. Zeitschrift für hermeneutische Sozialforschung 5, H. 1, S. 123-138.

Knoblauch, H./Schnettler, B./Raab, J. (2006): Video-Analysis. Methodological Aspects of Interpretive Audiovisual Analysis in Social Research. In: Knoblauch, H. u. a. (Hrsg.): Video-Analysis: Methodology and Methods. Qualitative Audiovisual Data Analysis in Sociology. Frankfurt/M., S. 9-26.
Knoll, J. (1991): Kurs- und Seminarmethoden. Ein Trainingsbuch zur Gestaltung von Kursen und Seminaren, Arbeits- und Gesprächskreisen. 3. Auflage. Weinheim.
Kohlberg, L. (1996): Moralstufen und Moralerwerb: Der kognitiventwicklungstheoretische Ansatz (1976). In: ders.: Die Psychologie der Moralentwicklung. Frankfurt/M., S. 123-174.
Kraimer, K. (2000): Die Fallrekonstruktion – Bezüge, Konzepte, Perspektiven. In: ders. (Hrsg.): Die Fallrekonstruktion. Sinnverstehen in der sozialwissenschaftlichen Forschung. Frankfurt/M., S. 23-57.
Krais, B./Gebauer, G. (2002): Habitus. Bielefeld.
Krambrock, U. (1996): Filmanalyse: „M – eine Stadt sucht einen Mörder". In: Heinze-Prause, R./Heinze, T.: Kulturwissenschaftliche Hermeneutik: Fallrekonstruktionen der Kunst-, Medien- und Massenkultur. Opladen, S. 121-153.
Krappmann, L. (1985): Mead und die Sozialisationsforschung. In: Joas, H. (Hrsg.): Das Problem der Intersubjektivität. Neuere Beiträge zum Werk George Herbert Meads. Frankfurt/M., S. 156-178.
Lenssen, M./Aufenanger, S. (1986): Zur Rekonstruktion von Interaktionsstrukturen. Neue Wege zur Fernsehanalyse. In: dies. (Hrsg.) Handlung und Sinnstruktur. Bedeutung und Anwendung der objektiven Hermeneutik. München, S. 123-204.
Loer, T. (1994): Werkgestalt und Erfahrungskonstitution. Exemplarische Analyse von Paul Cézannes ›Montagne Sainte-Victoire‹ (1904/06) unter Anwendung der Methode der objektiven Hermeneutik und Ausblick auf eine soziologische Theorie der Ästhetik im Hinblick auf eine Theorie der Erfahrung. In: Garz, D./Kraimer, K. (Hrsg.): Die Welt als Text. Theorie, Kritik und Praxis der objektiven Hermeneutik. Frankfurt/M., S. 341-382.
Lohmeier, A.-M. (1996): Hermeneutische Theorie des Films. Tübingen.
Luhmann, N. (1977): Einfache Sozialsysteme. In: Auwärter, M./Kirsch, E./Schröter, K. (Hrsg.): Seminar: Kommunikation, Interaktion, Identität. 2. Auflage. Frankfurt/M., S. 3-34.
Luhmann, N. (1986): Systeme verstehen Systeme. In: ders./Schorr, K. E. (Hrsg.): Zwischen Intransparenz und Verstehen. Fragen an die Pädagogik. Frankfurt/M., S. 72-117.
Luhmann, N. (1987): Soziale Systeme. Grundriß einer allgemeinen Theorie. Frankfurt/M.
Luhmann, N. (1990): Soziologische Aufklärung. Band 5: Konstruktivistische Perspektiven. Opladen.
Luhmann, N. (1994): Soziologische Aufklärung. Band 4: Beiträge zur funktionalen Differenzierung der Gesellschaft. 2. Auflage. Opladen.
Luhmann, N. (1995): Soziologische Aufklärung. Band 6: Die Soziologie und der Mensch. Opladen.
Luhmann, N. (1998): Die Gesellschaft der Gesellschaft. Frankfurt/M.

Luhmann, N. (2002): Das Erziehungssystem der Gesellschaft. Frankfurt/M.
Luhmann, N. (2004): Einführung in die Systemtheorie. 2. Auflage. Heidelberg.
Mead, G. H. (1969): Die Philosophie der Sozialität (The Philosophy of the Present). In: ders.: Philosophie der Sozialität. Aufsätze zur Erkenntnisanthropologie. Frankfurt/M., S. 229-324.
Mead, G. H. (1973): Geist, Identität und Gesellschaft. Frankfurt/M.
Mead, G. H. (1987): Eine behavioristische Erklärung des signifikanten Symbols (1922). In: ders.: Gesammelte Aufsätze. Frankfurt/M., S. 290-298.
Mehan, H. (1979): Learning Lessons. Social Organization in the Classroom. Cambridge.
Miller, M. (1986): Kollektive Lernprozesse – Studien zur Grundlegung einer soziologischen Lerntheorie. Frankfurt/M.
Miller, M./Weissenborn, J. (1991): Sprachliche Sozialisation. In: Hurrelmann, K./Ulich, D. (Hrsg.): Neues Handbuch der Sozialisationsforschung. 4. Auflage. Weinheim, S. 531-549.
Miller, P. (1993): Piagets Theorie der kognitiven Stadien. In: dies.: Theorien der Entwicklungspsychologie. Heidelberg, S. 45-111.
Miosga, C. (2006): Habitus der Prosodie. Die Bedeutung der Rekonstruktion von personalen Sprechstilen in pädagogischen Handlungskontexten. Frankfurt/M.
Montada, L. (1995): Die geistige Entwicklung aus der Sicht Jean Piagets. In: Oerter, R./ Montada, L. (Hrsg.): Entwicklungspsychologie. Ein Lehrbuch. 3. Auflage. Weinheim, S. 518-560.
Müller, K. R. (Hrsg.) (1992): Kurs- und Seminargestaltung. Ein Handbuch für Mitarbeiter/-innen im Bereich von Training und Kursleitung. 4. Auflage. Weinheim.
Nassehi, A. (1997): Kommunikation verstehen. Einige Überlegungen zur empirischen Anwendbarkeit einer systemtheoretisch informierten Hermeneutik. In: Sutter, T. (Hrsg.): Beobachtung verstehen, Verstehen beobachten. Perspektiven einer konstruktivistischen Hermeneutik. Opladen, S. 134-163.
Nassehi, A./Nollmann, G. (Hrsg.) (2004): Bourdieu und Luhmann. Ein Theorienvergleich. Frankfurt/M.
Nolda, S. (1996): Interaktion und Wissen. Eine qualitative Studie zum Lehr-/Lernverhalten in Veranstaltungen der allgemeinen Erwachsenenbildung. Frankfurt/M.
Nolda, S. (2000): Interaktion in pädagogischen Institutionen. Opladen.
Nolda, S. (2002): Pädagogik und Medien. Eine Einführung. Stuttgart.
Nolda, S. (2003): Interaktionsanalysen in der Erwachsenenbildung. In: Friebertshäuser, B./ Prengel, A. (Hrsg.): Handbuch Qualitative Forschungsmethoden in der Erziehungswissenschaft. Studienausgabe. Weinheim, S. 758-768.
Nollmann, G. (2004): Luhmann, Bourdieu und die Soziologie des Sinnverstehens. Zur Theorie und Empirie sozial geregelten Verstehens. In: Nassehi, A./ders. (Hrsg.): Bourdieu und Luhmann. Ein Theorienvergleich. Frankfurt/M, S. 118-154.

Nuissl, E. (2003): Leistungsnachweise in der Weiterbildung. In: Report. Literatur- und Forschungsreport Weiterbildung 26, H. 4, S. 9-24.
Oevermann, U. (1986): Kontroversen über sinnverstehende Soziologie. Einige wiederkehrende Probleme und Mißverständnisse in der Rezeption der »objektiven Hermeneutik«. In: Aufenanger, S./Lenssen, M. (Hrsg.): Handlung und Sinnstruktur. Bedeutung und Anwendung der objektiven Hermeneutik. München, S. 19-83.
Oevermann, U. (1991): Genetischer Strukturalismus und das sozialwissenschaftliche Problem der Erklärung der Entstehung von Neuen. In: Müller-Doohm, S. (Hrsg.): Jenseits der Utopie. Theoriekritik der Gegenwart. Frankfurt/M., S. 267-336.
Oevermann, U. (1996): „Krise und Muße. Struktureigenschaften ästhetischer Erfahrung aus soziologischer Sicht." Vortrag am 19. 6. in der Städel-Schule. Frankfurt/M.
Aus: http://user.uni-frankfurt.de/~hermeneu/Download.htm. S. 1-46. [Datum des Zugriffs: 30. Juni 2005].
Oevermann, U. (2000a): Die Farbe – Sinnliche Qualität, Unmittelbarkeit und Krisenkonstellation. Ein Beitrag zur Konstitution ästhetischer Erfahrung. In: Fehr, M. (Hrsg.): Die Farbe hat mich. Positionen zur nichtgegenständlichen Malerei. Essen, S. 426-473.
Oevermann, U. (2000b): Die Methode der Fallrekonstruktion in der Grundlagenforschung sowie der klinischen und pädagogischen Praxis. In: Kraimer, K. (Hrsg.): Die Fallrekonstruktion. Sinnverstehen in der sozialwissenschaftlichen Forschung. Frankfurt/M., S. 58-156.
Oevermann, U. (2001): Die Struktur sozialer Deutungsmuster – Versuch einer Aktualisierung. In: sozialersinn. Zeitschrift für hermeneutische Sozialforschung 2, H. 1, S. 35-81.
Oevermann, U. u. a. (1979): Die Methodologie einer „objektiven Hermeneutik" und ihre allgemeine forschungslogische Bedeutung in den Sozialwissenschaften. In: Soeffner, H.-G. (Hrsg.): Interpretative Verfahren in den Sozial- und Textwissenschaften. Stuttgart, S. 352-434.
Otto, J. H./Euler, H. A./Mandl, H. (Hrsg.) (2000): Emotionspsychologie. Ein Handbuch. Weinheim.
Peez, G. (2006): Fotografien in pädagogischen Fallstudien. Sieben qualitativ-empirische Analyseverfahren zur ästhetischen Bildung – Theorie und Forschungspraxis. München.
Piaget, J. (2003): Meine Theorie der geistigen Entwicklung. Weinheim.
Proske, M. (2003): Pädagogische Kommunikation in der Form Schulunterricht. In: Nittel, D./Seitter, W. (Hrsg.): Die Bildung des Erwachsenen. Erziehungs- und Sozialwissenschaftliche Zugänge. Bielefeld, S. 143-164.
Psathas, G. (1990): The Organization of Talk, Gaze, and Activity in a Medical Interview. In: Psathas, G. (Hrsg.): Interaction Competence. Washington, S. 205-230.
Reese-Schäfer, W. (2001): Niklas Luhmann zur Einführung. 4. Auflage. Hamburg.

Reichertz, J. (1988): Verstehende Soziologie ohne Subjekt? Die objektive Hermeneutik als Metaphysik der Strukturen. In: Kölner Zeitschrift für Soziologie und Sozialpsychologie 40, H. 2, S. 207-222.
Reichertz, J. (2000): Objektive Hermeneutik und hermeneutische Wissenssoziologie. In: Flick, U./Kardoff, E. v./Steinke, I. (Hrsg.): Qualitative Forschung. Ein Handbuch. Reinbek, S. 514-524.
Rosenbusch, H. S. (2004): Nonverbale Kommunikation im Unterricht – Die stille Sprache im Klassenzimmer. In: ders./Schober, O. (Hrsg.): Körpersprache und Pädagogik. Das Handbuch. 4. Auflage. Baltmannsweiler, S. 138-176.
Rosenbusch, H. S./Schober, O. (Hrsg.) (2004): Körpersprache und Pädagogik. Das Handbuch. 4. Auflage. Baltmannsweiler.
Roth, G. (1987): Erkenntnis und Realität: Das reale Gehirn und seine Wirklichkeit. In: Schmidt, S. J. (Hrsg.): Der Diskurs des Radikalen Konstruktivismus. Frankfurt/M., S. 229-255.
Roth, G. (1997): Das Gehirn und seine Wirklichkeit. Kognitive Neurobiologie und ihre philosophischen Konsequenzen. Frankfurt/M.
Sager, S. F. (2005): Ein System zur Beschreibung von Gestik. In: Bührig, K./ders. (Hrsg.): Nonverbale Kommunikation im Gespräch. Osnabrücker Beiträge zur Sprachtheorie 70, S. 19-47.
Schäffter, O. (2001): Teilnehmende. In: Arnold, R./Nolda, S./Nuissl, E. (Hrsg.): Wörterbuch Erwachsenenpädagogik. Bad Heilbrunn, S. 303-304.
Scheflen, A. E. (1977): Die Bedeutung der Körperhaltung in Kommunikationssystemen. In: Auwärter, M./Kirsch, E./Schröter, K. (Hrsg.): Seminar: Kommunikation, Interaktion, Identität. 2. Auflage. Frankfurt/M., S. 221-253.
Scherer, K. R. (1979): Die Funktion des nonverbalen Verhaltens im Gespräch. In: ders./ Wallbott, H. G. (Hrsg.): Nonverbale Kommunikation: Forschungsberichte zum Interaktionsverhalten. Weinheim, S. 25-32.
Scherer, K. R./Wallbott, H. G. (Hrsg.) (1979): Nonverbale Kommunikation: Forschungsberichte zum Interaktionsverhalten. Weinheim.
Schneider, W. L. (2002a): Grundlagen der soziologischen Theorie. Band 1: Weber-Parsons-Mead-Schütz. Wiesbaden.
Schneider, W. L. (2002b): Grundlagen der soziologischen Theorie. Band 2: Garfinkel-RC-Habermas-Luhmann. Wiesbaden.
Schneider, W. L. (2004): Grundlagen der soziologischen Theorie. Band 3: Sinnverstehen und Intersubjektivität – Hermeneutik, funktionale Analyse, Konversationsanalyse und Systemtheorie. Wiesbaden.
Schönherr, B. (1997): Syntax – Prosodie – nonverbale Kommunikation. Empirische Untersuchungen zur Interaktion sprachlicher und parasprachlicher Ausdrucksmittel im Gespräch. Tübingen.
Schrader, J./Berzbach, F. (2005): Empirische Lernforschung in der Erwachsenenbildung/Weiterbildung. Aus: http://www.die-bonn.de/esprid/dokumente/doc-2005/schrader05_01.pdf [Datum des Zugriffs: 30. Oktober 2006].

Schröder, E. (1999): Kognitive Sozialisation: Individuelle (Re-)Konstruktion von Erkenntnisobjekten. In: Grundmann, M. (Hrsg.): Konstruktivistische Sozialisationsforschung. Lebensweltliche Erfahrungskontexte, individuelle Handlungskompetenzen und die Konstruktion sozialer Strukturen. Frankfurt/M., S. 80-100.
Singer, W. (2002): Der Beobachter im Gehirn. Essays zur Hirnforschung. Frankfurt/M.
Soeffner, H.-G. (1991): Zur Soziologie des Symbols und des Rituals. In: Oelkers, J./Wegenast, K. (Hrsg): Das Symbol – Brücke des Verstehens. Stuttgart, S. 63-81.
Steinke, I. (1999): Kriterien qualitativer Forschung. Ansätze zur Bewertung qualitativ-empirischer Sozialforschung. Weinheim.
Steinke, I. (2000): Gütekriterien qualitativer Forschung. In: Flick, U./Kardoff, E. v./dies. (Hrsg.): Qualitative Forschung. Ein Handbuch. Reinbek, S. 319-331.
Steitz, E. (1993): Die Evolution des Menschen. 3. Auflage. Stuttgart.
Streeck, J. (1983): Konversationsanalyse. Ein Reparaturversuch. In: Zeitschrift für Sprachwissenschaft 2, H. 1, S. 72-104.
Sutter, H. (1994): Oevermanns methodologische Grundlegung rekonstruktiver Sozialwissenschaften. Das zentrale Erklärungsproblem und dessen Lösung in den forschungspraktischen Verfahren einer strukturalen Hermeneutik. In: Garz, D./Kraimer, K. (Hrsg.): Die Welt als Text. Theorie, Kritik und Praxis der objektiven Hermeneutik. Frankfurt/M., S. 23-72.
Sutter, H. (1997): Bildungsprozesse des Subjekts. Eine Rekonstruktion von Ulrich Oevermanns Theorie- und Forschungsprogramm. Opladen.
Sutter, T. (1999a): Systeme und Subjektstrukturen. Zur Konstitutionstheorie des interaktionistischen Konstruktivismus. Opladen.
Sutter, T. (1999b): Strukturgenese und Interaktion. Die Perspektive des interaktionistischen Konstruktivismus. In: Grundmann, M. (Hrsg.): Konstruktivistische Sozialisationsforschung. Lebensweltliche Erfahrungskontexte, individuelle Handlungskompetenzen und die Konstruktion sozialer Strukturen. Frankfurt/M., S. 53-79.
Tenorth, H.-E./Lüders, C. (2000): Methoden Erziehungswissenschaftlicher Forschung 1: Hermeneutische Methoden. In: Lenzen, D. (Hrsg.): Erziehungswissenschaft. Ein Grundkurs. 4. Auflage. Reinbek, S. 519-542.
Titscher, S. u. a. (1998): Methoden der Textanalyse. Leitfaden und Überblick. Opladen.
Unabhängige Expertenkommission (2004): Schlussbericht der unabhängigen Expertenkommission. Finanzierung Lebenslangen Lernens: Der Weg in die Zukunft. Aus:
http://www.bmbf.de/pub/schlussbericht_kommission_III.pdf [Datum des Zugriffs: 26. Oktober 2005].
Vogd, W. (2005): Komplexe Erziehungswissenschaft jenseits von empirieloser Theorie und theorieloser Empirie. Versuch einer Brücke zwischen Systemtheorie und rekonstruktiver Sozialforschung. In: Zeitschrift für Erziehungswissenschaft 8, H. 1, S. 112-133.

Wagner, H.-J. (1993): Sinn als Grundbegriff in den Konzeptionen von George Herbert Mead und Pierre Bourdieu. Ein kritischer Vergleich. In: Gebauer, G./Wulf, C. (Hrsg.): Praxis und Ästhetik. Neue Perspektiven im Denken Pierre Bourdieus. Frankfurt/M., S. 317-340.
Wagner, H.-J. (1999): Rekonstruktive Methodologie. George Herbert Mead und die qualitative Sozialforschung. Opladen.
Wagner, H.-J. (2001): Objektive Hermeneutik und Bildung des Subjekts. Mit einem Text von Ulrich Oevermann: »Die Philosophie von Charles Sanders Peirce als Philosophie der Krise«. Weilerswist.
Wagner, H.-J. (2004): Sozialität und Reziprozität. Strukturale Sozialisationstheorie 1. Frankfurt/M.
Wagner-Willi, M. (2001): Videoanalysen des Schulalltags. Die dokumentarische Interpretation schulischer Übergangsrituale. In: Bohnsack, R. u. a. (Hrsg.): Die dokumentarische Methode und ihre Forschungspraxis. Opladen, S. 121-140.
Wagner-Willi, M. (2005): Kinder-Rituale zwischen Vorder- und Hinterbühne. Der Übergang von der Pause zum Unterricht. Wiesbaden.
Wallbott, H. G. (1979): Gestik: Einführung. In: Scherer, K. R./ders. (Hrsg.): Nonverbale Kommunikation: Forschungsberichte zum Interaktionsverhalten. Weinheim, S. 103-108.
Weidenmann (2004): Erfolgreiche Kurse und Seminare. Professionelles Lernen mit Erwachsenen. 6. Auflage. Weinheim.
Wermke, M./Kunkel-Razum, K./Scholze-Stubenrecht, W. (Hrsg.) (2002): Duden: Das Bedeutungswörterbuch. 3. Auflage. Mannheim.
Wernet, A. (2000): Einführung in die Interpretationstechnik der objektiven Hermeneutik. Opladen.
Wittgenstein, L. (1960): Philosophische Untersuchungen [1953]. In: ders.: Schriften 1. Frankfurt/M.
Wittpoth, J. (2003): Einführung in die Erwachsenenbildung. Opladen.
Wulf, C. (1994): Mimesis in der Erziehung. In: ders. (Hrsg.): Einführung in die pädagogische Anthropologie. Weinheim, S. 22-44.
Wulf, C. (2003): Weltaneignung, Gesten und Rituelle Praxen – Mimetische Grundlagen des Subjekts. In: Brödel, R./Siebert, H. (Hrsg.): Ansichten zur Lerngesellschaft. Baltmannsweiler, S. 124-137

> # Frankfurter Beiträge zur Erziehungswissenschaft
Fachbereich Erziehungswissenschaften der
Johann Wolfgang Goethe-Universität

Reihe Monographien:

Matthias Proske
Pädagogik und Dritte Welt – Eine Fallstudie zur Pädagogisierung sozialer Probleme
Frankfurt am Main 2001

Thomas Höhne
Schulbuchwissen – Umrisse einer Wissens- und Medientheorie des Schulbuchs
Frankfurt am Main 2003

Thomas Höhne/Thomas Kunz/Frank-Olaf Radtke
Bilder von Fremden. Was unsere Kinder aus Schulbüchern über Migranten lernen sollen
Frankfurt am Main 2005

Wolfgang Meseth
Aus der Geschichte lernen. Über die Rolle der Erziehung in der bundesdeutschen Erinnerungskultur
Frankfurt am Main 2005

Elke Wehrs
Verstehen an der Grenze – Erinnerungsverlust und Selbsterhaltung von Menschen mit dementiellen Veränderungen
Frankfurt am Main 2006

Reihe Kolloquien:

Frank-Olaf Radtke (Hrsg.)
Die Organisation von Homogenität – Jahrgangsklassen in der Grundschule
Kolloquium anläßlich der 60. Geburtstage von Gertrud Beck und Richard Meier, Frankfurt am Main 1998

Frank-Olaf Radtke (Hrsg.)
Lehrerbildung an der Universität – Zur Wissensbasis pädagogischer Professionalität
Dokumentation des Tages der Lehrerbildung an der Johann Wolfgang Goethe-Universität, Frankfurt am Main 1999 (vergriffen)

Heiner Barz (Hrsg.)
**Pädagogische Dramatisierungsgewinne –
Jugendgewalt. Analphabetismus. Sektengefahr**
Frankfurt am Main 2000

Gertrud Beck, Marcus Rauterberg, Gerold Scholz, Kristin Westphal (Hrsg.)
**Sachen des Sachunterrichts
Dokumentation einer Tagungsreihe 1997 – 2000**
Frankfurt am Main 2001
Korrigierte Neuauflage 2002

Brita Rang und Anja May (Hrsg.)
Das Geschlecht der Jugend – Dokumentation der Vorlesungsreihe Adoleszenz: weiblich/männlich? im Wintersemester 1999 / 2000
Frankfurt am Main 2001

Dagmar Beinzger und Isabell Diehm (Hrsg.)
Frühe Kindheit und Geschlechterverhältnisse. Konjunkturen in der Sozialpädagogik
Frankfurt am Main 2003

Vera Moser (Hrsg.)
Behinderung – Selektionsmechanismen und Integrationsaspirationen
Frankfurt am Main 2003

Gisela Zenz (Hrsg.)
Traumatische Kindheiten – Beiträge zum Kinderschutz und zur Kindesschutzpolitik aus erziehungswissenschaftlicher und rechtswissenschaftlicher Perspektive
Frankfurt am Main 2004

Tanja Wieners (Hrsg.)
Familienbilder und Kinderwelten – Kinderliteratur als Medium der Familien- und Kindheitsforschung
Frankfurt am Main 2005

Micha Brumlik und Benjamin Ortmeyer (Hrsg.)
Erziehungswissenschaft und Pädagogik in Frankfurt – eine Geschichte in Portraits
Frankfurt am Main 2006

Argyro Panagiotopoulou und Monika Wintermeyer (Hrsg.)
Schriftlichkeit – Interdisziplinär – Voraussetzungen, Hindernisse und Fördermöglichkeiten
Frankfurt am Main 2006

Dieter Katzenbach
Vielfalt braucht Struktur – Heterogenität als Herausforderung für die Unterrichts- und Schulentwicklung
Frankfurt am Main 2007

Reihe Forschungsberichte:

Thomas Höhne/Thomas Kunz/Frank-Olaf Radtke
Bilder von Fremden – Formen der Migrantendarstellung als der „anderen Kultur" in deutschen Schulbüchern von 1981-1997
Frankfurt am Main 1999 (vergriffen)
http://www.uni-frankfurt.de/fb/fb04/personen/radtke/Publikationen/Bilder_von_Fremden.pdf

Uwe E. Kemmesies
**Umgang mit illegalen Drogen im ‚bürgerlichen' Milieu (UMID).
Bericht zur Pilotphase**
Frankfurt am Main 2000 (vergriffen)

Oliver Hollstein/Wolfgang Meseth/Christine Müller-Mahnkopp/Matthias Proske/Frank-Olaf Radtke
Nationalsozialismus im Geschichtsunterricht. Beobachtungen unterrichtlicher Kommunikation
Bericht zu einer Pilotstudie
Frankfurt am Main 2002
http://www.uni-frankfurt.de/fb/fb04/personen/radtke/Publikationen/
Forschungsbericht_3_Nationalsozialismus_im_Geschichtsunterricht.pdf

Andreas Gruschka/Martin Heinrich/Nicole Köck/Ellen Martin/
Marion Pollmanns/Michael Tiedtke
**Innere Schulreform durch Kriseninduktion?
Fallrekonstruktion und Strukturanalysen zu den Wirkungen administreriell verordneter Schulprogrammarbeit**
Frankfurt am Main 2003

Andreas Gruschka
Auf dem Weg zu einer Theorie des Unterrichtens – Die widersprüchliche Einheit von Erziehung, Didaktik und Bildung in der allgemeinbildenden Schule
Vorstudie
Frankfurt am Main 2005

Frank-Olaf Radtke/Maren Hullen/Kerstin Rathgeb
Lokales Bildungs- und Integrationsmanagement. Bericht der wissenschaftlichen Begleitforschung im Rahmen der Hessischen Gemeinschaftsinitiative Soziale Stadt (HEGISS)
Frankfurt am Main 2005